Duden

Abiturwissen
Englisch

3., aktualisierte Auflage

Duden Schulbuchverlag
Berlin · Mannheim · Zürich

Herausgeberin
Elisabeth Schmitz-Wensch

Autoren
Ulrich Bauer, Alexander Hutton, Dr. Ute Lembeck, Judith Martin, Felix Rieckmann,
Dr. Christine Schlitt, Elisabeth Schmitz-Wensch, Heike Schommartz, Dr. Karin Vogt

Bibliografische Information der Deutschen Nationalbibliothek
Die Deutsche Nationalbibliothek verzeichnet diese Publikation in der Deutschen
Nationalbibliografie; detaillierte bibliografische Daten sind im Internet über
http://dnb.d-nb.de abrufbar.

Das Wort **Duden** ist für den Verlag Bibliographisches Institut GmbH als Marke
geschützt.

Alle Rechte vorbehalten. Nachdruck, auch auszugsweise, vorbehaltlich der Rechte,
die sich aus den Schranken des UrhG ergeben, nicht gestattet.

© Duden 2011   F E D C B A
Bibliographisches Institut GmbH, Dudenstraße 6, 68167 Mannheim, und
Duden Paetec GmbH, Bouchéstraße 12, 12435 Berlin

Redaktion Dr. Christine Schlitt, David Harvie, Assistenz: Ralph Williams
Gestaltungskonzept Britta Scharffenberg
Umschlaggestaltung WohlgemuthPartners, Hamburg
Layout DZA Satz und Bild GmbH
Grafik Marlis Konrad
Druck und Bindung Parzeller Druck- und Mediendienstleistungen GmbH & Co. KG,
Frankfurter Straße 8, 36043 Fulda

ISBN 978-3-411-02709-5

Inhaltsverzeichnis

1	Lern- und Arbeitsstrategien für den Englischunterricht	5
1.1	**Die Verbreitung des Englischen**	**6**
1.2	**Textrezeption**	**8**
1.2.1	Die Rolle des Vorwissens beim Hören und Lesen	8
1.2.2	Hörverstehen	9
1.2.3	Lesetechniken	10
1.2.4	Die Benutzung von Wörterbüchern	16
1.3	**Der Umgang mit Arbeitsanweisungen**	**18**
1.4	**Den Wortschatz aufbauen**	**20**
1.4.1	Den Wortschatz systematisieren	21
1.4.2	Unbekannte Wörter erschließen	23
1.5	**Produktion eigener Texte**	**25**
1.5.1	Themenfindung	26
1.5.2	Materialsuche und Recherche	28
1.5.3	Materialaufbereitung	34
1.5.4	Eine Gliederung erstellen	38
1.5.5	Ein Präsentation erstellen und vortragen	40
1.5.6	Eine Facharbeit schreiben	46
1.5.7	Die Zusammenfassung	52
1.5.8	Der Bericht und der Brief	54
1.5.9	Die Erörterung	57
1.5.10	Die Bewerbung	60

2	Englisch sprechen	63
2.1	**Varianten des Englischen**	**64**
2.2	**Phonetik des Englischen**	**70**
2.3	**Mediation**	**74**

3	Grammatik	83
3.1	**Warum Grammatik?**	**84**
3.2	**Die Formen des Verbs**	**85**
3.2.1	*Simple present*	86
3.2.2	*Present progressive*	88
3.2.3	*Simple past*	89
3.2.4	*Past progressive*	91
3.2.5	*Present perfect*	92
3.2.6	*Present perfect progressive*	94
3.2.7	*Past perfect*	96
3.2.8	*Past perfect progressive*	97
3.2.9	*Future*	98
3.2.10	*Conditional*	100
3.2.11	*Active and passive voice*	102

▎Überblick 104

3.3	**Hilfsverben und modale Hilfsverben**	**106**
3.3.1	Hilfsverben (*auxiliaries*)	106
3.3.2	Modale Hilfsverben (*modal auxiliaries*)	110

▎Überblick 111

3.4	**Infinitiv, Gerundium und Partizip**	**113**
3.4.1	Der Infinitiv (*the infinitive*)	113
3.4.2	Das Gerundium (*the gerund*)	115
3.4.3	Das Partizip (*the participle*)	118

▎Überblick 116

3.5	**Nomen und Artikel**	**119**
3.5.1	Nomen (*nouns*)	119
3.5.2	Artikel (*articles*)	123
3.6	**Pronomen und Präpositionen**	**125**
3.6.1	Pronomen (*pronouns*)	125
3.6.2	Präpositionen (*prepositions*)	132

3.7	**Adjektive und Adverbien**	**137**
3.7.1	Adjektive (*adjectives*)	137
3.7.2	Steigerung der Adjektive	137
3.7.3	Adverbien (*adverbs*)	139
3.7.4	Steigerung der Adverbien	141
3.8	**Syntax**	**143**
3.8.1	Aussagesätze	143
3.8.2	Fragen	144
3.8.3	Aufforderungen, Ratschläge, Bitten	146
3.8.4	Komplexe Sätze (*complex sentences*)	147
3.8.5	Relativsätze (*relative clauses*)	148
3.8.6	Konditionalsätze (*conditional sentences*)	149
3.8.7	Adverbialsätze (*adverbial clauses*)	151
3.8.8	Direkte und indirekte Rede (*direct and reported speech*)	153

■ Überblick 154

4	**Orthografie und Zeichensetzung**	**157**
4.1	**Orthografie und Aussprache**	**158**
4.2	**Regeln für die Orthografie**	**159**
4.3	**Regeln für die Zeichensetzung**	**164**

5	**Texte und Medien analysieren**	**169**
5.1	**Texte und Medien**	**170**
5.1.1	Merkmale und von Texten und Medien	170
5.1.2	Die Unterscheidung von fiktionalen und nicht fiktionalen Texten	171
5.2	**Nicht fiktionale Texte**	**173**
5.2.1	Die Unterscheidung von nicht fiktionalen Texten	174
5.2.2	Die Analyse von nicht fiktionalen Texten	176
5.2.3	Die Struktur	178
5.2.4	Die Sprache	181
5.2.5	Der Stil	184

■ Überblick 192

5.2.6	Die Wirkungsabsicht des Autors	188
5.2.7	Die Analyse von Zeitungstexten	197
5.3	**Fiktionale Texte**	**204**
5.3.1	Merkmale narrativer Texte	205

■ Überblick 219
■ Überblick 228
■ Überblick 243

5.3.2	Die Short Story	215
5.3.3	Der Roman (*novel*)	222
5.3.4	Gedichte (*poems*)	236

■ Überblick 264

5.3.5	Dramen und Einakter (*drama and short plays*)	250
5.3.6	Das elisabethanische Drama	260
5.4	**Andere Medien**	**273**
5.4.1	Cartoons	273
5.4.2	Filme	277

6	**Profiles of the English Speaking World**	**285**
6.1	**Great Britain**	**186**
6.2	**Northern Ireland and the Republic of Ireland**	**308**
6.3	**The United States of America**	**311**
6.4	**Canada**	**339**
6.5	**Australia and New Zealand**	**343**
6.6	**A Changing World**	**349**

A	**Anhang**	**357**
	Grammatische Termini	358
	Register	362
	Textquellennachweis	365
	Bildquellenverzeichnis	366

Lern- und Arbeitsstrategien
für den Englischunterricht

1.1 Die Verbreitung des Englischen

Englisch umgibt uns überall. Schon in der Grundschule wird Englisch als erste Fremdsprache erlernt. Fachleute vieler Berufe (z. B. in der Computerbranche, im Flugverkehr) kommen ohne die englische Sprache nicht mehr aus. Häufig setzen sich in unserer Alltagssprache englische Wörter durch und verdrängen deutsche Wörter (z. B. „Sale" statt „Schlussverkauf"; „Highlight" statt „Höhepunkt"). Dies gilt in ähnlicher Weise auch für die Sprachen anderer Länder auf der ganzen Welt.

Englisch im Commonwealth

Gleichzeitig mit der Ausdehnung Englands zum Kolonialreich, vor allem während des 19. Jahrhunderts, verbreitete sich Englisch weltweit. Das *British Empire* führte zur Verbreitung des Englischen weit über die Grenzen Englands hinaus. Englisch entwickelte sich im 20. Jahrhundert zur Weltsprache. In Staaten, die ursprünglich britische Kolonien waren (USA, Australien, Irland, Kanada, Neuseeland), wird heute Englisch als **Muttersprache** gesprochen. Einige afrikanische Länder sowie Bangladesch, Pakistan und Indien haben nach ihrer Unabhängigkeitswerdung Englisch als **Amts- und Zweitsprache** beibehalten. In diesen Ländern ist Englisch nach wie vor die Sprache des öffentlichen Lebens, der Medien, der Wissenschaften und des Schulwesens. Selbst die Literatur Indiens, Pakistans und afrikanischer Staaten wie Kenia und Nigeria wird heute in englischer Sprache verfasst.

Der nigerianische Schriftsteller CHINUA ACHEBE schreibt seine Bücher in englischer Sprache.

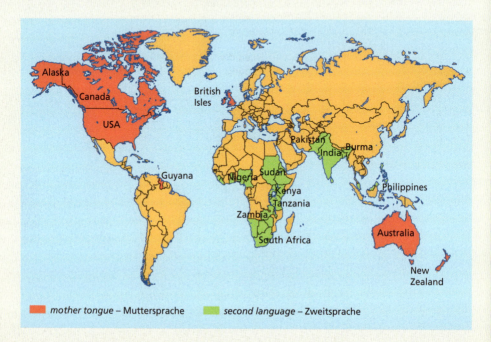

mother tongue – Muttersprache
second language – Zweitsprache

Englisch als Weltsprache

Bedingt durch die Nutzung des Internets und die technologische Dominanz der USA breitet sich die **Weltsprache** Englisch immer weiter aus. Englisch ist heute nach Chinesisch die – je nach Quelle – am zweit- bzw. dritthäufigsten gesprochene Sprache der Erde. Dabei ist die Anzahl der Menschen, die Englisch als Muttersprache sprechen, kleiner als der Anteil derer, die Englisch als Zweit- oder Fremdsprache sprechen. Die Anzahl derer, die Englisch in Wissenschaft und Beruf sprechen, übersteigt diese Zahl der Mutter-, Zweit- oder Fremdsprachler noch bei weitem.

Wie viele Menschen sprechen Englisch?

English as a native language	*English as a second language/English as an official language*	*English as a foreign language*
Die Anzahl der Muttersprachler wird auf ca. 350 Millionen Menschen geschätzt.	Englisch als Zweit- und Amtssprache wird von ca. weiteren 350 Millionen Sprechern vor allem in den ehemaligen britischen Kolonien gesprochen.	Je nach Schätzung sprechen zwischen 670 Millionen bis zu einer Milliarde Menschen Englisch als erlernte Fremdsprache.

Weltweit ist Englisch die Sprache, die am häufigsten in der internationalen Verständigung verwendet wird, häufiger noch als Französisch, Spanisch oder Portugiesisch. Wenn Politiker, Geschäftsleute und Wissenschaftler verschiedener Nationen miteinander verhandeln, ist Englisch oft die Sprache, die sie zusammenbringt.

In Asien, wie auch in Europa und anderen Teilen der Welt, wird Englisch als Sprache für die **internationale Verständigung** akzeptiert. Englisch wird gelernt, um an der wirtschaftlichen, technologischen und wissenschaftlichen Entwicklung teilnehmen zu können, die zu großen Teilen von den USA ausgeht. Dies ist auch der Grund, weshalb in vielen Staaten der **Europäischen Union** (EU) Englisch schon von Kindheit an als erste Fremdsprache gelehrt wird. Außerdem werden Fremdsprachenunterricht und der internationale Schüleraustausch gefördert, weil sie die Verständigung der Menschen innerhalb der EU verbessern.

In der Verwaltung der EU spielt Englisch ebenfalls eine wichtige Rolle. Englisch und Französisch sind die offiziellen Arbeitssprachen der EU. Englisch ist die am häufigsten benutzte Sprache bei der Verständigung zwischen den EU-Ländern.

1.2 Textrezeption

1.2.1 Die Rolle des Vorwissens beim Hören und Lesen

Im Unterricht nehmen Sie Informationen vor allem durch das Lesen oder Hören von Texten auf. Die Aufnahme neuer Informationen wird durch die Aktivierung von Vorwissen zum jeweiligen Thema erleichtert. Vor dem Lesen oder Hören eines neuen Textes wird der oder die Unterrichtende Ihnen bewusst machen, welche Vorkenntnisse Sie zu einem Thema bereits besitzen. Zum Beispiel können Sie sich mithilfe von Abbildungen auf ein Thema einstellen und werden auf diese Weise aufnahmefähiger für neues Wissen. Es fällt Ihnen in der Regel leichter, Neues zu verstehen, wenn es an Bekanntes anknüpft. Sie können es leichter einordnen und sich besser merken.

Sobald Sie etwas lesen oder hören, entwickeln Sie eine Erwartungshaltung. Diese wird **Antizipation** genannt. Bereits beim ersten Kontakt bestimmen sprachliche Informationen, z. B. die Überschrift und Angaben zu Autor oder Informationsquelle, sowie optische Eindrücke, z. B. das Layout oder Fotos, was Sie von dem Text bzw. dem Gehörten erwarten. Die Aktivierung des Vorwissens und die Vorwegnahme des Textinhalts können Sie zur Verbesserung Ihres Textverständnisses nutzen.

Vorwissen
– Sachwissen:
  · Themenwissen
  · Sprachwissen
– Handlungswissen:
  · Steuerungswissen
  · Strategiewissen

Antizipation
= Vorhersehen oder Vorahnen; wichtig für die Entstehung einer Erwartungshaltung

Tipps für das Leseverständnis:
1. Erfassen Sie Angaben zu Titel, Autor und Textquelle.
2. Beachten Sie Layout, Illustrationen oder Hintergrundgeräusche.
3. Rufen Sie Vorwissen ab.
4. Klären Sie, was vom Text / vom Gehörten erwartet wird.
5. Erfassen Sie den Text mithilfe Ihres Vorwissens und der Vorahnung.

The layout tells me that the text is a newspaper article. The photo shows people in a crowded boot and the heading says what people do to live a better life. As the author is the newspaper's Australian correspondent it must be about people who want to go to Australia.

1.2.2 Hörverstehen

Hörverstehen ist die Fähigkeit, die Bedeutung einer mündlichen Äußerung zu verstehen. Dazu gehören das sprachliche **Verstehen** und inhaltliche **Erfassen** des Gehörten ebenso wie die **Verarbeitung zusätzlicher Informationen,** die sich aus dem Sprechtempo, der Stimmlage oder der Sprachanwendung des Gesprächspartners oder Sprechenden schließen lassen. Auf Hörverstehensaufgaben im Unterricht, wie das Erfassen eines längeren Gespräches, können Sie sich gezielt vorbereiten.

Vor dem Zuhören (*pre-listening activities*)
- Lesen Sie die Fragestellung gründlich und stellen Sie sich ein Hörziel.
- Studieren Sie alle verfügbaren Informationen wie Situationsbeschreibung, Namen oder Details zu den Sprechenden und Bildmaterial, um vor dem Hören möglichst viel über das Thema zu erfahren.
- Stellen Sie sich auf den Hörtext ein.
- Stellen Sie sich auf eventuelle Nebengeräusche ein; diese können Ihnen später bei der Bewertung des Gesagten oder der Situation nützlich sein.
- Legen Sie sich Papier und Stift für Notizen bereit.

Im Unterricht werden Hörtexte in der Regel zwei Mal präsentiert. Beim ersten Zuhören werden, ähnlich wie beim überfliegenden Lesen (*skimming*), die wesentlichen Informationen entnommen. Diese Hörtechnik heißt *listening for gist.*

▶ Mehr über *skimming* finden Sie auf S. 11.

Während des ersten Zuhörens (*listening for gist*)
- Wer spricht ?
- Worum geht es im Text?
- Welche inhaltlichen Zusammenhänge werden geäußert?

Beim wiederholten Zuhören konzentrieren Sie sich entsprechend der Aufgabenstellung auf Einzelheiten. Dazu wenden Sie die Hörtechnik *listening for detail* an.

Während des zweiten Zuhörens (*listening for detail*)
- Behalten Sie die Aufgabenstellung im Blick.
- Konzentrieren Sie sich auf das Verstehen von Einzelheiten.
- Machen Sie Notizen, um das Verstandene stichpunktartig festzuhalten.

Nach dem Hören

Lesen Sie nun Ihre Aufzeichnungen durch. Manche Unklarheiten werden sich nun auflösen und Sie können durch die Betrachtung der Einzelheiten Verständnislücken im Kontext sinnvoll schließen.

1.2.3 Lesetechniken

Im Unterricht gehören Texte in Schriftform zu den häufigsten Informationsquellen. Sie sind die am meisten verbreitete Form für die Weitergabe von Daten. In der Regel geht es jedoch nicht nur um die Aufnahme von Fakten, sondern Sie sollen die Texte gezielt bearbeiten. Hierbei spielt der Faktor Zeit eine bedeutende Rolle, d. h., das Textstudium soll zeitsparend und zugleich effektiv sein. Deswegen ist die Entwicklung einer angemessenen **Lesegeschwindigkeit** eine nützliche Voraussetzung. Generell werden Sie das Leseziel sowie der Schwierigkeitsgrad des Textes bei der Wahl der Lesegeschwindigkeit leiten. Die folgenden Hinweise helfen Ihnen, geschriebene Texte grundsätzlich schneller zu erfassen.

Tipps zur Entwicklung einer angemessenen Lesegeschwindigkeit:
1. Lesen Sie sich die Wörter nicht einzeln vor.
2. Erfassen Sie zeitgleich mehrere Wörter, die sprachlich, z. B. als Subjekt und Prädikat, oder inhaltlich, z. B. als Verb und Objekt, zusammengehören.
3. Wählen Sie entsprechend des Leseziels die passende Lesegeschwindigkeit aus.
4. Lesen Sie lexikalisch anspruchsvolle Texte so, dass Sie die Methoden zur Erfassung von neuem Vokabular zeitsparend anwenden können.

▶ Nutzen Sie Worterschließungsstrategien (siehe Kapitel 1.4.2).

Texte variieren in ihrer Aufmachung, Länge und Funktion. Sie als Leser können entscheiden, mit welchem Ziel Sie einen Text bearbeiten. Dementsprechend wählen Sie die passende Technik zur Erschließung eines Textes aus. Folgende **Lesetechniken** stehen zur Verfügung:

Leseziel *reading purpose*	Lesetechnik *reading technique*	mögliche Fragen zum Text *questions on the text*
das Erfassen der wesentlichen Inhaltspunkte eines Textes	*skimming* („Abschöpfen" der Hauptinformationen)	*What´s the text about?* *(Sum up the content of the text in two or three sentences.)*
die gezielte Suche nach Informationen, die einem (vor dem Lesen bekannten) Thema zugeordnet werden können	*scanning* (gezieltes „Durchsuchen" eines Textes nach bestimmten Informationen)	*Where does the author present …?* *What do you learn about … from the text?* *What is … according to the author?*
das Erfassen jedes einzelnen inhaltlichen, strukturellen oder sprachlichen Textdetails	*close/intensive reading* (detailgenaues Lesen)	*How does the author present …?*

Skimming

Diese Technik ist die schnellste, aber zugleich oberflächlichste Art der Texterschließung. Sie gewährt Ihnen einen **groben Überblick** über die behandelten Themen oder Probleme. Wollen Sie nur entscheiden, ob ein Text für Sie von Bedeutung ist und ob Sie ihn später genau lesen werden, dann überfliegen Sie ihn und „schöpfen" seine thematischen Schwerpunkte ab.

▶ *to skim milk* = den Rahm von Milch abschöpfen

Tipps für erfolgreiches *skimming*:
1. Überlegen Sie sich, was Sie zu dem Thema bereits wissen.
2. Lesen Sie die Angaben über den Verfasser sowie die Textquelle. Sie geben erste Anhaltspunkte zu seinem Inhalt.
3. Beachten Sie wichtige Stichwörter (*clues*), die sich bereits in der Überschrift, den Zwischen- oder Bildunterschriften finden.
4. Konzentrieren Sie sich auf die ersten Sätze eines jeden Textabschnitts (*paragraph*), da diese wesentliche Informationen enthalten.

Crossing the world in search of better life

By Jasmine Smithson (Australian correspondent)

Most of those crowded on the wooden boat that was stopped after its almost 6,000-mile journey by the heavy seas off the coast of

Christmas Island (Australia) on 15th December will not return to their homes in Iraq, Iran or Afghanistan within the next months. They are only a few within the wave of refugees trying to emigrate from the Middle East to Australia each year to find a better life far away from home.

Being packed on to trucks refugees fear for bare life
"Most of these people travel overland, often on trucks," explained a representative of the International Organisation for Migration (IOM). According to him, the refugees go through hell when they uffer climatic and food problems. The worst hardship, however, is that they depend on the mercy of the people-trading smugglers.
Nobody can tell the real number of asylum seekers from Iraq, Iran and Afghanistan, but Australian officials say more then 4,200 have landed so far this year. That does not include those perished during the exhausting journey, a non-governmental activist pointed out.
According to IOM, criminal gangmasters charge the asylum seekers up to $5,000 in their home countries demanding additional payments en route.

Skimming können Sie z. B. anwenden, um zu prüfen, ob der hier abgedruckte Text verwendbare und aktuelle Informationen zum Thema *„refugees"* liefert.

Results of skimming the article
topic: Asian refugees head for Australia
clues: · why people become refugees (›search for a better life);
· where (›from Iraq, Iran, Afghanistan to Australia);
· how they travel (›by trucks and boats;
disastrous conditions; high charges);
· details: figures

Scanning

Diese Technik ist eine weitere Art des Schnelllesens, bei der ein Text überflogen wird, um **gezielt Informationen** zu einem vorher genannten Thema herauszufiltern. Ihnen ist vor dem Lesen bekannt, dass der Text Daten zu einem bestimmten Thema enthält. Ihr Ziel ist es nun, herauszufinden, wo und wie detailliert sie sind. Dabei helfen Ihnen Schlüsselwörter (*clues*) und Namen, die oft in Zwischenüberschriften oder am Anfang von Textabschnitten stehen, sowie Angaben in Zahlen.

Tipps für erfolgreiches *scanning*:
1. Überlegen Sie, welche Schlüsselwörter, Namen oder Zahlen mit Ihrem Thema zu tun haben, und suchen Sie den Text danach ab.
2. Beachten Sie die Zwischenüberschriften, denn sie weisen auf Unterthemen im Text hin.
3. Lesen Sie den ersten Satz jedes Abschnitts, er nennt dessen Thema.

▶ Das Beispiel bezieht sich auf den Zeitungsartikel auf S. 11.

> assignment: What problems do the refugees face on their journeys?
> student's aim: Find information on the refugees' problems while they are travelling.
> reading purpose: Scan the article for information about the difficulties refugees face on their journeys.
> results of scanning the article:
> information 1: people are packed onto unsuitable boats in the stormy sea
> information 2: refugees travelling overland survive at the mercy of people-trading gangs
> information 3: climatic and food problems
> information 4: asylum seekers are charged thousands of dollars before the trip and even a surplus on the journey

Intensive or close reading

Mit dieser Technik werden **Inhalt, Struktur** oder **sprachliche Besonderheiten** eines Textes **genau erfasst,** um eine komplexe Aufgabenstellung zu beantworten. Sie werden einzelne Abschnitte oder den gesamten Text mehrmals gründlich lesen und Notizen anfertigen.

Tipps für erfolgreiches *intensive reading*:
1. Erfassen Sie Überschrift, Informationen zu Verfasser und Textquelle.
2. Aktivieren Sie Ihr Vorwissen. Sie verstehen mehr Details oder Zusammenhänge, wenn Sie das Gelesene in Bekanntes einordnen.
3. Versuchen Sie zu erfassen, wovon der Text handelt.
4. Überfliegen Sie den Text (*skimming*).
5. Lesen Sie den Text genau und teilen Sie ihn in Sinneinheiten ein.
6. Nutzen Sie ein Wörterbuch, um sich unbekannte Wörter zu erschließen und um lexikalische und stilistische Feinheiten zu erkennen.
7. Markieren Sie in jeder Sinneinheit wichtige Stichwörter (*marking up a text*) und halten Sie Notizen am Rand fest.
8. Stellen Sie Verbindungen zwischen dem Gelesenen und Ihrem Vorwissen her.

Methoden | 13

M

Marking up a text

Das Markieren von wichtigen Informationen in der eigenen Textvorlage ist eine zeiteffiziente Arbeitstechnik, um sich eine bessere Übersicht über den Text zu verschaffen.

Das Markieren bietet folgende **Vorteile:**
– Die Konzentration beim Lesen ist höher.
– Die Trennung des Wichtigen und vom Unwichtigen erfolgt bewusster.
– Das Markierte lässt sich leichter einprägen.
– Markierte Informationen sind später leichter auffindbar.

Tipps für erfolgreiches *marking up*:
1. Lesen Sie den Text gründlich und erfassen Sie das Wesentliche.
2. Beginnen Sie dann erst mit dem Markieren.
3. Gehen Sie sparsam mit Markierungen um, sonst wird der Text unübersichtlich.

> ▶ Beim Markieren können Sie mit mehreren Farben arbeiten, um verschiedene Aspekte, wie Stil, Fakten oder Struktur, kenntlich zu machen.

> ▶ Falls die Textvorlage nicht beschrieben werden kann, nutzen Sie Klebezettel für Ihre Notizen.

Note making

Während Sie einen Text erfassen, notieren Sie sich Bemerkungen am Rand. Darin halten Sie fest, was Ihnen beim Lesen auffällt und bei der weiteren Bearbeitung des Textes von Bedeutung sein wird. Die Randnotizen können sich sowohl auf die Struktur, den Inhalt oder die Sprache beziehen. In der Regel bestehen sie aus einer Kombination von Schlüsselwörtern Abkürzungen oder individuellen Zeichen, z.B. Pfeile oder geschwungene Klammern.

Strukturmerkmale eines Textes erkennen

Ein Text besteht aus einem oder mehreren Absätzen. Diese unterscheiden sich nicht nur thematisch, sondern sind auch durch Absätze oder Zwischenüberschriften voneinander getrennt. Die Anordnung von Informationen, Aussagen, Beispielen und Schlussfolgerungen ist vom Autor bewusst gewählt. Insbesondere Sachtexte sind so strukturiert, dass der Leser die Präsentation der Fakten und Gedanken sowie die dargestellten Zusammenhänge problemlos verstehen kann.

> Die Grundbausteine eines Sachtextes sind:
> – **Einleitung** (*introduction, introductory part*)
> – **Hauptteil** (*main part, main body*)
> – **Schlussteil** (*final part, concluding part, conclusion*)

Die **Einleitung** führt den Leser in das Thema ein und beantwortet „W"-Fragen (*w-questions*). Sie soll das Interesse erwecken und verstärken.
Der **Hauptteil** ist der längste Textabschnitt, in dem das Thema ausführlich dargestellt wird. Er besteht in der Regel aus mehreren Absätzen.
Im **Schlussteil** wird das Wesentliche zusammengefasst oder es werden Schlussfolgerungen formuliert. Er kann auch einen besonders wichtigen inhaltlichen Schwerpunkt des Textes enthalten.

Methoden

Ein **Absatz** (*paragraph, passage*) ist eine in sich abgeschlossene Sinneinheit (*sense unit*) und grenzt sich meist inhaltlich von den anderen Absätzen ab.

In Zeitungsartikeln (*newspaper article, news story*) schreibt mitunter die Aufmachung (*layout*) die Länge der Absätze vor. Dann bildet manchmal sogar nur ein Satz oder die Aussage einer Person einen Absatz, um den Text übersichtlich zu präsentieren.

Grundsätzliche Gestaltungsregeln eines Absatzes:
- Ein einleitender Satz (*topic sentence*) benennt den inhaltlichen Schwerpunkt.
- Zu Beginn längerer Absätze können auch mehrere einleitende Sätze stehen.
- Die folgenden Sätze des Absatzes enthalten Ausführungen zu dem inhaltlichen Schwerpunkt, z.B. Erläuterungen, Bewertungen und Beispiele.

Achten Sie beim Lesen von Texten vor allem auf die Satzverknüpfungen. Durch **Satzverknüpfungen** (*connecting words or phrases*) verbindet der Autor die Sätze und damit die in ihnen formulierten Aussagen miteinander. Satzverknüpfungen helfen Ihnen so, dem Gedankengang des Autors zu folgen. Sie lotsen Sie durch den Text und helfen Ihnen die Anordnung der Aussagen zu erkennen. Informationen können z.B. in der Reihenfolge ihrer Wichtigkeit oder in ihrer zeitlichen Abfolge angeordnet sein.

▶ Satzverknüpfungen finden Sie auch ab S. 76.

Beispiele für Satzverknüpfungen		
Reihenfolge	Aufeinanderfolge	*at first ... (and) then ... at last / finally*
	Aufzählung	*first(ly), second(ly), third(ly) furthermore / in addition / moreover*
	Wertigkeit	*The important ..., the more important ... (and) the most important*
zeitliche Verknüpfung	vorzeitige Handlung	*a year / month / day before before that earlier*
	gleichzeitige Handlung	*at the same time during (that time) ... while ...*
	spätere Handlung	*then after that after a while*
inhaltliche Verknüpfung	Gleichwertigkeit	*(is) the same as*
	Gegensätzlichkeit	*in contrast to whereas / while / on the other hand unlike despite / in spite of*

Methoden | 15

Beispiele für Satzverknüpfungen		
inhaltliche Verknüpfung	Wertung	(un-)fortunately hopefully
	Andersartigkeit	another point a further aspect in addition to
	Begründung	because/for/as therefore for this reason this is the reason why due to on account of
	Folgerung	thus consequently as a result therefore accordingly/for that reason

Zwischenüberschriften (*cross headings*) sind ein weiteres strukturierendes Gestaltungsmittel, das leicht auffindbar ist. Sie informieren über inhaltliche Schwerpunkte oder Schlüsselsätze im Text. Deswegen sind sie insbesondere beim Überfliegen des Textes (*skimming*) oder beim suchenden Lesen (*scanning*) wichtige Hilfen.

Der Zeitungsartikel könnte auf folgende Weise mithilfe von *marking up* und *note making* sowie dem Herausarbeiten der Strukturmerkmale erschlossen werden.

Crossing the world in search of better life

By Jasmine Smithson
(Australian correspondent)

Most of those crowded on the wooden boat that was stopped after its almost 6,000-mile journey by the heavy seas off the coast of

Christmas Island (Australia) on 15th December will not return to their homes in Iraq, Iran or Afghanistan within the next months. They are only a few within the wave of refugees trying to emigrate from the Middle East to Australia each year to find a better life far away from home.

Being packed on to trucks refugees fear for bare life

"Most of these people travel overland, often on trucks," explained a representative of the International Organisation for Migration (IOM). According to him, the refugees go through hell when they uffer climatic and food problems. The worst hardship, however, is that they depend on the mercy of the people-trading smugglers. Nobody can tell the real number of asylum seekers from Iraq, Iran and Afghanistan, but Australian officials say more then 4,200 have landed so far this year. That does not include those perished during the exhausting journey, a non-governmental activist pointed out. According to IOM, criminal gangmasters charge the asylum seekers up to $5,000 in their home countries demanding additional payments en route.

Heading
by-line
I.: introduction:
topic sentence:
> Who?, > How?,
> What?, > When?,
> Where?
II.: main part:
> details

cross heading
topic sentence
> background information
– topic sentence
> details (figures)
> background information
III.: final part
topic sentence
> important information

1.2.4 Die Benutzung von Wörterbüchern

M

▶ Moderne
Deutsch-Englisch/
Englisch-Deutsch-
Wörterbücher:
– *Das große Oxford
  Wörterbuch*
– *Langenscheidt
  Abitur-Wörterbuch
  Englisch*

Bewährte einspra-
chige Wörterbücher
der englischen
Sprache:
– *Oxford Advanced
  Learner's Dictio-
  nary*
– *Langenscheidt
  Longman Diction-
  ary of Contem-
  porary English*

Wörterbücher sind unverzichtbare Hilfsmittel (*tools*) beim Erlernen einer Sprache. Sie enthalten eine Vielzahl von Informationen zu einem Wort. Zu einem **Wörterbucheintrag (*entry*)** in einem einsprachigen Wörterbuch gehören folgende Angaben.

in slashes: pronunciation

headword   word class

enjoy /ɪnˈdʒɔɪ/ *verb* **1** to get pleasure from sth: [VN] *We thoroughly enjoyed our time in New York.* ◊ *Thanks for a great evening. I really enjoyed it.* ◊ [V-ing] *I enjoy playing tennis and squash.* **2** [VN] **~ yourself** to be happy and get pleasure from what you are doing: *They all enjoyed themselves at the party.* **3** [VN] (*written*) to have sth good that is an advantage to you: *People in this country enjoy a high standard of living.* ◊ *He's always enjoyed good health.* **4** [V] (**enjoy!**) (*spoken*) used to say that you hope sb gets pleasure from sth that you are giving them or recommending to them: *Here's that book I promised you. Enjoy!*

bold numbers:
number of
meanings

} meaning

in square brackets:
verb pattern

in round brackets:
register

in italics: example

Häufig gibt es auf den ersten Seiten des Wörterbuches einen Abschnitt *Key to dictionary entries* mit detaillierten Hinweisen. Die Erklärungen der verwendeten **Abkürzungen (*abbreviations*)** und **Symbole (*symbols*)** sind in der Regel auf den Umschlaginnenseiten oder auf den ersten Seiten des Wörterbuchs zu finden.

Das **Stichwort (*head word*)** und weitere Schlüsselwörter je Eintrag sind **fett (*in bold*)** gedruckt oder **farbig (*coloured*)** hervorgehoben. Zwischen den Einträgen finden Sie Illustrationen, Synonymsammlungen oder Kommentare zum Beispiel zu den grammatischen Besonderheiten eines Schlüsselwortes. Außerdem erklären **Themenseiten (*topic pages*)** spezielle **Fachausdrücke (*technical terms*)** an Hand von Zeichnungen oder Fotos. Den Einträgen schließen sich in der Regel farbig gedruckte **geografische Karten** an, auf denen die englischen Namen von Ländern und ihren Hauptstädten verzeichnet sind. Sogar landeskundliche Informationen finden Sie, beispielsweise zu Schulsystemen in Großbritannien und der USA.

Auf Informationstafeln oder im Anhang sind konkrete Informationen zum Sprachgebrauch enthalten. Dort finden Sie Hinweise zur englischen **Grammatik,** den **Textformen,** zum Beispiel Aufsatz (*essay*), Briefe (*informal and formal letters*) oder Lebenslauf (*CV or resumé*). Diese Seiten sind nützlich, wenn Sie Briefe verfassen oder einen Lebenslauf erstellen sollen, da sie neben lexikalischen Hilfestellungen auch Hinweise zur Gestaltung (*layout*) dieser Texte geben. Des Weiteren enthält Ihr Wörterbuch die **Kommaregeln (*punctuation*)** und **Ausspracheregeln (*pronunciation*)** einschließlich einer Auflistung der **phonetischen Symbole (*phonetic symbols*)** und **unregelmäßigen Verben.**

Wortschatzarbeit mit einsprachigen Wörterbüchern

Im Allgemeinen ist es nicht sinnvoll, jedes unbekannte Wort eines Texts im Wörterbuch nachzuschlagen. Es ist zeitsparender zu versuchen, die Bedeutung eines Wortes aus dem **Kontext** oder mithilfe bereits bekannter deutscher oder französischer bzw. lateinischer Wörter zu erschließen.

In folgenden Fällen sollte das **einsprachige Wörterbuch** als wichtigste Quelle benutzt werden:

Fragen an das Wörterbuch	Antworten des Wörterbuchs
Genaue Feststellung der Wortbedeutung für eine **Interpretation**: – Besitzt das Wort eine bestimmte Konnotation (Nebenbedeutung)? – Ist das Wort mehrdeutig?	*coloured* (adj./n.) ist mit *offensive* gekennzeichnet. Das Wort klingt im heutigen Englisch verletzend. Der Satz *„He sees it **in black and white**."* hat drei Bedeutungen: – das Druckbild eines Textes – die Farben eines Films oder Fotos – eine Betrachtungsweise, die keine Abstufungen kennt
Entscheidung für das richtige Wort: *division* oder *separation*? Wie lautet die **Übersetzung** für „Gewaltenteilung"?	Die Worterklärungen im Kontext ergeben: ***separation of powers*** lautet der englische Begriff für „Gewaltenteilung".
Gibt es ein **Synonym** (gleichbedeutendes Wort) für *to give*?	Die Worterklärungen im Kontext ergeben, dass es abhängig vom Kontext folgende Synonyme gibt: ***to hand s.th. to sb.*** ***to provide s.o. with s.th.*** ***to pass s.o. s.th.*** Der Satz *„He gave me the photo."* hat die Alternativen: *He **handed** me the photo. /* *He **passed** me the photo.* *„He gave me a room to live in."* wird auch ausgedrückt durch: *He **provided me with** a room to live in.*
Ich möchte nicht immer *to argue* schreiben. Welche Möglichkeiten, **Ausdrucksvielfalt** zu erzeugen, gibt es?	Es lohnt sich, in den Beispielsätzen zu den Worterklärungen zu stöbern. In den Worterklärungen im Kontext finden sich folgende Alternativen zu *to argue*: *to disagree, to give reasons why you do not agree, to discuss, to show clearly what is true or correct, to continue to disagree, to persuade s.o. (not) to do s.th.*

M ↗ Mehr zu den Techniken, die **Bedeutung unbekannter Wörter** zu erschließen, in Kapitel 1.4.2.

▶ Das Online-Wörterbuch der LEO GmbH (Technische Universität München) steht zur kostenfreien Nutzung unter www.leo.org zur Verfügung.

▶ Lassen Sie Ihr Wörterbuch nach dem Auffinden des Eintrags geöffnet. So können Sie die Informationen bei Bedarf wiederholt studieren.

▶ Überprüfen Sie nach dem Nachschlagen im Deutsch-Englischen Wörterbuch die englische Vokabel unbedingt im einsprachigen Wörterbuch bezüglich Bedeutung und Gebrauch.

1.3 Der Umgang mit Arbeitsanweisungen

In der schriftlichen Abiturprüfung müssen Sie Kenntnisse und Fertigkeiten aus folgenden Bereichen des Faches nachweisen:
- Sprache
- interkulturelle Kommunikation
- Umgang mit Texten und Medien
- fachliche Methodenkompetenzen und Arbeitstechniken

Je nach Bundesland müssen Sie eine oder mehrere englischsprachige Textvorlagen **bearbeiten** (Textrezeption) und einen eigenständigen Text auf Englisch **verfassen** (Textproduktion). In einigen Bundesländern kann eine Übersetzung dazukommen. Als Vorlagen kommen Sachtexte, literarische Texte, audio-visuelle Vorlagen, Hörtexte sowie Bilder und Grafiken in Frage.

Jede Aufgabe besteht aus **Arbeitsanweisungen** (Operatoren), die angeben, was bei der jeweiligen Aufgabe zu tun ist. Die Operatoren enthalten Signalwörter, mit deren Hilfe es möglich ist, die Aufgabe einem bestimmten **Anforderungsbereich** zuzuordnen.

Die Aufgaben können drei Anforderungsbereichen zugeordnet werden, denen bestimmte **Operatoren** entsprechen. Die Anforderungsbereiche spiegeln den Schwierigkeitsgrad einer Aufgabe und den Grad der Selbstständigkeit bei deren Bearbeitung wider. Die Aufgaben verschiedener Anforderungsbereiche unterscheiden sich daher in ihrer Form hinsichtlich der erreichbaren Bewertungspunkte.

▶ Einen Schwerpunkt in den Klausuren bilden die Aufgaben des Anforderungsbereichs II. In diesem AFB können die meisten Punkte erzielt werden.

Der **Anforderungsbereich I** bezieht sich auf Anforderungen in den Bereichen Reproduktion und Textverstehen.
- Sie müssen zeigen, dass Sie zentrale Aussagen des vorgelegten Materials verstehen und wiedergeben können.
- Sie dürfen hier nicht Ihre eigene Meinung kundtun, sondern sollen sich auf die Informationen im Text beschränken.

Der **Anforderungsbereich II** bezieht sich auf Anforderungen in den Bereichen Reorganisation und Analyse.
- Hier geht es darum, den Aufbau, die Sprache und die Intention des Textes zu untersuchen.
- Sie müssen zeigen, dass Sie komplexe Materialien und umfassende Sachverhalte erschließen und darstellen und dabei geeignete Erschließungstechniken verwenden können.

Der **Anforderungsbereich III** bezieht sich auf Anforderungen im Bereich Werten und Gestalten.
- Sie müssen am Beispiel komplexer Sachverhalte zeigen, dass Sie argumentieren, bewerten und kommentieren können und dabei die geeigneten sprachlichen Mittel wählen.
- Hier ist Ihre begründete Meinung und Bewertung gefragt.

Beachten Sie die Operatoren, um nicht das Thema zu verfehlen.

Methoden

Häufig verwendete Operatoren und deren Bedeutung

Operator	Bedeutung	Beispiel
describe	give a detailed account of something	*Describe the living conditions of the family.*
outline	present the main features, structure or general principles of a topic omitting minor details	*Outline the author's views on love, marriage and divorce.*
summarize	give a concise account of the main points	*Summarize the text.*
compare	point out and analyse similarities and differences	*Compare X's and Y's views on education.*
analyse / examine	systematically describe and explain in detail certain aspects and / or features of the text	*Examine the author's use of language. Analyse the rhetorical means used.*
characterize	describe and analyse the character(s)	*Write a characterization of the heroine.*
explain	describe and define in detail	*Explain the protagonist's obsession with money.*
contrast	describe and analyse the differences between two or more things	*Contrast the author's concept of multiculturalism with concepts you have encountered in class.*
comment (on)	clearly state your opinion on the topic in question and support your views with evidence	*Comment on the argument ... expressed in the text, line ...*
discuss	analyse, give reasons for and against and come to a justified conclusion	*Discuss the influence of terrorism on civil liberties in the United States.*
evaluate	form an opinion after carefully considering and presenting advantages and disadvantages	*Evaluate the chances of the protagonist's plan to succeed in life.*
write	produce your own text (creative text production)	*Write a letter to the editor / a speech / an e-mail / a dialogue*

AFB I — *describe, outline, summarize, compare*

AFB II — *analyse / examine, characterize, explain, contrast*

AFB III — *comment (on), discuss, evaluate, write*

1.4 Den Wortschatz aufbauen

Der Erwerb des Wortschatzes vollzieht sich nach P. DOYÉ in drei Phasen:
– Präsentation und Bewusstmachung der Bedeutung
– Üben der Aussprache, Schreibung und Bedeutung
– Einordnung in den Gesamtwortschatz

Anwendung und Bedeutung eines Wortes werden vom **Kontext** bestimmt. Wörter werden als Bestandteile von Sätzen, Texten und Gesprächen verwendet. Ihre Anwendung ist immer in einem thematischen oder situativen Kontext eingebettet.
Um einen Ausdruck richtig anwenden zu können, ist es daher wichtig, sich neben der Bedeutung auch einzuprägen,
– welcher Sprachebene er angehört (siehe S. 184),
– ob er nur zusammen mit bestimmten anderen Verben oder Substantiven, d. h. in bestimmten **Kollokationen,** verwendet wird,
– ob er Bestandteil einer Redewendung (*phrasal verb, idiom*) ist.

▶ Beispiele für **Kollokationen** für dt. „Teilung/Trennung": *car sharing separation of power racial segregation division of labour*

Zu jeder Vokabel sollte neben der Übersetzung ein Beispielsatz aufgeschrieben und gelernt werden, der einen typischen Anwendungszusammenhang für das neue Wort darstellt. Der Beispielsatz hilft als Gedächtnisstütze und veranschaulicht die Bedeutung des Wortes.

> **Methode für das Sammeln der Vokabeln**
> Neue Vokabeln sammeln Sie am besten in einer Vokabelkartei oder in einem großformatigen Vokabelheft mit selbst eingerichteter Spalteneinteilung von 1/3 (Vokabel) zu 2/3 (Beispielsatz und Übersetzung).

Vokabel [grammatische] Merkmale

Übersetzung

Anwendungszusammenhänge (Kollokationen)

Vokabelkartei

tax, (pl.) taxes	Steuern
to pay taxes	Steuern zahlen
to levy taxes on s.th.	Steuern auf etwas erheben
to pay £ 3000 in tax	£ 3000 an Steuern zahlen
to raise/cut taxes	Steuern erhöhen/senken
to increase/reduce taxes on s.th.	

Selbstständige Wortschatzarbeit

Nicht nur die vom Lehrer oder dem Lehrwerk präsentierten Vokabeln sollten Sie lernen. Darüber hinaus empfiehlt es sich, auch diejenigen Vokabeln aufzuschreiben, zu ordnen und zu lernen, die sich während des Unterrichtsgesprächs als nützlich erwiesen haben. Eigentlich jeder Text zum Unterrichtsthema kann auf gebräuchliches Vokabular hin durchsucht werden. So können Sie sich einen individuellen Vokabelvorrat zu einem Unterrichtsthema zusammenstellen, der es Ihnen ermöglicht, sich geschickt und präzise auszudrücken.

1.4.1 Den Wortschatz systematisieren

Um sich eine Übersicht über das Vokabular zu einem Thema zu verschaffen, bietet sich das mit der Mindmap (siehe S. 26 ff.) verwandte thematische Wortfeld (*topic web*) an. Es berücksichtigt alle Wortarten. Von zwei bis drei zentralen Begriffen (z. B. *climate change*) gehen Verzweigungen zu in den Zusammenhang passenden Verben oder Adjektiven ab. Es ist besonders sinnvoll, diese Technik am Ende einer Unterrichtsreihe bzw. vor einer Klausur anzuwenden. Sie hilft nicht nur, den Wortschatz zu erweitern und zu festigen, sondern lotet ein Thema auch inhaltlich aus. So lernt man gleichzeitig, *was* man zu einem Thema sagen möchte und *wie* man dies abwechslungsreich und unter Verwendung möglichst treffender Begriffe tun kann.

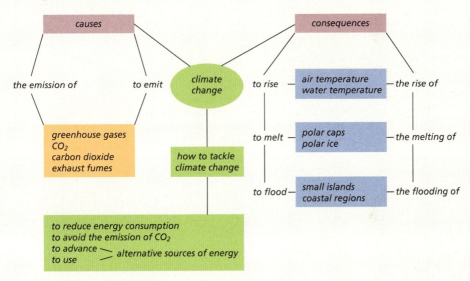

Zusammenstellung von Wortfeldern

Alle **Synonyme** (*synonyms*), also bedeutungsnahen Wörter, die einen bestimmten Begriff ausdrücken, werden gesammelt. Zur Verdeutlichung der Bedeutungsunterschiede bietet sich gleichzeitig eine Anordnung der Wörter nach bestimmten Ordnungsprinzipien wie z. B. Intensität oder zeitliche Reihenfolge an.

wordfield "to move"	wordfield "to lose in price or value"
to creep, to crawl, to loiter, to amble, to stroll, to go, to walk, to march, to hike to hurry, to run, to rush, to race, to fly	to go down, to drop, to fall, to sink, to slump, to slide

▶ Beispiele:
Profits slumped.
Prices dropped.
Prices went down.
The value of the pound fell.
The pound sank by 10 % against the euro.
Shares slid abysmally.

Zusammenstellung von Wortfamilien

Wortfamilien bestehen aus Wörtern, die denselben **Stamm** (*root*) besitzen. Durch das Anhängen von Vor- oder Nachsilben an den Wortstamm entstehen **Ableitungen** (*derivatives*), die eine neue Bedeutung besitzen. Durch die Zusammensetzung zweier oder mehrerer Wörter entstehen **Komposita** (*compound words*) als neue Begriffe. Vom selben Wortstamm abgeleitete Verben, Nomen und Adjektive werden gesammelt, wie z.B. in der Wortfamilie *cover*:

word family "cover"	word family "heart"	word family "use"
to cover s.th., a cover, a covering of, to discover, a discovery, to uncover, to recover from s.th., a recovery, to work undercover	heart, hearty, heartily, heartbeat, to dishearten s.o., disheartening, to be light-hearted, heartbroken, heartless, heart-stopping, heart-rending,	the use of, to use, used, be used to, used to, user, to abuse, to misuse, useful, use-fulness, useless, uselessness, user-friendly, out of use

Aufstellen von Gegensatzpaaren

Die Suche nach den Gegensatzpaaren (*opposites, antonyms*) ist eine hilfreiche Wiederholungsübung für Substantive, Adjektive, Verben, Präpositionen und Redewendungen.

Antonyms: nouns	Antonyms: verbs	Antonyms: adjectives
wealth – poverty love – hatred life – death death – birth freedom – captivity liberty – oppression order – disorder heat, warmth – cold	to hide – to find to flee – to pursue to arrest – to set free to buy – to sell to lend – to borrow to believe – to disbelieve to agree – to disagree	to cover – to uncover friendly – unfriendly pleasant – unpleasant peaceful – aggressive hopeful – hopeless satisfied – dissatisfied well-informed – ignorant

Paraphrasieren

Unter Paraphrasieren versteht man das Umschreiben oder Erklären eines Begriffs mit anderen englischen Wörtern. Sie können einen Begriff, der Ihnen gerade entfallen ist, durch eine Umschreibung ersetzen. Außerdem ist das Paraphrasieren eine gute Trainingstechnik, um präzises Formulieren zu üben.

> Paraphrase of "paramedic"
> A paramedic is a man or a woman who looks after the injured after an accident or takes care of people in an emergency.
> He/she looks after their injuries and/or takes them to hospital in an ambulance.

1.4.2 Unbekannte Wörter erschließen

M ↗ Mehr zu *scanning* und *skimming* in Kapitel 1.2.3.

Um sich beim ersten Lesen in einem Text zu orientieren (*scanning*) und die wichtigsten Informationen zu gewinnen (*skimming*), ist es nicht nötig, jedes Wort zu verstehen. Ihnen stehen mehrere zeitsparende Techniken zur Verfügung, um die Bedeutung unbekannter Wörter zu erfassen.

> "I had then, as you remember, just returned to London after a lot of Indian Ocean, Pacific, China Seas – a regular dose of the East – six years or so, and I was loafing about, hindering you fellows in your work and invading your homes, just as though I had got a heavenly mission to civilize you. It was very fine for a time, but after a bit I did get tired of resting."
>
> (*from*: JOSEPH CONRAD, *Heart of Darkness*)

Den Kontext erkennen

Mithilfe der Informationen aus dem Titel, den Illustrationen, der Art der Veröffentlichung und dem Textzusammenhang erhalten Sie einen Orientierungsrahmen, in dem Sie neuen Wörtern schnell eine Bedeutung zuordnen können.

> "tired of resting" – genug haben vom Ausruhen
> Der Sprecher im Textbeispiel ist aufgrund der thematischen Schlüsselwörter als Reisender zu erkennen, der nach einer langen Seefahrt einen ebenfalls langen Landaufenthalt genossen hat, nun aber der Ruhe überdrüssig ist (= tired of resting).

Bekanntes Wissen nutzen

Viele Wörter, die wir nie bewusst als englische Vokabeln gelernt haben, können wir verstehen, weil sie in ähnlicher Form im Deutschen verwendet werden oder wir sie aus einer anderen Fremdsprache bereits kennen.

▶ **Beispiele für Lehnwörter:**
adoption – Adoption
to insist – bestehen auf
sacred – heilig
frequent – häufig
to emancipate – unabhängig machen

neues Wort	bekanntes Wort aus dem Deutschen	Bedeutung des neuen Wortes
a regular dose of (n.)	Dosis, dosieren	Menge, Dosis
invading, to invade (v.)	Invasion	eindringen
mission (n.)	Mission	Aufgabe, Auftrag
to civilize (v.)	Zivilisation, zivilisiert	zivilisieren

Bei diesen uns leicht verständlichen Wörtern handelt es sich um Lehnwörter aus dem Lateinischen, im Falle von *dose* aus dem Griechischen, die in der Vergangenheit in die englische und deutsche Sprache aufgenommen wurden. Als **Lehnwörter** (*loan words*) bezeichnet man die einer anderen Sprache entliehenen Wörter einer Sprache. Beständig gelangen neue Lehnwörter als Bezeichnungen für Neuheiten des Alltagslebens oder durch den Sprachgebrauch von Einwanderern ins Englische.

Begriffe einem Wortstamm zuordnen

Unbekannte Wörter kann man sich u. a. erschließen, indem man betrachtet, wie sie (oft aus bekannten Wörtern und Wortteilen) gebildet werden. Durch das Anfügen von Vor- und Nachsilben an den Wortstamm entstehen verschiedene Ableitungen eines Wortes, die zu einer Wortfamilie gehören (siehe S. 22).

▶ **Beispiele für Ableitungen:**
to leapfrog one's way
courage / discourage / encourage
possession / to dispossess
proportion / proportionally

neues Wort	Wortstamm	Bedeutung des Wortes
heavenly (adj.)	*heaven (n.)* – Himmel	himmlisch
loafing about to loaf (v.)	*loaf (v.)* – nichts tun *loafer (n.)* – Freizeitschuh	nichts tun

Bedeutungsnuancen und Nebenbedeutungen

Eine Reihe von Wörtern verfügen über die Grundbedeutung hinaus über Bedeutungsnuancen und Nebenbedeutungen. **Konnotation** (*connotation or implicit meaning*) ist die Bezeichnung für die Nebenbedeutung, die ein Wort in einem bestimmten Zusammenhang per Assoziation ausdrückt. Wörter können positive oder negative Konnotationen haben. Bedeutungsnuancen und Nebenbedeutungen eines Wortes erschließen sich einem nur aus dem Zusammenhang, in dem sie verwendet werden.

■ The word **sun** means or denotes **the centre of our solar system**.
The word **sun** connotes or makes us associate **brightness and warmth** (= positive connotation). In other contexts its connotations are **heat and drought** (= negative connotation).

Wörter, die für negative Erscheinungen stehen, lösen negative Gefühle aus und geben dem Text eine negative Färbung.

■ Words such as darkness and emptiness carry negative overtones.

Verwandt mit der Konnotation ist die **bildhafte Bedeutung** (*figurative meaning*) bestimmter Ausdrücke, etwa von Metaphern und Symbolen (siehe S. 185 ff. und 236 ff.). Die Bedeutung von *prison* z. B. in „He escaped the prison of his marriage." ist nur **im übertragenen Sinn** als Bild für Enge und Unfreiheit zu verstehen.

▶ Beachten Sie entsprechende Hinweise im Wörterbuch, um die Verwendung abwertender Ausdrücke zu vermeiden.

Bestimmte Wörter beinhalten von sich aus eine **abwertende Bedeutung** (*pejorative meaning*). Sie wirken auf den Hörer unhöflich oder sogar beleidigend. Hierzu zählen *invective* (Beschimpfung), z. B. *nigger, slut, son of a bitch*, und **derogatory expressions** (abwertende Ausdrücke), z. B. *bookish, Negro, nerd, kink, posh, girlie*.

1.5 Produktion eigener Texte

In der Oberstufe, aber auch danach im Studium oder Berufsleben, zählt es zu den häufig verlangten Aufgaben, ein Referat oder eine Präsentation zu halten oder eine längere schriftliche Arbeit in Form einer Facharbeit, eines Berichts oder einer Argumentation zu verfassen.

Die folgende **Mindmap** zeigt die wesentlichen Einzelschritte bei der Durchführung eines themenorientierten **Projekts** (schriftliche Arbeit, Präsentation usw.) auf.

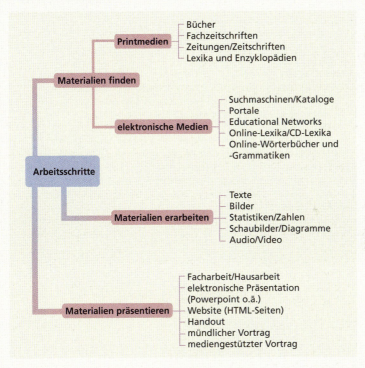

▶ Am Computer können Sie eine Mindmap mit dem kostenlosen Programm **FreeMind** erstellen: http://freemind.sourceforge.net/

Es ist sinnvoll, schon bei den Grundüberlegungen zu einem Projekt die einzelnen Schritte sorgfältig zu planen, nicht zuletzt unter zeitlichen Gesichtspunkten. So müssen Sie bei der **Materialfindung** bestimmen, ob Sie schwerpunktmäßig Bücher und Zeitschriften, elektronische Medien oder eine Mischung aus beiden als Quellen nutzen wollen. In der Phase der **Erarbeitung** der Materialien müssen Sie z. B. entscheiden, in welchem Umfang Sie Bilder, Schaubilder und multimediale Elemente wie Audio- und Videodateien einsetzen wollen. Schon frühzeitig sollten Sie überlegen, wie Sie das Material präsentieren möchten, da die Form der **Präsentation** (schriftliche Facharbeit, multimediale Präsentation, mediengestützter Vortrag) die Auswahl und Aufarbeitung der Materialien zum großen Teil bestimmt.

1.5.1 Themenfindung

Die Themenfindung steht am Anfang Ihres Referats oder Ihrer Facharbeit. In den meisten Fällen ist Ihnen ein Thema vorgegeben, oder es lässt sich aus der Situation ableiten, sodass die Wahlmöglichkeiten in dieser Hinsicht begrenzt sind. Sie müssen dann allerdings einen Schwerpunkt innerhalb dieses Themas bestimmen oder eine Auswahl an Unterthemen treffen, die Sie bearbeiten möchten.

Typische **Themen** für ein Referat, eine Präsentation, eine Argumentation oder eine Facharbeit im Englischunterricht der Oberstufe können z. B. so aussehen:
– Child Labour – a price to pay for globalization?
– The American Dream today – myth or reality?
– The role of the Black Panther Party in the civil rights movement of the 1960s and 1970s.
– Racial equality in the U.S. – a critical look at social reality today.
– Britain as a multicultural society – problems and chances.
– Britain and Europe – an uneasy relationship?
– Northern Ireland – the long road to peace.

Um sich einen Überblick über mögliche Aspekte eines Themas zu verschaffen, ist eine **Mindmap** sehr hilfreich. Sie dient dazu, das denkbare Spektrum eines Themas in übersichtlicher Form darzustellen. So systematisiert das folgende Beispiel verschiedene Aspekte des Themas „Globalisierung" und zeigt einige Kategorien auf, die sich als mögliche Unterthemen eignen.

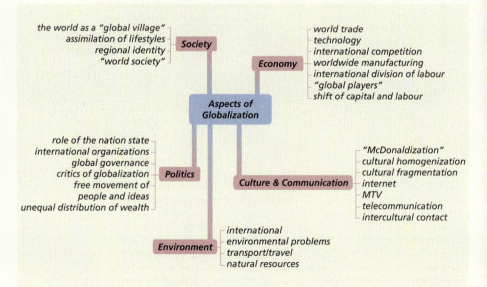

Wenn Sie Schwerpunktthemen gefunden haben, sollten Sie nochmals Ihre Lehrerin kontaktieren, um die Form der Arbeit und die Art der Materialrecherche abzustimmen:
- Sollen Sie die Ergebnisse der Arbeit in mündlicher oder schriftlicher Form darstellen?
- Welchen Umfang (Seitenzahl, Dauer der Präsentation) soll die Arbeit haben?
- Welche formalen Vorgaben sind einzuhalten?
- Welche Medien können Sie einsetzen?
- Welche Aspekte des Themas sind vorgegeben und welche sind frei wählbar?
- Welche Informationsquellen kann Ihnen Ihre Lehrerin oder Ihr Lehrer empfehlen?

Nehmen Sie im Anschluss an das Gespräch eine **Grobgliederung** vor, in die Sie die Aspekte einschließen, die ggf. enthalten sein müssen und diejenigen, die Sie als relevant erachten. Die Grobgliederung wird sich abhängig vom Material, das Sie zum Thema finden werden, noch ändern, teilweise mehrfach.
Wenn Sie die Arbeit zusammen mit Mitschülern anfertigen, sollten Sie zu diesem Zeitpunkt eine Aufgabenteilung grob besprechen. Auf die Materialsuche sollten Sie sich aber gemeinsam begeben.

Als nächster Schritt ist eine **thematische Auswahl** zu treffen. Es ist klar, dass eine Berücksichtigung aller thematischen Aspekte den Rahmen einer Schülerarbeit in der Oberstufe sprengen würde. Denkbar sind:
- die Konzentration auf einen Aspekt – z. B. die kulturellen Auswirkungen und Probleme der Globalisierung
- das Herausgreifen eines konkreten Beispiels (Fallstudie) – z. B. die Arbeitsbedingungen in der Textilindustrie der Dritten Welt
- die Verknüpfung von mehreren, nicht allen Aspekten – z. B. die Frage, welche Prozesse die Kritiker der Globalisierung am meisten anprangern

▶ **Fallstudien** (*case studies*) eignen sich meist besonders gut, um komplexe Themen zu verdeutlichen. Eine allgemeine Darstellung der wirtschaftlichen Auswirkungen der Globalisierung bleibt oft abstrakt und zu allgemein. Eine Fallstudie wie z. B. die Produktion von Textilien der Firma XY in einem Land der Dritten Welt ist konkreter und erhellender.

Ist diese Entscheidung einmal getroffen, sollten Sie den gewählten Aspekt (oder die gewählten Aspekte) thematisch weiter auffächern und überlegen, worauf der **Schwerpunkt** der Arbeit liegen soll. Konzentration auf ein bestimmtes Thema und bestimmte Aspekte bedeutet immer auch Reduktion im Sinne einer Beschränkung auf das Wesentliche. Meist ist es besser, wenn Sie sich auf ausgewählte Aspekte konzentrieren, statt zu versuchen, das Thema in seiner ganzen Breite darzustellen.

1.5.2 Materialsuche und Recherche

Ziel der Informationsbeschaffung ist es, zuverlässige Quellen zu finden, die Ihnen Informationen und Materialien zur Darlegung und Illustration Ihres Themas liefern können. Dabei sollten Sie das Angebot mehrerer Quellen miteinander vergleichen. Hier stehen Printmedien und elektronische Ressourcen (digitale Medien) zur Verfügung.

Printmedien	elektronische Ressourcen/digitale Medien
Lexika	Suchmaschinen
Enzyklopädien	Kataloge
Überblickswerke	Webportale
Wörterbücher	Videoportale
Thesauri	Onlineausgaben von Zeitungen und
Fachbücher	Zeitschriften
Zeitungen	Onlineauftritte von Rundfunk- und
Zeitschriften	Fernsehsendern
Magazine	Mediatheken (z. B. von ARD, ZDF, Arte usw.)
	Archive
	Onlinewörterbücher
	Enzyklopädien
	Datenbanken

Printmedien und elektronische Ressourcen sind inzwischen gleichermaßen als Informationsquellen anerkannt. Wichtig ist in jedem Fall, dass Sie die ausgewählte **Quelle genau prüfen** und kritisch bewerten. So hat z. B. eine Quelle wie www.spiegel.de eine höhere Glaubwürdigkeit als eine private Homepage oder ein Posting in Facebook.

Printmedien

Gehen Sie Ihre Bücherbestände zu Hause, in der Schulbibliothek oder der Leihbücherei in Ihrem Ort durch. Um sich einen allgemeinen Überblick zu verschaffen, können **Lexika** und **Enzyklopädien** hilfreich sein. Enzyklopädien wie die *Enyclopedia Britannica* sind umfassende Nachschlagewerke. Die wichtigsten Enzyklopädien gibt es auch auf CD bzw. DVD. Sie bieten den gesamten, aktualisierten Text der gedruckten Ausgaben, ergänzt durch zusätzliche Angebote aus dem Multimediabereich, wie z. B. interaktive Elemente, Ton- und Videodokumente sowie spezielle Recherchewerkzeuge.

Auch **Wörterbücher** und **Thesauri** wie beispielsweise der *New Oxford Thesaurus of English Words and Phrases* oder *Roget's Thesaurus of English Words and Phrases* enthalten überblicksartige Darstellungen.

In **Bibliotheken** können Sie meist mithilfe einer computerisierten Datenbank oder eines Karteikastensystems nach einem Stichwort, wie z. B. „Globalisierung", suchen. Im folgenden Beispiel (Universitätsbibliothek Stuttgart) wird online nach Materialien zum Zusammenhang von Globalisierung und Kinderarbeit gesucht:

Methoden 29

Es existieren auch zahlreiche spezialisierte **Zeitschriften,** die Sie in englischer Sprache an größeren Bahnhofskiosken erhalten. Insbesondere, wenn Sie an aktuellen Informationen zu einem Thema interessiert sind, erweisen sich Zeitschriften, Zeitungen und Magazine als gute Quellen. Zeitschriften, die beispielsweise den Themenbereich Globalisierung behandeln, sind *Time Magazine* und *Newsweek* für die politische Sichtweise sowie *The Economist* für eine wirtschaftliche Sichtweise des Themas. Empfehlenswert sind auch einige Sonntagsausgaben von Tageszeitungen, wie beispielsweise *The Independent on Sunday* oder *The Observer*.

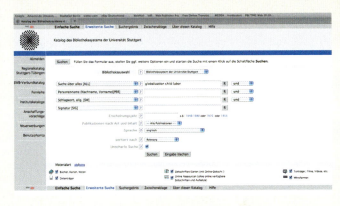

▶ Für Schüler bzw. Lehrer aus den USA sind Seiten mit dem Adresszusatz K12 erstellt worden. Diese enthalten unter anderem Informationen, die bereits für Unterrichtszwecke aufbereitet worden sind.

Elektronische Ressourcen/digitale Medien

Im Internet gibt es eine schier unübersichtliche Zahl von Webseiten, Diskussionsforen, Blogs etc., die Informationen über Ihr zu bearbeitendes Thema liefern können. Beim Arbeiten mit elektronischen Ressourcen gibt es jedoch einige Besonderheiten, derer Sie sich bewusst sein sollten. Zum einen handelt es sich beim **World Wide Web** um ein gigantisches Netzwerk, das von keiner Person oder Institution **strukturiert** wird. Das Internet ist deshalb sehr unübersichtlich, und es besteht das Problem, dass Sie darauf angewiesen sind, Ihr Material schnell zu finden.
Zum anderen wird das World Wide Web von keiner Person oder Institution **kontrolliert.** Jeder kann im Internet veröffentlichen, was er will, und es gibt nur ein Minimum an Kontrolle. Dieser Umstand kann dazu führen, dass Sie Informationen aus dem Internet übernehmen, die verzerrt, einseitig subjektiv oder schlichtweg falsch sind.

▶ Häufig steht auf der Startseite einer Website ein Hinweis auf die letzte Aktualisierung (*last update; last modified*). Über den Herausgeber der Website finden Sie meist Informationen unter „Impressum" oder „*About the author*".

Merkmale einer guten Website

- **Aktualität:** Ein Hinweis auf die letzte Aktualisierung zeigt, ob eine Website gepflegt und regelmäßig um neue Informationen ergänzt wird. Seit längerem nicht mehr aktualisierte Seiten können unzutreffende Informationen enthalten.
- **Herausgeber:** Der Name und die E-Mail-Adresse des Internetangebotgestalters sollte aufgeführt sein.
- Die **Darstellung der Inhalte** sollte möglichst sachlich und nicht einseitig sein.
- Die Website sollte eine **Sitemap** haben, um so dem Benutzer einen Überblick über die Webpages zu geben.
- Das Angebot soll übersichtlich aufgebaut sein, d. h., die **Links** sollten direkt zu den wichtigsten Abschnitten führen.

M

▶ Der Punkt vor dem Adresszusatz heißt im Englischen *dot*.

Die **Adresse** einer Webseite kann ein Hinweis darauf sein, um welche Art von Informationen es sich handelt.

– Adressen mit den Domains *.ac* oder *.edu* stehen für *academic* oder *educational*. Hierbei handelt es sich um Webseiten von Universitäten. Die Informationen können als relativ zuverlässig betrachtet werden. Vorsichtig sollten Sie allerdings bei privaten Seiten von Studierenden sein; diese müssen keine zuverlässigen Daten liefern.
– Seiten mit dem Zusatz *.org* wurden für Organisationen erstellt. In der Aufbereitung der Informationen sind diese Seiten von sehr unterschiedlicher Qualität – sachlich-neutrale Darstellungen finden sich ebenso wie stark interessenbezogene Stellungnahmen.
– Kritisch lesen sollten Sie kommerzielle Seiten *.com* und Webseiten, deren Herkunft unklar ist.
– Adressen mit den Domains *.gov* sind Regierungen oder regierungsähnlichen Organisationen vorbehalten.
– Webseiten mit Länderkürzeln wie *.de* oder *.co.uk* werden häufig auch von Privatleuten genutzt.

Startpunkt einer Recherche im Netz

Mithilfe elektronischer Medien können Sie sich einen Überblick über ein Thema verschaffen. Geeignete Startpunkte für eine Recherche sind Enzyklopädien und Web-Kataloge.

Die wichtigste **Enzyklopädie** aus der englischsprachigen Welt ist die ***Encylopedia Britannica,*** die ihre Inhalte im Netz unter www.britannica.com kostenpflichtig anbietet.

Die bekannteste und umfangreichste Online-Enzyklopädie ist **Wikipedia** (www.wikipedia.org), die es in zahlreichen Sprachen gibt. Sie arbeitet nach dem Community-Prinzip: Jeder kann sich bei Wikipedia anmelden und Beiträge schreiben, ergänzen und verändern, die wiederum von anderen geprüft und korrigiert werden. Dieses Verfahren führt meist zu guten Ergebnissen. Doch es ist nicht auszuschließen, dass bei Wikipedia zumindest zeitweise Informationen veröffentlicht werden, die einer Überprüfung nicht standhalten.

Webkataloge (*web directories*) sind nach inhaltlichen Kriterien geordnete Linkverzeichnisse zu bestimmten Themen, die eine Orientierung erleichtern.

Bekannte Webkataloge	
www.dmoz.org	dir.yahoo.com

Nutzen Sie zu Beginn Ihrer Recherche vor allem auch die Onlineausgaben von **Zeitschriften und Zeitungen.** Häufig finden Sie hier *Themenseiten* (*special reports/features*) oder *Projektseiten,* auf denen zahlreiche Aspekte eines Themas präsentiert werden. Die Onlineauftritte von **Rundfunk- und Fernsehsendern** bieten oft eine Fülle an audio-visuellem Material.

Onlineausgaben von Zeitungen und Zeitschriften	Onlineauftritte von Rundfunk- und Fernsehsendern
www.washingtonpost.com www.nytimes.com www.time.com/time www.newsweek.com www.economist.com www.thetimes.co.uk www.guardian.co.uk www.independent.co.uk http://observer.guardian.co.uk	www.cnn.com www.abcnews.go.com www.bbc.co.uk

Materialien finden im Netz

Suchmaschinen (*search engines*) durchsuchen die Inhalte des World Wide Web und filtern sie so, dass eine Suche unter Berücksichtigung verschiedener Kriterien (Stichwörter, Volltext usw.) möglich wird.

Wichtige Suchmaschinen
www.google.com www.bing.com www.yahoo.com www.altavista.com http://alltheweb.com
Metasuchmaschinen durchsuchen die Ergebnislisten von Suchmaschinen
www.webcrawler.com/ www.metacrawler.com/

Ohne Suchmaschinen wäre der größte Teil der Inhalte des WWW nicht zugänglich; allerdings erfassen auch die größten Suchmaschinen bei weitem nicht alle Inhalte des WWW.

> Beginnen Sie Ihre Recherche im Netz nicht damit, den gesuchten Begriff in die Suchmaske einer **Suchmaschine** einzugeben. Sie können so zwar unter Umständen durchaus gute Resultate erzielen, aber es ist besser, sich zuerst auf andere Weise einen Überblick zu verschaffen.

Viele, die im Internet nach Informationen suchen, gehen einfach zur Suchmaschine ihrer Wahl und geben dort den gesuchten Begriff bzw. die gesuchten Begriffe ein. Sie benutzen – oft ohne es zu wissen – die sogenannte „einfache Suche". Bei einer Recherche nach Aspekten der Globalisierung würde man z. B. lediglich das Stichwort *globalization* in die Suchmaske eintragen. Als Ergebnis erhalten Sie in diesem Fall bei Google, Yahoo, Altavista oder einer anderen Suchmaschine mehrere Millionen Treffer.

Die große Zahl der Suchergebnisse zeigt vor allem eines: Das WWW bietet in der Tat eine riesige Fülle von Informationen zum Thema „Globalisierung". Besonders hilfreich ist ein Ergebnis mit so vielen Treffern allerdings nicht, da es unmöglich ist, alle einzeln daraufhin zu prüfen, ob sie die gewünschte Information enthalten. Es ist deshalb sinnvoll, die Suche einzugrenzen. Das Mittel der Wahl ist die sogenannte **„erweiterte Suche"** (*advanced search*), die von vielen Suchmaschinen angeboten wird.

Nehmen wir an, Sie wollen nach aktuellen kritischen Stimmen zur Globalisierung aus den USA suchen. Folgende Eingaben in der erweiterten Suchmaske einer Suchmaschine sind in diesem Fall nützlich:
– Es soll nach Dokumenten gesucht werden, die die Begriffe *globalization, critics* und *USA* enthalten.
– Es soll nur nach englischsprachigen Seiten gesucht werden.
– Die Seiten sollen nicht älter als ein Jahr sein.
– Die Informationen sollen sich im Hauptteil der Seite befinden.

Die Eingrenzung der Suche sorgt dafür, dass es zum einen sehr viel weniger Treffer gibt, und dass zum anderen nur Seiten angezeigt werden, die einen engen Bezug zum Thema haben. Trotzdem kann es sinnvoll sein, die Suchkriterien weiter zu verfeinern – zum Beispiel , indem speziell nach den Positionen der amerikanischen Kirchen zur Globalisierung gesucht wird oder nur die Seiten aufgerufen werden, die den Begriff *globalization* in ihrer Internetadresse (*URL*) führen.

> Eines der bekannteren Webportale für den Englischunterricht ist das Portal von Kurt Sester: www.sester-online.de

Für Schüler und Lehrer gibt es inzwischen zahlreiche **Webportale** und **schulbezogene Netzwerke,** in denen Themenbereiche abgestimmt auf die Lehrpläne des Faches Englisch strukturiert dargeboten werden.

> **Webportale** sind „Einstiegsseiten" zu bestimmten Themen und Bereichen. Sie versuchen, den Benutzern eine Fülle von gut strukturierten Informationen und Links zu einem Thema zu geben.

Da Webportale (Kataloge) einen einfachen und transparenten Zugang zu einem großen Informationsangebot bieten, können sie eine entscheidende Erleichterung bei der Navigation des Internets darstellen. Bildlich gesprochen sind Portale Türen in die Welt des WWW. Sie setzen nicht vornehmlich darauf, eigene Inhalte anzubieten, sondern führen bereits vorhandene Inhalte zusammen, bündeln sie, um den Zugang zu Informationen zu erleichtern, die im Netz vorhanden, aber einzeln relativ schwer zugänglich sind.

Webportale gibt es auch für den Bildungsbereich und speziell den Englischunterricht. Eines der größten Bildungsportale ist „Lehrer-Online" (www.lehrer-online.de). Hier finden Sie Angebote zu praktisch allen Fächern. Lassen Sie sich nicht durch den Namen irritieren – Lehrer-Online ist auch für Schüler interessant. Das Fachportal Englisch bietet Ihnen Informationen zur Literatur, Grammatik, Politik, Wirtschaft und Kultur englischsprachiger Länder, Sprachlernprogrammen, Vokabeltraining sowie eine umfangreiche Linksammlung.

Die meisten Suchmaschinen bieten auch die Möglichkeit, gezielt nach **Multimedia-Dateien,** also Bildern, Audio- und Videodateien, Karten oder (aktuellen) Zeitungsartikeln zu suchen. Bei Google finden Sie diese Optionen oben links auf der Startseite.

Um geeignete **Videos** zu Ihrem Thema zu finden, können Sie auch in den Onlineauftritten der großen internationalen Rundfunk- und Fernsehsendern oder beim größten Videoportal, „YouTube", suchen. Das Angebot von YouTube ist gewaltig und Sie finden zu praktisch jedem Thema etwas.

> ▶ Viele TV-Sender haben sogenannte *channels* bei YouTube.

Auch **Zeitungen** und **Zeitschriften** sowie die Internetauftritte von **TV-Sendern** bieten eine Fülle von Material. Die großen Tageszeitungen und Zeitschriften verfügen über Onlineversionen, die Sie für Ihre Recherche nutzen können. Da einige Verlage wieder versuchen, Geld mit Inhalten zu verdienen, müssen Sie selbst herausfinden, welche Inhalte bei welchen Zeitungen und Zeitschriften umsonst sind. Neben den aktuellen Nachrichten der unterschiedlichen Bereiche (Politik, Wirtschaft, Sport, Wissenschaft, Kultur) bieten viele Onlineausgaben von Zeitungen und Zeitschriften ein durchsuchbares **Archiv** ihrer Nachrichten an. Mithilfe von Suchmaschinen können Sie Zeitungs- und Zeitschriftenartikel zu einem bestimmten Thema recherchieren. In den Onlineversionen des *Independent,* der *Washington Post,* der *New York Times* und des *Guardian* finden Sie **Dossiers,** die mehrere Beiträge zu einem Thema enthalten. Sehr nützliche Quellen sind auch die *special reports* oder *features* von englischsprachigen Zeitungen.

> ▶ Klicken Sie im Startbildschirm von Google links oben auf **News,** um nach Artikeln zu suchen.

Immer häufiger finden Sie auch **interaktive Berichte,** die u. a. durch Bilder, Videos und Kartenmaterial ergänzt sind. Ein Beispiel sind die interaktiven Seiten des *Guardian.*

> ▶ Die interaktiven Seiten des *Guardian* etwa zum Irak-Krieg finden Sie unter www.guardian.co.uk/ world/interactive/ 2010/aug/13/iraq-war-logs.

Eine weitere potenzielle Quelle für gut recherchierte Informationen sind die Onlineversionen von **Fernsehsendern.** Neben Nachrichten mit Archivfunktion bieten auch sie Dossiers zu Themen sowie Archivmaterial in Form von Audio- und Videodateien an, die Sie in Ihre Präsentation oder Multimediaarbeit einbinden können.

Internetbasierte Wörterbücher können beim Verstehen von Texten aus dem Internet sowie beim Verfassen eigener Texte hilfreich sein. Haben Sie beim Lesen eines englischen Textes im Browser Verständnisprobleme, kann die automatische Übersetzungsfunktion von Google nützlich sein (*http://translate.google.de*). Allerdings sollten Sie dieser Funktion nicht „blind" vertrauen.

Das zweisprachige Wörterbuch der Technischen Universität München beispielsweise hilft Ihnen nicht nur bei der Übersetzung von Begriffen, sondern gibt auch Informationen über den Kontext sowie Aussprachehilfen per Audioausgabe mit dem Link zum einsprachigen *Merriam-Webster-Wörterbuch.*

> ▶ Das zweisprachige Wörterbuch der Technischen Universität München finden Sie unter: www.leo.org

Onlinewörterbücher können Sie geöffnet in einem zusätzlichen Fenster beim Verstehen schwieriger Vokabeln hinzuziehen, sie helfen aber auch beim Schreiben von Textpassagen.

1.5.3 Materialaufbereitung

Aus einem Schülerreferat zum Thema *„Cultural Globalization"*:

> Many things might come to one's mind when we think of the cultural effects of globalisation. Everywhere is McDonald, young people all over the world hear the same music and wear the same clothes from Gap or Benneton. A general definition of cultural globalisation could go like this.
> Globalization theory examines the emergence of a global cultural system. It suggests that global culture is brought about by a variety of social and cultural developments: the existence of a world-satellite information system; the emergence of global patterns of consumption and consumerism; the cultivation of cosmopolitan life-styles; the emergence of global sport such as the Olympic Games, world football competitions, and international tennis matches; the spread of world tourism; the decline of the sovereignty of the nation-state; the growth of a global military system; recognition of a world-wide ecological crisis; the development of world-wide health problems such as AIDS; the emergence of world political systems such as the League of Nations and the United Nations; the creation of global political movements such as Marxism; extension of the concept of human rights; and the complex interchange between world religions.
> More importantly, globalism involves a new consciousness of the world as a single place.
> There is no doubt that modern information and telecommunication systems play a very important part in a globalized world. The internet is perhaps the best example for that. It already makes the international youth culture possible.

▶ Der mittlere Absatz wurde vermutlich aus dieser Quelle übernommen und nicht als Zitat gekennzeichnet: www.encyclopedia.com/doc/1O88-globalization.html

▶ Manche Schulen verfügen über spezielle Software, mit deren Hilfe Plagiate recht zuverlässig aufgespürt werden können.

▶ **Plagiat** ist abgeleitet von lat. *plagium* = Menschenraub

▶ Tipps zum richtigen Zitieren finden Sie auf S. 50 f.

Sofort fällt bei dem Beispiel oben auf, dass der mittlere Absatz sprachlich und vom Anspruchsniveau nicht zu den beiden anderen passt. Indem die entsprechende Passage kopiert und in eine der gängigen Suchmaschinen eingegeben wird, lässt sich prüfen, ob der Schüler Material aus einer anderen Quelle übernommen hat. Sollte dies der Fall sein – ohne dass die Quelle angegeben und das Zitat als solches gekennzeichnet wurde – handelt es sich um ein Plagiat. Jemand anders hat die geistige Arbeit geleistet, die man als die eigene ausgibt.

Alle Gedanken und Fakten, die Sie einem Werk entnehmen, müssen als das Werk dieses Autors gekennzeichnet werden. Dies gilt besonders, wenn Sie Passagen **wörtlich** übernehmen, denn dann handelt es sich um **Zitate,** die mit Anführungszeichen zu versehen sind und deren Wortlaut nicht geändert werden darf. Die Quelle muss aber auch angegeben werden, wenn man Ideen und Argumentationen nur **sinngemäß** übernimmt.

> Fakten, Gedanken und Ideen, die einer anderen Quelle entstammen, müssen als solche gekennzeichnet werden.

Tipps für das Erstellen einer Textgrundlage:
1. Lesen Sie die Texte, die Sie bei Ihrer Materialsuche gefunden haben, und suchen Sie sie auf relevante Informationen hin ab.
2. Achten Sie auf die Sichtweise des Autors und hinterfragen Sie diese gegebenenfalls kritisch. Bedenken Sie, dass die Quelle, die Sie benutzen, einem anderen kulturellen Hintergrund entstammen kann.
3. Fügen Sie Informationen in Form von Notizen zusammen.
4. Fassen Sie die für Sie relevanten Punkte in Ihren eigenen Worten zusammen. Vergessen Sie dabei nicht, auf die verwendeten Quellen zu verweisen. Bei Webseiten brauchen Sie die WWW-Adresse und zusätzlich das Datum, an dem Sie die Seite zuletzt aufgerufen haben.

> **Zitieren einer elektronischen Quelle**
> Name, Vorname(n) des Autors: Titel des Materials, Artikels. *Name der Zeitung/Publikation* Datum des Zugriffs <URL-Adresse>.
> *Kis-Katos, K.: Does globalization reduce child labor?*
> 15.11.2010 <http://www.vwl.uni-freiburg.de/iwipol/publications/kiskatos_globalization-child-labor06.pdf>

5. Wenn Sie genug Material gesammelt haben, fügen Sie die Notizen zusammen und gleichen sie mit Ihrer Grobgliederung ab. Falls Sie im Vorfeld keine Gliederung angefertigt haben, sollten Sie nun eine erstellen. Die einzelnen Aspekte des Themas können Sie sich mithilfe eines **Baumdiagramms** (*tree chart*) veranschaulichen.

Ein **Treechart** (Baumdiagramm) stellt die Beziehungen zwischen einzelnen Elementen eines Netzwerks zueinander durch Verbindungslinien dar.
Ein **Flowchart** (Flussdiagramm) eignet sich zur grafischen Veranschaulichung von Entwicklungen oder Prozessen. Er zeigt die einzelnen Elemente und Ebenen eines Prozesses auf und setzt sie durch Pfeile und Linien miteinander in Beziehung.

6. Anschließend formulieren Sie – wiederum in eigenen Worten und unter Angabe Ihrer Quellen – einen Text oder notieren sich Stichworte oder *key sentences* für Ihre Präsentation.

Visuelles Material

▶ Nutzen Sie die Bildersuche bei Google, um visuelles Material zu finden.

Visuelles Material kann Ihren Fließtext oder Ihre Präsentation bereichern, Ihre Aussagen unterstützen und das Verständnis des Lesers bzw. Publikums erleichtern. Bei visuellen Materialien kann grob unterschieden werden zwischen Diagrammen, Graphen, Karten, Fotos, Illustrationen und Cartoons. **Diagramme und Graphen** sind graphisch aufgearbeitete Informationen, die Entwicklungen oder Proportionen aufzeigen und Zahlen zueinander in Beziehung setzen.

Zu den wichtigsten zählen Graphen (*graphs*), Balkendiagramme (*bar charts*) und Tortendiagramme (*pie charts*) und Tabellen (*tables/grids*).

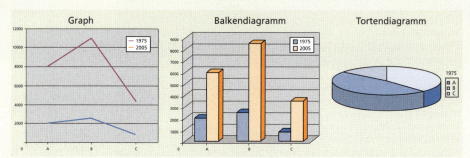

Um die Beziehungen zwischen den abgebildeten Zahlen bzw. Zahlenreihen aufzuzeigen, bedürfen Diagramme und Graphen der Erläuterung. Vokabular dazu finden Sie ab S. 76.

Kartenmaterial kann dazu dienen, die geografische Lage eines Landes oder einer Region sowie deren Besonderheiten zu veranschaulichen. Darüber hinaus lassen sich mithilfe von entsprechend aufbereiteten Karten auch geopolitische Zusammenhänge aufzeigen – wie im unten aufgeführten Beispiel, das die Arbeitsmigration der islamischen Regionen darstellt.

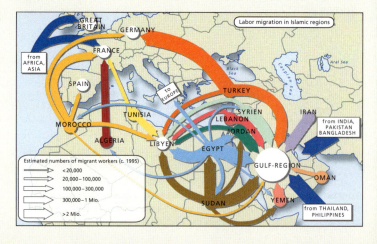

Fotos und **Illustrationen** dienen ebenfalls der Veranschaulichung des Inhalts. Wenn Sie beispielsweise innerhalb des Themas „*USA – The Salad Bowl*", die unterschiedlichen kulturellen Kontexte innerhalb der USA darstellen wollen, wäre an das Foto einer McDonald's-Filiale in New Yorks Chinatown zu denken, auf dem der charakteristische McDonald's-Schriftzug auch in chinesischen Schriftzeichen erscheint. Grundsätzlich sollten Sie Fotos und Illustrationen immer in Ihre Argumentation einbinden und nicht allein zu dekorativen Zwecken verwenden.

Eine eigene illustrative Kategorie sind **Cartoons** oder **Karikaturen**. Sie stellen gesellschaftliche oder politische Ereignisse auf humorvoll-überspitzte Weise dar und sind deshalb sehr geeignet, auf kontroverse Sachverhalte hinzudeuten. Auch am Anfang eines Vortrags oder einer Präsentation kann eine Karikatur oder ein Cartoon gut platziert sein – insbesondere, wenn es darum geht, die Zuhörer bzw. Zuschauer für ein bestimmtes Thema zu sensibilisieren.

Tonmaterialien und **Videodateien** können ebenfalls zur inhaltlichen Ergänzung und Vertiefung einer Themenstellung dienen. Auch sie sollten eine Funktion besitzen und nicht einfach zur Auflockerung eingebracht werden. Wenn Sie z. B. an einer Arbeit zum Thema „*Black Civil Rights in the USA*" arbeiten, bietet sich bei einem Vergleich der führenden Figuren MARTIN LUTHER KING und MALCOLM X ein Vergleich ihrer Rhetorik in Form von Redeausschnitten an.

▶ Eine Vielzahl von Audiodateien und Videos zur Geschichte der USA finden Sie in den *Freedom Archives* (http://freedomarchives.org)

▶ Eines der besten Archive mit audiovisuellem Material bietet die BBC: www.bbc.co.uk.

So könnten Sie Ausschnitte aus KING's „*I have a dream*" und MALCOLM X' „*Message to the grassroots*" in einer Präsentation vorspielen und vergleichen (lassen).

▶ Zum Nordirlandkonflikt gibt es ein „*Special*" unter www.bbc.co.uk/history/recent/troubles/index.shtml.

▶ Auch bei **YouTube** (www.youtube.com) finden Sie Videos zu allen erdenklichen Themen. Eine Suche nach „*the troubles*" bringt zahlreiche Treffer, einschließlich einer 24-teiligen Dokumentationsreihe zum Nordirlandkonflikt (Stand November 2010).

Gleiches gilt für **Filmmaterial/Videos**. Für eine Arbeit zum Nordirlandkonflikt eignen sich zum Beispiel Sequenzen aus dem Archivmaterial der BBC, mit deren Hilfe Sie die Ereignisse nachvollziehen und diskutieren können.

1.5.4 Eine Gliederung erstellen

Das „Gerüst" einer Facharbeit oder Präsentation ist eine übersichtliche Gliederung. Sie teilt das Thema in strukturierte Teile und sorgt so für bessere Verständlichkeit. Außerdem hilft die Erstellung einer Gliederung dabei, die eigenen Gedanken zu ordnen. Die Gliederung (Inhaltsangabe) einer Facharbeit zum Thema *„Globalization"* könnte so aussehen:

---

1 **The impact of globalization on our lives**
   1.1 *McDonald's is everywhere (Starbucks, Burger King etc.)*
   1.2 *What we wear and where it comes from*
   1.3 *What we wear and where we buy it from*
   1.4 *Similar lifestyles nearly everywhere (international youth culture)*

2 **Facts & Figures about globalization**
   2.1 *What makes a 'global player' (examples from the textile industry)*
   2.2 *Movement of capital and labour (one world)*
   2.3 *Trade figures*
   2.4 *Transport and travel*

3 **Dimensions of globalization**
   3.1 *Technological progress (internet, telecommunication, global village)*
   3.2 *Worldwide manufacturing (international competition, open markets)*
   3.3 *New dangers: global terrorism*
   3.4 *What the critics say: anti-globalization movement*

4 **Case study: the textile industry**
   4.1 *Who are the 'global players' in the textile industry?*
   4.2 *Where do they manufacture their goods?*
   4.3 *What are labour conditions like, how much are workers paid?*

5 **Summary/Conclusion**

Die **dezimale Gliederung** ist heute die am häufigsten verwendete Form der Gliederung. Dabei gelten folgende Regeln:
- Es werden arabische Ziffern verwendet.
- Jeder Hauptabschnitt wird von 1 an fortlaufend nummeriert.
- Jeder Abschnitt kann beliebig viele Unterabschnitte haben.
- Die Nummern der einzelnen Ebenen werden durch einen Punkt getrennt.

1 Einleitung
2 These
   2.1 Hauptargument Nr. 1
      2.1.1 Unterargument Nr. 1
      2.1.2 Unterargument Nr. 2
   2.2 Hauptargument Nr. 2
      2.2.1 Unterargument Nr. 1
      2.2.2 Unterargument Nr. 2
3 Schluss

Prinzipiell sind beliebig viele **Gliederungsebenen** möglich. Für eine schriftliche Hausarbeit oder eine Präsentation in der Oberstufe werden Sie jedoch kaum mehr als zwei oder drei Gliederungsebenen brauchen.

Folgende Aspekte kommen als Bestandteile von Einleitung, Hauptteil und Schluss der Gliederung in Frage.

In der beispielhaften Gliederung zum Thema *„Globalization"* erfüllt der 1. Teil (*The impact of globalization on our lives*) die Funktion der **Einleitung.** Durch konkrete und lebensnahe Beispiele wird das Interesse der Zuhörer/Leser geweckt. Dies ist ein Verfahren, das auch in vielen Zeitungsartikeln eingesetzt wird. Sie sollten hier auch angeben, warum Sie sich gerade für dieses Thema entschieden haben.

Die Teile 2 und 3 (*Facts & Figures about globalization* und *Dimensions of globalization*) bilden den **Hauptteil.** Hier steht die Vermittlung von Informationen zu verschiedenen Aspekten des Themas im Vordergrund.

Der 4. Teil (*Case study: the textile industry*) ergänzt den relativ allgemeinen Hauptteil um eine Fallstudie, die mit sehr konkreten Informationen und **Problemstellungen** aufwartet.

Teil 5 (*Summary*) ist der **Schlussteil** der Arbeit/Präsentation. Hier werden die wichtigsten Schlussfolgerungen zusammengefasst – evtl. mit Bezug auf den einleitenden Teil – und bewertet. Scheuen Sie nicht das eigene, begründete Urteil.

Denken Sie daran, dass alle **Überschriften** und Unterüberschriften Ihrer Gliederung eine inhaltliche Aussage haben. Es ist wenig sinnvoll, ausschließlich Überschriften wie beispielsweise „Einführung", „Hauptteil", „Schluss" zu verwenden. Überschriften sollten den Inhalt des jeweiligen Kapitels ankündigen.

1.5.5 Eine Präsentation erstellen und vortragen

Bei schriftlichen Präsentationen ist zwischen textorientierten Formaten und Multimediaformaten zu unterscheiden. Die am weitesten verbreitete schriftliche Form ist die **Facharbeit** (siehe Kapitel 1.5.6), eine längere textbasierte Abhandlung zu einem Thema. Die Facharbeit besteht aus einem Fließtext mit Illustrationen, Fotos oder grafisch aufbereitetem Material wie Diagrammen, Tabellen oder Graphen.

Alternativ können Sie auch eine **Arbeit im Multimediaformat** erstellen, das heißt eine schriftliche Arbeit mit eingebundenen visuellen, auditiven oder audio-visuellen Materialien. Traditionelle Formen für solche Arbeiten sind Wandzeitungen, Plakate, Flipcharts und Transparentfolien für den Overheadprojektor. Heute werden multimediale Präsentationen meist mit **Präsentationsprogrammen** wie PowerPoint oder OpenOffice Impress oder mit **HTML-Editoren,** mit deren Hilfe Sie Webseiten gestalten können, erstellt.

Ein wesentliches Merkmal digitaler Präsentationen ist die Verringerung der angebotenen Textmenge: Übersichten, Systematisierungen, Listen usw. sind hier besser geeignet als lange Textpassagen. In der mündlichen Präsentation kann Ihre Arbeit die Form eines mediengestützten Vortrags haben.

▶ Zu den Gestaltungsaspekten digitaler Präsentationen können Sie sich informieren unter: *http://lehrerfortbildung-bw.de/werkstatt/praes/*

Die **Bewertungskriterien** sind für alle Formen der Präsentation in der Regel die folgenden:
– formale Aspekte, z. B. Gliederung, Zitierweise, Quellenangaben,
– sinnvolle Gliederung des Inhalts und eigene Aufarbeitung des Themas (z. B. in Form einer Problembearbeitung mit Lösungsvorschlägen und eigener Stellungnahme),
– angemessene und verständliche Darbietung des Inhalts, sinnvolle Wahl der Unterthemen,
– sprachlich angemessene Form (z. B. Stil, Sorgfalt im Manuskript), angemessene Wortwahl, Formulierung in eigenen Worten.

Die **elektronische Präsentation** ist eine „moderne" Variante der „traditionellen" Facharbeit. In ihrer allgemeinen Absicht unterscheiden sich beide Formen nicht wesentlich, jedoch stellt die elektronische Präsentation einige spezifische Anforderungen. Während es im Rahmen einer Facharbeit z. B. durchaus geboten ist, Zusammenhänge in längeren Texten ausführlich darzustellen, lässt die elektronische Präsentation dies nicht zu. Die Präsentation benutzt als Ausgabegerät entweder den **Bildschirm** oder den **Beamer** – beides Medien, die für die Wiedergabe längerer Texte nur bedingt geeignet sind.

▶ Auf Englisch ist ein Beamer ein *projector* oder *video/data projector*.

Obwohl Sie auf Seiten füllende Textpassagen also besser verzichten sollten, bietet die digitale Präsentation eine Reihe von Möglichkeiten, die sich im Rahmen einer traditionellen Facharbeit nicht realisieren lassen. Dazu gehören in erster Linie die Integration von multimedialen Elementen, wie z. B. **Audio- und Videodateien** oder **Links ins Internet.**

Im Folgenden werden zwei Formen der elektronischen Präsentation erläutert: Präsentationen, die mit spezieller **Präsentationssoftware** erstellt werden, und Präsentationen, die sich der „Sprache" HTML bedienen, also Seiten zur Veröffentlichung im Internet oder einem Intranet erstellen.

Werkzeuge zum Erstellen von **elektronischen Präsentationen** sind z.B. Microsoft PowerPoint oder das kostenlose OpenOffice Impress. Sie erzeugen einzelne, miteinander verbundene „Folien", die eine große Vielfalt von einzelnen Elementen enthalten können. Die wichtigsten dieser Elemente sind strukturierter Text, Bilder, Tondokumente, Videodokumente und Internetlinks.

▶ Das kostenlose OpenOffice Impress finden Sie unter *http://de.openoffice.org*. Impress ist ähnlich leitungsfähig wie PowerPoint und kann PowerPoint-Dateien lesen und schreiben.

Die **Vorgehensweise** ist bei den meisten Programmen gleich: Nachdem grundlegende Dinge wie Layout, Hintergrundfarben sowie Schriftarten, -größen und -farben für die Präsentation bestimmt wurden, werden die einzelnen „Folien" (Seiten) gestaltet. Dabei erhält jedes Element seinen eigenen Rahmen und kann beliebig auf der Folie platziert werden. Grundsätzlich können alle Elemente „außerhalb" des Präsentationsprogramms erstellt und dann auf die Folien gebracht werden (z.B. durch „*drag & drop*"). Oft werden im Präsentationsprogramm lediglich vorhandene Materialien in geeigneter Weise zusammengeführt.

Globalization

1. The impact of globalization on our lives
2. What we need to know about globalization
3. Dimensions of globalization
4. Child labour – a price to pay for globalization
5. Summary

Statt ein Programm wie PowerPoint oder OpenOffice Impress zu verwenden, können Sie auch mithilfe eines **HTML-Editors** Webseiten gestalten. Sie brauchen dazu keine besonderen Kenntnisse, da es grafische HTML-Editoren gibt, die sich ähnlich wie ein gängiges Textverarbeitungsprogramm bedienen lassen. Auch in HTML-Seiten können die verschiedensten Elemente eingebunden werden. Neben Text, Bildern sowie Audio- und Videodateien sind es vor allem die (internen und externen) Links (Hypertextprinzip), die HTML-Seiten auszeichnen.

▶ Kompozer (*http://kompozer.de/*) ist ein kostenloser HTML-Editor, mit dem auch Nicht-Experten Webseiten erstellen können.

Die **Vorgehensweise** bei der Erstellung des Textes ist die gleiche wie bei der ausgedruckten schriftlichen Arbeit.
– Fragen Sie sich vorher bei Audio- und Videodateien, welche Funktion die Datei erfüllen soll.
– Achten Sie darauf, dass die Bilder, Audio- und Videodateien, die sie einbinden, tatsächlich geeignet sind, Ihre Aussage zu unterstützen.
– Wählen Sie geeignete Stellen für das Einblenden der Dateien aus.

> Die Quellen von **Audio- und Videodateien** können Sie folgendermaßen angeben:
> *Lane Fox, Martha. Interview. BBC News 25 July 2002 <http://news.bbc.co.uk/media/audio/381500000/rm/_38150274_martha-women-edited.ram>.*

Auch eine **Multimediaarbeit** muss inhaltlich und sprachlich überarbeitet werden. Hinzu kommt die **technische Überprüfung** der korrekten Verlinkung aller Dateien im Dokument.

▶ Für den Fall, dass „alle Stricke reißen" (technische Probleme), sollten Sie Transparentfolien Ihrer Seiten erstellen. So können Sie zur Not auf einen Overheadprojektor ausweichen.

Tipps für die erfolgreiche Multimediaarbeit:
1. Stellen Sie sicher, dass alle gewünschten Dateien im Dokument vorhanden sind und dass man auf sie zugreifen kann (z. B. in einem Ordner ablegen).
2. Bevor Sie die Arbeit abgeben, machen Sie einen Probedurchlauf und versetzen Sie sich in die Rolle des Lesers, der auf die Dateien zugreifen will.
3. Vergewissern Sie sich, dass die Folien bzw. Seiten auch dann gut leserlich sind, wenn sie mithilfe eines Beamers projiziert werden. Unter Umständen müssen Sie für die Projektion andere Farben und Schriftgrößen verwenden.
4. Achten Sie bei der Erstellung von Multimediapräsentationen darauf, dass Sie Bilder, Tondokumente und Videos tatsächlich in die Präsentation *einfügen* und nicht nur damit *verknüpfen*. Sonst kann es Ihnen passieren, dass bei der Vorführung das Video nicht erscheint, weil es lediglich auf Ihrer heimischen Festplatte liegt.

Der mediengestützte Vortrag

Der mediengestützte Vortrag ist eine mündliche Form der Präsentation von Materialien. Zu einem mediengestützten Vortrag gehören:
– ein **Handout** für das Publikum, auf dem Sie die wichtigsten Aspekte Ihres Vortrags niederlegen,
– die **Folienpräsentation** in Form von OHP- oder PowerPoint-Folien,
– der **mündliche Vortrag** selbst, der über die reine Argumentation hinaus Beispiele, Erläuterungen und detaillierte Informationen enthält.
Das **Handout** sollte übersichtlich sein und möglichst eine, im Höchstfall zwei Seiten umfassen. Ein Handout hat folgende Bestandteile:
– Thema der Präsentation, Ihren Namen, Ihre Klasse / Ihren Kurs, Datum
– Gliederungspunkte Ihrer Arbeit, um den Zuhörern die Orientierung innerhalb Ihres Vortrags zu erleichtern
– die wichtigsten Punkte Ihrer Argumentation in Stichworten
– Wenn Ihnen ein Zitat zentral erscheint, können Sie es unter Angabe der Quelle ebenfalls anführen.
– Unten auf der Seite geben Sie Ihre Quellen an, auch sind Vokabelannotationen meist angebracht.

Für das Thema *„Globalization"* könnten die Stichworte auf dem Handout/Thesenpapier folgendermaßen aussehen:

```
Case study: the garment industry
- British consumers spend £23 billion a year on clothes - £400
  per person
- the clothes market is dominated by a small number of large
  retail chains
- the number of jobs in British clothes factories has fallen rapidly
  in recent years, as companies relocate to cheaper countries
- clothes are getting cheaper
- the downward pressure on prices lies at the heart of globa-
  lization
- in the late 90s daily wages in the garment industry in Indonesia
  were 35p and in Bangladesh 63p for a 12-hour working day
- at the same time a worker in the British textile industry got
  nearly £50 for an eight-hour working day
```

▶ Machen Sie nach der Fertigstellung Ihrer Notizen einen Probedurchlauf, damit Sie Ihren Zeitbedarf einschätzen können. Gegebenenfalls überarbeiten Sie Ihren Vortrag, bis er in den vorgegebenen zeitlichen Rahmen passt.

Ein weiterer Teil Ihres Vortrages ist die **Folienpräsentation.** Wenn Sie nur einen Overhead-Projektor zur Verfügung haben, bereiten Sie ein Word-Dokument vor, das Sie als Folie ausdrucken bzw. kopieren.
- Achten Sie auf eine ausreichend große Schrift.
- Nummerieren Sie Ihre Folien, damit Sie schnell die richtige finden, falls sie durcheinander geraten.
- Beschränken Sie sich auf Stichworte bzw. kurze Sätze, die das Wichtigste zusammenfassen, aber auch inhaltliche Bezüge erkennen lassen. Dazu können Sie Symbole verwenden, wie z. B. Pfeile oder Anstriche.

▶ *advance organizer* = Vorstrukturierung, die dem Inhalt vorangestellt wird, um dem Leser/Zuhörer die Orientierung zu erleichtern.

Eine **PowerPoint-Präsentation** beginnen Sie mit einem Deckblatt, auf dem der Titel der Präsentation, Ihr Name, Ihre Klasse bzw. Ihr Kurs und das Datum vermerkt sind.
- Vermeiden Sie zu viele Informationen auf einer unübersichtlichen Folie.
- Wählen Sie kurze, prägnante Punkte und erklären Sie sie mündlich.
- Wenn Sie Audio- und Videodateien in Ihr PowerPoint- oder Impress-Dokument einbinden möchten, müssen Sie die Dateien in einem gemeinsamen Verzeichnis speichern. Probieren Sie vorher unbedingt aus, ob die Verlinkung funktioniert.

▶ Auch für die PowerPoint-Präsentation gilt, dass Illustrationen sowie Audio- und Filmmaterial eine Funktion erfüllen müssen.

Merkpunkte für den mündlichen Vortrag

Die wichtigste Komponente Ihrer mündlichen Präsentation ist Ihr **Vortrag** selbst, denn er hält die Hilfen in Form von Folien und Handout zusammen und macht sie verständlich. Folgende grundsätzliche Punkte sollten Sie bei der **Vorbereitung** beachten:
- Notieren Sie sich in Stichworten oder kurzen Sätzen die wichtigsten Gedanken (z. B. auf Karteikarten).
- Fügen Sie die Hauptpunkte Ihrer Argumentation sowie Beispiele, Erläuterungen oder Fallbeschreibungen ein.
- Auch die Beziehungen zwischen den Argumenten sollten Sie in Ihre Notizen aufnehmen.

Eine Karteikarte für das Thema *„Globalization"* könnte so aussehen:

> Introduction: The impact of globalization on our lives
> - show photograph "McDonald's"
> - ask students to comment on what they see
> - facts on what some people call "McDonaldization"
> - more examples (same shops in all big cities, internet, MTV etc.)

Tipps für einen gelungenen Vortrag:
- Bei der Präsentation Ihrer Materialien beginnen Sie mit der Nennung des Themas und geben einen Überblick über die Gliederung.
- Haben Sie keine Bedenken, dass Ihre Zuhörer durch eine **Wiederholung** gelangweilt werden; Sie helfen ihnen damit, indem Sie ihnen Kategorien vorgeben, in die sie das neue Wissen leichter einordnen können.
- Denken Sie daran, für die Zuhörer unbekannte Wörter im Vorfeld oder bei ihrem Auftreten im Vortrag zu erklären. Sie sollten mindestens alle **Begriffe erläutern,** die Sie selbst nachschauen mussten.
- Geraten Sie nicht in Hektik, wenn ein Gerät nicht gleich funktioniert. Bleiben Sie ruhig und bitten Sie den Lehrer oder einen Mitschüler um Hilfe. Idealerweise sollten Sie die **Technik** rechtzeitig vor dem Beginn des Vortrags überprüfen.
- Sprechen Sie **klar** und **deutlich** und vor allem **frei,** das macht Ihren Vortrag lebendiger und erleichtert es den Zuhörern, Ihnen zu folgen.
- Versuchen Sie nicht, in „druckreifen" Sätzen zu sprechen, sondern lebendig vorzutragen. Seien Sie nicht zu theoretisch, sondern verwenden Sie lieber anschauliche Beispiele.
- Sprechen Sie nicht zu schnell. Machen Sie **Pausen,** um den Zuhörern eine Chance zu geben, über das Gehörte nachzudenken. Pausen dienen auch dazu, ein Unterthema oder einen Gedanken als abgeschlossen zu kennzeichnen.

- Halten Sie **Blickkontakt,** denn so können Sie die Reaktionen Ihrer Zuhörer erkennen und sich angemessen verhalten, z. B. bei Unverständnis den letzten Punkt wiederholen.
- Versuchen Sie nicht, witzig zu sein, denn das kann eine gegenteilige Reaktion hervorrufen.
- Zum Schluss Ihrer Präsentation sollten Sie zu einer Schlussfolgerung oder kurzen **Zusammenfassung** der Hauptpunkte kommen.
- Danken Sie dem Publikum für die Aufmerksamkeit.
- Im Anschluss daran ermutigen Sie Ihre Zuhörer, **Fragen** zu stellen oder Ihre Ausführungen zu **kommentieren.** Wenn Sie auf eine Frage keine Antwort wissen, bluffen Sie nicht, sondern sagen Sie, dass Sie im Moment die Frage nicht beantworten können. Bieten Sie an, in Ihren Unterlagen nachzusehen oder Nachforschungen anzustellen und die Antwort nachzuliefern. Dies müssen Sie dann allerdings auch tun.

Ihre **Körpersprache** ist ein besonders wichtiger Punkt. Davon hängt zum großen Teil ab, wie gut Sie ankommen. Einige Dinge sollten Sie vermeiden, andere sind hilfreich für Ihren Vortrag.

Das sollten Sie vermeiden	Das kann hilfreich sein
• die Hände in den Hosentaschen vergraben • die Schultern hängen lassen • einen gelangweilten Gesichtsausdruck aufsetzen • mit monotoner Stimme sprechen • unruhig im Raum hin und her laufen • ständig nach unten auf das Konzeptblatt/die Karteikarten schauen • den Zuhörern den Rücken zuwenden	• lächeln • die Zuhörer anschauen und Blickkontakt suchen • ruhig bleiben • ruhig und langsam sprechen • ruhig atmen • sich auf ein bekanntes Gesicht unter den Zuhörern konzentrieren • sich so gut es geht entspannen

Bevor Sie mit Ihrem Vortrag vor die Klasse oder vor eine Prüfungskommission treten, sollten Sie Ihren Vortrag einüben und einen **Probedurchlauf** machen. Am besten bitten Sie ein Familienmitglied oder einen Freund oder eine Freundin, Ihnen zuzuhören und Ihnen Rückmeldung zu geben. Falls Sie allein sein sollten, können Sie den Vortrag auch aufnehmen, z. B. mit einer Webcam.

Um den **Zeitaufwand** gut einschätzen zu können, sollten Sie alle Medien bei dem Probedurchlauf einsetzen. Erfahrungsgemäß unterschätzen die meisten Menschen die Zeit, die sie für einen Vortrag brauchen. Falls Sie Ihren Vortrag aufgenommen haben, können Sie – falls nötig – Sprechtempo und Überleitungen verbessern. Lassen Sie sich ansonsten von Ihren Probezuhörern sagen, wo es „hakt". Sollte etwas nicht gut verständlich sein, kann es daran liegen, dass Sie zu lange und zu komplizierte Sätze verwendet haben.

1.5.6 Eine Facharbeit schreiben

Eine **Facharbeit** ist eine umfangreiche schriftliche Hausarbeit, die selbstständig verfasst wurde. Am Beispiel einer Facharbeit sollen Sie lernen, was **wissenschaftliches Arbeiten** bedeutet. Sie sollen nicht notwendigerweise selbst Wissenschaft betreiben. Vielmehr geht es darum, dass Sie Einblicke in die wissenschaftlichen Arbeitsweisen erhalten. Man spricht von **wissenschaftspropädeutischem Arbeiten,** was ungefähr mit „Anbahnung wissenschaftlichen Vorgehens" übersetzt werden kann.

▶ Beachten Sie bitte bei dem formalen Aufbau die Vorgaben Ihrer Schule.

Viele Schulen machen im Hinblick auf Facharbeiten detaillierte Vorgaben. So ist z. B. häufig festgelegt,
– welchen Umfang die Facharbeit haben soll (z. B. maximal 15 Seiten),
– in welchem Format sie vorgelegt werden muss (z. B. DIN A4),
– welcher Zeilenabstand eingestellt werden soll (z. B. 1 1/2-zeilig),
– welche Schriftart und -größe verwendet werden soll (z. B. Times Roman 12 Punkt),
– aus welchen Teilen eine Facharbeit bestehen muss.

▶ Beachten Sie die Hinweise zur Gliederung in Kapitel 1.5.4

Bestandteile einer Facharbeit	
Teil	Inhalt
Titelblatt/Deckblatt	• Name des Autors • Thema/Titel der Arbeit • Angabe des Faches/Kurses • Schulname
ggf. Seite 0	nach Vorgabe der Schule, z. B. Name des Fachlehrers, Abgabetermin, Unterschrift u. a.
Inhaltsverzeichnis	durchnummerierte Auflistung der Kapitelüberschriften mit Seitenzahlen
Einleitung	• Einstieg ins Thema durch ein Bild, eine Karikatur, ein Beispiel, ein Zitat … • Begründung der Entscheidung für das Thema • Relevanz des Themas, persönliche Betroffenheit • zentrale Fragestellung bzw. Hypothese • Hinweise zum methodischen Vorgehen und der Materialauswahl
Hauptteil	Bearbeitung des Themas (untergliedert)
Schlussteil	• Zusammenfassung der wichtigsten Ergebnisse • Bewertung im Hinblick auf offene Fragen und Probleme,
Anhang	• Quellenangaben, Literaturverzeichnis, evtl. Abbildungen, Grafiken, • Erklärung(en) des Autors über die selbstständige Anfertigung der Arbeit

Arbeitsplanung

Erfahrungsgemäß neigen viele Menschen dazu, notwendige Arbeiten aufzuschieben, und kommen deshalb unter einen gehörigen Zeitdruck, wenn der Termin für die Fertigstellung der Arbeit naht. Vermeiden Sie dies, indem Sie für den Prozess der Erstellung Ihrer Facharbeit einen **Arbeitsplan** bzw. ein **Zeitraster** erstellen.

Angenommen, dass die Facharbeit Mitte Juni abgegeben werden muss und die Vorarbeiten im April beginnen (ca. 10 Wochen), kann ein **Arbeitsplan** etwa so aussehen:

Zeit	Arbeitsphase
April Woche 1	Themensuche, 1. Beratungsgespräch, Arbeitsplanung
April Woche 2–4	Material suchen und sammeln, 2. Beratungsgespräch, Material ordnen, Gliederung entwerfen (Exposé)
Mai Woche 1–2	Rohentwurf, 3. Beratungsgespräch
Mai Woche 3–4	Facharbeit schreiben und überarbeiten
Juni Woche 1–2	Reinschrift erstellen, Korrekturen vornehmen
15. Juni	Abgabe der Facharbeit
	evtl. Aufbereitung der Facharbeit für die Vorstellung im Kurs und/oder Veröffentlichung im Internet

Themenfindung

Können Sie das Thema der Facharbeit selbst auswählen, sollten Sie ein Thema wählen, das Sie interessiert und bei dem Sie bereits über Vorwissen verfügen. Sie sollten allerdings nicht unbedingt ein Thema wählen, von dem Sie unmittelbar emotional betroffen sind und zu dem Ihnen die für eine Facharbeit notwendige Distanz fehlt. Auch von ausgesprochenen Modethemen, sehr abstrakten oder (zu) anspruchsvollen Themen und Themen, zu denen Sie keinen Zugang finden, sollten Sie Abstand nehmen.
Seien Sie ruhig ehrgeizig, was Ihre Facharbeit angeht, aber bedenken Sie auch, worum es letztlich geht: Sie sollen „nur" nachweisen, dass Sie die **wissenschaftlichen Arbeitsmethoden** angemessen beherrschen.

> ▶ Bitte beachten Sie die allgemeinen Hinweise zu Themensuche, Themenfindung und Durchführung eines Projekts im Kapitel 1.5.1.

Material suchen, sammeln und ordnen

Haben Sie Ihre Informationen und Materialien gefunden – sei es in Büchern, Zeitungen, Zeitschriften oder im Internet –, geht es darum, diese Materialien zu ordnen.

Sehr effektiv ist die **Karteikastenmethode.** Karteikarten dienen dazu, Ideen und Material zu sammeln, zu ordnen und später auch leicht wieder zu finden.

> ▶ Beachten Sie bitte die allgemeinen Hinweise zur Materialsuche und -bearbeitung in Kapitel 1.5.2 und 1.5.3.

Eine Karteikarte könnte z. B. so gestaltet sein:

Quellen

- Allgemeine Infos zur Globalisierung:
- http://en.wikipedia.org/wiki/Globalisation
  beachten am Ende des Artikels: See also, references und
  further reading (Zusatzinfos, zusätzliche Links, Artikel)
- http://www.guardian.co.uk/world/globalisation
  beachten: Useful links auf der linken Seite
- http://www.bbc.co.uk/worldservice/people/features/world_
  lectures/ashrawi_lect.shtml
  4 Vorträge/Interviews, auch als Audio
- http://www.globalization101.org/
  a student's guide to globalization

- Cultural Globalization:
- http://en.wikipedia.org/wiki/Globalization#Cultural_effects

---

Sie können **Karteikarten** in der Größe DIN A6 (Postkartengröße) verwenden. Sie eignen sich für das Notieren von Ideen, Zitaten, Exzerpten usw. Sie sollten pro Zitat, Idee, Exzerpt nur eine Karteikarte verwenden – sonst wird es unübersichtlich.

Falls Sie Ihre Notizen lieber am PC organisieren, können Sie geeignete **Software** dafür verwenden. Neben elektronischen Notizbüchern eignet sich übrigens auch Mindmapping-Software ganz gut zur Organisation von Notizen.

▶ Sehr leistungsfähig, aber auch recht komplex, ist das Programm **Zettelkasten,** das es kostenlos für alle wichtigen Betriebssysteme gibt. http://zettelkasten.danielluedecke.de/

Den Text erstellen und überarbeiten

Egal, ob Sie den Text zu einer Präsentation, den Text einer Haus- oder Facharbeit schreiben: Sie müssen überlegen, wie Sie den Text aufbauen und strukturieren wollen. Ein nicht literarischer Text besteht in aller Regel aus einer Abfolge von Textsegmenten.

Einfacher zu handhaben ist **Evernote,** das es für Windows und Mac OSX ebenfalls kostenlos gibt und auch auf Smartphones funktioniert. www.evernote.com/

> Die grundlegende Grobgliederung für jeden Text ist:
> **Einleitung – Hauptteil – Schluss**

Tipps für das Abfassen eigener Texte:
– Gliedern Sie die einzelnen Teile in Absätze, dies erleichtert die Übersicht.
– Achten Sie auf eine klar verständliche Sprache und vermeiden Sie zu lange (Schachtel)sätze.
– Verwenden Sie Fachbegriffe, wo es angebracht ist, aber vermeiden Sie „scheinwissenschaftliche" Passagen und (zu) abstrakte Aussagen. Besser ist es, wenn Sie Ihren Text konkret und anschaulich verfassen.
– Versuchen Sie nicht, sprachlich „zu hoch" anzusetzen. Man wird von Ihnen nicht das sprachliche Niveau eines *native speakers* erwarten.

Wenn Sie einen Google-Account haben, können Sie Google's Online-Notizbuch nutzen. www.google.de/notebook/

Einführende Absätze (*paragraphs*) sollten **topic sentences** enthalten, welche die Hauptaussage des Absatzes oder Abschnittes zusammenfassen und seine inhaltliche Richtung angeben. Häufig wird zwischen *topic* und *controlling idea* unterschieden.

> **Topic** bezeichnet das Thema bzw. den inhaltlichen Schwerpunkt des Absatzes. **Controlling idea** drückt eine wichtige Überlegung oder Haltung zum Thema aus.

Im folgenden *topic sentence* steht das Thema am Anfang des Satzes (*effective leadership*) und die *controlling idea,* also das, was Sie zu diesem Thema sagen wollen (*anyone can develop the specific qualities needed for effective leadership*), am Ende: „*Effective leadership requires specific qualities that anyone can develop*".

Jeder Absatz sollte idealerweise nur ein (Haupt)Thema haben, das der einleitende *topic sentence* zum Ausdruck bringt. Anschließend wird auf dieses Thema eingegangen, z.B. durch Erläuterungen oder Beispiele.

Die Rohfassung überarbeiten

Nehmen Sie sich für die **Überarbeitung** der Rohfassung Ihrer Facharbeit Zeit. Überprüfen und überarbeiten Sie sie mithilfe folgender **Checkliste:**

▶ Tipps für die **Abfassung einer Facharbeit** finden Sie unter: www.ulricianum-aurich.de/homepage/wp-content/uploads/downloads/2010/03/methodische_hinweise_facharbeit2.pdf (Autor: Mario Haseborg, Fassung vom 09.09.2009)

inhaltlich	• Ist der Text komplett? • Gibt es überflüssige Passagen? • Sind die Überleitungen zwischen den einzelnen Abschnitten „glatt"? • Ist der „rote Faden" durch die Gliederung erkennbar? • Beziehen sich Einleitung und Schluss aufeinander?
sprachlich	• Ist der Text gut verständlich? • Sind die Abschnitte/Kapitel logisch gegliedert? • Sind die Aussagen prägnant? Werden sie in ausreichendem Maße verdeutlicht (durch Beispiele …)?
äußere Form/Layout	• Wurde die Rechtschreibung kontrolliert/verbessert? • Stimmt der Seitenspiegel? Ist er einheitlich? (Ränder, Schriftgröße, Zeilenabstand, Unterschriften, Unterüberschriften usw.) • Sind die Abbildungen, Grafiken usw. vollständig? Sind die Beschriftungen von Grafiken gut lesbar? • Sind die Seiten vollständig und durchnummeriert? • Habe ich alle Quellen korrekt zitiert/angegeben? • Habe ich die Erklärung, dass ich die Arbeit selbstständig verfasst habe, unterschrieben und beigefügt?

Richtig zitieren

Da Sie sich für Ihre Facharbeit auf das Wissen anderer stützen und es verarbeiten, müssen Sie angeben, wann Sie die Gedanken und Überlegungen anderer verwenden. Dies gilt nicht nur für den Fall, dass Sie eine Quelle direkt zitieren, sondern auch für den – vermutlich häufigeren – Fall, dass Sie lediglich Überlegungen anderer aufgreifen. In jedem Fall sollten Sie die Quelle angeben.

Wörtliche Zitate werden ohne jegliche Änderungen übernommen und stehen in doppelten Anführungszeichen.
- Sie können ein Zitat kürzen, indem sie Passagen auslassen und so kennzeichnen: (...).
- Die Quelle wird in einer Fußnote angegeben.
- Zitate im Zitat stehen in einfachen Anführungszeichen.

Indirekte Zitate stehen im Konjunktiv.
Auch wenn Sie einen Text oder einen Teil eines Textes **sinngemäß wiedergeben,** ist dies zu kennzeichnen und in einer Fußnote am Ende des Sinnabschnittes anzugeben.

Quellen korrekt angeben und zitieren

> Beachten Sie bitte beim Zitieren die Vorgaben Ihrer Schule.

Sie haben drei Möglichkeiten, Zitate kenntlich zu machen.

1. Einzelne **Fußnote** am Ende der jeweiligen Seite, kenntlich gemacht durch hochgestellte Ziffer am Ende des Zitats[1]:

   ■ [1] Basiswissen Schule Englisch, 5.–10. Klasse, hg. von Elisabeth Schmitz-Wensch, Mannheim und Berlin 2010, S. 48.

> Sie können diese Verweise kapitelweise oder auf den gesamten Text bezogen durchnummerieren.

2. Alle Fußnoten als **Endnoten** gesammelt auf einer Seite am Ende der Facharbeit[1]:
   Die Zitate werden im Text kenntlich gemacht durch hochgestellte Ziffern.

   ■ [1] Basiswissen Schule Englisch, 5.-10. Klasse, hg. von Elisabeth Schmitz-Wensch, Mannheim und Berlin 2010, S. 48.
   [2] Annalisa Barbieri, Dressed to disappoint. Online-Publikation. http://www.guardian.co.uk/commentisfree/2010/nov/08/globalisation-dressed-to-disappoint. (8. 11. 2010)

3. Wenn Sie auf Fußnoten verzichten wollen, wird die jeweilige Quelle in **runden Klammern** im Text eingefügt:

   ■ (Basiswissen Schule Englisch, 5.–10. Klasse, hg. von Elisabeth Schmitz-Wensch, Mannheim und Berlin 2010, S. 48)

Vor allem bei diesem Quellennachweis ist es wichtig, die Angaben so kurz wie möglich zu halten, um den Lesefluss nicht zu stark zu unterbrechen.

Gebräuchliche Kurzformen in Quellennachweisen

Sie können Fußnoten kurz halten und nur Nachname, Kurztitel, Seitenzahl angeben. Die vollständigen Angaben tauchen dann im Literaturverzeichnis auf.	[1] Smith, John: Globalisation, S. 9.
Wurde aus derselben Quelle bereits in der vorherigen Fußnote zitiert, reicht die Angabe „ebd." für „ebenda".	[2] Ebd., S. 11.
Wird eine Quelle sinngemäß wiedergegeben (oder indirekt zitiert), beginnt die Fußnote mit „vgl." für „vergleiche".	[3] Vgl. ebd., S. 15.

▶ Hinweise zum richtigen Zitieren finden Sie unter: www.moesgen.de/pmoezit.htm

Das Literaturverzeichnis

Meist steht das Literaturverzeichnis am Schluss einer Arbeit. Hier werden alle Quellen vollständig und in „Langform" in alphabetischer Reihenfolge nach Autor geordnet aufgelistet.

Monographien (Bücher von einem einzelnen Autor) werden in folgender Reihenfolge angegeben:
Nachname, Vorname: Titel, Untertitel, Erscheinungsort (Auflage) Erscheinungsjahr.

■ Smith, John: Globalisation Today. Perspectives for a better world? London 2009.
Khan, Lal: Crisis in the Indian Subcontinent. Partition – can it be undone? New Dehli 2007.

Aufsätze aus Sammelbänden werden so angegeben:
Nachname, Vorname: Titel. In: Sammelband, Herausgeber, Erscheinungsort und -jahr, Seitenangabe.

■ Meyers, Judith: Dressed to kill. In: Globalisation and the textile industry, hg. von Mary Barner, Manchester 2007, S. 100–125.

Zeitungsartikel und Zeitschriften zitieren Sie folgendermaßen:
Nachname, Vorname: Titel. In: Zeitung. Datum/Jahrgang, Seitenangabe.

■ Cowen, Brian: Globalisation – no future. In: The Irish Times, Wednesday, January 26, 2011, S. 4.

Bei **Internetseiten** sind die Adresse und das Abrufdatum wichtig. Übernehmen Sie so viele Angaben wie möglich, um die Quelle überprüfbar zu machen. Hat der Artikel/die Seite nicht ohnehin ein Datum, sollten Sie das Datum angeben, an dem Sie die Seite besucht haben.

■ Steve Schifferes, Globalisation shakes the World. Online-Publikation. http://news.bbc.co.uk/2/hi/business/6279679.stm. Last updated Sunday, 21 January 2007 (abgerufen am 1. 2. 2011)

1.5.7 Die Zusammenfassung

Methoden, um einen Text zu raffen:
- Formulieren von Überschriften für einzelne Absätze
- Verwendung von Oberbegriffen
- Verwendung von Synonymen

Das Ziel der **Zusammenfassung** besteht darin, kurz und präzise über den Inhalt eines Textes zu informieren. Persönliche Stellungnahmen oder Wertungen sind in dem *summary* nicht angebracht. Ein neutraler Stil (*neutral style*) und ein sachlicher Ton (*factual tone*) werden ihr am besten gerecht.

Als Faustregel gilt, dass die Länge der *summary* ein Drittel des Ausgangstextes nicht überschreitet. Schreiben Sie eine Zusammenfassung im Englischunterricht, wird Ihnen meist eine maximale Wortzahl vorgegeben.

> Im *summary* sollten Sie
> - sich auf die Wiedergabe der notwendigen Informationen (*key information/key phrases*) beschränken,
> - Wiederholungen (*repetition*) von Fakten vermeiden,
> - auf die Wiedergabe von Zitaten (*quotations*) oder von Beispielen verzichten,
> - Aufzählungen (*enumeration*) durch Oberbegriffe ersetzen.

Tipps für das Schreiben einer Zusammenfassung:
1. Lesen Sie den Text mindestens einmal gründlich und markieren Sie **Schlüsselbegriffe** (*key words*) und **Kernaussagen** (*key phrases*). Da in der Einleitung oft die fünf **W-Fragen** (Wer?, Was?, Wann?, Wo?, Warum?) beantwortet werden, sollten Sie diese besonders aufmerksam lesen.

Die folgende Liste mit Kernaussagen bezieht sich auf den Zeitungsbericht „Crossing the world in search of better life" (vgl. S. 11).

list of key phrases	word material for the summary
- crowded (people) on the wooden boat	- refugees crowded the wooden boat
- after 6,000-mile journey stopped by the heavy seas off the coast of Christmas Island (Australia) on 15th December	- the rough sea stopped it ashore Christmas Island after a 6,000-mile trip on 15th December
- most... not return to Iraq, Iran and Afghanistan within next months	- majority of the travellers - not go home to Iraq, Iran and Afghanistan soon
- representative of the International Organisation for Migration (IOM) says these people go through hell	- a member of the International Organisation for Migration on the refugees' hardships
- their worst problem: they depend on the mercy of the smugglers	- the hardest one - their dependence on the smugglers

2. Fassen Sie die **Kernaussagen** zusammen und geben Sie die wesentlichen Sachverhalte in möglichst präzisen und treffenden Formulierungen wieder.

3. Beachten Sie bei der **sprachlichen Gestaltung** des *summary* folgende Punkte:
   – Formulieren Sie vollständige Sätze.
   – Verwenden Sie Konjunktionen (*conjunctions*) und andere Bindewörter (*linking words*), um Ihre Aussagen zu verknüpfen.
   – Nutzen Sie außerdem satzverkürzende Strukturen, wie Partizipialkonstruktionen (*participle constructions*) oder Gerundien (*gerunds*).
   – Formulieren Sie die Aussagen konkret, d. h. verwenden Sie eine klare Ausdrucksweise.
   – Verwenden Sie wenn nötig Fachausdrücke.
   – Vermeiden Sie einen bildhaften Sprachgebrauch (*metaphorical language*) oder wortreiche Umschreibungen (*paraphrasing*).
   – Als Zeitform wählen Sie in der Regel das Präsens (*present tense*).

The newspaper article "Crossing the world in search of better life" by Jasmine Smithson published in Kentish Star of 16 December 2010, informs about refugees crowded on a wooden boat. The rough sea stopped it ashore Christmas Island after a 6,000-miles trip on 15th December. The majority of the travellers won't go home to Iraq, Iran and Afghanistan soon. According to a member of the International Organisation for Migration the refugees face hardships with their dependence on the smugglers' mercy being the hardest one.

Tipps für das Schreiben der Zusammenfassung eines fiktionalen Texts (*summary of a fictional text*):

1. Lesen Sie den Text mindestens einmal, besser aber mehrmals, gründlich.
2. Im ersten Satz der Zusammenfassung nennen Sie das Thema, um das es in der Erzählung, der Szene oder dem Gedicht geht.
3. Anschließend nennen Sie die Art der Handlung, die darin verwickelten Personen sowie Ort und Zeit der Handlung.
4. Nachdem Sie die Handlung in die wesentlichen Abschnitte eingeteilt haben, halten Sie das Geschehen in selbst formulierten Sätzen fest.
5. Stellen Sie durch den Satzbau und die Verwendung von Konjunktionen die chronologische oder kausale Verknüpfung der Handlungsschritte her.
6. Auch das Textende oder der Ausgang der Handlung muss zusammengefasst werden. Selbst wenn der Text mit einem offenen Ende schließt, sollten Sie das anführen.
7. Beachten Sie bei der sprachlichen Gestaltung:
   – Auch erzählte Handlung wird im Präsens zusammengefasst.
   – Die Zusammenfassung enthält keine Deutungen, Wertungen oder persönlichen Meinungsäußerungen.
   – Die Zusammenfassung einer Ich-Erzählung wird in der unbeteiligten 3. Person Singular ausgedrückt: *the girl* statt *I*.

1.5.8 Der Bericht und der Brief

Ein **Bericht (*report*)** teilt Ereignisse und faktische Informationen in möglichst objektiver Weise mit. Er beinhaltet die Antworten auf die sechs journalistischen Fragen (*„w"-questions plus „how?"*) zumeist vollständig. Auf persönliche Wertungen oder Kommentare wird verzichtet.

▶ Ordnungs-
prinzipien:
a) *„w"-questions plus „how?"*
b) chronologisch
c) logisch

In der Regel berichten Sie über einen Vorgang, indem Sie die Fragen *who? what? when? where? why? how?* beantworten.
– Für aufeinanderfolgende Ereignisse bietet sich eine chronologische Aneinanderreihung (*chronological order*) der Fakten an.
– Sie können die Ereignisse aber auch logisch ordnen (*logical order*), wenn es das Textverständnis des Lesers unterstützt.
Die Zeitform für den *report* ist die Vergangenheit (*simple past*).

Tipps für das Verfassen eines Berichts:
1. Recherchieren Sie den zu berichtenden Vorgang oder die Ereignisse möglichst genau. Legen Sie eine Faktensammlung an.
2. Entscheiden Sie sich für ein Ordnungsprinzip und reihen Sie die Fakten aneinander. Verknüpfen Sie die Aussagen mithilfe von Bindewörtern (*linking words*).
3. Verwenden Sie Zahlen oder Statistiken sowie Personen-, Orts- und Zeitangaben, um die Objektivität Ihrer Aussagen untermauern.
4. Formulieren Sie Ihre Aussagen präzise und verständlich.
5. Wählen Sie einen neutralen Stil (*neutral style*) und sachlichen Ton (*factual tone*).

▶ Fernschreiber
(*ticker*) wurden vor dem Computerzeitalter zur schnellen Nachrichtenübertragung genutzt.

Die kürzeste Form des *report* ist die **Nachricht (*news item*),** die Sie in Nachrichtensendungen oder auf dem Nachrichtenband (*live-ticker*) am unteren Bildschirmrand über wichtige Ereignisse (*breaking news*) informiert. Darin werden die *„w"-questions plus „how?"* oft nur in einem oder zwei Sätzen beantwortet.
Eine weitere Form des *report* ist der **Zeitungsbericht (*news report*)**. Er enthält die wesentlichen Fakten zu einem Ereignis ohne Kommentare vom Autor, von Experten oder Betroffenen. *News reports* findet man nicht nur in der Presse, sondern auch in den Nachrichtenbeiträgen im Radio, Fernsehen oder Internet.
Der **Zeitungsartikel** oder Nachrichtenbeitrag (*news story*) enthält neben den objektiven Fakten eines typischen Berichts auch persönliche Meinungen, Wertungen oder Zitate des Autors, von Experten oder Betroffenen. Diese Textform ist nicht nur länger als ein *news report,* sondern beinhaltet auch subjektive Informationen. *News stories* finden Sie vor allem in der Tagespresse und in Wochenzeitschriften.

Der Brief

Briefe (*letters*) gehören im erweiterten Sinne auch zu den Texten, die objektive, berichtende Inhalte vermitteln können. In der Regel werden diese aber mit persönlichen Stellungnahmen verbunden, sodass ihr objektiver Charakter nicht immer hundertprozentig gegeben ist. Es werden drei Arten von Briefen unterschieden:

privater Brief (*private letter*)	förmlicher Brief (*formal/official letter*)	Geschäftsbrief (*business letter*)
Briefe, die zwischen Privatpersonen, z.B. Verwandten und Freunden, ausgetauscht werden	Briefe, die Privatpersonen mit höher gestellten Persönlichkeiten oder mit Behörden und Institutionen austauschen	Briefe, die Behörden, Institutionen oder höher gestellten Persönlichkeiten miteinander austauschen
z.B. Urlaubsgrüße, Einladung, Gratulation oder Danksagung	z.B. Brief an den Schulleiter, Leserbrief (*letter to the editor or reader's letter*), Beschwerdebrief (*letter of complaint*), Bewerbungsschreiben (*letter of application*), Anfrage (*letter of inquiry*)	z.B. Lieferanfragen, Einladung des Bürgermeisters zu offiziellem Anlass

Welchen Stil oder Ton Sie für Ihren Brief wählen, hängt nicht nur von dessen Inhalt, sondern auch vom Zweck und von der Vertrautheit mit dem Adressaten ab. So wählen Sie für **förmliche Schreiben** einen neutralen Stil (*neutral style*) und sachlichen, aber sehr höflichen Ton (*factual, polite tone*). Verwenden Sie eine klare Sprache und vermeiden Sie Kurzformen der Verben oder informelle Ausdrücke. In **privaten Briefen** an Freunde benutzen Sie einen informellen Stil (*informal style*) und kameradschaftlichen oder umgangssprachlichen Ton (*familiar or colloquial tone*) ebenso wie die Kurzformen der Verben.

Tipps für das Schreiben eines Briefes:
1. Überlegen Sie, wer der **Adressat** des Briefes ist und welche Inhalte Sie übermitteln möchten (privater oder förmlicher Brief?).
2. Im Briefkopf platzieren Sie Ihre **Adresse** am rechten oberen Rand, darunter schreiben Sie das Datum.

> ▶ Verwendet man für das Datum ausschließlich Zahlen, so lautet die Angabe
> – im *BE* 12-8-2011
> – im *AE* 8-12-2011

Angabe des Datums
– im britischen Englisch (*BE*): 12th August 2011
– im amerikanischen Englisch (*AE*): August 12th, 2011

In förmlichen Briefen notieren Sie die Anschrift des Adressaten nach einer Leerzeile unter dem Datum, aber linksbündig.
3. Je nachdem, ob Sie einen privaten oder einen offiziellen Brief verfassen, lautet die **Anrede**:

private letter	*formal or official letter*
Dear Peter, …	*Dear Mr/Mrs/Ms Bowe, …*
Hi Sandra, …	*Dear Sir or Madam, …; Sir/Madam, …*
Hello Angela, …	(Name des Adressaten ist nicht bekannt.)

▶ Das erste Wort im Satz direkt nach der Anrede wird im Englischen immer großgeschrieben.

4. Gliedern Sie den **Brieftext** in mindestens drei Abschnitte: Einleitung, Hauptteil und Schluss mit Abschiedsgruß. Das erste Wort des Abschnitts wird jeweils groß geschrieben und steht am Anfang einer neuen Zeile.
5. Entsprechend der Anrede gestalten Sie auch den letzten Satz bzw. den **Abschiedsgruß**:

▶ Der Name des Briefschreibers steht in förmlichen Briefen unter dem Abschiedsgruß in einer neuen Zeile.

private letter	formal or official letter
final sentence	*final sentence*
How are things with you? *Hope all is well.* *Give my love to …* *Hope to hear from you soon.* *Drop me a line.* *Let's keep in touch.* *Write back soon.*	*Thank you for your efforts in advance.* *Please inform me about …* *I would be pleased to receive your … (answer) soon.* *I look forward to hearing from you soon.* *Thank you for taking the time to read my letter.*
saying goodbye	*saying goodbye*
Lots of love, *Love,* *With love,* *Kisses, … / XXX …*	*Yours sincerely, (BE) / Sincerely yours, (AE)* *Sincerely,* *Yours faithfully, (Name des Adressaten ist nicht bekannt.)*

▶ Beispiele für förmliche Schreiben finden Sie in Kapitel 1.5.9 und 1.5.10.

Bei einem förmlichen Brief schreiben Sie Ihre Adresse und das Datum rechtsbündig und richten den Brieftext dann linksbündig aus. Verwenden Sie keinen Blocksatz. Am Schluss unterzeichnen Sie in einer Extrazeile mit Ihrem Namen, den Sie bei offiziellen Briefen der Lesbarkeit halber zusätzlich in Druckform wiedergeben.

▶ In Ihrem Wörterbuch finden Sie nützliche Hinweise für das Briefeschreiben.

Für die Abfassung von **E-Mails** gelten dieselben Regeln wie für das Verfassen von Briefen. Auf den Briefkopf können Sie verzichten.

▶ Achten Sie darauf, dass in einer förmlichen E-Mail Ihre Angaben zu Postanschrift oder Telefon enthalten sind, damit Sie der Adressat auch auf anderem Wege erreichen kann.

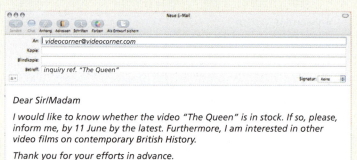

1.5.9 Die Erörterung

In der schriftlichen **Erörterung (*argumentative essay, comment*)** setzen Sie sich mit einem kontroversen Thema auseinander und legen Ihre Meinung in einem zusammenhängenden und gut verständlichen Aufsatz (*essay*) dar. Dafür wählen Sie einen neutralen Stil (*neutral style*) und einen sachlichen bis überzeugenden Ton (*factual, persuasive tone*). Die Zeitform ist in der Regel das Präsens (*present tense*).

Tipps für die Vorbereitung der Erörterung:
1. Analysieren Sie das kontroverse Thema gründlich und sammeln Sie aussagekräftige **Fakten.**
2. Ordnen Sie die Fakten zuerst nach „Pro" und „Kontra". Finden Sie die zwei bis maximal vier aussagekräftigsten **Pro-** bzw. **Kontra-Argumente** und dazu aussagekräftige Beweise sowie Beispiele.
3. Legen Sie die **Rangfolge** der Pro-Argumente (*pro argument*) entsprechend ihrer Bedeutung fest. Beginnen Sie mit dem schwächsten Punkt. Bilden Sie sich zu jedem Argument eine Meinung. Wenn sie damit fertig sind, wiederholen Sie den Vorgang mit den Kontra-Argumenten (*con arguments*).
4. Überlegen Sie, welches Ergebnis oder welche **Schlussfolgerung** sich aus Ihrer Argumentation ergibt. Machen Sie sich Gedanken, zu welcher persönlichen Meinung Sie tendieren.
5. Planen Sie den **Aufbau** Ihrer Argumentation und legen Sie die Gliederung Ihres Aufsatzes fest:

Pro/Kontra-Erörterung (beide Seiten eines Problems werden betrachtet)		Steigende Erörterung (nur eine Seite des Problems wird betrachtet)
Pro und Kontra im Wechsel	Pro und Kontra nacheinander	
• Die Pro-Argumente werden im Wechsel mit den Kontra-Argumenten aufgeführt und gegeneinander abgewogen. • Das stärkste Pro-Argument steht am Schluss.	• Zuerst werden die Kontra-Argumente angeführt und gewertet • Anschließend werden die Pro-Argumente genannt und kommentiert. • Das überzeugendste Pro-Argument steht am Schluss.	• Es werden nur die Pro-Argumente genannt; mit dem schwächsten wird begonnen. • Das überzeugendste Argument wird zuletzt präsentiert, damit es den stärksten Eindruck hinterlässt.

▶ Sowohl eine Pro/Kontra-Argumentation als auch eine steigende Erörterung sind *argumentative essays*. Wegen der subjektiven Darstellungsweise wird das Letztere auch als *persuasive essay* bezeichnet.

Tipps für die Abfassung der Erörterung:
Die Erörterung besteht aus drei Grundbausteinen (*basic elements*):
1. Die **Einleitung (*introduction*)** führt in das kontroverse Thema ein und legt die Problemlage klar dar. Das Thema wird definiert und eingegrenzt. Auch können Sie hier Ihre Hauptthese darlegen, um sie im Folgenden zu diskutieren.

58 | Methoden

M

▶ Vokabular für die Argumentation finden Sie unter der Überschrift *Discussing an issue* auf S. 81.

Folgende Formulierungen bieten sich in der Einleitung an:

■ *I would like to focus your interest on the following problem …*
I would like to discuss …
The problem I'm dealing with is …
In the following I shall be concerned with / deal with the problem / subject / issue of …
I intend to present arguments in favour of … / against …

▶ Satzverknüpfungen finden Sie auf S. 76.

2. Der **Hauptteil (*main part*)** besteht aus mehreren Absätzen und enthält die Argumentationsführung. Jedem Argument wird ein eigener Absatz gewidmet.

▶ Beispiele für *topic sentences* sind:

Another aspect to take into consideration is …
A fact which throws an entirely new light on the problem is …
What has an unsettling effect on the public is …

So sollte ein **Absatz** aufgebaut sein:
– *topic sentence:* Vorstellung des Arguments
– Entwicklung des Arguments:
  · Erläuterung (Was muss der Leser wissen um das Argument zu verstehen?) und
  · Anführen von Beispielen

3. Der **Schlussteil (*conclusion*)** fasst die Ergebnisse der Erörterung zusammen und bekräftigt die Richtigkeit der oben aufgestellten These(n). Dieser Abschnitt sollte circa ein Viertel des Aufsatzes ausmachen.
Folgende Formulierungen bieten sich für den Schlussteil an:

■ *To sum up my main points briefly …*
To summarize my arguments …
In conclusion, I would like to say that …
I would like to conclude by saying that …
As these arguments show …
All in all, I think it can be said that …
I would like to finish by saying …

Der Leserbrief

Ein Leserbrief an den Herausgeber einer Zeitung oder Zeitschrift (*letter to the editor or reader's letter*) enthält Elemente eines *argumentative essay.*

Tipps für das Verfassen eines Leserbriefes:
1. Stellen Sie sich in dem einführenden Abschnitt kurz vor. Machen Sie Angaben über **Ihre Person** und nennen Sie vor allem Details, welche Ihr Verständnis des Themas beeinflussen, z. B. Alter, Geschlecht, Herkunft.
2. Geben Sie den **Anlass** Ihres Briefes bekannt. Wenn Sie sich zu einem bereits veröffentlichten Beitrag äußern möchten, nennen Sie dessen Titel, Autor, Erscheinungstag und Seite. Möchten Sie sich zu einem frei gewählten Thema äußern, beschreiben Sie es genau und geben Sie an, warum es Ihnen wichtig ist.

3. Formulieren Sie im Hauptteil des Briefes Ihren eigenen **Standpunkt** und erläutern Sie ihn nachhaltig.
4. Fassen Sie im Schlussteil Ihre Argumente zum Thema zusammen. Leiten Sie **Lösungsansätze** für das Problem ab. Außerdem können Sie Vorschläge machen, wie der Herausgeber in Zukunft mit der Thematik umgehen sollte. Sie können auch die Bitte äußern, Ihren Leserbrief zu drucken oder an einen bestimmten Journalisten weiterzugeben.

Charlotte Prinz
Fontanestraße 63
D-12589 Berlin
e-mail: charlotte-prinzessin@gmx.de
15-8-2011

The Cheltenham Herald
The Editor
67 Gloucester Road
Cheltenham GL51, OTS

Sir/Madam,

I am a 17-year-old student from Berlin. That is why I am interested in teenage problems both in Germany and abroad. I have just returned from a trip to Cheltenham where I regularly read your newspaper for almost a month.

So I read Samantha Doyle's article about "Myra – The girl who's a mother now" in The Cheltenham Herald of 7/8 July and was deeply impressed by how a teenage girl is able to cope with all the tasks of a young mother. I had not known how many teenage pregnancies there were in Great Britain and I was shocked. Doyle raises one argument for why there are so many young mothers: they feel respected by society and they have a task they want to live for. These points are new to me.
In my opinion a teenage girl should attend school and later undergo an apprenticeship, start a job or go to university. She should learn what life is like as an adult. Furthermore, she ought to have her own experiences and learn to bear responsibility. If a girl sees no prospects in her future, she could see her only chance in being a teenage mother. I hope there will be changes in the British education and social systems that will give girls the chance to find a real job perspective before they decide when they want to be a mother.

Please, pass my letter to Samantha Doyle because I want to thank her for her interesting but controversial news story on Myra. I hope I will read more news stories by her in your paper.

Thank you for taking your time to read my letter.
Yours sincerely,
Charlotte Prinz

1.5.10 Die Bewerbung

M ↗ Zum Abfassen von *formal letters* Kapitel 1.5.8.

Mit einem Bewerbungsschreiben (*letter of application*) empfehlen Sie sich für eine Ausbildungs- oder Arbeitsstelle, für ein Praktikum oder Stipendium. Hierbei kommt es darauf an, dass Sie Ihre besondere Eignung oder Qualifikation selbstbewusst und in ansprechender Form darstellen. Da es sich um ein förmliches Schreiben (*formal letter*) handelt, sollten Sie auf einen neutralen Stil (*neutral style*) und einen sachlichen sowie höflichen Ton (*factual and polite tone*) achten.

▶ Im Englischen finden Sie *CV* (*BE*) und *resumé* (*AE*) für „Lebenslauf".

Aufbau eines Bewerbungsschreibens	
Abschnitte	*useful phrases*
Anrede	*Dear Mrs. .../ Dear Mr. ...* *Dear Sir or Madam*
Anlass der Bewerbung und Begründung	*I am writing to apply for the job of... / post of ... advertised in ... (name of newspaper).* *I read your advertisement in ... and would now like to apply for.*
Angabe der wichtigsten Abschlüsse oder Qualifikationen	*I graduated from.../ studied at ... university and then worked as a (job)* *Since my graduation in (subject/ year) I have been working/ have been employed as a ... (job)* *I have already worked as a ... and gained experience as a .../ in...* *I think I am qualified/ suited for this position because ...* *Please find enclosed a copy of my CV.*
Begründung, worin die Eignung für die Arbeitsstelle besteht	*I am particularly interested in ...* *I would welcome the opportunity to support your team.* *I am sure I can make a significant contribution to your team.* *I would be happy to ... (show you a collection of my works)*
Bereitschaft zu weiteren Auskünften oder Kontakten	*I am available for interview ... (when?)* *If you are interested, please contact me at ..., or feel free to send an e-mail.* *I look forward to hearing from you.*
Abschluss	*Yours sincerely ... (BE)/ Sincerely yours ... (AE)* *Enclosure/ Enc.*

▶ *You never get a second chance to make a first impression.* Beherzigen Sie dieses englische Sprichwort, wenn Sie Ihre Bewerbungsunterlagen anfertigen.

Prüfen Sie den Brief vor dem Abschicken unbedingt auf mögliche Flüchtigkeitsfehler. Bemühen Sie sich um ein akkurates Erscheinungsbild Ihrer gesamten Bewerbungsunterlagen.

Es gibt zwei Arten von Bewerbungen:
- die **verlangte Bewerbung (*solicited application*),** die auf eine Anzeige hin verfasst wird, und
- die **Initiativbewerbung (*unsolicited application*),** mit der Sie sich für eine mögliche Tätigkeit vorstellen.

Fontanestraße 63
D-12589 Berlin
e-mail: cha_prinz@web.de

10 August 2011

United Uniclothes Ltd.
Personnel Department
34 High Street
Birmingham B17 3HG
England

Dear Sir or Madam,

I am writing to apply for a three-month internship as an assistant to the marketing manager in winter 2011. Please find enclosed my CV.

I have been studying Business Administration and Marketing at the University of Applied Science in Berlin for two and a half years. Since I am interested in the interplay of a quantitative approach to business and creative work I wish to start my career in a fashion company after graduating in 2013.
I am especially interested in advertising psychology and later want to develop in this direction.

I would welcome the opportunity to work for your company where I could contribute to the team in the marketing department while advancing my skills.

Please feel free to contact me for further information at any time. I look forward to hearing from you.

Yours sincerely

Charlotte Prinz

Charlotte Prinz

Enc: CV

▶ Verwenden Sie eine seriöse E-Mailadresse, denn Ihre Bewerbung soll ernst genommen werden.

▶ In britischen Unternehmen ist das *Personnel Department*, in US-amerikanischen das *Human Resources (Department)* für Personalfragen zuständig.

Der Lebenslauf

Im Lebenslauf (*curriculum vitae/CV, resumé*) geben Sie in chronologischer Reihenfolge Auskunft über Ihre persönlichen Daten. In der Regel fügen Sie ihn in tabellarischer Form Ihrem Bewerbungsschreiben bei; selten wird er als Fließtext verlangt.
So können Sie einen Lebenslauf gestalten:

Curriculum vitae

▶ Persönliche Angaben (auf Telefonnummer, E-Mail, Geburtsdatum, Nationalität oder Familienstand kann verzichtet werden)

Personal details

Name	Charlotte Prinz
Address	Fontanestraße 63
	D-12589 Berlin
Telephone	+49 (0)30 6489978
E-mail	cha_prinz@web.de
Date of birth	12 June 1989
Nationality	German
Marital status	single

▶ Beschreibung der prägenden Eigenschaften

Profile — enthusiastic and highly motivated German student of business administration with a near native command of both English and French and an interest in fashion

▶ Aufzählung der wichtigsten Bildungsabschlüsse, beginnend mit dem aktuellsten

Education — student of business administration and marketing since 2009
1999–2007 Gerhard-Hauptmann-Oberschule Berlin (grammar school)
1995–1999 Grundschule (primary school)

▶ Auflistung von Arbeitstellen oder Praktika

Work experience — from May 2008 sales assistant for Estrada Shop, Berlin
2007–2008 assistant teacher at a kindergarten (volunteer work)

Skills — near-native English and French
adequate spoken Spanish
computer literate: various text processing, design and photo processing packages

Hobbies — travel, theatre, taking photos

References — available

Der Abschnitt *Profile* bietet Ihnen Raum, um persönliche Fähigkeiten und Interessen zu erwähnen, die für diese berufliche Tätigkeit von Vorteil sein können, wie etwa *being reliable, creative, outgoing and sociable, a good team player*. Die Angaben sollten auf jeden Fall realistisch sein. Führen Sie zur Sicherheit vor dem Absenden noch eine Fehlerkontrolle durch.

Englisch sprechen | 2

2.1 Varianten des Englischen

Wörterbücher und Grammatiken enthalten den Wortschatz und die Regeln der **Standardsprache**.

Die Standardsprache, das **Standard English**, ist das an britischen Schulen und im offiziellen Leben verwendete Englisch. Es orientiert sich an den Normen der Schriftsprache, des *written English*. Mit dieser Hochsprache einher geht die Aussprachevariante der *Received Pronunciation (RP)*, die von Mitgliedern der gebildeten und wohlhabenden Ober- und Mittelschicht verwendet wird. Aussprachestandard für den Schulunterricht in Großbritannien und Deutschland ist das **General British English**, das neben RP auch akzeptierte regionale Aussprachevarianten umfasst.

Regionale Varianten

Das schottische *Gaelic*, walisische *Welsh (Cymru)* und irische *Gaeilge* sind eigenständige keltische Sprachen. Sie unterscheiden sich in Wortschatz und Grammatik vollkommen von der englischen Sprache. Traditionsbewusste Iren, Waliser und Schotten versuchen, ihre Sprachen als Bestandteil einer eigenen Kultur lebendig zu erhalten.
Auch Schottland besitzt neben Englisch eine eigenständige regionale Sprache, das *Scots,* das in den Lowlands gesprochen wird. *Scots* ist mit dem Englischen verwandt, unterscheidet sich aber deutlich von ihm. Es gilt als offiziell anerkannte Zweitsprache Schottlands.

▶ Beispiele in *Scots*
Guid morning. –
Good morning.
Guid efternuin. –
Good afternoon.

British English, das britische Englisch, ist keine Sprache, die vom Norden bis zum Süden des Inselstaates die gleiche Erscheinungsform trägt. Einheitlich und standardisiert ist nur das geschriebene Englisch; in der gesprochenen Sprache (*spoken English*) gibt es zahlreiche regionale Varianten, die **Dialekte**.

> **Dialekte sind regionale Varianten einer Sprache.**
> Sie können von den Normen der Standardsprache stark abweichende Eigenschaften haben im Hinblick auf:
> – Phonetik (Aussprache und Klang)
> – Grammatik (Satzbau, Flexionsendungen)
> – Lexik (Wortschatz)

Innerhalb Englands finden sich deutliche Unterschiede in der Aussprache zwischen dem Norden und den Midlands einerseits sowie dem Süden andererseits. In diese drei Großregionen lassen sich die einzelnen Dialekte, wie z. B. der Yorkshire-Dialekt, das East-Anglian usw., einordnen. Ein wichtiges Beispiel für die Unterschiede, die von Süden nach Norden hin auftreten, ist die Aussprache von „u", „o" und „ou".

Aussprache von „u", „o" und „ou"	
Im Norden Englands und in den Midlands	Im Süden
wird „u", „ou", „o" oft als [u] gesprochen: *luck, butter, cousin, love* klingen wie *pull, push, could* oder *look*.	werden *luck, butter, cousin, love* mit [ʌ] gesprochen und unterscheiden sich deutlich von *pull, push, could, look*.

Britisches und amerikanisches Englisch im Vergleich

Bis zur Erklärung der amerikanischen Unabhängigkeit (1776) waren die bis dahin von Briten besiedelten Gebiete Nordamerikas britische Kolonien. Mit der Gründung eines von Großbritannien unabhängigen Nationalstaates verstärkten sich die Bemühungen um ein amerikanisches Englisch, das in Schreibung und Aussprache einheitlich sein und sich vom britischen Englisch unterscheiden sollte. NOAH WEBSTER (1758–1843), Rechtsanwalt und Lehrer, begründete seine Bemühungen um ein einheitliches amerikanisches Englisch folgendermaßen:

> "As an independent nation our honor requires us to have a system of our own, in language as well as government. Great Britain, whose children we are, should no longer be our standard; for the taste of her writers is already corrupted, and her language on the decline. But if it were not so, she is too great a distance to be our model, and to instruct us in the principle of our own tongue."

Heute lebt WEBSTERs Name in *Webster's Dictionary* fort, das erstmals 1828 unter dem Titel *An American Dictionary of the English Language* veröffentlicht wurde.

Neben der großen Entfernung zwischen den USA und Großbritannien begünstigten noch folgende Gründe die unterschiedliche Entwicklung des amerikanischen und des britischen Englisch:

1. Neue Lebensbedingungen der Siedler

Die Siedler fanden völlig neue geografische Gegebenheiten sowie eine andere Flora und Fauna vor, für die sie neue Bezeichnungen finden mussten.
- Sie entlehnten Wörter aus anderen Sprachen (z. B. *prairie, levee, bayou* aus dem Französischen).
- Sie schufen neue beschreibende Wörter (*bullfrog, eggplant*).

2. Kontakt mit den indianischen Ureinwohnern

Zahlreiche Wörter zur Beschreibung der neuen Umwelt stammen von den indianischen Ureinwohnern. Für die Fauna z. B. *skunk, opposum, moose, racoon*. Viele geografische Namen sind indianischen Ursprungs, wie *Potomac* oder *Manitowoc* (Flüsse in Maryland bzw. Wisconsin).

3. Sprachliche Einflüsse der Einwanderer

Die europäischen Einwanderer des 19. und beginnenden 20. Jahrhunderts brachten Begriffe aus ihrer Kultur mit, die in das amerikanische Englisch aufgenommen wurden. Beispiele sind:

- *coleslaw, cookie, cruller* aus dem Holländischen
- *sauerkraut, hamburger, frankfurter, noodle, pretzel* aus dem Deutschen
- *macaroni, mozzarella, pastrami* aus dem Italienischen
- *matzo, gefilte fish* aus dem Jiddischen
- *taco, nachos, burritos* aus dem Spanischen

Einwanderungswellen im 19. und 20. Jahrhundert in die USA

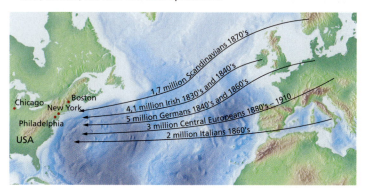

4. Unterschiede im politischen System

Im neu geschaffenen politischen System der USA erhielten Begriffe, die bereits im britischen Englisch existierten, eine neue Bedeutung: *congress, governor, sheriff, presidential, senate, assembly, primary*.

Unterschiede zwischen britischem und amerikanischem Englisch

Im Wortschatz gibt es zahlreiche Beispiele, in denen sich britisches und amerikanisches Englisch unterscheiden; so gibt es z. B. Wörter, die im britischen Englisch etwas anderes bezeichnen als im Amerikanischen:

Amerikanisches Englisch	Britisches Englisch
pants = Hose	*pants* = Unterhose
first floor = Erdgeschoss	*first floor* = 1. Stock

Unterschiedliche Wörter, die für die gleiche Sache benutzt werden:

Zusätzliche Bezeichnungen, die in der jeweils anderen Variante nicht vorkommen:

raincoat	raincoat, **mac(intosh)**
rubber boots	rubber boots, **wellingtons, wellies**
vacuum cleaner	vacuum cleaner, **Hoover**
to vacuum	to vacuum, **to hoover**
photocopier, **xerox machine**	photocopier
pharmacy, **drugstore**	pharmacy, **chemist's**
taxi, **cab**	taxi
fall, **autumn**	autumn
to stand in line	to queue
schedule, timetable	timetable
truck	van, lorry

Im amerikanischen Englisch sind einige Elemente der britischen Schreibweise vereinfacht und Unregelmäßigkeiten ausgeglichen worden.

Wichtige orthografische Unterschiede

Nicht nur im lexikalischen Bereich bestehen Unterschiede zwischen britischem und amerikanischem Englisch. Es gibt auch deutliche Unterschiede in Bezug auf Grammatik, Interpunktion und vor allem Orthografie.

Amerikanisches Englisch	Britisches Englisch
kein -ue	-ue am Wortende
catalog	catalogue
dialog	dialogue
monolog	monologue
-or	-our
color	colour
humor	humour
neighbor	neighbour
flavor	flavour
honor	honour
harbor	harbour
-er	-re
center	centre
theater	theatre
(parking) meter	metre
liter	litre
Weitere Beispiele	
traveler	traveller
program	programme
mom	mum

Statt der älteren Form „ise", „isation" schreibt man in den USA eher „ize", „ization". Beide Schreibweisen finden sich jedoch auch im britischen Englisch.

▶ Als die ersten amerikanischen Tonfilme in Großbritannien gezeigt wurden, mussten sie mit Untertiteln versehen werden, weil die Briten den amerikanischen Akzent nicht verstanden.

colonize colonization to penalize to recognize aber: Wörter wie advertise, compromise	colonialise, colonialize colonialisation, colonialization to penalise, penalize to recognise, recognize revise nur mit „-ise" in beiden Varianten

Neben „-ection" benutzt das britische Englisch auch „-exion":

connection reflection	connexion, connection reflexion, reflection

Einige wichtige **grammatikalische Unterschiede** sind:
Bei einigen Verben, die auf „l" oder „m" enden, benutzt das amerikanische Englisch die regelmäßige „ed"-Endung zur Bildung des Partizips, während im britischen Englisch die unregelmäßige Form verwendet wird:

▶ Im *American English* kann das Prinzip Perfekt von *get got* oder *gotten* lauten, im *British English* ist nur *got* korrekt.

burned kneeled spilled Weitere Beispiele: dreamed, leaned, learned, spelled, spoiled	burnt knelt spilt dreamt, leant, learnt, spelt, spoilt

Eine Sonderstellung nimmt das Partizip von **to get** (*got*) ein. Das amerikanische und das informelle britische Englisch benutzen *got* zusammen mit *have*, um Folgendes zum Ausdruck zu bringen:

Besitz	I've got a CD from that band. (Ich habe eine CD von der Band.)
Verpflichtungen	You've got to listen to it! (Die musst du dir anhören!)
Schlussfolgerungen	It's got to be good. (Die muss gut sein.)

Tendenziell benutzt das amerikanische Englisch zur Besitzanzeige eher *have* ohne *got* und benötigt dann eine Form von *to do* in Fragen und Verneinungen:

She doesn't have a computer. Do you have any children? I have a car.	She hasn't got a computer. Have you got any children? I've got a car.

Nur das amerikanische Englisch kennt die Partizipform „*gotten*":

> *We've gotten used to the new computer program.*
> *I've gotten tired of this weather.*
> *They've gotten a new computer.*

Gotten kann auch die Bedeutung von *to be able to* (können, die Möglichkeit haben) oder von *to receive* (erhalten) annehmen. Da *gotten* im britischen Englisch unbekannt ist, müssen diese Bedeutungen entsprechend umschrieben werden:

I've gotten round to doing more reading lately. (In letzter Zeit habe ich mehr lesen können.)	*I've been able to do more reading lately.*
I haven't gotten any money. (Ich habe kein Geld bekommen.)	*I haven't received any money.*
I don't have any money. (Ich habe kein Geld.)	*I haven't got any money.*

Bei der Verwendung des *present perfect* lässt sich folgender Unterschied zwischen britischem und amerikanischem Englisch feststellen: Im Zusammenhang mit *yet, just, already* steht im britischen Englisch das *present perfect*, während im amerikanischen auch das *simple past* stehen kann:

 Im *American English* wird das *present perfect* häufig durch das *simple past* ersetzt.

I already read that book./ I've already read that book.	*I've already read that book.*
Did you speak to her yet?/ Have you spoken to her yet?	*Have you spoken to her yet?*
I just had breakfast./ I've just had breakfast.	*I've just had breakfast.*

Sammelbegriffe wie *government, team, committee, council, board* werden im amerikanischen Englisch fast immer mit Singular verwendet, im britischen Englisch dagegen meistens mit Plural. Eine Ausnahme stellen Begriffe wie *police* und *people* dar: Sie werden im britischen wie im amerikanischen Englisch mit Plural verwendet.

▶ Statt des *past perfect* wird im amerikanischen Englisch häufig das *simple past* verwendet.

*The committee **has** decided to buy new equipment.*	*The committee **have** decided to buy new equipment.*
*The council **has** unveiled **its** new budget.*	*The government **have** unveiled **their** new budget.*
aber: *The police **have** new uniforms.*	*The police **have** new uniforms.*

2.2 Phonetik des Englischen

Im Englischen klingen viele Wörter oft anders, als wir es aufgrund ihrer Schreibweise zunächst vermuten. Zum Beispiel werden in folgenden Wortpaaren die Vokale trotz gleicher Schreibweise unterschiedlich ausgesprochen:

- *ripe* [raɪp] (reif)   *recipe* [ˈresɪpɪ] (Rezept)
  breath [breθ] (Atem)   *wreath* [riːθ] (Kranz)

Um sich über die Aussprache von Wörtern, mit deren Verwendung Sie noch nicht vertraut sind, zu informieren, sollten Sie ein Wörterbuch zu Rate ziehen. Jeder Eintrag enthält meist in eckigen Klammern auch Informationen über die Aussprache und Betonung des jeweiligen Wortes. Diese werden durch die Symbole der internationalen **Lautschrift** (*phonetic symbols*) dargestellt. In der Regel wird auch auf die unterschiedliche Aussprache in AE und BE hingewiesen.

Liste der phonetischen Symbole			
Vokale und Diphthonge		**Konsonanten**	
[iː] *meaning*	[ə] *a monster*	[p] *population*	[j] *you*
[i] *any*	[eɪ] *bakery*	[b] *brother*	[f] *football*
[ɪ] *kid*	[aɪ] *like*	[t] *t-shirt*	[v] *very*
[e] *pencil*	[ɔɪ] *tabloid*	[d] *debate*	[s] *summer*
[æ] *bank*	[əʊ] *folder*	[k] *control*	[z] *close*
[aː] *bar*	[aʊ] *about*	[g] *go*	[ʃ] *shirt*
[ʊ] *wrong*	[ɪə] *clear*	[m] *many*	[ʒ] *television*
[ɔː] *small, boring*	[eə] *there*	[n] *now*	[tʃ] *much*
[uː] *you*	[ʊə] *poor*	[ŋ] *sing*	[dʒ] *edge*
[ʊ] *book*	Das Zeichen [ː] bedeutet, dass der Vokal gedehnt wird.	[l] *lemonade*	[θ] *theatre*
[ʌ] *cup, young*		[r] *red*	[ð] *they*
[ɜː] *turn*		[w] *winter*	[h] *help*

Wichtige Ausspracheregeln
- Aussprache der *simple-present*-Endung -(e)s in der 3. Person Singular:
  - [z] nach stimmhaften Konsonanten und Vokalen wie in *says, ends, sings, falls*
  - [s] nach stimmlosen Konsonanten wie in *puts, looks, drops*
  - [iz] nach Zischlauten wie in *closes, washes, catches, loses*

2.2 Phonetik des Englischen

2

- Aussprache der *simple-past*-**Endung** *-ed:*
  - [d] nach Vokalen und stimmhaften Konsonanten wie in *clim**bed**, **lied***
  - [t] nach stimmlosen Konsonanten wie in *ho**ped**, fet**ched**, loc**ked***
  - [id] nach [d] und [t] wie in *deci**ded**, wan**ted**, regre**tted***
- Aussprache der **Plural-Endung** *-(e)s* bei Nomen:
  Hier gelten dieselben Regeln wie bei der *simple-present*-Endung.

Stumme Vokale und Konsonanten

Manche Wörter werden dadurch, dass der Mittelvokal nicht ausgesprochen wird, in der Aussprache um eine Silbe verkürzt. Die Vokale in Klammern bleiben bei der Aussprache dieser Wörter stumm:

■ *bus(i)ness, choc(o)late, comf(or)table, diff(e)rent, diff(e)rence, ev(e)ry, int(e)resting, sev(e)ral, marri(a)ge, med(i)cine, miss(i)on, rest(au)rant, temp(e)rature*

Einige Konsonanten bleiben unter bestimmten Voraussetzungen stumm:
- *b* nach *m* in einsilbigen Wörtern: *to clim(b), com(b), dum(b)*
- *s* vor *l*, wenn beide Bestandteil derselben Silbe sind: *ai(s)le, i(s)land*
- *k* vor *n*: *(k)nee, (k)now, (k)nowledge, (k)nife*
- *d* in *san(d)wich* und *We(d)nesday*
- *g* vor *n* in *forei(g)n* und *si(g)n*
- *h* vor *o* in *(h)onest, (h)onour, (h)our*
- *l* nach gedehnten Vokalen wie in *ca(l)m, ha(l)f, ta(l)k, wa(l)k*
- *n* nach *m* in *autum(n), solem(n), colum(n)*
- *r* nach gedehntem *a* zum Beispiel in *a(r)chitect, a(r)gue, a(r)m*
- *t* nach *s* zum Beispiel in *fas(t)en, lis(t)en, of(t)en*
- *w* vor *r* in *(w)rite, play(w)right, (w)rong*

Besonderheiten der Aussprache

Folgende Wörter stellen aufgrund ihrer ungewöhnlichen Aussprache häufige Fehlerquellen dar.

ache (v.) [eɪk]	*chemist* (n.) [kemɪst]	*stomach* (n.) [stɔmək]
biscuit (n.) [bɪskɪt]	*business* (n.) [bɪsnəs]	*busy* (adj.) [bɪzi]
blood [blʌd]	*dove* (n.) [dʌv]	*thorough* (adj.) [θʌrə]
woman (n.,sg.) [wʊmən]	*women* (n.,pl.) [wɪmɪn]	*Europe* (n.) [jʊərəp]
heaven (n.) [hevn]	*heart* (n.) [hɑːt]	*derby* (n.) [dɑːbi]
foreign (adj.) [fɒrən]	*quay* (n.) [kiː]	*wilderness* (n.) [wɪldənəs]
drought (n.) [draʊt]	*minute* (n.) [mɪnɪt] – Minute	
	minute (adj.) [maɪnjuːt] – winzig; exakt	

Die Betonung

Neben der Aussprache der einzelnen Buchstaben spielt auch die Betonung der Silben in einem Wort eine wichtige Rolle. Bei mehrsilbigen Wörtern zeigen folgende Symbole die Betonung an:

> Betonungszeichen stehen immer **vor** der betonten Silbe.
> ['] Der kleine Strich oben zeigt die **Hauptbetonung** an.
> [,] Der kleine Strich unten zeigt die **Nebenbetonung** an.

Folgende Besonderheiten sollten Sie bei der Betonung beachten, damit man Sie richtig versteht:

▶ Man sagt: *The stress is on the first syllable* (= Die erste Silbe wird betont).

Betonungsregeln	Beispiele
Die Betonung kann sich um eine oder zwei Silben verschieben, wenn eine weitere Silbe hinzugefügt wird, um ein neues Wort zu bilden.	*able* ['eɪbl]/*ability* [ə'bɪləti] *demo'cratic* [demə'krætɪk]/de'mocracy [dɪ'mʊkrəsi] *'photo* ['fəʊtəʊ]/*pho'tographer* [fə'tʊgrəfə] *tech'nology/techno'logical* *'music/mu'sician* *'probable/proba'bility* *'possible/possi'bility* *'politics/poli'tician*
Die Betonung eines Wortes kann sich verschieben, wenn es mit anderen Wörtern kombiniert wird.	*'Westminster/,Westminster 'Abbey* *'surface/'surface 'tension* *'television/'television 'programme*
Nomen/Adjektive und Verben mit identischer Schreibweise werden unterschiedlich betont.	*'protest* (n.) ['prəʊtest]/*to pro'test* (v.) [prə'test] *'increase* (n.) ['ɪŋkriːs]/*to in'crease* (v.) [ɪn'kriːs]
Manche Wörter ähneln einem bedeutungsverwandten deutschen Wort, werden aber anders betont.	a) Betonung auf der 1. Silbe *'architecture, 'architect, 'April, 'August, 'calendar, 'atmosphere, 'garage, 'communism, 'social, 'socialist, 'socialism, 'candidate, 'president, 'minister, 'politics, 'private, 'metaphor, 'tragedy, 'comedy, 'Catholic, 'Protestant, 'colleague, 'salad, 'concert, 'signal, 'sensitive, 'sensible* b) Betonung auf der 2. Silbe *ca'tastrophe, ca'thedral, Ju'ly, a'postrophe, in'finitive, su'perlative, hy'perbole, pro'gressive, man'kind, de'mocracy, mu'sician, mu'seum, re'public, e'xecutive, bi'ology, ge'ography, phi'losophy, pho'tography, tech'nology, Ja'pan*

Aussprachevarianten *British English (BE) – American English (AE)*

Es gibt innerhalb Englands wesentlich mehr Variationen des Englischen als in allen US-Staaten zusammen. Man sagt, dass ca. zwei Drittel der Amerikaner, die auf ca. 80 % der Gesamtfläche der Vereinigten Staaten leben, mehr oder weniger mit dem gleichen Akzent sprechen. Dennoch gibt es auch in den USA regionale Unterschiede in der Aussprache. Einen New Yorker wird man schnell an seiner für ihn typischen Aussprache der Laute [ai] oder [ɔ:] erkennen. Er wird statt *die* [dai] [dɔi] und statt *thirty-third* [ˈθɘːtɪ ˈθɘːd] [ˈθɔidɪ ˈθɔid] sagen.

Diese Aussprachevarianten sind auch heute noch in Yorkshire, England, anzutreffen, sodass man hier von einem sogenannten *colonial lag* sprechen kann. Kolonisten aus York, die vor einigen Jahrhunderten nach Amerika ausgewandert waren, haben diesen Akzent, der sich bis heute erhalten hat, mitgebracht.

Grundsätzlich lassen sich folgende Hauptunterschiede zwischen dem BE und dem AE feststellen:

British English 🇬🇧	American English 🇺🇸
„r" ist in der Regel stumm. Es wird nur am Wortanfang und vor Vokallauten ausgesprochen, z. B. in *orange* [ɒrɪndʒ], *her own, honourable.*	„r" wird immer ausgesprochen. Dieses „r" ist ein Frikativ (= Reibelaut). Es verändert den Klang der vorausgehenden Vokale. *door, car, more, turn* oder *offer* klingen daher im amerikanischen ganz anders als im britischen Englisch.
„a" ist [ɑ:] z. B. in *dance, fast, half*	„a" ist [æ] z. B. in *dance, fast, half*
„o" ist [ɔ] wie in *dog, hot*	„o" wird zu [ɒ] wie in BE *park* oder zu [ɔ:], wie in BE *fought*
„t" = [t] wie in *butter*	„t" wird manchmal zu [d] zwischen Vokallauten, sodass *writer* und *rider* gleich klingen
[ju:] in *New York, supermarket, duty, enthusiastic, illuminate, tune* usw.	[u:] in *New York, supermarket* usw.
Die unbetonte Wortendung *-ile* wird [aɪl] ausgesprochen.	*-ile* wird zu [l], z. B. in *missile* [mɪsl]
-ary, -ery, -ory werden als eine Silbe ausgesprochen, z. B. *secretary* [sekrɘtri]	*-ary, -ery, -ory* werden als zwei Silben ausgesprochen, z. B. *secretary* [sekrɘteri]

2.3 Mediation

In Alltagssituationen sind Sie Mediator, wenn Sie anderen Menschen, die nicht die gleiche Sprache sprechen, helfen, miteinander zu kommunizieren. Dann fassen Sie beispielsweise die umständliche Wegbeschreibung eines deutschen Ortsansässigen in wenigen englischen Sätzen zusammen und helfen so einem englischen Touristen, sich zurechtzufinden. Sie beschränken sich dabei automatisch auf die **notwendigen Informationen**, drücken sich **klar und sprachlich korrekt** aus und sind höflich. Damit haben Sie alle Bedingungen einer erfolgreichen Mediation erfüllt.

▶ Im sprachlichen Kontext handelt es sich bei **Mediation** um eine Form der Sprachmittlung. Sie ist nicht zu verwechseln mit dem Vorgang der Streitschlichtung, der ebenfalls Mediation genannt wird.

> **Mediation** (*mediation*) ist eine mündliche oder schriftliche Sprachhandlung, bei der Inhalte eines Textes **zusammengefasst** und **sinngemäß** in eine andere Sprache übertragen werden.

Im Gegensatz zur Übersetzung (*translation*) wird keine wortwörtliche Wiedergabe der Inhalte oder Analyse der Sprachstrukturen des Ausgangstextes erwartet. Das bedeutet, dass der Zieltext kürzer und kompakter als der Ausgangstext ist.

Tipps für eine erfolgreiche Mediationsarbeit

1. *Intensive reading*
   - Lesen Sie den Text. Verwenden Sie wenn nötig Wörterbücher.
   - Markieren Sie die wesentlichen inhaltlichen Schwerpunkte im Text.
   - Notieren Sie die Schwerpunkte nach ihrer Reihenfolge im Text.
   - Halten Sie die Notizen gleich in Englisch fest, wenn Sie einen deutschen Originaltext bearbeiten. Das erleichtert Ihnen die weitere Arbeit.
   - Erfassen Sie die Textstruktur. Sie hilft Ihnen, die Schwerpunkte zusätzlich nach inhaltlichen Gesichtspunkten zu ordnen.

▶ Der einleitende Satz wird auch als „*umbrella sentence*" bezeichnet.

2. *Heading and introductory sentence*
   - Finden Sie einen ansprechenden Titel für Ihren Text. Die Überschrift muss das Thema des Textes treffend zusammenfassen.
   - Im einleitenden Satz nennen Sie die Rahmendaten des Textes: Titel, Autor, Daten zur Veröffentlichung (bei Zeitungstexten und literarischen Texten) und das Thema.

3. *Writing the draft*
   - Verfassen Sie einen Entwurf des Zieltextes anhand Ihrer Notizen.
   - Bündeln Sie zusammengehörige Aussagen. Streichen Sie Unwesentliches.
   - Überprüfen Sie die sinnvolle Anordnung der Inhaltspunkte, z. B. analog der Auflistung im Originaltext oder chronologisch.

4. *Writing the text*
   - Formulieren Sie den Text sprachlich korrekt und knapp. Nutzen Sie Wörterbücher, um treffende Formulierungen zu finden.

2.3 Mediation

- Geben Sie die Hauptaussage des Textes und die Textfunktion bzw. Absicht des Autors klar wieder.
- Beachten Sie die charakteristische Sprache sowie stilistische Besonderheiten des Originaltextes und machen Sie sich diese Merkmale zu eigen.
- Berücksichtigen Sie die in der Aufgabenstellung genannte Adressatengruppe oder die Situation, für die der Text verfasst wird. Die Mediation muss Hintergrundwissen liefern zu Sachverhalten und Begriffen, die dem Adressaten unbekannt sind, z.B. eine Paraphrase dessen, was Deutsche unter „die Wies'n" (= Oktoberfest) verstehen.

5. *Proof reading*
   - Lesen Sie Ihren Text Korrektur. Seine Länge sollte etwa ein Drittel des Originaltextes betragen.
   - Achten Sie neben der sprachlichen Richtigkeit auf ein angemessenes stilistisches Niveau.

False Friends

Sowohl bei der Mediation als auch beim Übersetzen gibt es einige Wörter bei denen häufig Fehler gemacht werden. *False friends* („falsche Freunde") sind englische Wörter, die äußerlich deutschen Wörtern sehr ähnlich sind, aber eine gänzlich andere Bedeutung haben.

German	English	German	English
Anmerkung	*note*	Note	*mark, grade*
anständig, ordentlich	*decent*	dezent	*discreet*
Bedeutung	*meaning*	Meinung	*opinion*
Benachrichtigung	*notice*	Notiz	*note*
besorgt, bemüht	*anxious*	ängstlich	*frightened*
folglich, resultierend	*consequent*	konsequent	*consisten*
gewöhnlich, üblich	*ordinary*	ordinär	*vulgar*
mithören	*overhear*	überhören	*to miss, not hear*
Mitleid	*sympathy*	Sympathie	*liking*
mitleiderregend	*pathetic*	pathetisch	*emotional*
Naher Osten	*Middle East*	Mittlerer Osten	*south-western Asia*
nicht dürfen	*must not*	nicht müssen	*not to have to*
schließlich, endlich	*eventually*	eventuell	*possibly*
sich fragen	*to wonder*	sich wundern	*to be surprised*
tatsächlich	*actually*	aktuell	*topical*
überwachen	*to oversee*	übersehen	*to fail to notice*
vernünftig	*sensible*	sensibel	*sensitive*

Nützliches Basisvokabular

Sentence connectives	Satzverknüpfungen
Zeitliche Ordnung	
at first	zuerst
then	dann
next	als
later	später
afterwards	danach, später
as soon as	sobald (wie)
at the same time	gleichzeitig
at the moment (when)	im Moment; in dem Moment, als
as long as	so lange wie
no sooner than	nicht bevor
recently	vor Kurzem
lately	neuerdings
at last, in the end, finally, eventually	schließlich
while (we were watching the film)	während (vor einem Nebensatz)
during (the show)	während (vor einem Nomen)
Begründung	
because	weil
for (he had lost his book.)	denn
as (there were only three guests, ...)	da
therefore (he closed the bar.)	deshalb
for this reason/This is the reason why (he could not come.)	aus diesem Grund
due to/on account of (the snow, many people stayed at home.)	wegen, aufgrund
Aufzählungen, inhaltliche Anordnung	
to begin with	als Erstes; zunächst
next	als Nächstes
first of all/above all	vor allem
first/firstly, secondly, thirdly	erstens, zweitens, drittens
furthermore/in addition/moreover/what is more	außerdem

2.3 Mediation

Sentence connectives	Satzverknüpfungen
at first sight	auf den ersten Blick
on second thoughts	bei näherem Hinsehen
Vergleiche	
likewise (prices have dropped)	genauso
unlike (his sister, he is nice)	im Gegensatz zu
on the one hand, ... on the other hand, ...	einerseits ... andererseits
on the contrary	im Gegenteil
Bedingung	
if	wenn, falls
unless	wenn nicht
provided that (the weather is fine)	unter der Bedingung, dass ...
Folgerung	
thus, consequently	also, daher
so	also
as a result	folglich
all things considered	in Anbetracht aller Tatsachen
Umformulierung	
in other words / that is to say / that means	in anderen Worten
Bezugnahme	
as to / as for / with regard to ...	was ... anbelangt, hinsichtlich
according to (what politicians say)	laut (Aussage der Politiker)
Einschränkung	
but	aber
however	jedoch
despite, in spite of	trotz des/der
after all	trotz allem
except for (my brother, we all ran.)	außer
apart from (the fact that he left)	abgesehen von
although / though	obwohl

2 Englisch sprechen

Häufige Ausdrücke und Wendungen

Attitudes	Einstellungen, Haltungen
to consider/regard s.o./ s.th. to be s.th.	halten für, betrachten als
to be familiar with/used to s.th.	vertraut sein mit
to be indifferent to	gleichgültig
indifference	Gleichgültigkeit
to be prejudiced against s.o.	Vorurteile haben
to be open-minded	offen, tolerant
to be narrow-minded	engstirnig

Aims	Ziele
to aim at s.th./at doing s.th.	auf etwas abzielen, planen
to reach/achieve an aim	ein Ziel erreichen
to achieve/accomplish s.th.	etwas erreichen, vollbringen
an achievement/accomplishment	Leistung, Erfolg

Feelings	Gefühle
to despair of s.b./s.th.	verzweifeln an
to be desperate	verzweifelt
to be in despair	verzweifelt sein
to trouble s.o.	belasten
to be troubled	besorgt sein; Probleme haben
to be anxious	bemüht sein; besorgt oder nervös sein
to have a clear/a guilty conscience	ein reines/schlechtes Gewissen
to ease one's conscience	sein Gewissen beruhigen
to suffer from pangs of conscience	Gewissensbisse haben
to release one's feelings	seinen Gefühlen freien Lauf lassen
to be relieved	erleichtert sein
the relief of/from s.th.	Erleichterung
to have pity on s.o.	Mitleid haben mit
to drive s.o. out of one's mind	jmd. verrückt machen
to go out of one's mind/ lose one's mind	den Verstand verlieren; durchdrehen

2.3 Mediation

Feelings	Gefühle
to lose one's temper	wütend werden
to (not) mind doing s.th.	jmd. etwas ausmachen, stören
She doesn't mind/care.	Es ist ihr egal/gleichgültig.

Behaviour	Benehmen, Verhalten
to act	handeln, sich verhalten
to react to s.th.	auf etw. reagieren
to treat s.o. in a … way	jmd. behandeln
to do s.th. on purpose	absichtlich tun
to perform an action/ an experiment	vollziehen, durchführen
to carry out a plan/an experiment/ a project	durchführen
to cope with a problem	bewältigen
to come to terms with s.th.	sich mit etwas abfinden
to solve a problem	ein Problem lösen
to settle a conflict/a dispute	einen Konflikt lösen
to put an end to a conflict	beenden
to find a solution to a conflict	Lösung finden
to share s.th.	etw. miteinander teilen
to have s.th. in common	eine Eigenschaft gemeinsam haben
a common problem	ein übliches Problem
reconciliation	Versöhnung
to reconcile	sich versöhnen
to apologize for s.th.	sich entschuldigen
an apology for s.th.	Entschuldigung
to make up for s.th.	wieder gut machen
to comply with a rule	eine Regel einhalten

Influence	Einfluss
to make s.o. do s.th.	jmd. veranlassen, dazu bringen, etwas zu tun
to influence s.o. or s.th./ to have an influence on	jmd. oder etwas beeinflussen
to prevent s.o. from doing s.th.	jmd. hindern an
to persuade s.o. to do s.th.	überreden

Influence	Einfluss
to convince s.o. of s.th.	jmd. von etwas überzeugen
to change one's mind	es sich anders überlegen
to change one's opinion	die Meinung ändern
to have an effect on	Auswirkung haben auf
to affect s.o.	Auswirkungen auf jmd. haben
to be affected by s.th.	von etwas betroffen sein
to appeal to s.o. / to s.o.'s feelings	appellieren an
to manipulate s.o.	jmd. manipulieren
to provoke s.o.	jmd. provozieren
to control s.b. or s.th. / to lose control of s.th.	etwas oder jmd. kontrollieren / die Kontrolle verlieren über
s.th. runs out of control	außer Kontrolle geraten

Having or lacking something	Etwas haben oder nicht haben
to lack s.th.	etw. nicht haben, mangeln an
the lack of	Mangel an
to miss s.th.	jmd. fehlen
there is a need for s.th.	Bedürfnis nach
to satisfy a need	ein Bedürfnis befriedigen
a demand for s.th.	Nachfrage nach
to supply s.o. / s.th. with	versorgen, beliefern
the supply of goods / of information	Versorgung mit
to provide s.o. with s.th.	versorgen, beliefern
to release information	veröffentlichen
to be available	erhältlich sein, verfügbar sein
to run out of s.th.	nur noch wenig haben
to be short of	fehlen an
there is a shortage of ...	Mangel an (materiellen Dingen)
to increase	zunehmen, anwachsen
an increase of	Wachstum, Zunahme von
to decrease	sinken, vermindern
a decrease of	Sinken, Nachlassen von
to reduce (to)	senken, reduzieren (auf)
to raise s.th.	anheben, erhöhen
to be underprivileged	sozial benachteiligt sein

2.3 Mediation

Discussing an issue	Ein Thema diskutieren
to be at issue	zur Diskussion stehen
to weigh (up) the pros and cons	das Für und Wider abwägen
to weigh the benefits against the risks	die Vorteile gegen die Risiken abwägen
the advantage/disadvantage of	Vorteil/Nachteil
to benefit from s.th.	von etw. profitieren
to do harm to s.o./s.th.	schädigen
to be harmful to s.o./s.th.	schädlich sein für
there is no harm in doing s.th.	es schadet nichts
to be in favour of s.th./to be opposed to s.th.	für/gegen etwas sein
to say s.th. in proof of s.th.	zum Beweis anführen
to conclude s.th. from	folgern aus
to agree with s.o. about s.th./ to disagree	(nicht) zustimmen
to contradict	widersprechen
to prove s.o./s.th. wrong	jmd./etwas widerlegen
to be divided on an issue	geteilter Meinung sein
to be at cross purposes with s.o.	unterschiedlicher Meinung sein; sich nicht verstehen
to be in two minds about s.th.	sich unschlüssig sein

Describing developments	Entwicklungen beschreiben
to develop into	sich zu … entwickeln
to check a development	eine Entwicklung behindern
to develop freely/ without restraint	sich ungehindert entwickeln
the past, the present, the future	die Vergangenheit, die Gegenwart, die Zukunft
past events, present events, future events	vergangene/gegenwärtige/ zukünftige Ereignisse, …
in the past/present/future	in der Vergangenheit/ Gegenwart/Zukunft
in the near future	in der nahen Zukunft
at present	jetzt, gegenwärtig
to happen	geschehen

2 Englisch sprechen

Describing developments	Entwicklungen beschreiben
to be on (The film was on when ...)	ablaufen, geschehen
current events	laufende, aktuelle Ereignisse
a recent development	jüngste Entwicklung
an upcoming / forthcoming event	bald stattfindendes Ereignis
to give an outlook of things to come	Ausblick
His chances / prospects / opportunities are quite good.	Aussichten
in the long run	auf lange Sicht, langfristig
in the short run	kurzfristig
to undergo a change	eine Veränderung durchmachen
to undergo a development	eine Entwicklung durchmachen
to rise / to fall	ansteigen / sinken
to reach a peak	den höchsten Punkt / Wert von etwas erreichen
a peak year	ein Jahr mit höchsten Werten
peak viewing time	Sendezeit (TV) mit höchster Einschaltquote
to reach a low, to fall to a low	einen Tiefpunkt erreichen
to be in a financial / political crisis	sich in einer Krise befinden
to recover from a crisis	sich von einer Krise erholen
to improve	sich verbessern
improvement	Verbesserung
to deteriorate, to become worse	sich verschlechtern
to worsen	sich verschlimmern
progress	Fortschritt
advancement	Förderung, Weiterentwicklung
to advance s.th.	etwas voranbringen, weiterentwickeln
to be advanced	weit entwickelt sein, fortgeschritten sein
to take a different turn	eine andere Richtung nehmen, sich anders entwickeln
to be ahead of s.o. / s.th.	vorne liegen, führen
to delay s.th.	etw. verzögern, verlangsamen
a delay of	eine Verzögerung

Grammatik 3

3.1 Warum Grammatik?

Sich verständlich machen zu können, ist Grundvoraussetzung für das Gelingen jeglicher Kommunikation.

▶ Das Beherrschen der Grammatik lässt sich durch regelmäßiges Üben antrainieren. Zwei- bis dreimal in der Woche ein bestimmtes Thema angehen und Beispielsätze schreiben oder lernen, ist ideal.

In vielen Situationen spielt es eine entscheidende Rolle, die Regeln der englischen Sprache zu beherrschen. Wer in fremder Umgebung Fragen richtig stellen kann, findet sich schneller zurecht, findet Kontakt und kann sich aus seiner eigenen Hilflosigkeit leicht befreien. Durch korrektes Englisch kann man vielfach seine Position in interkulturellen Kontexten, z. B. bei Bewerbungen oder bei Auslandsaufenthalten während des Studiums und im Beruf, stärken:

Wer annähernd **grammatikalisch richtiges Englisch** spricht,
- kann Sachverhalte **exakt** darstellen,
- wirkt **kompetent,**
- wird als Gesprächspartner **akzeptiert,**
- kann seine Ziele **erfolgreich** umsetzen.

Wichtige Grundregeln der englischen Grammatik

▶ Auch im Internet finden Sie reichhaltige Websites mit einer Fülle an **Grammatikübungen:**
http://oxforddictionaries.com/
http://learnenglish.britishcouncil.org/en/
www.cambridge.org/de/elt/students/zones/

Wichtig für die Verständlichkeit einer Äußerung im Englischen sind folgende Elemente der Grammatik:
- die richtige Verwendung der **Zeiten** *(tenses)*. Aus diesem Grund beginnt das folgende Kapitel auch mit diesem Thema. Jede Zeitform wird ausführlich erklärt, und es gibt eine Menge von Beispielen.
- die Verwendung der richtigen **Präpositionen.** Präpositionen sind oft entscheidend für die Aussage eines Satzes.
- die englische **Satzstellung**
- die Verwendung von **Nebensätzen** mit den passenden **Konjunktionen.** Konjunktionen und *connectives* stellen Zusammenhänge zwischen mehreren Sätzen her. Sie haben eine wichtige sinntragende Funktion.

3.2 Die Formen des Verbs

Ein wichtiges Themenfeld der englischen Grammatik ist das Verb und seine Zeitformen (z. B. *dance, write*). Das Verb wird im Satz benutzt, um über Tätigkeiten zu sprechen. Durch bestimmte Formen kann es auch ausdrücken, wann diese Tätigkeiten ausgeführt wurden (z. B. in der Gegenwart).

> Verbformen, die benutzt werden, um über Handlungen in einer bestimmten Zeit zu sprechen, heißen **Zeitformen** *(tenses)*.

Tenses	Deutsche Bezeichnung
Present tense	Gegenwart (Präsens)
Past tense	Vergangenheit (Präteritum)
Present perfect	vollendete Gegenwart (Perfekt)
Past perfect	vollendete Vergangenheit (Plusquamperfekt)
Future I and II	Zukunft I und II (Futur I und II)
Conditional I and II	Möglichkeitsform I und II (Konjunktiv I und II)

In der englischen Sprache gibt es von den meisten grammatischen Zeitformen zwei Varianten – die **einfache Form** (*simple form*) und die **Verlaufsform** (*progressive form*).
– Die einfache Form wird verwendet, um zu sagen, dass eine Handlung **regelmäßig** stattfindet.
– Die Verlaufsform drückt aus, dass eine Handlung **in diesem Moment** bzw. **zu einem bestimmten Zeitpunkt** geschieht.

Zustandsverben und Tätigkeitsverben

Bestimmte Verben werden nur in der einfachen Form benutzt, weil sie einen Zustand, ein Besitzverhältnis, Gefühle, Meinungen oder Wünsche anzeigen. Diese Verben werden Zustandsverben *(state verbs)* genannt.

> **Zustandsverben** *(state verbs)*
> – Verben, die eine Eigenschaft, einen Zustand oder Besitz ausdrücken: *be, belong to, consist, contain, cost*
> – Verben des Meinens, Wissens, Vermutens: *agree, believe, imagine, know, think, realize, suppose (abstract verbs)*
> – Verben des (Nicht)mögens: *hate, love, like, wish (emotion verbs)*
> – weitere Verben: *mean, understand, belong, contain, seem, smell, taste, see, doubt, depend on*
>
> Zustandsverben werden meist nur in der einfachen Form verwendet.

■ This CD **belongs** to my brother. I **think** he **likes** it.

Um auszudrücken, dass sich Handlungen wiederholen, oder um Vorwürfe zu machen, kann man auch die **Verlaufsform** benutzen.

- *Travelling is so expensive. It's **costing** the world.*

Daneben gibt es Vorgangs- oder Tätigkeitsverben *(activity or dynamic verbs)*. Sie drücken sichtbare Handlungen aus (z. B. Bewegungen, Handlungen, Aktionen).
Diese Verben können die Verlaufsform bilden. So drücken sie aus, was in einem bestimmten Moment passiert.

> **Tätigkeitsverben** *(activity verbs)*
> to appear, to decrease, to drop, to expand, to fall, to get, to go, to increase, to listen, to read, to rise, to run, to write, to talk, to work, to walk, to swim usw.

- *Look, we're **getting** closer to the stage.*
  *The number of school dropouts is **falling**.*
  *Is he **running** for presidency?*

Einige Verben können sowohl Zustandsverb als auch Tätigkeitsverb sein (z. B. *to have, to look, to see, to think*). Sie haben dann jedoch unterschiedliche Bedeutungen.

She **isn't looking** at her.

Zustandsverb	Tätigkeitsverb
Tom has another chance. (Tom hat noch eine Chance.)	*Tom is having a shower.* (Tom duscht gerade.)
The book looks very old. (Das Buch sieht sehr alt aus.)	*Hank is looking at the book.* (Jack sieht sich gerade das Buch an.)
Can you see the trouble he is in? (Siehst du die Schwierigkeiten, die er hat?)	*Cathy is seeing her tutor today.* (Cathy trifft heute ihre Klassenlehrerin.)
I think it's all right. (Ich finde, es ist in Ordnung.)	*He's just thinking about the idea.* (Er denkt gerade über die Idee nach.)

3.2.1 Simple present

Das *simple present* (einfache Gegenwart) wird benutzt, um über Gewohnheiten und Handlungen zu sprechen, die sich häufig wiederholen oder regelmäßig geschehen.

- *They always **talk** about food.*
  (Sie reden immer über das Essen.)
  *She **phones** me once a day.*
  (Sie ruft mich einmal am Tag an.)

3.2 Die Formen des Verbs

Bildung der einfachen Gegenwart	Simple present	
Die einfache Gegenwart eines Verbs wird mit der Grundform (Infinitiv) gebildet. Nur in der 3. Person Singular endet das Verb mit einem zusätzlichen -s.	I / You love comics. He / She / It loves comics. We / You / They love comics.	▶ Achtung: Nach *do* oder *does* kommt kein -s ans Verb!
Die Verneinung und die Frage	**Questions**	
Die Verneinung und die Frage in der einfachen Gegenwart *(simple present)* werden mit **do not** oder **does not** gebildet. Das Verb steht in der Grundform. Es gibt auch Kurzformen: **do not = don't** **does not = doesn't**	Do you like skating? Does he / she like skating? Do they like skating? **Negative forms** No, I don't like skating. He / She / It doesn't like skating. We / You / They don't like skating.	▶ Achtung: „s"-Endung nach *he, she, it!* he reads she listens it sounds

Einige Verben ändern bei angehängtem -s Schreibweise und Aussprache:
- Bei Verben, die auf einen Zischlaut wie -sh, -ss, -ch und -x enden, wird ein -es [ɪz] angefügt.
  close → closes; push → pushes; use → uses; watch → watches
- Endet ein Verb auf -y mit vorhergehendem Konsonant, wird aus dem -y ein -ies: carry → carries; copy → copies; cry → cries; try → tries
- Die Verben do → does und go → goes sind unregelmäßig.
- Bei pay → pays und say → says ändert sich die Schreibweise nicht.

Für folgende Situationen wird das *simple present* angewendet:
- regelmäßige und gewohnheitsmäßige Handlungen
- aufeinanderfolgende Handlungen (z. B. bei Aufzählungen)
- Tatsachen und Gesetzmäßigkeiten
- Zusammenfassungen von Texten

▶ Typische Zusammenhänge, in denen das *simple present* verwendet wird, sind Fahrplaninformation, Organisation und Planung, Bedienungsanleitung, Angaben über Berufe und Hobbys.

Mr Khan is a newsagent. He sells newspapers. He opens his shop at 7 a.m. every morning.

■ She always **answers** e-mails at once.
First I **unlock** the door, then I **switch** on the light.
Shops usually **open** at 10 a.m.
The earth **rotates** around the sun.
This news report **is** about …

▶ Orientieren Sie sich bei der Entscheidung für die richtige Zeitform an den **Signalwörtern**.

> Bei folgenden **Signalwörtern** wird häufig das *simple present* gebraucht: *always, as a rule, generally, often, sometimes, usually, every day/time/week/month/year…, normally, never, on Saturdays, first, then, after that, finally, at last.*

3.2.2 Present progressive

Das *present progressive* (Verlaufsform der Gegenwart) wird benutzt, um über Handlungen zu sprechen, die gerade im Moment passieren.

■ What are you doing now? I'm eating. I'm not watching TV.
  (Was tust du gerade? Ich esse gerade. Ich gucke nicht Fernsehen.)

Das *present progressive* wird mit einer Form von **be** und der **-ing-Form des Verbs** gebildet.

Aussagesatz:	I am sleeping.	We are talking.
	You are listening.	You are eating.
	He/She/It is helping.	They are swimming.
Fragesatz:	Am I talking too loud?	Are we talking too loud?
	Are you listening?	Are you taking a photo?
	Is he/she/it listening?	Are they listening?
Verneinung:	I am not listening now.	We are not listening.
	You are not listening.	You are not answering.
	He/She/It is not sleeping.	They are not watching TV.

Die **Kurzformen** von *is not* und *are not* sind *isn't* und *aren't*.
Das *present progressive* benutzt man für:
– Handlungen, die gerade in diesem Moment oder kurz vorher bzw. nachher stattfinden
– Veränderungen, die im Moment des Sprechens stattfinden
– Handlungen, die noch nicht abgeschlossen sind
– Beschreibung von Geschehnissen, z.B. Reportagen aus der Sicht eines Betrachters
– zukünftige Handlungen, die schon fest geplant sind

There is Mr Khan. He is smiling. Now he is opening his shop.

■ Let's go home now. It**'s starting** to rain.
  Using these methods, many children **are improving** their maths skills.
  Contrary to what we expected, prices for cars **are dropping**.
  Don't disturb her! She **is concentrating** on her performance.
  There's no need to hurry. We**'re leaving** in thirty minutes.

> **Signalwörter**, nach denen das *present progressive* verwendet wird, sind: *now, today, at the moment, this week/month/year…, Look!, Listen!*

3.2 Die Formen des Verbs

3.2.3 Simple past

Das *simple past* (einfache Vergangenheit) wird benutzt, um über Handlungen zu sprechen, die in der Vergangenheit passierten (z. B. *yesterday, last week*).

- Yesterday **was** a wonderful day. (Gestern war ein wunderbarer Tag.)
  Our holidays **started**. (Unsere Ferien begannen.)
  So we **went** to the zoo. (Also gingen wir in den Zoo.)
  What **was** the weather like? (Wie war das Wetter?)
  It **was** fine. It **didn't** rain. (Schön. Es regnete nicht.)

Das *simple past* von *to be* (sein)
Für das Verb *to be* (sein) gibt es zwei Vergangenheitsformen:
I/he/she/it **was**; you/we/they **were**

Verneint lauten sie **was not (wasn't)** und **were not (weren't)**.
Fragen bildet man mit **Was he …/Were you …?** usw.
Und mit **Fragewörtern: Where was he …/ When were you …?**
Kurzantworten lauten z. B. **Yes, I was.** oder **No, we weren't.**

- Yesterday she **was** at the club.
  Were you at the club, too? – No, we **weren't**.
  My bike **wasn't** as fast as Jim's.
  Was your bike faster? – Yes, it **was**.
  Where **was** your purse?
  When **were** the Bartons home again?

Regelmäßige Verben bilden das *simple past,* indem man die Nachsilbe -ed an den Infinitiv anhängt (z. B. *climb* → *climbed*)
Manche Verben ändern bei angehängtem -ed ihre Schreibweise und Aussprache:
- Ein stummes e entfällt: *close* → *closed*; *like* → *liked*
- Einige Konsonanten werden verdoppelt: *stop* → *stopped*; *plan* → *planned*; *travel* → *tavelled*; *prefer* → *preferred*
- y + -ed wird zu -ied: *hurry* → *hurried*; *tidy* → *tidied*
- Bei Verben, die auf *t* oder *d* enden, wird -ed [ɪd] ausgesprochen: *waste* → *wasted*; *want* → *wanted*

▶ **Wichtige unregelmäßige Verben**
to begin, began
to come, came
to do, did
to find, found
to get, got
to go, went
to know, knew
to make, made
to say, said
to see, saw
to take, took
to tell, told
to think, thought

Unregelmäßige Verben haben eine eigene Form für das *simple past*.

- to meet, met: They **met** at the station.
  to have, had: We **had** four tickets
  to buy, bought: He **bought** new football shoes.
  to sell, sold: Mr Khan **sold** many sweets.
  to read, read: She **read** all the Harry Potter novels.

> **Verneinte Aussagen** werden mit *did not (didn't)* und dem Infinitiv des Vollverbs gebildet.
> **Fragen** werden mit *did* und dem Infinitiv des Vollverbs gebildet.
>
> **Wichtig:** Nach *did* steht das Verb immer im **Infinitiv** und nicht in der Vergangenheitsform.

■ I **didn't waste** my time.
They **didn't follow** the rules.
When **did** you **meet** Tim?
Why **didn't** you **ask** me?

▶ Benutzen Sie das *simple past*, wenn Sie sagen wollen, **wann** etwas geschah.

Zeitpunkt in der Vergangenheit oder abgeschlossener Zeitraum
Das *simple past* benutzt man, um über Handlungen, Ereignisse oder Zustände zu sprechen, die sich zu einem bestimmten Zeitpunkt in der Vergangenheit oder in einem abgeschlossenen Zeitraum der Vergangenheit ereignet haben, etwa wenn man eine Geschichte erzählen oder über Vergangenes (z. B. Ferienerlebnisse) berichten möchte.

▶ Das *simple past* wird **im Deutschen** oft durch das Perfekt wiedergegeben. Das *simple past* kann aber nicht an Stelle des *present perfect* benutzt werden.

> **Signalwörter** für das *simple past* sind: *yesterday, last week / month / year, some time before, some time ago, … year(s) / month(s) / week(s) ago.*
>
> 20 years ago   now
> | |
>   between 1991   and   2003

■ I **got up** at 6 o'clock **yesterday.**
Did you **go** to the cinema **last week?**
Why **did** she leave **in April?**
10 years ago I **was** still at school.
We **lived** there **from 1991 to 2003.**
We **lived** there **for twelve years.** Now we live in Bristol.

> We **went** to the Lake District.
> We **had** a good time.
> What about you?

> Where **did** you **spend** your holidays?

> We **rented** a boat and **saw** the Norfolk Broads. There **was** lots of time for reading.

Gewohnheiten in der Vergangenheit
Über Gewohnheiten und sich wiederholende Handlungen in der Vergangenheit spricht man im *simple past.* Das deutsche „früher immer" für Gewohnheiten wird übersetzt mit *used to.*

■ He **took** the bus every day.
They **got** up early.
We **used to** live in Cardiff.
(Wir haben **früher** in Cardiff gelebt.)

3.2.4 Past progressive

Das *past progressive* (Verlaufsform der Vergangenheit) drückt aus, dass eine **Handlung** oder ein **Vorgang** zu einem **Zeitpunkt der Vergangenheit gerade im Gange,** aber noch nicht beendet war.

We were waiting at the bus stop.

> Das *past progressive* wird mit **was/were** und der **-ing-Form** des Verbs gebildet.
> I/he/she/it **was singing.**
> You/we/they **were singing.**
>
> **Verneint** wird mit **was not (wasn't) …ing** und **were not (weren't) …ing.**
> **Fragen** bildet man mit **Was he …ing/Were you …ing?** usw.
> Und mit **Fragewörtern: Where was he …ing/When were you …ing?**
> **Kurzantworten** lauten z. B. **Yes, I was.** oder **No, we weren't.**

Look! We were just reading this book.

- At seven o'clock I **was having** a shower.
  She **wasn't listening.**
  Was he **fixing** his bike – Yes, he **was.**
  We **were having** dinner.
  They **weren't checking** all the suitcases.
  Were you **waiting** for the bus? – No, we **weren't.**
  Where **were** you **waiting?** – I **was waiting** at the bus stop.

Häufig wird das *past progressive* benutzt, um Handlungen zu beschreiben, die gerade passierten, als eine zweite Handlung auftrat.

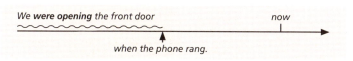

- While we **were watching** the entrance, we saw her walk in.
  The bottle exploded when they **were opening** it.
  He **was skiing** in France when he broke his leg.
  Were you **listening** when he explained how to do it?
  Was she **getting** ready to leave when you rang?
  When everybody **was sleeping** the dog started to bark.
  I **was** just **falling** asleep when a terrible noise woke me up.

▶ Benutzen Sie das *simple past*, wenn Sie sagen wollen, **wann** etwas geschah. Benutzen Sie das *present perfect*, wenn Sie sagen wollen, **ob** oder **dass** etwas geschah.

3.2.5 Present perfect

Mit dem *present perfect* (vollendete Gegenwart) drückt man die Tatsache aus, dass jemand bis zum jetzigen Zeitpunkt etwas getan hat oder dass etwas geschehen ist. Der genaue Zeitpunkt spielt dabei keine Rolle.

John has been here.   Have you ever been to Paris?

■ *I* **have had** *a cup of tea today.* (Ich hatte heute schon eine Tasse Tee.)
You **have** *never* **been** *late.* (Du bist noch nie zu spät gekommen.)
Have *you* **been** *to London before? – Yes, I have.* (Warst du schon einmal in London? – Ja.)
She **hasn't practised** *her part for the show.* (Sie hat nicht für ihre Rolle in der Show geübt.)

Das *present perfect* wird mit **have/has** und dem *past participle* (Vollverb + -ed oder 3. Verbform) gebildet.
I/you **have waited.**
He/she/it **has waited.**
You/we/they **have waited.**

Verneint wird mit **has not (hasn't) + participle** und **have not (haven't) + participle**.
Fragen bildet man mit **Has he/Have you + participle?**
Und mit **Fragewörtern**: **Where has he/When have you + participle?**
Kurzantworten lauten z. B. **Yes, he has.** oder **No, I haven't.**

Das *present perfect* von **to be** lautet **has been** oder **have been**.

▶ Das *past participle* ist die **3. Form** der **unregelmäßigen Verben**:

to go, went, **gone**
to do, did, **done**
to have, had, **had**
to make, made, **made**

Das *present perfect* steht bei Handlungen oder Zuständen, die in der Vergangenheit begonnen haben und

erst vor kurzer Zeit abgeschlossen wurden,	He **has helped** to clean the car for two hours. He **has** just **finished** his homework.
bis zur Gegenwart angedauert haben,	Since 9 o'clock she **has marked** all her students' papers. I **have worked** all day long.
die zwar abgeschlossen wurden, aber deren Folgen bzw. Auswirkungen noch in die Gegenwart reichen.	Tom **has broken** the window. We **have painted** the walls. How nice they look!

Mr Khan has just opened his shop.

3.2 Die Formen des Verbs 93

Signalwörter für das *present perfect:*

– *since 2003* (seit …)
– *for a year* (ein Jahr lang)
– *never* (nie)
– *ever* (jemals)
– *just* (gerade)
– *already* (schon)
– *not … yet* (noch nicht)
– *before* (vorher)
– *recently* (vor kurzem)
– *up to now* (bis heute)
– *all day long* (den ganzen Tag lang)
– *today* (heute)
– *this week/month/year* (diese Woche/diesen Monat/dieses Jahr)
– *(for) how long…?* (wie lange)

Simple past oder present perfect?

Simple past	Present perfect
He **moved** to Dublin three years ago.	He **has lived** in Dublin for three years.
Did you see Mike yesterday?	**Have you seen** him again since then?
I **saw** Mike yesterday.	I **haven't seen** him again since yesterday.
Das *simple past* drückt aus, was zu einem bestimmten Zeitpunkt oder in einem abgeschlossenen Zeitraum der Vergangenheit geschah.	Das *present perfect* drückt aus, was irgendwann in einem Zeitraum der Vergangenheit geschah, der noch bis heute andauert (z. B. *today, this week*). Häufig sind der Zustand oder die Handlung für die Gegenwart von Bedeutung.

▶ Das *simple past* wird **im Deutschen** oft durch das Perfekt wiedergegeben. Das *simple past* kann aber nicht an Stelle des *present perfect* benutzt werden.

Since und for

Since und *for* werden leicht verwechselt. Beide können mit „seit" ins Deutsche übersetzt werden. So können Sie sie unterscheiden:
– ***Since*** gibt immer einen Zeitpunkt in der Vergangenheit an, seit dem etwas geschieht.
– ***For*** gibt immer die Dauer einer Handlung an.

▶ Nach *since …* können Sie mit **„seit wann?"** fragen.

Nach *for* können Sie mit **„wie lange?"** fragen.

- *since we started* (seit wir anfingen)
  since the bell rang (seit es schellte)
  since Monday (seit Montag)
  since 2005 (seit 2005)
  since April 2nd (seit dem 2. April)
  since six o'clock (seit sechs Uhr)

  for 10 years (seit zehn Jahren, zehn Jahre lang)
  for one day (seit einem Tag, ein Tag lang)
  for a short time (eine kurze Zeit lang)

3.2.6 Present perfect progressive

Mit dem *present perfect progressive* (Verlaufsform des Perfekt) spricht man über eine Handlung, die in der Vergangenheit begann und bis zum Zeitpunkt des Sprechens noch andauert.

How long have you been working on your tests for maths?   It has been raining since yesterday.

- He **has been writing** letters all day long. (Er schreibt schon den ganzen Tag Briefe.)
  Since when **has** the phone **been ringing**? (Seit wann klingelt das Telefon schon?)
  I **haven't been working** for days now. (Ich habe schon seit Tagen nicht mehr gearbeitet.)

Das *present perfect progressive* wird gebildet mit **have been/has been** und der **ing**-Form des Vollverbs: **have/has + been + -ing**
I/you **have been waiting.**
He/she/it **has been waiting.**
You/we/they **have have been waiting.**

Verneint wird mit **has not (hasn't) been + -ing** und **have not (haven't) been + -ing.**
Fragen bildet man mit **Has he been/Have you been + -ing?**
Und mit **Fragewörtern: Where has he been/When have you been + -ing?**
Kurzantworten lauten z. B. **Yes, he has.** oder **No, I haven't.**

Das *present perfect progressive* wird in folgenden Fällen verwendet:
– Bei kürzlich beendeten Handlungen:
  Have you **been sleeping** until now?
  It **has been raining.**
– Bei gerade erst beendeten Handlungen, deren Folgen wahrnehmbar sind:
  My husband **has been cycling** all morning, that's why his clothes are so dirty now.
  Have you **been cleaning** the house? The floor is still wet.

- Bei sich wiederholenden Handlungen in der Vergangenheit:
  My father is a good skier. He **has been skiing** *since he started at school.*
- Bei Handlungen, die in der Vergangenheit begannen, in der Gegenwart andauern und sich möglicherweise auch in der Zukunft fortsetzen:
  He **has been painting** *the living room since this morning, and he hasn't finished yet.*
  How long **have** *you* **been learning** *English?*

Da im Allgemeinen für das *present perfect progressive* dieselben **Signalwörter** wie für das *present perfect simple* gelten, müssen Sie anhand der Situation entscheiden, welche Zeitform Sie wählen. Signalwörter sind:
since, for, never, ever, just, already, (not) yet, before, recently, up to now, today, this week/month/year, so far, how long…?

He has been skiing since he started at school.

Present perfect simple oder present perfect progressive?

Present perfect simple	*Present perfect progressive*
Die Handlung ist abgeschlossen. Es interessiert nicht die Handlung selbst, sondern das Ergebnis der Handlung (die sauberen Fenster).	Die Handlung ist noch nicht abgeschlossen. Hier interessiert die Handlung selbst (das Säubern der Fenster) und nicht, ob die Handlung nun beendet ist.
The windows were very dirty. Anthony has cleaned the windows. Now they are clean.	*Anthony has been cleaning the windows since this morning; some of the windows are still dirty.*

Unterschiede zwischen britischem und amerikanischen Englisch

Beim amerikanischen Englisch fallen Unterschiede in der Verwendung des *simple past* und des *present perfect* auf.
- Abgeschlossene Handlungen, die Auswirkungen auf die Gegenwart haben, werden manchmal mit dem *simple past* ausgedrückt.
- Das *simple past* wird manchmal zusammen mit unbestimmten Zeitbestimmungen (z. B. *already, before, ever, never, yet*) verwendet.

■ *Anthony just called / has just called.* (AE)   *Anthony has just called.* (BE)
  Mike lost / Mike has lost his purse. (AE)   *Mike has lost his purse.* (BE)
  Did you already have / Have you already had lunch? (AE)   *Have you already had lunch?* (BE)

3.2.7 Past perfect

Das *past perfect* oder die Vorvergangenheit beschreibt Handlungen, die noch vor einem bestimmten Zeitpunkt in der Vergangenheit passierten.

Paul had never made a bungee jump before.

When we arrived, the party had already started.

> Das *past perfect* wird gebildet mit **had** und dem **past participle** (Vollverb + **-ed** oder 3. Verbform).
> *I/you/he/she/it/we/you/they* **had waited**.
> **Verneint** wird mit **had not (hadn't)** + past participle.
> **Fragen** bildet man mit **Had you** + past participle?
> Das *past perfect* von *to be* lautet **had been**.

■ After my friends **had arrived** we began to have dinner.
The parcel did not arrive for Christmas. I **hadn't sent** it off in time.
Joe knew all the interesting places in Rome. – **Had** he **been** there before?

Die Aussage im *past perfect* steht immer im Zusammenhang mit einem anderen Satz oder Nebensatz, der einen Zeitpunkt in der Vergangenheit angibt. Dieser Satz oder Nebensatz steht immer im *simple past*.
– Die im *past perfect* ausgedrückte Handlung lag zeitlich weiter zurück. Diese Handlung fand „vorzeitig" statt.

The plane had already landed when I arrived at the airport.

■ After he **had finished** repairing his car, he visited his friend.
She lived alone on the farm since her children **had left** her.
The plane **had** already **landed** when I arrived at the airport.
They were surprised by the giant waves. They **had** never **seen** anything like this before.

– Die Handlung im *past perfect* dauerte noch an, als eine weitere Handlung eintrat.

■ When the band began to play, the audience **had** already **started** to leave the concert hall.
We didn't know you would be missing. Only Ann **had** already **known** it for some time.

> **Signalwörter** für das *past perfect* sind *after* und *(ever/never) before*.

3.2.8 Past perfect progressive

Das *past perfect progressive* (Verlaufsform der Vorvergangenheit) drückt aus, dass eine Handlung schon eine ganze Weile in der Vergangenheit verlief, bis ein neues Ereignis oder ein neuer Zustand auftrat. Sätze im *past perfect progressive* enthalten meistens eine Zeitbestimmung (z. B. *for a while, some time*); diese wird mit „schon" ins Deutsche übersetzt.

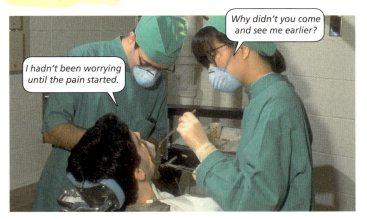

Das *past perfect progressive* wird gebildet mit **had been** und der **ing**-Form des Vollverbs: **had + been + -ing**.
I/you/he/she/it/we/you/they **had been waiting**.

Verneint wird mit **had not (hadn't) been + -ing**.
Fragen bildet man mit **Had he been + -ing?**
Und mit **Fragewörtern**: **Where had he been + -ing?**

■ They **had been spending** some time at the beach until they noticed the dark clouds. (Sie hatten schon einige Zeit am Strand verbracht, als …)
It was strange he looked so sad. **Hadn't** he **been singing** and laughing just one hour earlier?
He **hadn't been using** his canoe for a while, so he hadn't noticed the missing paddle. (Er hatte sein Kanu schon eine ganze Weile nicht benutzt, sodass er das fehlende Paddel nicht bemerkt hatte.)
He **had been driving** for quite a while when the car ran out of petrol.
She **had been filling** the trolley with goods when she noticed she had forgotten her purse.
Our neighbours **had been living** next door for many years before we noticed that their two sons were twins.
They **had been working** together for many years before they fell in love with each other.

They hadn't been using their bikes for a while.

3.2.9 Future

Das Futur kann im Englischen mit mehreren Zeitformen ausgedrückt werden.

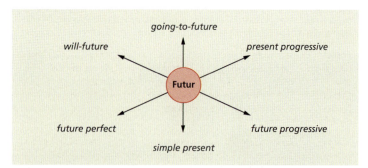

Zeitform	Beschreibung	Beispiele
Will-future (Futur I)	**will + Infinitiv des Vollverbs** Die Kurzformen sind *'ll* und **won't (= will not).** Benutzt wird das *will-future*, um zukünftige Handlungen zu beschreiben, die nicht vom Sprecher beeinflusst werden können. Es kann benutzt werden, um einen spontanen Entschluss auszudrücken. Ebenso verwendet man diese Form, wenn man jemandem **anbietet,** etwas zu tun, selbst **zustimmt** oder **verspricht,** etwas zu tun, sowie jemanden **bittet,** etwas zu tun. Signalwörter sind *next week, year etc., tomorrow* – sowie nach Einleitungen wie *I (don't) think, I suppose, I'm sure* etc.	*I will have* an ice cream now. *Will* you *have* one with me? No, thanks, *I* **won't.** He **will join** us. I think *I'll visit* her at the weekend. There **will be** rain later. *I'll go out* with you on Saturday. *Will* you *do* the shopping? I'm sure Mary **will pass** the exam.
Going-to-future	**be + going to + Infinitiv des Vollverbs** Mit dieser Form wird angezeigt, dass die zukünftige Handlung bereits **geplant oder beabsichtigt** ist. Aber auch bei Ereignissen, die mit **großer Wahrscheinlichkeit** eintreten werden, wird diese Form gebraucht.	Next month *I'm going to* go to Brazil for good. My boyfriend *isn't going to follow* me. Look outside! The storm *is going to be* over soon.

▶ Die Kurzformen werden vor allem in mündlicher, umgangssprachlicher Konversation benutzt. Beachten Sie, dass bei *will* in der 3. Person Singular kein *-s* angehängt wird.

▶ Verwechseln Sie nicht *will* und *want to*!
I will go to England. = Ich **werde** nach England gehen.
I want to go to England. = Ich **möchte** nach England gehen.

▶ *for good* = für immer

3.2 Die Formen des Verbs

Present progressive (Verlaufsform der Gegenwart)	Ein bereits **vereinbartes** und **geplantes Ereignis** soll geäußert werden.	*My friend and I* **are** *meeting next Wednesday.*
Future progressive (Verlaufsform des Futur I)	**will + be + -ing** Das *future progressive* drückt aus, dass eine Handlung in der Zukunft zu einem **bestimmten Zeitpunkt** gerade geschieht.	*Tomorrow at this time I* **will be flying** *to Australia.*
Simple present (einfache Gegenwart)	Es wird immer dann verwendet, wenn eine **Regelmäßigkeit** oder **Gesetzmäßigkeit** zum Ausdruck gebracht werden soll.	*The train to Glasgow* **leaves** *at 10.20 a.m. The first persons to arrive at an accident* **are** *the police. Ice cubes* **melt** *under the sun.*
Future perfect simple (Futur II)	**will + have + Partizip Perfekt (3. Verbform)** Verneinungen werden mit **will not (= won't)** gebildet. Diese Zeitform des Futur zeigt an, dass eine **Handlung** in der **Zukunft** bereits **abgeschlossen** sein wird.	*Tomorrow at 10 a.m. they* **will have arrived** *in Manchester. He* **won't have told** *her. Do you think your friend* **will have written** *his speech by tonight?*
Future perfect progressive (Verlaufsform des Futur II)	**will + have + been + ing-Form.** Das *future perfect progressive* verdeutlicht den Verlauf einer Handlung im *future perfect*.	*Tomorrow at this time I* **will have been working** *for four hours already.*

▶ *by tonight* = bis heute Abend

This time next year I will be visiting my penfriend in Australia.

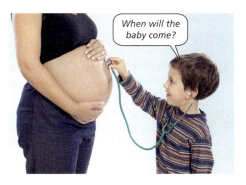

When will the baby come?

3.2.10 Conditional

Um eine **Möglichkeit** auszudrücken, wird sowohl im Deutschen als auch im Englischen häufig der **Konjunktiv (*conditional*)** verwendet. Im Englischen gibt es zwei Zeitformen für den Konjunktiv. Das ***conditional I*** (Konjunktiv Präsens) drückt Möglichkeiten der Zukunft aus.

Das ***conditional I*** wird mit **would + infinitive** des Verbs gebildet.
I/you/he/she/it/we/you/they **would work.**
Die **Kurzform** lautet **'d: *I'd like*** to walk. **She'd like** to walk.

Verneint wird mit **would not (wouldn't).**
Fragen bildet man mit **Would you ...?** oder **Wouldn't you ...?**
Und mit **Fragewörtern: Where would he .../When would they ...?**
Kurzantworten lauten z. B. **Yes, he would.** oder **No, I wouldn't.**

Das *conditional I* wird in folgenden Fällen verwendet:
– Als Zeitform der Hauptsätze in den Bedingungssätzen vom Typ II
  (**conditional clauses**):
  If I wasn't tired, I **would go** for a swim.
  They **would like** some tea, if it was hot.

– Zum Äußern von Möglichkeiten und Wünschen („würde" oder „wäre"):
  A nice swim **would** be great now.
  I **would like** to be a film star.
– In der indirekten Rede der Vergangenheit, wenn das Verb der direkten Rede die *future I*-Form hat:
  Linda said: "I **will go** for a swim later."
  Linda said she **would go** for a swim.
– Als Ausdruck eines typischen Verhaltens in der Vergangenheit:
  Every week she **would** go for a swim. Peter **would come** and pick her up.
– Als Ausdruck einer Weigerung in der Vergangenheit:
  She asked me to come in, but I **wouldn't.**

Das *conditional II* (Konditional Perfekt) drückt eine Möglichkeit der Vergangenheit aus. Diese Möglichkeit kann sich nicht mehr erfüllen.

■ *Would* you *have liked* to sleep in a tent? (Hättest du gerne in einem Zelt geschlafen?)
 I would have taken my umbrella. (Ich hätte meinen Schirm genommen.)
 We *would have gone* by car. (Wir wären mit dem Auto gefahren.)
 She *would have waited* for you. (Sie hätte auf dich gewartet.)

Das *conditional II* wird mit **would + have + past participle** des Verbs gebildet.
I/you/he/she/it/we/you/they **would have worked.**
Die **Kurzform** lautet **'d have ...: *I'd have liked* to walk.**

Verneint wird mit **would not (wouldn't) have + past participle.**
Fragen bildet man mit **Would you have ...?** oder **Wouldn't you have ...?**
Und mit **Fragewörtern: Where would he have + past participle ...?**
Kurzantworten lauten z. B. **Yes, he would.** oder **No, I wouldn't.**

Would you have known that he's my neighbour?

Would you have believed that I stopped smoking?

Das *conditional II* wird in folgenden Fällen verwendet:
– Als **Zeitform der Hauptsätze in den Bedingungssätzen vom Typ III (conditional clauses):**
 If I had had time, I would have gone for a swim.
– Zum **Äußern von Möglichkeiten und Wünschen**, die sich nicht mehr erfüllen lassen („hätte" oder „wäre gewesen"):
 Swimming would have been great.
 She would have liked to go to the concert.
 They would have gone to the Caribbean.
– In der **indirekten Rede der Vergangenheit,** wenn das **Verb der direkten Rede die Futur-II-Form hat:**
 Linda said: "This time next week I will have left for Ireland."
 Linda said she would have left for Ireland in exactly a week's time.

▶ *clauses* = Sätze

3.2.11 Active and passive voice

▶ Wenn unwichtig ist, wer die Handlung ausführt, wird ein englischer Passivsatz mit dem unpersönlichen „man" ins Deutsche übersetzt:

Work is done by teams. = Man arbeitet im Team.

Jede Handlung kann mit einem Aktivsatz oder mit einem Passivsatz ausgedrückt werden.

Henry Ford started assembly line production.

Aktiv:
Im Aktivsatz handelt das **Subjekt**.

Assembly line production was started by Henry Ford.

Passiv:
Im Passivsatz geschieht etwas mit dem **Subjekt**. Die handelnde Person oder Sache ergänzt als **by-agent** den Satz.

Das Passiv wird im Englischen mit einer Form von **to be** und dem **past participle** (Partizip Perfekt) gebildet.

■ *Many T-shirts are made in India.* (Viele T-Shirts werden in Indien hergestellt.)
The first cheap cars were built by Henry Ford. (Die ersten preiswerten Autos wurden von Henry Ford hergestellt.)

Passive voice	Simple form	Progressive form
Present tense	he is caught	he is being caught
Past tense	he was caught	he was being caught
Present perfect	he has been caught	
Past perfect	he had been caught	
Future tense	he will be caught	Das *passive progressive* der anderen Zeiten wird im Englischen höchst selten verwendet.
Future perfect	he will have been caught	
Conditional	he would be caught	
Conditional perfect	he would have been caught	

Das englische Passiv wird oft verwendet in Nachrichten, Berichten, in Technik und Wissenschaft, in Zeitungsschlagzeilen.

■ *The public **was shocked** by another act of violence.*
*Today a new law **was passed**. Single mothers **will be given** support.*
*Water **is added** at regular intervals.*

Passiv bei Verben mit einem Objekt

Personalpronomen passen sich bei der Umwandlung ins Passiv an. So wird im nachfolgenden Beispiel aus dem direkten **Objekt** (z. B. *her*) im Passivsatz das Subjekt (z. B. *she*) des Satzes.

▶ Verben mit **direktem Objekt** im Englischen sind u. a.:
to write
to follow
to answer
to give
to offer
to promise
to show
to tell
to help

- **Aktiv:** *Somebody called **her** at home.*   *Mary interviewed **him**.*

- **Passiv: *She** was called at home.*   ***He** was interviewed.*
  (Sie wurde zu Hause angerufen.)   (Er wurde interviewt.)

Eine Reihe von Verben, die im Deutschen ein Dativobjekt haben, können im Englischen das **persönliche Passiv** bilden.

- ***I was given** many presents.* (Man gab mir viele Geschenke.)
  ***He was helped** by his friends.* (Ihm wurde von seinen Freunden geholfen.)
  ***They were told** to enter.* (Man bat sie hereinzukommen.)

Beachten Sie **die Unterschiede zum Deutschen:**
Im Deutschen wird sowohl das Passiv als auch das Futur mithilfe von „werden" gebildet. Anders im Englischen:

- *Road signs **are put** up.* (Hinweisschilder werden aufgestellt.)
  *The city council **will put** up road signs.* (… wird Schilder aufstellen.)
  *Drivers **become** more careful, if they are warned by road signs.* (Autofahrer werden vorsichtiger, wenn sie durch Schilder gewarnt werden.)

Passiv bei Verben mit zwei Objekten

Hat ein Aktivsatz zwei Objekte, so wird meistens das Personenobjekt (indirektes Objekt) zum Subjekt des Passivsatzes.

- **Aktiv:** *My friend   told   me   an interesting story.*
            Subjekt   Personenobjekt   direktes Objekt
                                 (wem?)   (wen?/was?)

  Passiv: *I   was told   an interesting story (by my friend).*

Passiv bei Verben mit Präpositionen *(phrasal verbs)*

Bei Kombinationen von Verben mit einer Präposition *(phrasal verbs)* steht die Präposition im Passiv auch direkt nach dem Verb:

- *South Africans **look up to** Nelson Mandela. He **put an end to** apartheid. Apartheid **was put an end to** by Nelson Mandela. Nelson Mandela **is** very much **looked up to** by South Africans.*

Nelson Mandela is very much looked up to.

Überblick

Present tense group

Simple present

Gewohnheitsmäßige Handlungen
*He usually **gets up** a 6 o'clock.*

Aufzählung
*He **gets up, washes** and **fetches** the newspaper.*

Gesetzmäßige und planmäßige Handlungen
*Frogs **breed** once a year.*
*The train **leaves** at 9 a.m.*

Present progressive

Augenblickliche Handlungen
*I'm just **reading** his letter.*

Abweichung von der Regel
*He normally goes by bus, but today he **is riding** his bike.*

Beschreibung einer Entwicklung
*It's **getting** warmer.*

Geplante zukünftige Handlungen
*We're **going** to Sicily in summer.*

Past tense group

Simple past

Handlungen in einem **abgeschlossenen Zeitraum der Vergangenheit**
*He **left** two years ago.*

Kürzere, aufeinanderfolgende Handlungen
*When my friends **arrived, I put** on my coat and we **left** for the pub.*

Past progressive

Vergangene Handlungen, die zu **einem bestimmten Zeitpunkt noch andauerten**
*What was he **doing**? – He was reading the paper.*

Eine vergangene Handlung wird unterbrochen.
*He was still **sleeping** when the alarm rang.*

Future

Going-to-future

Es besteht eine **Absicht.**
*I'm **going to see** the dentist.*

Sicher eintretendes Ereignis
*She's **going to have** a baby.*

Will-future

Es besteht eine **Vermutung.**
*Prices **will drop** again next year.*

Nicht beeinflussbare Handlung
*They **will have** to cut down the tree.*

Spontaner Entschluss
She's fed up with her job.
*She **will leave** the company.*

Wissenstest 3   auf **http://wissenstests.schuelerlexikon.de** und auf der DVD

Present perfect

Vergangene **Handlung, die bis in die Gegenwart angedauert** oder Auswirkungen gehabt hat
*She **has** just **finished** her homework.*

Vergangene Handlung, deren **Zeitpunkt unbestimmt** ist
*I**'ve been** to Italy before.*

Present perfect progressive

Handlung, die **bis zum Augenblick noch andauert**
*I **have been looking** after the children since nine o'clock.*

Past perfect

Eine **Handlung liegt vor einem Zeitpunkt in der Vergangenheit und ist abgeschlossen.**
*They **had** already **gone** when I arrived.*

Past perfect progressive

Der Verlauf einer **Handlung, die vor einem Zeitpunkt in der Vergangenheit begann, aber noch nicht abgeschlossen war,** wird betont.
*They **had been living** quite peacefully in Vienna for some years when the war broke out.*

Future perfect

Zukünftige Handlung, die **zu einem bestimmten Zeitpunkt** in der Zukunft abgeschlossen sein wird
*The police **will have caught** the criminal by Monday next week.*

Future progressive

Handlung, die zu einem **bestimmten Zeitpunkt in der Zukunft noch andauern wird**
*The dog **will be waiting** for me when I get home.*

---

auf **http://wissenstests.schuelerlexikon.de** und auf der DVD   **Wissenstest 3**

3.3 Hilfsverben und modale Hilfsverben

3.3.1 Hilfsverben (*auxiliaries*)

Vollverben (*full verbs*) (z. B. *to swim, to dance, to read*) können ohne ein anderes Verb im Satz benutzt werden. Sie haben einen Infinitiv, Partizipien und können alle Zeitformen bilden. **Hilfsverben** (*auxiliaries*) (z. B. *can, may, must*) können nur zusammen mit einem Vollverb verwendet werden. *To have, to do, to be* können sowohl Hilfsverb als auch Vollverb sein. In ihrer Funktion als Hilfsverben verwendet man sie zur Bildung der Zeitformen des Vollverbs.

Verwendung von *be, have, do* als Hilfsverben

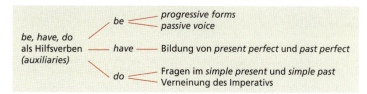

be, have, do als Hilfsverben (*auxiliaries*)
- *be* — *progressive forms* / *passive voice*
- *have* — Bildung von *present perfect* und *past perfect*
- *do* — Fragen im *simple present* und *simple past* / Verneinung des Imperativs

have drückt als Vollverb Besitz und Zugehörigkeit aus. Als Übersetzung für „haben", „besitzen" ist *have (got)* Zustandsverb.
be drückt als Vollverb einen Zustand oder eine Eigenschaft aus.
have als Tätigkeitsverb (*activity verb*) kommt in vielen Wendungen vor (z. B. *have breakfast, have a drink, have a go, have a party*).
do dient als Vollverb für Tätigkeiten. Es kann übersetzt werden mit „tun, machen, erledigen".

■ Vera **has (got)** a house in France. Charly **was** tired. We **had** tea for breakfast. Keith **did** his homework.

to have als Vollverb		
Formen	**Gebrauch**	**Beispiele**
present tense: *I / you / we / they* **have/haven't** *he / she / it* **has/hasn't**	to have/have got = „besitzen" has/has got don't have doesn't have didn't have	He **has (got)** a very old book. **Have** you **(got)** any sisters? I **didn't have** it.
past tense: *I / you / we / they /* *he / she / it* **had/hadn't**		
infinite forms: **have, having, had**		
	to have in der Kombination mit einem Nomen *(to have a rest; to have breakfast; to have a talk; to have a shower* etc.*)*	**Did you have breakfast** this morning? I **didn't have a shower** this morning because I overslept. After he **had had** many drinks, he took the bus.

3.3 Hilfsverben und modale Hilfsverben

to have als Hilfsverb

Formen	Gebrauch	Beispiele
present tense: *I/you/we/they* **have/haven't** *he/she/it* **has/** **hasn't**	Zur Bildung der Zeitformen, insbesondere des *perfect tenses.*	He **has** already **asked** her. She **hasn't seen** him for ages. **Have** you ever **tried** to juggle?
past tense: *I/you/he/she/it/* *we/they* **had/hadn't**	Zur Bildung der Zeitformen, insbesondere des *past perfect.*	After I **had watched** the film, I called a friend. After he **had had** many drinks, he took the bus.
non-finite forms: **have, had**		
	to have to = „müssen"	She **has to** leave very early next morning.
	have sth. done = „etwas machen lassen"	They **had** their kitchen painted. (past participle)

to do als Vollverb

Formen	Gebrauch	Beispiele
present tense: *I/you/we/they* **do/don't do** *he/she/it* **does/** **doesn't do**	*to do* drückt eine Tätigkeit aus und steht deswegen oft in der *progressive form*	Look, she **is doing** the dishes.
past tense: *I/you/we/they/* *he/she/it* **did/** **didn't do**		He **did** his very best to pass the exam. What **do** you **do** in the evenings?
non-finite forms: **do, doing, done**		
	in Verneinungen	Father **doesn't do** the housework. We **didn't do** the journey in three hours.
	in Fragen	**Did** you **do** your homework yesterday? How **do** you **do** it?

3 Grammatik

to do als Hilfsverb

Formen	Gebrauch	Beispiele
present tense: I/you/we/they **do/don't** he/she/it **does/ doesn't**	zur Bildung von Fragen, bei nicht zusammengesetz- ten Zeiten wie dem present perfect	**Do** you often go and see your friends?
past tense: I/you/we/they/ he/she/it **did/ didn't**		**Did** you visit the Houses of Parliament when you were in London?
non-finite forms: **do, done**		
	zur Bildung von Verneinungen	He **doesn't** like listening to classical music.
	in Kurzsätzen (e. g. question tags)	You like playing the gui- tar, **don't you**? Yes, I **do**.
	zum Hervorheben einer Aussage	She **does** enjoy playing the piano.

to be als Vollverb

Formen	Gebrauch	Beispiele
present tense: I **am**, you/we/ they **are/are not** he/she/it **is/is not**	zum Ausdruck ei- ner Beziehung von Personen/Begriffen zueinander in Bezug auf Eigen- schaften (Adjektiv); in Kurzsätzen (z. B. question tags)	He is very interested in history.
past tense: I/he/she/it **was/was not**, you/ we/they **were**		**Did** you visit the Houses of Parliament when you **were** in London?
non-finite forms: **be/being/been**		You **are** in the kitchen, **aren't** you? – Yes, I am.
	als linking verb in Bezug auf Ort	The airport **is north of the city**.
	in Bezug auf Zeit	Opening hours **are from 7 to 11**.
	in Bezug auf Nomen	The teachers **are good friends**.

3.3 Hilfsverben und modale Hilfsverben

to be als Hilfsverb

Formen	Gebrauch	Beispiele
present tense: *I am, you/we/* *they are/are not* *he/she/it is/is* *not*	zur Bildung der **progressive form** (Zeitform von *to be* und die *progressive* *form* eines Voll- verbs)	*The children **are running*** *across the schoolyard.* *They **will be sitting** in* *class soon.*
past tense: *I/he/she/it* ***was/was not**, you/* *we/they **were***		
non-finite forms: ***be/being/been***		
	Zur Bildung des **Passivs** (Zeitform von *to be* und des *past participle* = 3. Verbform eines Vollverbs)	*The school is **being*** ***cleaned** right now.* *The pupils **have been*** ***taken** to a concert.*

need als Hilfsverb

Formen	Gebrauch	Beispiele
need (brauchen, drin- gend müssen), *need have done*	– nur in Verneinungen und Fragen, die 3. Person Singular wird ohne *-s* gebildet – der Infinitiv wird ohne *to* angeschlossen – keine Umschreibung mit *to do* bei Frage und Verneinung	*You **needn't tell** me* *anything about your* *friendship.* ***Need** we really **get up*** *so early next morning?*

need als Vollverb

Formen	Gebrauch	Beispiele
need (brauchen, drin- gend müssen), *need have done*	– in bejahten Sätzen, aber auch in Fragen und Verneinungen – kann mit Infinitiv, mit Nomen, mit passi- vem Infinitiv verbunden werden – 3. Person im *simple present* wird mit *-s* gebildet, der Infinitiv wird mit *to* ange- schlossen – Frage und Verneinungen werden mit *to do* umschrieben	*These cars **need** a lot* *of petrol.* ***Do** you **need** more* *help?* *You **won't need to*** ***have** your hair cut* *today.* *The building **needs to*** ***be repaired.***

3.3.2 Modale Hilfsverben (*modal auxiliaries*)

You must be quiet today!

Modale Hilfsverben (z. B. *can, may, must*) stehen immer zusammen mit einem Vollverb im Satz. Das Vollverb folgt immer im Infinitiv ohne „*to*". Modale Hilfsverben haben nur eine *simple present*-Form (*I can, I may, I must*); manche haben noch eine *simple past*-Form (z. B. *I could*). Daher müssen in allen anderen Zeiten an ihre Stelle **Ersatzverben (*substitutes*)** treten (z. B *to be able to* für *can*).

Modale Hilfsverben drücken aus, dass etwas passieren **kann, darf, muss, soll** usw.

Modale Hilfsverben und ihre Bedeutung		
Bedeutung	modales Hilfsverb	Beispielsätze
Fähigkeit, Erlaubnis, Vorschlag	can/cannot, could	*I* **can** *drive a truck.* (Ich kann LKW fahren.) ***Can*** *I use your car?* (Darf ich dein Auto fahren?) *We* **can** *go swimming.* (Wir können doch schwimmen gehen.)
Möglichkeit	can/could, may	*We* **may** *be late.* (Wir kommen vielleicht zu spät.)
geringe Wahrscheinlichkeit	might	*I* **might** *have left the keys in the car.* (Ich könnte meine Schlüssel im Auto gelassen haben.)
höfliche Bitte, Wunsch	can/could, may	***Could*** *you help me, please?* (Könnten Sie mir bitte helfen?) ***May*** *I have a cup of tea, please?* (Kann ich bitte eine Tasse Tee haben?)
Notwendigkeit	must	*You* **must** *change trains at Victoria.* (Du musst am Victoria-Bahnhof umsteigen.)
Verbot	must not, may not	*You* **must not** *bang the door.* (Du darfst nicht die Tür zuschlagen.)
Vorschlag	shall	***Shall*** *I open the door for you?* (Soll ich die Tür für Sie öffnen?)
Ratschlag, Verpflichtung	ought to, should	*We* **should** *try again.* (Wir sollten es noch einmal versuchen.) *You* **ought** *to feel sorry.* (Es sollte dir leid tun.)

Modale Hilfsverben im Überblick

Modale Hilfsverben bilden **Fragen** und **Verneinungen** nicht mit *do/did*. Nach *he/she/it* haben modale Hilfsverben **keine s-Endung** im *simple present*.

Vollverben, die mit einem Hilfsverb benutzt werden, haben keine *s*-Endung nach *he/she/it*.

Can I use your pencil?	ABER: *Did you break* my pencil?
May I borrow your comic?	*Do you like* my comic?
He cannot carry the heavy suitcase.	*He carries* the small suitcase.
She must clean her bike.	*She cleans* her shoes.

Formen von *can* und dem Ersatzverb *be able to*

Simple present	We **can** finish the story.
Negative form	We **cannot** finish the story.
Simple past	We **could** finish the story.
	We **were able to** finish the story.
Negative form	We **weren't able to** finish the story.
Present perfect	We **have not been able to** finish the story.
Past perfect	We **had been able to** finish the story.
Future I	We **will be able to** finish the story.
Future II	We **will have been able to** finish the story.
Conditional I	We **would be able to** finish the story.
Conditional II	We **would have been able to** finish the story.

Formen von *may* und dem Ersatzverb *be allowed to*

Simple present	I **may** feed the fish.
Negative form	I **must not** feed the fish.
Simple past	I **was allowed to** feed the fish.
Negative form	I **wasn't allowed to** feed the fish.
Present perfect	I **have been allowed to** feed the fish.
Past perfect	I **had been allowed to** feed the fish.
Future I	I **will be allowed to** feed the fish.
Future II	I **will have been allowed to** feed the fish.
Conditional I	I **would be allowed to** feed the fish.
Conditional II	I **would have been allowed to** feed the fish.

auf http://wissenstests.schuelerlexikon.de und auf der DVD — **Wissenstest 3**

Formen von *must* und dem Ersatzverb *have to*

Simple present	I **must** do the shopping.
Negative form	I **don't have to** do the shopping.
Question	**Do** I **have to** do the shopping?
Simple past	I **had to** do the shopping.
Negative form	I **didn't have to** do the shopping.
Question	**Did** I **have to** do the shopping?
Present perfect	I **have had to** do the shopping.
Past perfect	I **had had to** do the shopping.
Future I	I **will have to** do the shopping.
Future II	I **will have had to** do the shopping.
Conditional I	I **would have to** do the shopping.
Conditional II	I **would have had to** do the shopping.

> *You must not* = Du darfst nicht.
> *You must not feed the fish.* = Du darfst die Fische nicht füttern.
> *You don't have to* = Du brauchst nicht.
> *You don't have to run.* = Du brauchst nicht zu laufen.
>
> Behandeln Sie *to have to* wie ein Vollverb: **Fragen und Verneinungen** werden mit *do/did* oder *do not/did not* gebildet.

Mit *Shall I …/Shall we …* kann man jemandem **Hilfe anbieten** oder einen **Vorschlag machen**:
Shall we watch the film? *Shall* I carry this box? What *shall* I do for you?

Höfliche Bitten und Bitten um Erlaubnis beginnen mit:
Can I/we …? Could I/we …? May I/we …? May we have a look, *please*?

Wissenstest 3 — auf http://wissenstests.schuelerlexikon.de und auf der DVD

3.4 Infinitiv, Gerundium und Partizip

Verbformen werden unterschieden in solche, die man **beugen** kann, und in solche, die man **nicht beugen** kann. Ein Verb zu beugen bedeutet, dass es nach **Person und Zeit** abgewandelt wird. Man kann es einer Person und einer Zeit zuordnen. Infinite Verben hingegen sind **unveränderbar**. Folgende Verbformen gelten als infinite Verbformen:

▶ **finite Verbform:** kann gebeugt werden
infinite Verbform: kann nicht gebeugt werden, bleibt unverändert

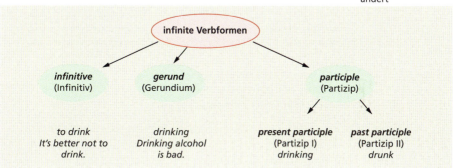

3.4.1 Der Infinitiv (*the infinitive*)

Der Infinitiv ist die **Grundform** des Verbs. Es gibt ihn in folgenden Formen:

Zeit	Aktiv	Passiv
Simple present	(to) drink	(to) be drunk
Present progressive	(to) be drinking	
Simple present perfect	(to) have drunk	(to) have been drunk
Present perfect progressive	(to) have been drinking	

Infinitivkonstruktionen können Sätze verkürzen.

■ *Remember not **to drink** alcohol tonight!*
 Denke daran, heute keinen Alkohol zu trinken!

In englischen Satzkonstruktionen gibt es **Infinitive** entweder **mit** oder **ohne** *to*:

Infinitiv mit *to*

*She **wants to study** at university.*
Sie möchte an der Universität studieren

Infinitiv ohne *to*

*They **help** her **study** at university.*
Sie helfen ihr an der Universität zu studieren.

Der **Infinitiv mit *to*** steht in folgenden Fällen:

Anwendung	Beispiel
Verb + Objekt + Infinitiv mit *to* nach Verben des Denkens, Wünschens, Aufforderns, Veranlassens und Verursachens: *allow, cause, expect, remind, teach, tell, think, want, warn* usw.	They allowed **him to leave**. This caused **him to laugh**. They expected **him to arrive soon**. They told **me to hurry up**. She wants **him to come**. He warned **me to be careful**.
nach Fragewörtern und ***whether*** (anstatt deutschem Fragesatz)	I didn't know **whether to ask**. She showed **me how to cook**. They told **me where to go**.
nach *the first, the second, the last, the only* und nach bestimmten **Adjektiven** (oder Adjektiv mit Nomen): *right, wrong, easy, hard, difficult, wonderful* usw.	She was the first **to leave**. It is easy **to read** this book. It is an easy book **to read**. This is too difficult **to explain**. It is a wonderful place **to visit**.
um Zweck, Ziel oder Absicht auszudrücken	He needs a brush **to clean** his teeth. She used a towel **to get** dry.

He showed me how **to take** a photo.

They showed me where **to go**.

Der **Infinitiv ohne *to*** wird in folgenden Fällen benutzt:

Anwendung	Beispiel
zusammen mit dem direkten Objekt bei **Verben der sinnlichen Wahrnehmung**	Can you hear **the phone ring**? Let's watch **the dogs play**.
bei *to make s.o. do s.th./to have s.o. do s.th.* (etwas veranlassen), *to let s.o. do s.th.* (etwas zulassen)	Look! She lets **her dogs run** loose. She lets **chocolate drip** on the cake. She makes **her dogs come** back. She has **the gardener clean** the pool twice a year. She had **the boys switch off** the stereo.

She lets her dogs run loose.

3.4.2 Das Gerundium (*the gerund*)

Beim **Gerundium** handelt es sich um ein **substantiviertes Verb**, d. h. um ein Verb, das zum Substantiv (Nomen) geworden ist. Im Deutschen gleicht die Form dem Infinitiv, der aber großgeschrieben wird (z. B. das Fliegen). Im Englischen wird das Gerundium gebildet, indem man an den Infinitiv eines Verbs die **Endung -ing** anhängt (z. B. *the flying*). Folgende Formen des Gerundiums sind möglich:

Zeit	Aktiv	Passiv
Present tense	flying	being flown
Present perfect	having flown	having been flown

Das Gerundium funktioniert im Satz als Nomen und kann sowohl Subjekt als auch Objekt und prädikative Ergänzung sein.

- Subjekt: *Flying is fun for me.*
  Objekt: *I like flying more than going by train.*
  Prädikative Ergänzung: *The way of travelling I like most is flying.*

Manche Verben besitzen unterschiedliche Bedeutungen, je nachdem, ob Gerundium oder Infinitiv folgt.

Verben mit unterschiedlicher Bedeutung	
Gerundium	**Infinitiv**
to go on (mit etwas weitermachen) She went on **talking**.	*to go on to* (mit etwas Neuem fortfahren) He went on **to talk** about motorbikes.
to stop (aufhören etwas zu tun) He stopped **playing** when the phone rang.	*to stop to* (aufhören, um etwas anderes zu tun) He stopped **to look** at the new house.
to mean (bedeuten, zur Folge haben) It's freezing cold! This means **putting** on warmer clothes.	*to mean* (beabsichtigen/vorhaben) She means **to walk** all the way back in spite of the rain. She means **to do** it.
to forget, to remember (beziehen sich auf ein vergangenes Ereignis) She remembered **listening** to this song.	*to forget to, to remember to* (beziehen sich auf ein zukünftiges Ereignis) Please, remember **to close** the window.
to try (ausprobieren) Try **calling** another time!	*to try to* (sich bemühen) He tried **to run** faster.

Remember to close the window.

Das Gerundium nach bestimmten Ausdrücken

> Das **Gerundium** *(gerund)* wird im Deutschen häufig durch einen Nebensatz oder durch einen Infinitiv ausgedrückt.

Beispiele:
He became rich **by finding** oil. (Er wurde reich, indem er Öl fand.)
She was told off **for talking** in class. (Sie wurde ermahnt, weil sie schwätzte.)
Instead of watching TV you could fix your bike. (Anstatt Fernsehen zu gucken, könntest du dein Fahrrad in Ordnung bringen.)

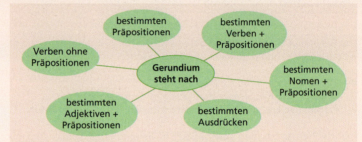

Gerundium nach Präpositionen

after (nachdem)	We arrived after **driving** all night.
before (bevor)	You switch it on by **pressing** the button.
by (indem; dadurch, dass)	
instead of (anstatt)	Instead of **working** hard he enjoys life.
without (ohne)	She entered without **knocking**.
in spite of (trotz)	In spite of **being** ill she went to work.

Gerundium als Objekt nach bestimmten Verben

to admit (zugeben)	He admitted **being** wrong.
to avoid (vermeiden)	Avoid **wasting** energy!
to deny (leugnen)	He denied **making** a mistake.
to enjoy (genießen)	She enjoyed **lying** in the sun.
to finish (beenden)	Have you finished **writing** the essay?
to give up (aufgeben)	He gave up **smoking**.
to imagine (sich vorstellen)	Imagine **flying** to the moon!
to keep (immer wieder tun)	Keep on **trying**!
to mind (etw. dagegen haben)	Would you mind **closing** the door?
to risk (in Kauf nehmen)	Don't risk **losing** money!
to suggest (vorschlagen)	They suggested **building** a raft.

Wissenstest 3 auf http://wissenstests.schuelerlexikon.de und auf der DVD

Gerundium nach Verb + Präposition

to apologize for (sich entschuldigen für) *to believe in* (glauben an) *to complain about* (sich beklagen über) *to cope with* (fertig werden mit) *to decide against* (sich entscheiden gegen) *to depend on* (abhängen von) *to dream of* (träumen von) *to get used to* (sich an etw. gewöhnen) *to insist on* (bestehen auf) *to look forward to* (sich auf etwas freuen) *to succeed in* (etw. schaffen) *to think of* (etw. in Erwägung ziehen) *to worry about* (sich Sorgen machen über)	*He apologized for **being** late.* *He dreams of **leaving** N.Y.* *He'll get used to **getting** up early.* *She insisted on **paying** the bill.* *I'm looking forward to **seeing** you soon.* *She succeeded in **winning** the prize.* *I'm thinking of **buying** a new car.*

Gerundium nach Nomen + Präposition

chance of (Möglichkeit) *danger of, risk of* (Gefahr, Risiko) *difficulty (in)* (Schwierigkeit, Problem) *doubt about* (Zweifel) *hope of* (Hoffnung) *opportunity of* (Gelegenheit) *possibility of* (Möglichkeit) *reason for* (Grund) *way of* (Art und Weise)	*Is there a chance of **getting** tickets?* *There is a danger of **losing** money.* *I had difficulties **putting** in the code.* *He was troubled by doubts about **moving** to Italy.* *His hopes of **winning** the match grew.* *There is an opportunity of **getting** a job.* *There is a high possibility of **being** there in time.* *There is no reason for **giving** up.* *That's my way of **solving** the problem.*

Gerundium nach Adjektiv + Präposition

be afraid of (Angst haben vor) *crazy about* (verrückt nach) *excited about* (aufgeregt wegen) *famous for* (berühmt wegen) *fond of* (gerne haben) *good/bad at* (gut/schlecht können) *keen on* (gerne mögen) *sick/tired of* (genug haben von)	*She's afraid of **asking** you.* *He is crazy about **buying** CDs.* *I'm excited about **meeting** him.* *He is famous for **writing** novels.* *He is fond of **going** to concerts.* *You are quite good at **skiing**.* *You are keen on **watching** that film.* *I'm tired of **waiting** for her.*

auf **http://wissenstests.schuelerlexikon.de** und auf der DVD **Wissenstest 3**

3.4.3 Das Partizip (*the participle*)

Das **Partizip** kann wie ein Adjektiv vor einem Nomen stehen. Man kann es auch einsetzen, um Nebensätze zu verkürzen. Außerdem wird es verwendet, um bestimmte Zeitformen zu bilden. Im Englischen gibt es zwei Arten des Partizips.

A **flying** seagull

A house **painted** red

> Das **Partizip Präsens** (*present participle*) wird gebildet aus der Grundform des Verbs und *-ing* (z. B. *reading*).
> Das **Partizip Perfekt** (*past participle*) wird gebildet aus der Grundform des Verbs und *-ed* (z. B. *watched*); es ist die 3. Form der unregelmäßigen Verben.

Wann wird das Partizip verwendet?

Present participle	*Past participle*
zur Bildung des *present progressive* und des *past progressive*: Look, **it's snowing** again! He **was watching** the clown.	es ist die 3. Form der unregelmäßigen Verben; zur Bildung des *present perfect* und des *past perfect*: They **have bought** many CDs.
anstelle von Relativsätzen (im Aktiv): Young people **leaving** home will find it easier to get a cheap room.	anstelle eines Relativsatzes nach dem Nomen (im Passiv): The progress **made** in medicine will save lives.
als Adjektiv, das ein Nomen näher bestimmt: **Rising** prices lead to less consumption.	zur näheren Bestimmung eines Nomens: The cars **produced** in Japan are quite cheap.
als Verkürzung eines Adverbialsatzes: **Realising** that he couldn't win, he decided to stop the race. (statt: When he realized that he couldn't win, he decided to stop the race.) **Following** me everywhere, my dog is my best friend. (statt: As it follows me everywhere, my dog is my best friend.)	zur Verkürzung eines Adverbialsatzes: **Having stayed** in Germany for many years, Sue decided to move to New York.
nach Verben der Sinneswahrnehmung (z. B. *see, watch, hear, listen to, smell, feel* usw.): He watched her **sleeping**. I heard them **shouting**.	nach *have* + Objekt, um auszudrücken, dass eine Handlung veranlasst wird, d. h., jemand macht es nicht selbst, sondern lässt es machen: My brother will have his car **repaired** tomorrow. She will have her tongue **pierced** next week.
nach Verben der Ruhe und Bewegung (z. B. *run, go, come, stay, stand, lie, sit* usw.): The pupils sat **waiting** for the teacher.	

3.5 Nomen und Artikel

3.5.1 Nomen *(nouns)*

Nomen *(nouns)* bezeichnen Lebewesen, Dinge/Sachen, Orte, Berufe usw. Der Gebrauch der Nomen ist im Englischen unproblematisch, da es im Englischen kein Geschlecht (Genus) der Nomen gibt.

- the *dog* (**der** Hund)
  cat (**die** Katze)
  house (**das** Haus)
- a *dog* (**ein** Hund)
  cat (**eine** Katze)
  house (**ein** Haus)

Im Deutschen werden Nomen großgeschrieben; im Englischen bis auf Ausnahmen bei Eigennamen dagegen nicht. Nomen gibt es im Singular *(singular)* oder im Plural *(plural)*. Im Englischen wird der Plural von Nomen in der Regel mit dem **Anhängen von -s** an die Singularform des Wortes gebildet. Enden Wörter auf *-s, -x, -ch, -sh, -z*, die als Zischlaute ausgesprochen werden, wird **-es** an die Singularform des Wortes angehängt.

- *street ⟶ streets*
  house ⟶ houses
  box ⟶ boxes

Es gibt jedoch auch eine Reihe von Nomen, die **unregelmäßige Pluralformen** aufweisen.

Nomen	Beispiele
Endung auf -y mit vorhergehendem Vokal ⟶ **-ys**	*toy ⟶ toys*
Endung auf -y mit vorhergehendem Konsonant ⟶ **-ies**	*party ⟶ parties*
Endung auf -f, -fe oder -ff ⟶ **-ves**	*thief ⟶ thieves,* *knife ⟶ knives*
Endung auf -o ⟶ **es** **Endung auf -o** ⟶ **s**	*potato ⟶ potatoes* *piano ⟶ pianos*
Singular und Plural gleich	*sheep ⟶ sheep,* *fish ⟶ fish*
besondere Pluralform	*foot ⟶ feet, man ⟶ men,* *woman ⟶ women,* *mouse ⟶ mice,* *tooth ⟶ teeth,* *child ⟶ children*
Plural mit lateinischem oder griechischem Ursprung	*focus ⟶ foci,* *corpus ⟶ corpora,* *analysis ⟶ analyses*

Nomen bezeichnen entweder Dinge, die **zählbar** *(countable)* oder **nicht zählbar** *(uncountable)* sind. Zählbare Nomen stehen im Singular oder Plural. Sie können mit dem unbestimmten Artikel *a/an* und Zahlwörtern kombiniert werden:

■ *one apple, two apples, three apples*
  a song
  books

Nicht zählbare Nomen hingegen bilden keine eigene Pluralform und können nicht mit dem unbestimmten Artikel *a/an* stehen.

■ *food: rice, pasta, meat, juice, bread, sugar, flour, salt, milk*
  sand, money, music, electricity, blood, water, (home)work, air, space, nature, gas, oil, behaviour, furniture, luck, news, weather, sun, traffic, advice, baggage/luggage, information, permission, prohibition, travel usw.

Man kann den Plural von nicht zählbaren Nomen trotzdem ausdrücken, indem man sich bestimmter Wendungen bedient:

■ *a piece of / pieces of*   *advice*
                                    information
                                    news
  a bowl of / bowls of   *rice*
                                    pasta
  a packet of / packets of   *salt*
  a cup of / cups of   *tea, coffee*
  a glass of / glasses of   *juice*
  a bottle of / bottles of   *beer*

Ausnahmen bilden u. a. die folgenden Wörter, da sie sowohl zählbar als auch nicht zählbar sein können.

■ *How many rooms are in your new flat?* ⟶ zählbar
  Wie viele Räume hat deine neue Wohnung?
  Is there enough room for your bags? ⟶ nicht zählbar
  Ist dort genug *Platz* für deine Taschen?

Auch beim Gebrauch der folgenden Nomen kommt es zu einem Bedeutungsunterschied, je nachdem, ob sie zählbar oder nicht zählbar sind:
– *oak* (Eichenholz/Eichenbaum)
– *work* (Arbeit/Werk)
– *people* (Leute/Volk)
– *experience* (Ereignisse/Erfahrung)
– *room* (Zimmer/Platz)
– *hair* (Haar/Haare)
– *paper* (Zeitung/Papier)
– *time* (Mal/Zeit)
– *wood* (Wald/Holz)
– *space* (Platz/Weltall)

3.5 Nomen und Artikel 121

*There is **an old oak**.*
(zählbar: Eichenbaum)
*a bridge made of **oak***
(nicht zählbar: Eichenholz)

*Let's read **the papers**.*
(zählbar: Zeitungen)
*It's a piece of **paper**.*
(nicht zählbar: ein Blatt Papier)

*It's got **three hairs** left.*
(zählbar: drei Haare)
*She's got dark **hair**.*
(nicht zählbar: dunkelhaarig)

Im Vergleich zu den deutschen vier Fällen gibt es im Englischen nur drei. Dativ und Akkusativ werden zum Objektfall (*object case*) zusammengefasst.

Fall	Singular	Plural
1. Fall: **Nominativ**	the brother	the brothers
2. Fall: **Genitiv**	the brother**'s**	the brothers**'**
3. Fall: **Dativ**	the brother	the brothers
4. Fall: **Akkusativ**	the brother	the brothers

▶ Wie aus der Übersicht ersichtlich, gibt es lediglich bei der Pluralform und beim Genitiv andere Endungen.

Der Genitiv zeigt einen Besitz an und wird mit dem Anhängen von **'s** an den Singular des Wortes geformt.

- *mom**'s** car*
  *Paul**'s** computer*
  *his brother**'s** opinion*
  *my sister**'s** bag*
  *Susie**'s** tickets*

▶ Dies gilt auch, wenn das Nomen im Singular bereits auf *-s* endet, z. B. *James's recipe*.

Wenn man anzeigen möchte, dass mehreren Leuten etwas gehört (Besitzfall im Plural), so wird das Plural-s nur noch durch den Apostroph ergänzt.

- *his brothers' opinion* (die Meinung seiner Brüder)
  her parents' house (Wort im Plural mit -s)
  a women's problem (unregelmäßige Pluralform, die dann um *'s* ergänzt wird)

Auch bei **Zeitangaben** steht der Genitiv mit *-s*. **Ortsangaben** benutzen ebenso den Genitiv, weil man das nachfolgende Nomen weglassen kann.

- **Zeitangaben:**
  Next **year's** New Years Eve Party will be great.
  Last **month's** weather was better.

- **Ortsangaben:**
  Let's meet them at my **friends'** (flat).
  He is at the **hairdresser's** (shop).

In bestimmten Fällen wird der Genitiv mit einer sogenannten **of-phrase** gebildet:
Singular: of + Artikel/Pronomen + Nomen im Singular
       the sound of the CD player
Plural: of + Artikel/Pronomen + Nomen im Plural
       the sound of the CD players

Der *of*-**Genitiv** wird bei **Sachbezeichnungen, Orts- und Mengenangaben** angewendet:

- *the colour of your eyes* (Sachbezeichnungen)
  the city of Nottingham (Ortsangabe)
  a couple of drinks (Mengenangabe)

Beim sogenannten **doppelten Genitiv** handelt es sich um die **Kombination** aus den beiden bekannten Genitivformen. Er wird wie folgt gebildet:

of-phrase + -s

Der doppelte Genitiv wird gebraucht, wenn ein **Teilverhältnis** ausgedrückt werden soll:

- *a classmate of Catherine's* (eine von Catherines Klassenkameraden).

Er steht aber auch nach **Mengenangaben** (*some, any, several* oder Zahlwörtern) und *a*:

- *I haven't got any of this band's albums.*

3.5.2 Artikel (*articles*)

Im Englischen gibt es nur einen bestimmten Artikel (*the* = der, die, das) und einen unbestimmten Artikel (*a, an* = einer, -e, -es). Der Gebrauch ist ähnlich wie im Deutschen.

*I play **the** saxophone.*
*It is **an** instrument.*

Der bestimmte Artikel (*the definite article*)

Den bestimmten Artikel *the* verwendet man, wenn man über eine ganz bestimmte Person oder Sache spricht.

Allgemeine Verwendung des bestimmten Artikels	Beispiele
geografische Namen im Plural, Flüsse und Meere sowie nicht englische Berge	The Ballearic Islands The Rhine, the Mediterranean The Rocky Mountains
Familiennamen im Plural	the Smiths
Eigen- oder Stoffnamen, abstrakte Nomen, die entweder durch einen Relativsatz bzw. ein Adjektiv näher erklärt werden oder wenn dem Begriff ein *of* folgt	**The technology of** today is very advanced. **The love that** I've had was wonderful. **the beautiful nature of** Wales
Himmelsrichtungen	Let's go *to the south* this summer.
Tageszeiten in Verbindung mit *in, on, during*	*in the evening* *during the holidays*
nach Mengenangaben wie *all, both, double, half, most of*	*all the time* *double the distance* *half the plate* *most of the things*

Wenn sich ein Nomen allgemein auf Personen oder Sachen bezieht, entfällt *the*. Besonders bei folgenden Begriffen wird kein Artikel benutzt:

3 Grammatik

Ohne *the*	Beispiele
abstrakte Begriffe *(love, happiness, nature, time, history, peace)*, wenn sie allgemein gemeint sind	*Everybody needs love and understanding.*
Stoffbezeichnungen *(milk, water, bread, oil, air, petrol, wood)*	*We had bread and cheese.* *They filled the tank with water.*
geografische Namen (Namen von Seen, Ländern, Bergen)	*Lake Tahoe is in California.* *They climbed Mount Snowdon.*
Namen für Straßen, Plätze, Parks, Brücken, Gebäude, Bahnhöfe	*Turn left into Oxford Street.* *The train ends in Victoria Station.*
Zeitangaben (Jahreszeiten, Wochentage, Monate)	*School finishes in summer.* *They had fun on Monday.*
bei *school, hospital, university, parliament, prison,* wenn die Institution gemeint ist	*He was taken to hospital.* *He is a Member of Parliament.* *The thief was sent to prison.*

Der unbestimmte Artikel (*the indefinite article*)

I'm an orange.
I'm a Spanish orange.

Den unbestimmten Artikel benutzt man, wenn man nicht betonen möchtest, dass es um eine bestimmte Sache, ein bestimmtes Tier oder einen bestimmten Menschen geht. Vor Wörtern, die mit einem Konsonanten beginnen, lautet der unbestimmte Artikel *a* (z. B. *a house*). Er lautet *an* (z. B. *an elephant*), wenn das folgende Wort mit einem Vokal anfängt.

■ *a house, a uniform, a big apple, an apple, an old car, an hour*

Allgemeine Verwendung	Beispiele
Nationalität	*a Frenchman / Frenchwoman* *an Australian*
Berufsbezeichnungen	*Oh, you are a doctor!*
Religionszugehörigkeit	*I am a Protestant.*
Zeiteinheiten	*I go swimming once a week.*
nach *as* und *without*	*I wouldn't go out without an umbrella today.* *You can use this mug as a glass.*
Gewichts- und Maßeinheiten (in der Bedeutung per/pro)	*Oranges for £ 1,99 a kilo*
als Zahlwort (Zahlen mit der Bedeutung von *one*)	*I own a house in the Caribbean.*
Nach Wendungen wie *such, half, quite, rather, what, so*	*What a cute baby!* *It's quite a problem / surprise.*

3.6 Pronomen und Präpositionen

3.6.1 Pronomen (*pronouns*)

Pronomen *(pronouns)* werden im Deutschen auch Fürwörter genannt, weil sie stellvertretend für ein anderes Wort stehen.

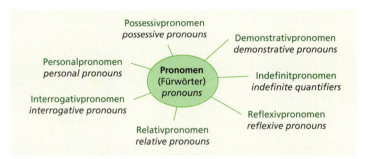

Personalpronomen *(personal pronouns)* sind die **Stellvertreter der Nomen**, weil man sie anstelle von Personen, Tieren, Dingen verwenden kann. Personalpronomen können sowohl **Subjekt** als auch **Objekt** eines Satzes sein und haben eine **Subjektform** und eine **Objektform**:

- *Andrew is at school.* = **He** *is at school.* (**Er** ist in der Schule.)
  Mrs Hill is a teacher. = **She** *is a teacher.* (**Sie** ist eine Lehrerin.)
  The teacher talked to Andrew. = *The teacher talked to* **him**. (Der Lehrer sprach mit **ihm**.)
  Dan asks Mrs Hill. = *Dan asks* **her**. (Dan fragt **sie**.)

Da das Englische nicht zwischen Dativ und Akkusativ unterscheidet, gibt es nur eine Form für beide Fälle, die Objektform.

	Person	Subjektform (auf die Fragen „Wer?" oder „Was?")		Objektform (auf die Fragen „Wem?", „Wen?" oder „Was?")	
Singular	1. Person	I	ich	me	mir/mich
	2. Person	you	du	you	dir/dich
	3. Person	he, she, it	er, sie, es	him, her, it	ihm/ihn, ihr/sie, ihm/es
Plural	1. Person	we	wir	us	uns/uns
	2. Person	you	ihr	you	euch/euch
	3. Person	they	sie	them	ihnen/sie

Possessivpronomen *(possessive pronouns)* heißen im Deutschen auch **besitzanzeigende Fürwörter**, weil sie einen Besitz oder eine Zugehörigkeit ausdrücken. Sie können entweder vor dem Nomen stehend gebraucht werden oder auch allein stehend, wenn sie sich auf ein vorhergehendes Nomen beziehen. Daher unterscheidet man bezüglich ihres Gebrauchs zwei Formen:

adjektivisch
(vor dem Nomen stehend)

This is **our** new house.

substantivisch
(Bezug nehmend auf vorangehendes Nomen, allein stehend)

This new house is **ours**.

	Person	adjektivisch		substantivisch	
Singular	1. Person	*my*	meine	*mine*	meine(r)
	2. Person	*your*	deine	*yours*	deine(r)
	3. Person	*his, her, its*	sein, ihr, sein	*his, hers*	seine(r), ihre(r)
Plural	1. Person	*our*	unser	*ours*	unsere
	2. Person	*your*	euer	*yours*	euere
	3. Person	*their*	ihre	*theirs*	ihre

Es gibt noch einige Regeln in Verbindung mit den Possessivpronomen zu beachten.

– Im Englischen (anders als im Deutschen) müssen Possessivpronomen auch bei **Kleidungsstücken** und **Körperteilen** gebraucht werden.

■ *He cleaned **his** shoes.* (Er hat seine Schuhe geputzt.)
*She warmed **her** feet.* (Sie wärmte sich die Füße.)

– Bei **abstrakten Begriffen** wie *water, music, life*, wenn sich diese Begriffe bestimmten Einzelwesen zuordnen lassen.

■ *I like **their** music.* (Ich mag ihre Musik.)

– *own* verstärkt das Possessivpronomen, darf aber nur mit dem **adjektivischen Possessivpronomen** verwendet werden.

■ *I saw that robbery with **my own** eyes!*
*My friend has got a shop **of her own**.*

– *of* + **Possessivpronomen** steht hinter einem Nomen, das mit *a*, einem Zahlwort oder einem Demonstrativpronomen kombiniert ist.

■ *She is not **a** friend **of ours**.*
*This is **one** dog **of mine**.*
*Today is **one of those** days!*

3.6 Pronomen und Präpositionen

Das **Demonstrativpronomen** (*demonstrative pronoun*) oder auch das **hinweisende Fürwort** deutet auf Personen oder Dinge hin, die bereits bekannt oder noch näher zu bestimmen sind.
Demonstrativpronomen gibt es im Singular und Plural, sie unterscheiden sich in ihrer Anwendung nach **räumlicher** und **zeitlicher Nähe** bzw. **Entfernung:**

	das räumlich/zeitlich Nähere	das räumlich/zeitlich Entferntere
Singular	*this* (dieses hier) *This* is our train, because ...	*that* (das da/dort, jenes) ... *that* train over there goes in the opposite direction.
Plural	*these* (diese hier) *These* suitcases belong to us.	*those* (diese da/dort, jene) *Those* ones are not ours.

Demonstrativpronomen werden entweder wie Adjektive (adjektivisch) vor dem Nomen gebraucht oder sie können sich – **allein stehend** – als Pluralformen auf das **vorangehende** oder **folgende Nomen beziehen** oder ein **Adverb ersetzen.**

- adjektivisch: Have you seen **this** film?
  allein stehend: Do you like the earrings? No, I prefer **these**.
  als Adverb: I am not **that** good at Maths. (Anstelle von „so")

Reflexivpronomen (*reflexive pronouns*) werden im Deutschen oft als **rückbezügliche Fürwörter** bezeichnet und wie folgt gebildet:

I can see myself in the mirror. Can you see yourself?

	Person	adjektivisch
Singular	1. Person	my**self**
	2. Person	your**self**
	3. Person	him**self**, her**self**, it**self**
Plural	1. Person	our**selves**
	2. Person	your**selves**
	3. Person	them**selves**

▶ Achten Sie darauf, dass sich im Plural die Schreibweise von *self* zu *selves* ändert.

- I did **myself** a favour and got **myself** a nice bottle of wine. (Ich habe **mir** einen Gefallen getan und **mir** eine Flasche Wein gekauft.)

Sie können ein Subjekt oder Objekt auch besonders **hervorheben.** Dann kann man *-self* mit dem deutschen „selbst" übersetzen. In Verbindung mit *by* können Reflexivpronomen mit „allein" übersetzt werden.

- *We built our house **ourselves**.*
  (Wir bauten unser Haus selbst [allein].)
  *Do you know who I saw at the party? Jack Michaelson **himself**!*

Es gibt einige Präpositionen und Verben, nach denen (oft im Gegensatz zum Deutschen) keine Reflexivpronomen stehen dürfen:

▶ Keine Reflexivpronomen nach folgenden Präpositionen des Ortes: *above, in front of, behind, with*.

> **Zum Beispiel nach folgenden Verben:** *afford, apologize, argue, be afraid of, be interested in, be pleased, change, complain, concentrate on, decide, develop, feel, get ready, get used to, hide, hurry up, imagine, lie down, look forward to, meet, move, open, quarrel, refer to, relax, rely on, remember, rest, sit down, turn round, watch, wonder, worry.*

Soll eine wechselseitige Beziehung ausgedrückt werden, wird kein Reflexivpronomen verwendet, sondern die Wendung *each other*.

- *The man and the woman talked **to each other** for a long time.*
  Der Mann und die Frau haben sich lange unterhalten.

▶ Der lateinische Ausdruck für Fragepronomen ist Interrogativpronomen.

Fragepronomen (*interrogative pronouns*) bzw. Fragefürwörter leiten Fragesätze ein.

	Subjekt	**Objekt**	**Objekt im Genitiv**
Frage nach Personen	***Who*** *saw me?* (wer) ***What*** *woman saw me?* (was für …) ***Which*** *of my sisters saw me?* (welche/r/s)	***Who(m)*** *does this cat belong to?* (wem, wen) ***What*** *boy did you meet there?* (was für …) ***Which*** *of them do you prefer?* (welche/r/s)	***Whose*** *T-shirt is this?* (wessen)
Frage nach Dingen	***What*** *is the topic of the lesson?* (was) ***What*** *countries have you visited?* (was für …) ***Which*** *of the countries do you prefer?* (welche/r/s)	***What*** *will you do now?* (was) ***What*** *languages do you know?* (was für …) ***Which*** *language do you like most?* (welche)	

3.6 Pronomen und Präpositionen

Welches der Fragewörter man verwendet, hängt von bestimmten Umständen ab:

Die Entscheidung *what* oder *which* hängt davon ab, ob man nach Personen/Dingen aus einer **uneingeschränkten Anzahl** (*what* – was für …) oder nach Personen/Dingen aus einer **bestimmten (eingeschränkten) Menge** (*which* – welche/r/s) fragt.

- ***What** (kind of) films do you like?* (**Was** für Filme magst du?)
  ***Which** of the films have you seen so far?* (**Welche** [der] Filme hast du schon gesehen?)

▶ *of* leitet immer eine Einschränkung ein, weswegen es nur in Verbindung mit *which* stehen kann.

Relativpronomen (*relative pronouns*) heißen im Deutschen auch bezügliche Fürwörter, weil sie sich auf Wörter oder vorausgehende bzw. nachgestellte Sätze beziehen. Sie leiten Relativsätze ein.
Who wird für Personen, *which* oder *that* für Dinge eingesetzt; *whose* zeigt einen Besitzfall an.

- *That is the woman **who** bought the old house.*
  *Mike has a motorbike **which** goes very fast.*
  *That is the cat **whose** owner is on holiday.*

Mike has a motorbike which runs very fast.

Indefinitpronomen (*indefinite quantifiers*) werden häufig auch als **unbestimmte Zahlwörter (Fürwörter)** bezeichnet, weil sie eine unbestimmte Menge oder Anzahl ausdrücken. Diese Grafik soll zunächst einen Überblick über die Anzahl und Bedeutung der *quantifiers* geben:

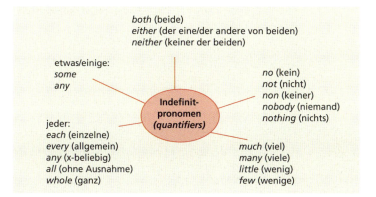

130   **3 Grammatik**

Die Verwendung der Indefinitpronomen im Englischen unterscheidet sich von deren Gebrauch im Deutschen. Für ein unbestimmtes Zahlwort im Deutschen gibt es im Englischen nicht selten mindestens zwei Ausdrücke, deren unterschiedliche Anwendung man kennen muss:

Quantifier	Deutsch	Anwendung	Beispiel
some	etwas/einige	– im bejahten Satz – im Fragesatz, wenn eine bejahte Anwort erwartet wird	*I like **some** songs of theirs.* *Would you like to listen to **some**?*
any	etwas, irgendein, -e	– im verneinten Satz – im (allgemeinen) Fragesatz – in bejahten Sätzen im Sinn von „jeder Beliebige" – in Nebensätzen der *If*-Sätze	*I don't like **any** song by them.* *Do you know **any** of their songs?* *I like **any** music.* *If I had **any** of their songs here, I would play them now.*
much	viel	steht nur vor nicht zählbaren Begriffen	***much** fantasy* (viel Fantasie)
little	wenig	steht vor nicht zählbaren Begriffen	***little** fantasy* (wenig Fantasie)
many	viele	stehen vor nicht zählbaren Begriffen	***many** people* (viele Leute)
few	wenige		***few** people* (wenige Leute)
each	jeder Einzelne	vor Nomen oder allein stehend	***each** time* (jedes einzige Mal)
every	jeder (allgemein)	vor Nomen im Singular	***every** time* (jedes Mal)
any	jeder (x-beliebig)	im Sinne von „egal welcher"	*at **any** time* (irgendwann)
all	alle	– hat vor Nomen im Plural allgemeine Bedeutung – vor Nomen im Singular (= ganz) – vor Adjektiv (= ganz, völlig)	***All** my friends were confused.* *My friends were confused **all** night.* *I was **all** confused.*
whole	ganz	bezeichnet ein Ganzes	*Tell me the **whole** story!*
no	kein	wie ein Adjektiv vor dem Nomen	*There was **no** help for me.*
none	keiner	wie ein Nomen in Bezug auf ein vorangegangenes oder nachfolgendes Nomen	***None** of my books could help me.*

3.6 Pronomen und Präpositionen

Quantifier	Deutsch	Anwendung	Beispiel
not	nicht	als Verneinung meist hinter dem Hilfsverb	*I could **not** help her.*
nobody	niemand	wie ein Nomen für Personen	*There was **nobody** who could help me.*
nothing	nichts	wie ein Nomen für Dinge	*There was **nothing** I could do.*
both	beide	bei Zusammengehörigkeit einer Zweiergruppe (auch als Nomen allein stehend)	***Both** ways lead to my house.* (Beide Wege führen zu meinem Haus.)
either	einer von beiden	als Adjektiv vor Nomen im Singular	***Either** way is alright.* (Jeder der beiden Wege ist in Ordnung.)
neither	keiner von beiden	als Adjektiv vor Nomen im Singular oder als Nomen (allein stehend mit Bezug auf Nomen im Plural)	***Neither** way was the right one.* (Keiner der beiden Wege war der richtige.)

Mit *any, some, every* und *no* können auch Zusammensetzungen gebildet werden, z. B.:

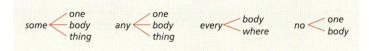

▶ Der Gebrauch dieser Formen orientiert sich allgemein am Gebrauch von *some / any*.

Some und Zusammensetzungen mit *some* benutzt man in **bejahten Aussagen** oder in **höflichen Fragen**.
Any und seine Zusammensetzungen benutzt man in **verneinten Aussagen** und **Fragen**.

- *Has **anybody** seen my key?*
  (Hat jemand meinen Schlüssel gesehen?)
  *It must be **somewhere**.*
  (Er muss irgendwo sein.)
  *No, we haven't seen it **anywhere**.*
  (Nein, wir haben ihn nirgendwo gesehen.)
  *It'll turn up **somehow**.* (Er wird irgendwie wieder auftauchen.)
  *Can I offer you **something** to drink?*
  (Kann ich dir etwas zu trinken anbieten?)

3.6.2 Präpositionen (*prepositions*)

Präpositionen (*prepositions*) heißen Verhältniswörter, weil sie das Verhältnis zwischen zwei Gegenständen ausdrücken. Sie geben an, wo sich etwas befindet (z. B. ***next to the house*** = **neben** dem Haus). Präpositionen sind in Sätzen bedeutungstragend. Wenn sie entfielen, ergäben viele Sätze keinen Sinn mehr.

- Cars are driving **past** the Flatiron Building.
  A couple is standing **on** the pavement.
  A man is moving **towards** the couple.
  There are houses **behind** the skyscraper.
  A car is stopping **at** the traffic lights.

Es gibt folgende Präpositionen:

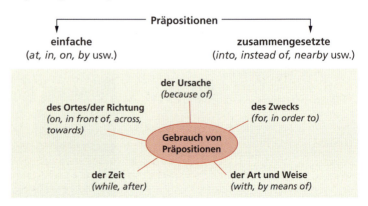

3.6 Pronomen und Präpositionen 133

Präpositionen des Ortes und der Richtung

Präposition	Deutsch	Verwendung	Beispiel
above	über/ oberhalb	bei größerem Abstand	*a balloon above the town; a plane above the mountains; as I mentioned above*
across	quer durch/über	zur anderen Seite	*They walked across the square.*
against	gegen	auch im übertragenen Sinne	*lean against the fence; fight against rebels*
after	hinterher	einer Person	*The police were running after the thief.*
along	entlang	auch: parallel zu	*The police were walking along the street.*
among	unter/ zwischen	Anzahl: mehrere	*There were two girls among them.*
at	an, bei	auch bei Institutionen	*at the baker's; at the zebra crossing*
before/ in front of	vor	vor einer Person/ Sache	*He suddenly stood before me.* *They met in front of the gate.*
behind	hinter	auch im übertragenen Sinne	*They were playing behind the house.* *There were many people behind her.*
between	zwischen; unter- einander	Anzahl: zwei	*between two stations; they divided the apple between them*
down/up	hinunter/ hinauf	vgl. *over/under*	*The boys rowed down the river. She looked down. He ran up the stairs. Prices moved up.*
in	in, im	innerhalb	*in the school; in the photo/picture; in his face*
into	in … hinein	auch bei einer Auf- teilung	*They went into the school building.* *The text falls into three parts.*
inside/ outside	innen, außen	innerhalb/außerhalb	*They stayed inside the house.* *They played outside the house.*
on	auf	Grundlage, Fläche	*on his nose; on my desk; on the wall*
onto	auf … hinauf	≠ *down*	*He threw the saddle onto the horse.*
opposite	gegenüber	auch ohne Nomen	*They bought the house opposite.* *She lives opposite the museum.*
out of	aus … heraus	≠ *into*	*A dark shadow flew from out of the old house.*
over	über	kurzer Abstand	*a bridge over the river; the flat over the shop*
past	an … vorbei	sich vorbeibewegen	*They were running past the house.*
through	durch,	hindurch	*through the gate; through the park*
under/ below	unter/ unterhalb	unter einem Objekt/ an einer Fläche oder Skala	*The cat hid under the table. You will find this in the paragraph below. Tem- peratures fell below freezing point.*

Präpositionen haben die Funktion, das örtliche und zeitliche Verhältnis von Dingen und Personen zueinander zu bezeichnen. Sie ändern ihre Form nicht und stehen im Allgemeinen **vor** Substantiven (*prae*-position).

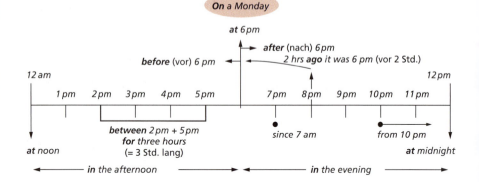

Häufig verwendete Präpositionen der Zeit

Die Präpositionen *at, in, on* können sowohl zeitliche als auch räumliche Bedeutung haben.

Präposition	Deutsch	Verwendung	Beispiel
in	im, in	in einem Zeitraum, z. B. Monat, Jahr, Jahreszeit, Tageszeit	*In July it's very hot.* *In the winter it is cold.* *In the morning I am sleepy.*
at	um, im, an/zur	genauer Zeitpunkt, z. B. Tageszeit, Uhrzeit, Festtage, feststehende Wendungen	*At 7 o'clock I have my breakfast.* *At noon I take a nap.*
on	an, am	an bestimmten Tagen, z. B. Wochentage, Datum	*On Saturdays I go shopping.* *On bank holidays the shops are closed.*
after	nach	steht vor der Zeitangabe	*After 11 pm I don't like to be disturbed.*
to	vor	bei Uhrzeiten	*At ten to two the cake is ready.*
ago	vor	steht nach der Zeitangabe	*Two years ago I met the love of my life.*
before		steht vor der Zeitangabe	*Before Christmas I went to London.*
between	zwischen		*Between Tuesdays and Thursdays I look after the dog.*

Präposition	Deutsch	Verwendung	Beispiel
by	bis	bis (spätestens)	*By Thursday (at the latest) I have to finish the paper.*
till/until		bis zu einem bestimmten Zeitpunkt	*I won't have any time until 3 pm.*
during	während	während (der Ferien)	*During the holidays I stay with my grandmother.*
for	seit	seit (Zeitraum)	*I have been seeing him for two years.*
since		seit (Zeitpunkt)	*I have known him since 2004.*
from ... to from/until	von ... bis		*From Monday to Friday I work in the shop.*
past	nach	bei Uhrzeiten	*At ten past two the bus leaves.*
within	innerhalb	Zeitraum	*I will know if I have the job within a month.*

Stellung der Präpositionen

In der Regel stehen die Präpositionen vor dem entsprechenden Nomen, vor einem Pronomen oder einer *ing*-Form.

■ *Betty and Tom went to Greece last summer.*
Someone walked right in front of me.
Check other offers before buying the tickets.

In einigen Fällen werden Präpositionen allerdings nicht vorangestellt, sondern nachgestellt, und zwar meistens dann, wenn sie eng mit einem Verb verbunden sind. Dies trifft insbesondere zu bei:

Fragesätzen	*Where have you come from? What book are you interested in?*
Relativsätzen	*The man who I talked to yesterday happened to be your teacher. The accident which I read about occurred on Gloucester Road.*
Sätzen im Passiv	*The children in our school are well cared for. Our neighbours have never been heard of since they left our town.*
Infinitivkonstruktionen	*It was a show to laugh about. There were thousands of cars to look at.*

Präpositionen in idiomatischen Ausdrücken

Es gibt Präpositionen, die zusammen mit Adjektiven und Nomen idiomatische Wendungen bilden. Sie sind unerlässlich in der gesprochenen Sprache, aber auch in jedem idiomatisch verfassten Text.

Präposition	Verwendung	Beispiel
by chance	durch Zufall	*We met our friends by chance.*
by means of	mithilfe von	*The temperature can be measured by means of a thermometer.*
to go for a walk	spazieren gehen	*They went for a walk.*
for certain	sicher	*He could not promise for certain if he would come with us.*
in my opinion/ to my mind	meiner Meinung nach	*To my mind he is a good teacher.*
to be in favour of	dafür sein	*Are you in favour of visiting London?*
in particular	besonders	*In particular I enjoyed the exciting crime story in the book.*
in this way	auf diese Weise	*You'll never succeed in this way.*
on duty	im Dienst	*He will be on duty from 8 to 6.*
on foot	zu Fuß	*He had to go on foot because his bike broke down.*
on purpose	absichtlich	*She told him a lie on purpose because she hated him.*
with great difficulty	unter schwierigen Umständen	*The driver was rescued from his damaged car with great difficulty.*
with regard to	hinsichtlich	*He made lots of enquiries with regard to the problem.*
to put up with	ertragen, sich abfinden mit	*They put up with the awful conditions in the hotel.*

3.7 Adjektive und Adverbien

3.7.1 Adjektive (*adjectives*)

Adjektive *(adjectives)* beschreiben Eigenschaften von Nomen, also Personen und Dingen, und werden deshalb auch als Eigenschaftswörter bezeichnet. Sie verändern sich weder im Numerus, d. h. Singular oder Plural, noch im Genus (männlich, weiblich, sächlich) oder Kasus (Fall).

▶ Man fragt nach Adjektiven mit
What is it like?
What is he/she like?
What are they like?

- **Singular:** *a high mountain* (ein hoher Berg)
- **Plural:** *high mountains* (hohe Berge)

Adjektive können an **verschiedenen Stellen im Satz** stehen:

attributiver Gebrauch

– vor dem Nomen:
Nathan owns a **new** car.
His **old** car broke down last year.
He is a **fast** runner.
It's a book for **young** readers.
They went on a **dangerous** trip.
They swam in the **cold** water.

prädikativer Gebrauch

– als Teil des Prädikats (nach *be, get, become, seem, grow, turn*):
They stayed **calm**.
People sat **silent**.
The bus left Hamburg **empty**.
Mr Harding looked **worried**.

– nach Verben der sinnlichen Wahrnehmung (z. B. *feel, look, smell, taste, sound*):
The soup smells **good**.

3.7.2 Steigerung der Adjektive

Die meisten Adjektive können gesteigert werden, d. h., dass aus der **einfachen Form** des Adjektivs **(Positiv)** eine **Steigerungsstufe (Komparativ)** und eine **Höchststufe (Superlativ)** entwickelt werden kann.

- Positiv: *rich* (reich)
- Komparativ: *richer* (reicher)
- Superlativ: *(the) richest* ([am] reichsten)

Man unterscheidet bei der Steigerung (*comparison*) von Adjektiven:

regelmäßige Steigerung
mit dem Anhängen von *-er* an den Stamm des Adjektivs im Komparativ; mit dem Anhängen von *-est* an den Stamm des Adjektivs im Superlativ bzw. durch das Voranstellen von *more/most*

unregelmäßige Steigerung
Der Komparativ und der Superlativ werden nicht durch Endungen an den Stamm gebildet, sondern mit **neuen Wörtern.**

Die **Steigerung der Adjektive** geschieht nach folgendem System:

Bildung	Anwendung	Beispiel
-er (Komparativ) *-est* (Superlativ)	– einsilbige Adjektive – zweisilbige Adjektive, die auf *-er, -le, -ow, -y* enden	*poor – poorer – poorest* *clever – cleverer – cleverest* *simple – simpler – simplest* *narrow – narrower – narrowest* *happy – happier – happiest*
more (Komparativ) *most* (Superlativ)	– zweisilbige Adjektive, die nicht auf *-er, -le, -ow, -y* enden – drei- und mehrsilbige Adjektive	*faithful – more faithful – most faithful* *beautiful – more beautiful – most beautiful*
unregelmäßige Steigerung	müssen auswendig gelernt werden	*good – better – best* *bad – worse – worst* *much/many – more – most*

Einige Adjektive ändern bei der Steigerung ihre Schreibweise:
- Stummes *-e* am Wortende fällt weg:
  large – larger – largest
- Konsonant nach kurzem Vokal wird verdoppelt:
  big – bigger – biggest
- *-y* wird zu *-ie*, wenn vor dem *y* ein Konsonant steht:
  dirty – dirtier – dirtiest

Monsters are dangerous.
Vampires can be more dangerous.
A hungry lion is most dangerous.
Meeting a lion is riskier than meeting a bat. Feeding a lion is as risky as feeding a python.
Meeting an alien is less probable than seeing a shooting star. Talking to an alien is least probable.

3.7 Adjektive und Adverbien

Um zwei oder mehrere Dinge im Satz miteinander zu vergleichen, werden besondere Wendungen benutzt.

The parents are **taller than** the children.
(größer als)
(größer als)

The father is **the tallest**.
(am größten)
(am größten)

The mother is almost **as tall as** the father.
(so groß wie)

The dog is **not as tall as** the children.
(nicht so groß wie)

„je ... desto" wird durch **the ... the ...** ausgedrückt.
The more Tim eats **the** taller he will grow.

▶ Verwechseln Sie nicht **then** (damals, dann) und **taller than** (... als ...)

▶ „kleiner als" heißt **smaller than**

▶ „so klein wie" heißt **as small as**

My sister is **taller than** me.

My sister is **as old as** me, because she is my twin.
My brother is **not as tall as** me and my sister.
My sister is **taller than** me.
My sister is **the tallest** in our family.
The older children get, **the taller** they are.

This is a very slow car.

3.7.3 Adverbien (adverbs)

Adverbien (adverbs) sind Wörter, die sich auf das Verb des Satzes beziehen und es näher bestimmen. Sie werden daher auch als **Umstandswörter** bezeichnet.
Viele Adverbien erkennt man an der Endung -ly, die an ein Adjektiv angehängt wird.

This tractor drives very slowly.

Adverbien unterscheidet man in:

ursprüngliche Adverbien	von Adjektiven abgeleitete Adverbien
z. B. Orts- und Zeitangaben wie *here, there, today, soon* usw.	durch Anhängen von *-ly*: *complete – completely*

▶ Ausnahmen bilden: *good – well; hard – hard; fast – fast.*

Manche Adverbien haben die **gleiche Form** und die **gleiche Bedeutung** wie ihre Adjektive.
Zu ihnen gehören: *daily, weekly, monthly, yearly, early, likely, fast, long, straight, low.*

Von einigen Adjektiven kann man **keine Adverbien bilden,** z. B. *friendly, difficult.*
Letztere bilden das Adverb mit einer Umschreibung, z. B. *in a friendly way.*

Einige Adverbien haben die **gleiche Form** wie die Adjektive, aber eine andere Bedeutung:

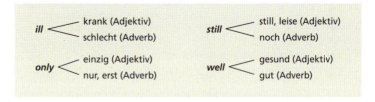

Andere Adjektive wiederum besitzen zwei Adverbformen, von denen die erste identisch ist mit dem Adjektiv, die zweite auf *-ly* endet und häufig eine andere Bedeutung hat.

Adverbien mit unterschiedlicher Bedeutung

Adjektiv/ Adverb	deutsche Bedeutung	Adverb	deutsche Bedeutung
deep	tief	*deeply*	zutiefst
fair	gerecht	*fairly*	ziemlich
hard	hart	*hardly*	kaum
late	spät	*lately*	kürzlich, neuerdings
most	am meisten	*mostly*	meistens, vor allem
near	nahe	*nearly*	fast, beinahe
ready	fertig, bereit	*readily*	bereitwillig

3.7 Adjektive und Adverbien

■ *He is working very* **hard.** (Er strengt sich sehr an.)
He **hardly** *works.* (Er arbeitet kaum.)
The train arrived **late.** (Der Zug kam spät an.)
Lately *the train has been crowded.* (Neuerdings ist der Zug überfüllt.)

3.7.4 Steigerung der Adverbien

Adverbien werden ähnlich gesteigert wie Adjektive.

Bildung	Anwendung	Beispiel
-er (Komparativ) **-est (Superlativ)**	– ursprüngliche Adverbien – mit Adjektiven formgleiche Adverbien	*soon – sooner – soonest* *hard – harder – hardest*
more (Komparativ) **most (Superlativ)**	Adverbien, die auf -ly enden	*clearly –* **more** *clearly –* **most** *clearly*
unregelmäßige Steigerungen	müssen auswendig gelernt werden	*well – better – best* *badly – worse – worst* *ill – worse – worst* *much – more – most* *near – nearer – nearest (next)* *little – less – least (wenig)* *far – further/farther (further) – furthest/farthest* *late – later – latest (last)*

Die verschiedenen Arten von Adverbien

Es gibt verschiedene Arten von Adverbien.
– **Orts- und Zeitadverbien (***adverbs of time and place***)** geben an, wo und wann etwas geschieht:
today, tomorrow, now, then, still, soon, not yet, here, there, nowhere, somewhere, anywhere

■ *We've gone swimming* **today.**
He was not **there.** *He was* **nowhere** *to be found.*

– **Adverbien der Art und Weise (***adverbs of manner***)** beschreiben die Art und Weise, wie etwas geschieht. Diese Adverbien enden häufig auf -ly.

■ *Dad drove his car very* **slowly** *and* **carefully.**
We **quickly** *ran to open the door.*
I can see **clearly** *now.*

- **Adverbien der Häufigkeit** (*adverbs of frequency*) geben an, wie oft etwas geschieht: *often, sometimes, never, always, once, weekly, seldom, rarely, normally, usually.*

■ *My classmates **sometimes** forget their homework.*
*On Sundays we **usually** get up late.*

- **Gradadverbien** (*adverbs of degree*) verstärken eine Aussage oder schwächen sie ab: *almost, extremely, very, hardly, only, rather, fully, completely.*

■ *I was **completely** surprised.* (Ich war vollkommen überrascht.)
*He had **hardly** read the book.* (Er hatte das Buch kaum gelesen.)
*She **almost** forgot to lock the door.* (Sie vergaß fast die Tür zu verriegeln.)

*I can **hardly** hear you.*

Stellung der Adverbien im Satz

Von der Art des Adverbs hängt die Stellung im Satz ab.

*I **almost** forgot that I'm not human.*

Art von Adverbien	Beispiele	Stellung im Satz
Adverbien der Art und Weise (*adverbs of manner*)	quickly, hard, fast, well, calmly, suddenly, fortunately, obviously, etc.	In der Regel am Satzende/ nach dem Verb: *Jack learns **easily**.*
Adverbien des Ortes und der Zeit (*adverbs of place and time*)	now, soon, yet, still, then, today, tomorrow, yesterday, here, there, near, everywhere, etc.	Satzende oder Satzanfang *She left Paris **yesterday**.* ***Today*** *she will arrive in Perth.*
Adverbien der Häufigkeit (*adverbs of frequency*)	often, never, ever, always, sometimes, once, twice, occasionally, every day/week/month/year, etc.	– vor dem Hauptverb: *She **never** cries.* – nach der Form von *to be*: *He is **always** late.* – bei einigen Adverbien am Satzende: *I saw him only **once**.*
Gradadverbien (*adverbs of degree*)	a bit, a little, a lot, much, enough, only, very, too (zu sehr), almost, nearly, hardly, just, etc.	– am Satzende: *She sees him **a lot**.* – nach dem Adverb oder Adjektiv, auf das es sich bezieht: *He didn't react quickly **enough**.* – vor dem Bezugswort: *They **only** met twice.* – vor dem Hauptverb: *They have **just** arrived.*

3.8 Syntax

Man unterscheidet verschiedene Arten von Sätzen:

Type of sentence	Beispiele
bejahter Aussagesatz (*positive statement*)	*I drink* two bottles of water every day.
verneinter Aussagesatz (*negative statement*)	*I don't drink* two bottles of water every day.
Fragesatz (*question*)	*Do you drink* two bottles of water every day?
Bestätigungsfrage (*question tag*)	You drink two bottles of water every day, *don't you*?
Aufforderungen (*command*)	*Drink* two bottles of water every day!

Sätze bestehen meist aus mehreren Satzteilen, müssen aber immer ein Verb (Prädikat) haben, um sich Satz nennen zu können. Andere Satzteile sind Subjekt, Objekt oder adverbiale Bestimmungen.

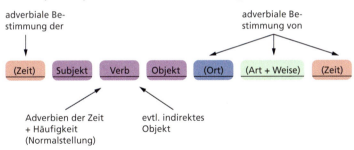

Die **Satzstellung** (*word order*) ist im Englischen im Gegensatz zum Deutschen nicht veränderbar, sondern für jeden Satztyp feststehend.

3.8.1 Aussagesätze

- *She **is** tall.*   *She **is not** tall.*
  *Bob **likes** football.*   *Tom **doesn't like** football.*
  *She **can play** the piano.*   *She **can't play** the piano.*

Aussagesätze können entweder bejaht oder verneint sein. Der verneinte Aussagesatz wird gebildet, indem man dem Verb des Satzes **do not** bzw. **doesn't** oder **did not** voranstellt. **To be** und Hilfsverben (z. B. *can, must, may*) werden mit **not** verneint. Die Satzgliedstellung im Aussagesatz ist leicht zu merken: **S–P–O (Subjekt–Prädikat–Objekt)**.

- *I   love   chocolate.* (Ich liebe Schokolade.)
  Subjekt   Prädikat   Objekt

Dieser Satz kann nun mit ergänzenden Satzteilen erweitert werden, ohne dass sich die Grundreihenfolge des Satzes ändert:

■ *Normally* | *I* | *love* | *chocolate* | *from a very special shop.*
   Adverb | Subjekt | Prädikat | Objekt | adverbiale Bestimmung des Ortes

Auch im verneinten Aussagesatz behält die Satzgliedstellung dieses Grundmuster, mit der Ausnahme, dass das Verb mit dem Hilfsverb **do** und **not** ergänzt wird:

■ *I* | *do not love* | *chocolate.*
   Subjekt | Prädikat | Objekt

Etwas komplizierter ist die Satzgliedstellung bei **Sätzen mit zwei Objekten,** einem **direkten** und einem **indirekten** Objekt. Das direkte Objekt ist meistens eine Sache (z. B. *He rides **his bike**.*). Das direkte Objekt steht immer im Akkusativ (Wen oder Was?). Das indirekte Objekt ist meistens eine Person (z. B. *She gave **her friend** a present.*). Das indirekte Objekt steht immer im Dativ (Wem oder Was?).

My boyfriend	*gave*	*me*	*a box of chocolates.*
Subjekt	**Prädikat**	**indirektes Objekt**	**direktes Objekt**

▶ Einige dieser Verben können sein: *to bring, to explain, to introduce, to offer, to pay, to promise, to read, to say, to teach, to write*

Wie im Beispiel oben steht das indirekte Objekt in der Regel vor dem direkten.
Will man das indirekte Objekt aber stark betonen, kann man es hinter das direkte Objekt stellen. Bei einigen Verben muss man dann allerdings vor das direkte Objekt ein *to* stellen.

■ *My boyfriend gave a box of chocolates **to** me.*

Adverbiale Bestimmungen sind die Teile eines Satzes, die Adverbien enthalten. Sie können an unterschiedlicher Stelle im Satz stehen.

3.8.2 Fragen

Fragesätze können unterschieden werden in:
– Entscheidungsfragen
– Fragen nach dem Subjekt
– Fragen nach dem Objekt

Die Satzgliedstellung, wie man sie auch in Aussagesätzen findet, gibt es nur bei Fragen nach dem Subjekt. In anderen Fragesätzen bedient sich die englische Sprache der Hilfsverben, die vor das Subjekt gestellt werden.

■ *Did* | *you* | *go out* | *last night?*
   Hilfsverb | Subjekt | Vollverb | adverbiale Bestimmung

3.8 Syntax

Frage	Satzgliedstellung	Beispiel
Entscheidungsfragen	Hilfsverb – Subjekt – Vollverb – Objekt Umschreibung mit *do,* wenn kein anderes Hilfsverb vorhanden ist	*Is it a boy or a girl? Have you got a car? Do you walk to school?*
Fragen nach dem Subjekt	Fragewort *(who/what)* – Vollverb – Objekt Man kann nach dem Subjekt auch mit *whom* und *whose* fragen.	*Who has eaten my biscuit? What kind of animal is this? Whose car is this?*
Fragen nach dem Objekt	Fragewort – Hilfsverb – Subjekt – Vollverb – Objekt Wiederum muss man mit *do* umschreiben, wenn kein anderes Hilfsverb vorhanden ist.	*Where do you live? What are you doing? What did you buy in the shop?*

Question tags

Question tags sind Frageanhängsel, die durch Komma abgetrennt sind. Sie werden mit „stimmt's?" oder „nicht wahr?" übersetzt und stehen am Ende eines Satzes. Die Satzmelodie verändert sich, da die Tonlage der Stimme am Satzende steigt.

■ *You are still at school, aren't you?*
  Du gehst noch zur Schule, stimmt's?

■ *These girls look very pretty, don't they?*
  Diese Mädchen sehen hübsch aus, nicht wahr?

These girls look very pretty, don't they?

Die Bildung der *question tags* erfolgt auf drei Wegen:
– Das Subjekt des Satzes erscheint im Kurzanhängsel als Pronomen.

■ *Mike is phoning his parents, isn't he?*

– Ist der Satz verneint, ist das Anhängsel positiv. Ist der Satz positiv, wird das Anhängsel verneint.

■ *You **haven't stolen** that jumper, **have you?***
  *You **have bought** that jumper, **haven't you?***

– Sie können auch mit dem Hilfsverb des Satzes gebildet werden. Ist kein Hilfsverb vorhanden, wird mit *do* umschrieben.

■ *Your sister **can** drive a car, **can't she?***
  *Your sister **goes** to work by car, **doesn't she?***

3.8.3 Aufforderungen, Ratschläge, Bitten

Direkte Aufforderungen (*commands*)

Stop! ebenso wie *Mind the gap!* oder *Be careful!* sind direkte Aufforderungen. Sie werden mit dem Imperativ gebildet. Der Imperativ entspricht dem Infinitiv des Verbs ohne *to*.
Der verneinte Imperativ, z. B. bei Verboten und Ratschlägen, wird mit Voranstellung von *don't* gebildet.

- *Don't be late!*
  Don't run!
  Don't worry!

Höfliche Bitten (*requests*)

> ▶ *to give s.o.*
> *advice* = jmd. Ratschläge erteilen
>
> *advice* (n.) ist nicht zählbar; es steht immer im Singular. Erst zusammen mit *some/any* kann man *advice* in die Mehrzahl setzen:
> *She gave me **some** advice.*
> *He didn't want **any** advice.*

Die direkte Aufforderung eignet sich nur für Kurzbotschaften von höchster Dringlichkeit. Außerhalb angespannter Situationen sollte man stattdessen die höflichere Form der Bitte verwenden.

- *Could you open the window, please?*
  Would you mind opening the window?
  Would you mind if I opened the window?

Mit der Formulierung *Could you ..., please?* benutzt man eine höfliche Form der Aufforderung. Varianten sind *Would you mind ...ing?* und *Can you ..., please?*

Ratschläge (*advice*)

Mit *should (not)/ought (not) to* drückt der Sprecher aus, was jemand seiner Meinung nach tun sollte bzw. vermeiden sollte.

- *You should go to bed earlier. / You ought to go to bed earlier.*
  We shouldn't waste any time. / We oughtn't to waste any time. Let's hurry up now!

Andere Möglichkeiten, Ratschläge zu formulieren, sind
– Fragen mit *Why don't you ...?*
– Bedingungssätze mit *If I were you, I'd ...*
– Aussagesätze mit *you'd better ...* (= du solltest besser ...)

- *Why don't you just leave her alone?*
  If I were you, I'd talk to her.
  You'd better try and talk to her once more.
  You'd better not see each other for a while.

3.8.4 Komplexe Sätze (*complex sentences*)

Einfache Sätze bestehen nur aus einem Hauptsatz. Daneben gibt es zusammengesetzte Sätze. Sie sind aus einem Hauptsatz sowie weiteren Haupt- und Nebensätzen zusammengefügt.

Satzreihe	Satzgefüge
(coordinate sentence)	*(compound sentence)*
Hauptsatz + Hauptsatz	Hauptsatz + Nebensatz
(coordinate clauses)	*(main clause + sub-clause)*

Paratactical style
Texts which mostly consist of coordinate sentences are written in a paratactical style.

Die Satzreihe/Parataxe	Das Satzgefüge/Hypotaxe
(coordinate sentence)	*(compound sentence)*
– einfache Hauptsätze	– Hauptsatz (*main clause*) und ein
– verbunden durch Kommas oder	oder mehrere Nebensätze (*sub-*
coordinating conjunctions: *and,*	*ordinate or dependent clause,*
or, but, nor, for (denn)	kurz: *sub-clause*)
	– verbunden durch Kommas oder
I never found out, for I was too	*subordinating conjunctions:*
shy to ask.	*because, since, if, although* etc.
The old gentleman was silent for	*He hasn't been to the park **since***
two full minutes, then he picked	*he fell ill.*
*his king off the chess board **and** let*	*The theatre closed down last*
*it hover above a vacant square **and***	*week, **although** most performan-*
then put it back in its original place.	*ces had been sold out.*

Hypotactical style
Texts which predominantly consist of compound sentences are written in a hypotactical style.

Eine Satzreihe oder Parataxe erkennt man daran, dass die Sätze, aus denen sie besteht, auch unabhängig voneinander einen Sinn ergeben.

■ *He lit the fire and the smoke* | *He lit the fire. The smoke started*
started to rise. | *to rise.*
The ship left the harbour. But | *The ship left the harbour. Many*
many people were left ashore. | *people were left ashore.*

Stellung der Nebensätze

Für den Sinn eines komplexen Satzes oder Satzgefüges spielt es keine Rolle, ob sich der Nebensatz vor oder nach dem Hauptsatz befindet. Im Gegensatz zum Deutschen steht zwischen einem Nebensatz und einem Hauptsatz ein Komma, nicht jedoch bei der umgekehrten Reihenfolge.

■ *She missed the correct answers because she did not work carefully.*
As she did not work carefully, she missed the correct answers.

▶ Zur **Verwendung des Kommas** siehe Kapitel 4.3.2.

3.8.5 Relativsätze (*relative clauses*)

Relativsätze sind Nebensätze, die durch Relativpronomen eingeleitet werden und das Subjekt oder Objekt des Hauptsatzes näher erläutern. Man unterscheidet:

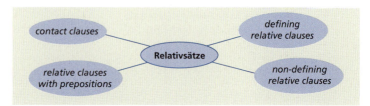

Bestimmende Relativsätze (*defining relative clauses*) sind jene Relativsätze, die für das Verständnis des Hauptsatzes **unbedingt notwendige Informationen** enthalten. Sie werden im Englischen nicht durch ein Komma getrennt. In diesen Relativsätzen können die Relativpronomen wegfallen, sofern sie Objekt sind, also der Relativsatz ein Subjekt enthält und dieses nicht identisch mit dem Subjekt des Hauptsatzes ist. Einen solchen Satztyp nennt man *contact clause*.

Unterschied zwischen notwendigen (*defining*) und nicht notwendigen Relativsätzen (*non-defining relative clauses*)

Im Gegensatz zum Deutschen macht man im Englischen einen Unterschied zwischen notwendigen und nicht notwendigen Relativsätzen. Von dieser Unterscheidung hängen sowohl **Zeichensetzung** als auch **Sprechpausen** zwischen Haupt- und Relativsatz ab.
Ein **Relativsatz** wird dann als **notwendig** bezeichnet, wenn er für das Verständnis des Hauptsatzes unentbehrlich ist. Er definiert das Nomen, auf das er sich bezieht.

- The novel **which was written by JOANNE K. ROWLING** became world-famous.

Ohne den Relativsatz wäre nicht ersichtlich, von welchem Roman in dem Satz die Rede ist. Notwendige Relativsätze werden nicht durch Kommata oder Sprechpausen vom Hauptsatz getrennt.
Präpositionen stehen bei notwendigen Relativsätzen in der Regel hinter dem Verb. In der förmlichen Sprache findet man die Präposition vor dem Relativpronomen.

- The man who I talked **to** is the seller of the yacht.

Der **nicht notwendige Relativsatz** hingegen enthält eine Zusatzinformation, die weggelassen werden kann, ohne dass dadurch die Aussage im Hauptsatz leidet.

- ROWLING, **who studied at Exeter University,** wrote the great Harry Potter novels.

Auch ohne den Relativsatz ergäbe der Hauptsatz Sinn. Haupt- und Nebensatz werden durch Komma abgetrennt und man macht vor und hinter dem Relativsatz Sprechpausen. Die Präpositionen stehen meist vor dem Relativpronomen.

- The yacht, **about** which people talked so much, is very luxurious.

Relativpronomen, die sich auf Sätze beziehen, werden unterschieden in jene, die sich auf den vorangehenden Satz *(which)*, und solche, die sich auf den nachfolgenden Satz *(what)* beziehen. Auch ohne den Relativsatz wäre der Rest des Satzes verständlich. Bei beiden Sätzen wird der Relativsatz durch **Komma** getrennt.

- I thought I knew him, **which** I obviously didn't.
- He is a good father, but **what** is also nice, he is a good cook.

The yacht, about which people talked so much, is very luxurious.

3.8.6 Konditionalsätze (*conditional sentences*)

Konditional- oder Bedingungssätze geben die Bedingung oder Voraussetzung an, unter der eine Handlung geschieht oder ein Zustand eintritt.

Bedingungssätze bestehen aus zwei Teilen:
– einem **Nebensatz**, dem *if*-Satz (*if-clause*), der eine Bedingung nennt,
– und einem **Hauptsatz**, der die Folge beschreibt.

If I were you, I would go to the doctor's.

Es gibt im Englischen je nach Art der Bedingung drei **Typen von Bedingungssätzen.**

Bedingungssatz Typ 1: Die reale Bedingung (*probable condition*)
Diese Art des Bedingungssatzes bezieht sich auf gegenwärtiges und zukünftiges Geschehen. Es ist durchaus möglich, dass die genannte Bedingung eintritt oder bereits erfüllt ist.

Zeitenfolge:
Nebensatz   Hauptsatz
simple present   *will-future* oder Hilfsverb + Verb

If **I win** a million pounds, **I will buy** a sportscar.
If the weather **is** fine, we **can go** swimming.

Bedingungssatz Typ 2: Die irreale Bedingung (*improbable condition*)
Der Bedingungssatz bezieht sich auf gegenwärtiges und zukünftiges Geschehen. Die Erfüllung der genannten Bedingung ist unwahrscheinlich, aber nicht völlig unmöglich.

▶ Mehr über das *conditional 1* und *2* in Kapitel 3.2.10.

Zeitenfolge:

Nebensatz	Hauptsatz
simple past	conditional 1 oder Hilfsverb + Verb

If he **was** rich, he **would buy** his wife a sports car.
If the weather **improved**, we **could go** wild water rafting.
He **would arrive** in time, if he **walked** faster.
We **could start** without a delay, if he **turned** up earlier.
We **would be able to take** a photo, if there **was** no fog.

If the weather was better, I could play tennis.

▶ Bedingungssätze können auch mit dem Hauptsatz beginnen. Die Zeitenfolge ändert sich nicht.

Bedingungssatz Typ 3: Die irreale Bedingung (*impossible condition*)
Der Bedingungssatz bezieht sich auf vergangenes Geschehen. Die im Nebensatz genannte Bedingung wurde nicht erfüllt.

Zeitenfolge:

Nebensatz	Hauptsatz
past perfect	conditional 2

If I **had won** less than a million pounds, I **wouldn't have been** cross.
If he **hadn't retired**, we **would have had** him here for the anniversary.
He **would have agreed** to come, if he **had had** more time.
They **would have postponed** the meeting, if more than two officials **had been missing**.
I **would have gone** swimming if the weather **had improved**.

3.8.7 Adverbialsätze (*adverbial clauses*)

Adverbialsätze sind Teil eines Satzgefüges, dessen Nebensatz mit einer Konjunktion eingeleitet wird. Adverbiale Nebensätze geben nähere Informationen zu der im Hauptsatz beschriebenen Handlung. Es gibt verschiedene Arten von Adverbialsätzen.

▶ Konjunktionen sind Wörter, die einen Nebensatz einleiten, wie *before, after, since* usw.

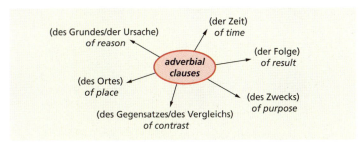

Adverbialsatz	Konjunktion	Beispiele
der Zeit (*adverbial clause of time*)	after, as, as soon as, before, since, until, when, whenever, while	**After** school was over, the children went home. He has become a fast runner, **since** he started running regularly. He sang **while** he was washing up.
des Ortes (*adverbial clause of place*)	where, wherever	I couldn't find my purse **wherever** I looked. He put the book back **where** it belonged.
des Grundes (*adverbial clause of reason*)	as, since, because	I didn't like the shirt **because** it was green. **Since** you are new in class, you will have to learn all the kids' names. **As** somebody had got the DVD, we could watch it at once.
der Folge (*adverbial clauses of result*)	so (that), so ... that,	He let me go **so** I didn't miss the bus. I ran **so** fast **that** I felt like I was flying.
des Zwecks (*adverbial clauses of purpose*)	so (that), so ... that, in order to,	They hurried **in order to** be there in time. They rang me up **so** they could inform me about their plans. They rang me up **so that** I knew what they wanted to do.

▶ *He sang while washing up.* Hier wurde der Adverbialsatz durch ein Partizip ersetzt. Mehr dazu, wie Sie Adverbialsätze verkürzen können, erfahren Sie in Kapitel 3.4.3.

Adverbialsatz	Konjunktion	Beispiele
des Gegensatzes (*adverbial clauses of contrast*)	*whereas, while, although, even if, though, even though, the ... the ...*	We worked part time **whereas** the other group had full time jobs. She used wonderful bright colours **while** others used hardly any colour at all. She put on sunglasses **even if** it rained. They couldn't hear us **although** we shouted. **Though** they looked shabby, Kim loved her old trainers. **The** more he shouted **the** angrier she got. He loves going to school **even though** he hates doing homework.
sonstige Adverbialsätze	*no matter what .../how ...*	He doesn't take a break, **no matter** how tired he is. He is a nice boy, **no matter what** others say about him.

Stellung der Adverbialsätze

Adverbialsätze können vor oder nach dem Hauptsatz stehen. Je nach ihrer Stellung im Satzgefüge stehen Adverbialsätze mit Komma oder ohne Komma.

Adverbialsätze stehen
– **mit Komma** vor dem Hauptsatz

■ *Since* I saw her, I haven't called.

– **ohne Komma** nach dem Hauptsatz

■ I haven't seen her *since* I last went to Paris.

Adverbialsätze des **Ortes** stehen meist nach dem Hauptsatz.

■ She moved back to the place *where* she first lived.
 I couldn't find my watch *wherever* I looked.

Adverbialsätze des **Gegensatzes** können vor oder nach einem Hauptsatz stehen.

■ *Since* I stopped smoking, I feel better.
 I feel better *since* I stopped smoking.

3.8 Syntax

3.8.8 Direkte und indirekte Rede (*direct and reported speech*)

Bei der wörtlichen Rede (*direct speech*) handelt es sich um die wörtliche Wiedergabe dessen, was jemand gesagt oder geschrieben hat. Sie steht in Anführungszeichen. Wenn man Dritten gegenüber berichten möchte, was jemand anderes gesagt hat, benutzt man die indirekte Rede (*reported speech*). Sie steht ohne Anführungszeichen und ohne Komma.

■ **direkte Rede**   **indirekte Rede**
Mary says, "I am tired." *Mary said (that) she was tired.*
Einleitungssatz   Einleitungssatz

> Die indirekte Rede wird mit **reporting verbs** eingeleitet:
> *to add, to agree, to answer, to ask, to believe, to complain, to cry, to disagree, to exclaim, to explain, to know, to reply, to repeat, to shout, to suggest, to tell somebody, to think, to want to know, to warn, to wonder.*

Bei der Wiedergabe der direkten Rede durch die indirekte Rede verändern sich auch die Personalpronomen und die Adverbialbestimmungen des Ortes und der Zeit.

■ *"I'll lend you my car." – She said she would lend him her car.*
"The taxi will take you to your house." – He promised the taxi would take them to their house.

▶ Achtung: Wenn der Sprecher etwas wiedergibt, was er vorher selbst gesagt hat, ändern sich Pronomen und Zeit-/Ortsangaben nicht. *"I was tired." – I told them that I was tired.*

Änderungen der Orts- und Zeitangaben in der indirekten Rede

Ortsangaben		Zeitangaben	
direkte Rede	**indirekte Rede**	**direkte Rede**	**indirekte Rede**
here	*there*	*today*	*that day*
this	*that*	*yesterday*	*the day before*
these	*those*	*now*	*then*
		last week	*the week before*
		next week	*the following week*
		tomorrow	*the next/following day*

■ *"Let's meet tomorrow." – She wanted to meet him the following day.*
"Let's meet here." – She suggested meeting him there.

Vor *that, if* oder *whether* in der indirekten Rede steht **kein Komma**.

■ *"I'm hungry." – She said that she was hungry.*
"Will you be there?" – He asked if they would be there.

Bei der indirekten Wiedergabe von Anweisungen, Bitten und Ratschlägen umschreibt man häufig mit einem **Infinitiv mit to.**

■ *"Would you lend me your car" – She asked him to lend her his car.*

Indirekte Rede im Überblick

Verschiebung der Verbzeiten
Wenn das einleitende Verb im *simple past* oder *past perfect* steht, werden die Verbformen der direkten Rede um eine Zeitstufe in die Vergangenheit verschoben. *Would, could, might* und *should* bleiben unverändert.

Beispiele: She said, "I had two apples a day."
She said that she had had two apples a day.

Direct speech	Reported speech
Present tense	**Past tense**
"It's a fast car."	He said it **was** a fast car.
Present perfect	**Past perfect**
"The car **has been** fast."	He said the car **had been** fast.
Past tense	**Past perfect**
"The car **was** fast."	He said the car **had been** fast.
Past perfect	**Past perfect**
"The car **had been** fast."	He said the car **had been** fast.
Going-to-future	**Was/were going to**
"The car **is going to be** fast."	He said the car **was going to be** fast.
Will-future	**Would**
"The car **will be** fast."	He said the car **would be** fast.
May	**Might**
"The car **may be** fast."	He said the car **might be** fast.

Eine Verschiebung der Verbzeit ist nicht nötig,
– wenn das einleitende Verb im *simple present, present perfect* oder *will-future* steht,
– wenn der Sachverhalt noch immer zutrifft, oder wenn es sich um eine allgemein gültige Aussage handelt.

Beispiele:

"I **have** two apples a day," she says.
She says that she **has** two apples a day.

"I'm your brother," he said.
He said that he **is** her brother.

She says she has two apples a day.

Wissenstest 3 auf http://wissenstests.schuelerlexikon.de und auf der DVD

Überblick | 155

Fragen in der indirekten Rede
- Fragen in der indirekten Rede werden durch ein Fragewort (*who,* *when, where, why, how*) oder, bei Entscheidungsfragen, durch *if* bzw. *whether* eingeleitet.
- Das Verb wird in indirekten Fragen nicht mit *do* oder *did* umschrieben.
- Die Wortstellung ist **Subjekt + Verb** wie im Aussagesatz.
- Nach indirekten Fragesätzen steht **kein Fragezeichen.**

Beispiele: *He asked: "How many guests **have** you **invited?**"*
*He wanted to know how many guests I **had invited.***

*They asked: "When **will** the gallery **open?**"*
*They inquired when the gallery **would open.***

*He asked: "**Are** you feeling better today?"*
*He wanted to know if she **was** feeling better that day.*

*She asked: "**Did** Tim **give** you his folder?"*
*She wondered if Tim **had given** him his folder.*

*Mr Myles asked me: "**Do** you **like** muffins?"*
*Mr Myles was wondering if **I liked** muffins.*

Indirekte Fragen können eingeleitet werden mit:
She asked him ..., They wanted to know ..., He inquired ..., They had no idea ..., He wondered ..., She was wondering ..., He tried to find out ..., He posed the question of whether ...

Anweisungen, Bitten, und Ratschläge in der indirekten Rede
- Die Redeabsicht des wiederzugebenden Satzes wird im **einleitenden Verb** ausgedrückt.
- Die Tätigkeit, um die es geht, wird im **Infinitiv** ausgedrückt.
- Statt des Infinitivs kann auch ein *that*-Nebensatz mit *should/shouldn't* benutzt werden.

Beispiele: *"Please, fill in the form."*
*He **asked me to fill in** the form.*
Oder: *He told me **that I should fill in** the form.*

"Don't open the door!"
*The police **warned her not to open** the door.*
Oder: *The police **warned** her **that she shouldn't open** the door.*

"Simply don't answer the phone!"
*The police **advised** her **not to answer** the phone.*
Oder: *The police **advised** her that she **should not answer** the phone.*

"Do not forget to put out the candle!"
*Mr Myles **reminded** his wife **to put** out the candle.*

"I won't touch alcohol any more."
*He **promised not to touch** alcohol any more.*

auf **http://wissenstests.schuelerlexikon.de** und auf der DVD **Wissenstest 3**

Vorschläge in der indirekten Rede

- Vorschläge werden in der Regel mit *suggest* oder *make a suggestion* eingeleitet.
- Auf *suggest* folgt das Gerundium (*-ing*-Form) oder ein *that*-Nebensatz mit *should*.
- Kein Infinitiv mit *to* nach *suggest!*

Beispiele: *"Let's take part in the campaign!"*
Jim **suggested taking** part in the campaign.
Oder: Jim had the idea **that we should take part** in the campaign.

"What about selling our old toys at a jumble sale?"
Sam made the suggestion **that we should sell** our old toys at a jumble sale.
Oder: Sam suggested **selling** our old toys at a jumble sale.

"Shall we take part in the Chelsea rally?"
He suggested **taking** part in the Chelsea rally.

Why don't we go to Garland's for lunch?
She suggested **going** to Garland's for lunch.

Modale Hilfsverben in der indirekten Rede

Would, should, ought, might, used to bleiben in der indirekten Rede unverändert.

Beispiele: *He said, "I might be singing in the concert."*
He announced that he **might be** singing in the concert.

She urged him, "If you helped me, we could be done earlier."
She urged him if he **helped** her, they **could be** done earlier.

"There used to be an old woman who took cats in," she remembered.
She remembered that there **used to be** an old woman who took in cats.

Konditionalsätze in der indirekten Rede

Bei Konditionalsätzen vom Typ I (*probable condition*) sind auch die Regeln der Zeitverschiebung zu beachten.

Beispiele: *She told him on the phone, "I won't be there if it rains."*
She told him on the phone she **would not be** there if it **rained.**

"If you stay longer, you will be able to meet Mr Wilson," she said.
She said that if I **stayed** longer, I **would be able to** meet Mr Wilson.

"Unless he joins us, we will have to leave without him," he said.
He said that unless he **joined** them, they **would have to** leave without him.

Orthografie und Zeichensetzung

4

158 4 Orthografie und Zeichensetzung

4.1 Orthografie und Aussprache

Deutschen Schülern, die Englisch als Fremdsprache erlernen, aber auch englischen Schülern als Muttersprachlern (*native speakers*) bereitet die englische Rechtschreibung häufig Schwierigkeiten. Bei der Erweiterung eines Wortes werden z.B. wider Erwarten Buchstaben verändert oder weggelassen.

■ *to pronounce*   *pronouncing*   *pronunciation*
  (Infinitiv)   (Partizip Präsens)   (Nomen)

Außerdem ist nicht immer eine Beziehung zwischen dem Klang eines Wortes (*pronunciation*) und seiner Schreibung (*spelling*) erkennbar.

■ *ripe* [raɪp] (reif)   *recipe* [ˈresɪpɪ] (Rezept)
  breath [breθ] (Atem)   *wreath* [riːθ] (Kranz)

Die Ursachen für diese Phänomene liegen in der Entwicklung der englischen Sprache. Die ursprünglichste Form jeder Sprache ist die gesprochene Sprache. In der gesprochenen Sprache vollziehen sich auch zunächst die Veränderungen einer Sprache. Die Schriftsprache bildet sich später heraus als ein Versuch, gesprochene Sprache aufzuzeichnen. Sowohl als Schrift- wie auch als gesprochene Sprache war das Englische seit seiner Entstehung großen Wandlungen unterworfen. Die letzte bedeutende Veränderung in der Aussprache vollzog sich mit dem sogenannten *Great Vowel Shift* (Frühneuenglische Vokalverschiebung) vom 15. Jahrhundert bis zum 17. Jahrhundert. Dabei wurden die Vokale angehoben, d.h. ihre Aussprache wurde heller. Zur Zeit SHAKESPEAREs etwa klang das Wort *clean* noch wie das heutige *lane* und nicht wie das heutige *lean*. Nachdem sich die Rechtschreibung seit ca. 1650 in der Fassung vereinheitlicht hatte, wie sie gegenwärtig verwendet wird, trat also noch der Wandel der langen Vokallaute auf, der für die Abweichung zwischen Schreibung und Klang der Vokale verantwortlich ist.

▶ **Diakritische Zeichen**, wie z.B. Umlaute, die Akzente und im Französischen das ç, zeigen die besondere Aussprache eines Buchstabens an.

Dennoch gibt es viele Aspekte, die das Erlernen der englischen Rechtschreibung erleichtern:
– In der Regel werden die englischen **Konsonanten** so geschrieben, wie sie ausgesprochen werden.
– Die englische Sprache hat keine **diakritischen Zeichen**, wie sie das Französische oder das Deutsche haben.
– Das Englische zeigt eine nur schwach ausgeprägte **Flexion:**
  · Der Plural der meisten Nomen wird auf *-s* gebildet.
  · Die Vergangenheitsform der meisten Verben endet auf *-ed*.
  · Das Partizip Präsens endet auf *-ing*.
  · Nomen, Artikel und Adjektive zeigen weder Kasus noch Numerus an.
  · Verben zeigen weder Numerus noch die Person an.
– Eine Reihe von **Lehnwörtern (*borrowings*)** sind unangepasst ins Englische übernommen worden, sodass Nichtmuttersprachler ihre Bedeutung leicht erkennen können (aus dem Deutschen z.B. *kindergarten, leitmotif*)

▶ **Flexion** = Deklination eines Nomens oder Konjugation eines Verbs

4.2 Regeln für die Orthografie

4.2.1 Bildung der Pluralformen

Art der Nomen	Veränderung	Beispiele
allgemeine Regel	Anhängen von *s* an den Singular	*girl/girls, tree/trees*
bei Endung des Nomens auf *s, ss, x, sh, ch* (Reibelaute)	Hinzufügen von *es* an den Singular	*bus/buses, loss/losses, box/boxes, bush/bushes, match/matches*
bei Endung des Nomens auf *y* mit vorangehendem Konsonanten	*y ⟶ ies*	*country/countries, lady/ladies*
bei Endung des Nomens auf *y* mit vorangehendem Vokal	*y ⟶ ys*	*boy/boys*
Abgeleitete Wörter aus anderen Sprachen übernehmen auch deren Pluralendungen.		*formula/formulae, crisis/crises, basis/ bases, phenomenon/ phenomena*
bei Endung des Nomens auf *o* mit vorangehendem Vokal	*o ⟶ os*	*radio/radios*
bei Endung des Nomens auf *o* mit vorangehendem Konsonant	Hinzufügen von *es* an den Singular	*potato/potatoes, tomato/tomatoes, hero/heroes*
bei Endung des Nomens auf *f* oder *fe*	*f/fe ⟶ ves*	*wife/wives, life/lives* Ausnahmen: *chief/chiefs, roof/ roofs, dwarf/dwarfs*
unregelmäßige Plural-formen		*man/men, woman/women, tooth/teeth, foot/feet, goose/geese, mouse/mice, ox/oxen, child/children*
Einige Nomen haben gleiche Singular- und Pluralform.		*deer, fish, sheep, Japanese, Chinese, Swiss, aircraft*
Bei zusammengesetzten Nomen bekommt das Hauptwort das *s*.		*son-in-law/sons-in-law, passers-by, grown-ups, mothers-to-be*

4.2.2 Veränderung von Konsonanten

▶ **Suffix** = Nachsilbe: ein Buchstabe oder eine Gruppe von Buchstaben, die an ein Wort oder einen Wortstamm angehängt werden, sodass ein neues Wort entsteht.

Verdoppelung des Endkonsonanten vor einem Suffix

in einsilbigen Wörtern, wenn der Vokal vor dem Konsonanten kurz ist Aber: bei vorangehendem langen Vokal keine Verdoppelung *(eat/eating)*	*bet/betting* *wed/wedding* *drop/dropping* *run/running* *swim/swimming* *hit/hitting* *fit/fitter/the fittest* *hot/hotter/the hottest* *wet/wetter/the wettest*
in zwei- oder mehrsilbigen Wörtern, wenn die Betonung auf der letzten Silbe liegt und diese einen kurzen Vokal enthält Aber: bei der Betonung auf der ersten Silbe findet keine Verdoppelung statt *(enter/entering)*	*begin/beginning* *refer/referring* *occur/occurring* *forget/forgettable*
bei Wörtern, die mit *l* enden, wenn der vorangehende Vokal kurz ist Aber: wenn der Vokal lang ist, dann findet keine Verdoppelung statt *(sail/sailing)*	*travel/travelling* *wool/wollen* *dispel/dispelling* *fulfil/fulfilling/fulfilled* *signal/signalling/signalled* *control/controlling/controlled* *equal/equalling/equaled* *label/labelled*

Einfaches und Doppel-*l*

Einsilbige Wörter, die auf *ll* enden und mit einem anderen Wort zusammengesetzt sind, verlieren ein *l*.	*all: already, always, altogether* *full: beautiful, wonderful,* *plentiful, fulfil* *skill: skilful* *well: welcome*
Beim Hinzufügen von *-ness* wird das **Doppel-*l*** beibehalten.	*dullness* *stillness* *illness*

c wird zu *ck*

Bei Wörtern, die mit einem (harten) *c* enden, wird ein *k* angefügt, wenn danach ein Suffix mit den Endungen *-ing, -er* und *-ed* folgt.	*traffic/trafficker* *picnic/picnicking* *panic/panicking*

4.2 Regeln für die Orthografie

4.2.3 Veränderung von Vokalen

Schreibung von *e* vor Suffixen

Bei Wörtern, die mit einem Suffix verbunden werden, das mit einem **Vokal** beginnt (z. B. *-able*), entfällt das *e*.

■ *come / coming, like / likable, name / naming, change / changing*

Das *e* bleibt nach *c* und *g* vor Suffixen, die mit *a* und *o* beginnen.

■ *notice / noticeable, change / changeable, advantage / advantageous*

Bei Suffixen, die mit **Konsonant** beginnen, wird das *e* beibehalten.

■ *love / lovely, hope / hopeful, exite / exitement*
  Ausnahmen: *whole / wholly, argue / argument, due / duly, true / truly*

Schreibung von *-ie* und *-ei*	
i vor *e* außer nach *c*	*chief,* *believe*
e vor *i* nach *c*	*ceiling,* *perceive,* *receipt*

Endungen mit *-ie* und *-y*	
Wenn einem **End-*y*** ein Vokal vorangeht, bleibt das *y* bei Hinzufügung des Suffixes unverändert.	*survey / surveying / surveyor,* *dismay / dismayed* Ausnahmen: *pay / paid, lay / laid*
Wenn *-ing* an ein Wort angehängt wird, das mit *-ie* endet, wird *-ie* zu *-y*.	*die / dying,* *lie / lying,* *tie / tying*
Wenn ein Suffix an ein Wort angehängt wird, das in „**Konsonant + *y***" endet, wird das *y* zu *i*.	*happy / happily / happier / happiness,* *lonely / lonelier / loneliness,* *deny / denies / denied / denial,* *pity / pitiful / pitiless* Ausnahmen: *shy / shyness,* *dry / dryness* (aber: *drier*)
Wörter, bei denen ein Vokal wegfällt oder sich ändert, wenn ein Suffix folgt	*maintain / maintenance,* *sustain / sustenance,* *abstain / abstinence,* *explain / explanation,* *pronounce / pronunciation,* *repeat / repetition*

4 Orthografie und Zeichensetzung

Endungen mit *-ise* und *-ize*	
Folgende Wörter enden auf *-ise*:	*advertise* *advise* *despise* *disguise* *enterprise* *surprise* *exercise* *supervise*
Folgende Wörter können sowohl auf *-ise* als auch auf *-ize* enden: keine Alternative bei: *apologize, realize, jeopardize*, da diese drei Verben vom **griechischen** Suffix *-izein* (lat. *-izare*) abgeleitet sind.	*baptise/-ize* *civilise/-ize* *criticise/-ize* *emphasise/-ize* *memorise/-ize* *organise/-ize* *modernise/-ize*

4.2.4 Groß- und Kleinschreibung

Im Englischen gilt grundsätzlich die Kleinschreibung. Ausnahmen sind das Personalpronomen *I* (ich) oder Eigennamen *(proper nouns)*, d. h. Namen von Straßen und Gebäuden, geografische Bezeichnungen, Bezeichnungen für Nationalitäten, Rassen, Religionen, historische Ereignisse oder Titel, wenn sich diese auf eine bestimmte Person beziehen. Im Folgenden wird nur auf Fälle hingewiesen, die häufig fehlerhaft geschrieben werden.

	Großschreibung	**Kleinschreibung**
Himmelsrichtungen *(compass points)*	bei Himmelsrichtungen, wenn diese eine **geografische Region** bezeichnen: the **Mid-West**, the Far **East**	bei Himmelsrichtungen, wenn diese die **geografische Lage** näher bezeichnen: *Brighton is **south** of London.*
Präfixe *vice-, ex-, former, late, -elect*	*vice* wird großgeschrieben, wenn es in Verbindung mit einem konkreten Namen gebraucht wird: ***Vice**-President Brown*	Alle anderen Präfixe werden kleingeschrieben: ***Senator-elect** Sanders,* *the **former** President Carter etc.*
der bestimmte Artikel	wird nur großgeschrieben, wenn er Teil eines Namens ist: ***The** Sunday Times,* ***The** Guardian*	In allen anderen Fällen wird er kleingeschrieben: ***the** moon, **the** newspaper etc.*

	Großschreibung	**Kleinschreibung**
Wörter von Institutionen wie *government, administration, union, federal, commonwealth*	werden großgeschrieben, wenn sie sich auf ein bestimmtes Land bzw. eine politische Gruppierung beziehen: the **US Government, the Federal Republic of Germany**	werden kleingeschrieben, wenn sie allgemein gebraucht werden: *Every school needs a good **administration**.*
Wörter wie *high school, church, university, college, hospital etc.*	Großschreibung nur, wenn diese Wörter Teil eines konkreten Namens sind: *He graduated from **Wheatland High School**. He was accepted by the **University of Stanford**.*	werden kleingeschrieben, wenn die Institution und nicht ein bestimmter Ort gemeint ist: *He graduated from **high school**. After high school he went to **college**.*

4.2.5 Silbentrennung (*division of words*)

Anders als im Deutschen werden im Englischen Wörter nicht nur nach Sprechsilben, sondern besonders häufig auch nach Wortbestandteilen (Präfixe, Suffixe, Wortstamm usw.) getrennt.

Die wichtigsten Regeln zur Silbentrennung	
Zusammengesetzte Wörter werden nach ihren Bestandteilen (Wortstamm + Endung) getrennt.	*won-der-ful some-body Scot-land York-shire*
Bei zwei- oder mehrsilbigen Wörtern, mit Silben aus zwei oder mehr Konsonanten, wird nach dem ersten Konsonanten getrennt.	*win-dow hap-pi-ly nar-rate swin-dle*
Buchstabenkombinationen wie **th, ph, ch, sh, ng, dg** werden nicht getrennt.	*mo-ther no-thing tro-phy re-fresh-ing be-long-ing lodg-ing*
Zur zweiten Trennungssilbe treten **Konsonant + l, Konsonant + r** und **-qu.**	*ta-**bl**e cathe-**dr**al li-**qu**id*

4.3 Regeln für die Zeichensetzung

Die Zeichensetzung ist im Englischen weniger strikt geregelt als im Deutschen. Der Vorrat an Interpunktionszeichen ist jedoch in beiden Sprachen sehr ähnlich.

4.3.1 Die Interpunktionszeichen (*punctuation marks*)

Zeichen	englische Bezeichnung	deutsche Bezeichnung
:	*colon*	Doppelpunkt
;	*semi-colon*	Semikolon
'	*apostrophe*	Apostroph
?	*question mark*	Fragezeichen
!	*exclamation mark*	Ausrufezeichen
,	*comma*	Komma
.	*full stop; period (US)*	Punkt
-	*hyphen*	Bindestrich
–	*dash*	Gedankenstrich
"…"	*quotation marks*	Anführungszeichen
(…)	*round brackets*	runde Klammern
[…]	*square brackets*	eckige Klammern
…	*ellipsis*	Auslassungszeichen
/	*slash*	Schrägstrich

▶ Gedankenstriche stehen zwischen Wörtern, z. B. *Would you like to come and stay – we have plenty of rooms.* Bindestriche stehen innerhalb eines Wortes, z. B. *a well-prepared meal.*

Bis zu einem gewissen Grad geht die Zeichensetzung mit der strukturellen Trennung von Sätzen, Nebensätzen, Phrasen und anderen Wortgruppen einher. Die Zeichensetzung der Sprache orientiert sich an Lautmustern, die wiederum bestimmten Strukturmustern folgen. Aus den Interpunktionszeichen lässt sich damit entnehmen, wie eine Äußerung in mündlicher Rede artikuliert wird:

4.3.2 Der Gebrauch des Kommas

Das Komma ist das im Englischen am häufigsten verwendete Satzzeichen. Als Faustregeln für die Kommasetzung können gelten:
– Ein Komma steht vor einer Konjunktion, die zwei unabhängige Teilsätze *(clauses)* verbindet.

■ *We washed the dog, and then we took it for a walk.*

Das Beispiel beinhaltet zwei unabhängige Sätze mit eigenem Subjekt und Verb, nämlich *we washed* und *we took*. Im Unterschied dazu hat der Satz *We washed the dog and then took it out for a walk* nur ein Subjekt *(= we)* mit zwei Verben.

– Das Komma steht nach einleitenden Wörtern, Phrasen oder Teilsätzen.

■ *However, it was wet and chilly outside.*
Surprisingly, our dog enjoyed being outdoors in the rain.

– Das Komma wird verwendet, um Elemente abzutrennen, die Informationen hinzufügen oder unterbrechen.

■ *Our dog enjoyed being outdoors, which was quite a surprise.*
The city centre is always crowded, especially on weekdays.

Bei Aufzählungen ist grundsätzlich zwischen koordinierenden und häufenden (kumulativen) Adjektiven zu unterscheiden.

koordinierende Adjektive	kumulative Adjektive
Sofern zwei Adjektive ein Nomen in gleicher Weise charakterisieren, werden sie durch Komma getrennt.	Zwischen zwei kumulativen Adjektiven steht kein Komma.
Did you read about her short, happy life?	*The former overweight woman told us how she lost fifty-five pounds.*
Hier kann die Reihenfolge der Adjektive getauscht werden, ohne dass es zu einer Bedeutungsänderung kommt.	Hier kann die Reihenfolge der Adjektive nicht verändert werden. (Ein einprägsames Beispiel ist *green Christmas tree*.)

▶ Testfrage: Kann man das Komma durch „und" ersetzen? Kann man die Reihenfolge der Adjektive ohne Bedeutungsunterschied verändern? Wenn ja, liegt ein koordinierendes Adjektiv vor.

Ein Komma in Adressen wird verwendet, um jeden Teil der Adresse abzutrennen, der mehr als zwei Bestandteile hat. Wenn eine verbindende Präposition vorhanden ist, entfällt das Komma.

■ *Steve is from Houston, Texas.*
Aber: *Steve is from Houston in Texas.*

166 4 Orthografie und Zeichensetzung

Das Komma steht zum Abtrennen von	
Appositionen (allerdings nicht bei eng zusammengehörenden Phrasen wie *William the Conqueror / the composer Bach*)	*Mrs Sharman, our new teacher, has a red car.*
Partizipial- und Infinitivphrasen	*The weather being fine, we went swimming.* *The stores having closed, we drove home.* *To raise enough money in time, Mary had to issue stock in her business.*
Adverbien und adverbialen Phrasen, wenn sich diese auf den ganzen Satz beziehen wie *nevertheless, however, finally, moreover, on the other hand, in conclusion, in short etc.*	*My friend, however, was not able to play due to illness.* *In conclusion, I think that people should take on more responsibility.*
Konditionalsätzen	*Unless you help me, I won't clean our car.*
längeren **Präpositionalphrasen** (von mehr als vier Wörtern) am Satzanfang	*Under the pile of clothes, he found his wallet.*
Aufzählungen von drei oder mehr Wörtern, Phrasen oder Teilsätzen in einer Serie	*We were told to bring our gym shoes, swim suits, and tennis rackets.* *He entered the building, looked around, knocked on one of the doors, and opened it.*
nicht notwendigen Relativsätzen *(non-defining relative clauses)*	*My bike, which I only bought a week ago, has been stolen.* *I received your letter, which was very interesting to read.*
zwei Hauptsätzen *(main clauses)*	*I shall go by bike, and you will drive your car.*
kontrastierenden Ausdrücken, die mit *not* beginnen	*I wanted this one, not that one.*
direkter Rede	*"These boys", said the teacher, "gave our school a bad reputation."*
geografischen Namen mit mehr als zwei Bestandteilen	*I meant Pittsburg, Kansas, instead of Pittsburg, Pennsylvania.*

▶ Wenn ein Satz allerdings mit einem *adverbial clause* endet, steht kein Komma.

4.3 Regeln für die Zeichensetzung

Das Komma steht zum Abtrennen von

which-Sätzen, wenn sich diese auf den ganzen vorangehenden Satz beziehen	*He runs for two hours every day, which means that he can't study much.*
Datumsangaben, die aus mehr als zwei Teilen bestehen. Sofern beide Teile Worte oder beide Teile Zahlen sind, steht ein zweites Komma nach dem letzten Teil, falls dieser nicht das Satzende ist.	*We will meet Friday, July 15. October 31, 1517, is one of the most significant dates in history. October 1517 was a major month in history.*
Zahlenangaben mit mehr als drei Kommastellen. Nach jeder dritten Stelle von rechts nach links wird ein Komma gesetzt.	*9,435,000 square miles*
Grußformeln in schriftlicher Korrespondenz	*Dear Mary, ... Sincerely, ...*

▶ Wenn die Teile des Datums mit einer Präposition verbunden sind, entfällt das Komma:
On a Sunday, in December 1942, the U.S. found itself in World War II.

Kein Komma steht im Englischen

wenn **Gegenstände in einer Aufzählung** durch *and* oder *or* verbunden sind	*She bought a new dress and a blouse and a pair of shoes.*
bei **notwendigen Relativsätzen** *(defining relative clauses).*	*Everyone who watched the film enjoyed it. The passengers who took the plane for Los Angeles were diverted to San Francisco.*
bei **Objektsätzen,** eingeleitet durch *that, when, where* usw.	*She told me that she would work as an au pair in the USA. He couldn't say where to look for the key.*
vor **Infinitiven oder erweiterten Infinitivsätzen**	*He asked him to open the window.*
bei **zusammengesetzten Verben**	*They would argue over money and scream about his late nights.*
vor der **indirekten Rede**	*He said that he could not remember the accident.*
vor **indirekten Fragen**	*We wanted to know if there was a concert. She asked whether she could borrow a pen.*

▶ Bei notwendigen Relativsätzen und Objektsätzen steht im Deutschen ein Komma. Anders als im Deutschen steht kein Komma vor *that* = dass.

4

4.3.3 Bindestrich, Apostroph und Anführungszeichen

Der Bindestrich *(hyphen)* wird benutzt	
um **Adverb** und **Partizip** miteinander zu verbinden, wenn diese **vor einem Nomen** stehen.	*a well-known person;* aber: *This person is well known.*
um **zusammengesetzte Nomen** *(compound nouns)* miteinander zu verbinden	*mother-in-law, prisoner-of-war, tennis-player*
bei **zusammengesetzten Ziffern** zwischen der Zehner- und der Einerstelle	*thirty-one*
bei **Brüchen,** sofern sie adjektivisch benutzt werden	*A two-thirds majority overrode the veto.*

Der Apostroph *(apostrophe)* + *s* wird benutzt	
um die Besitzanzeige beim **Nomen** zu bezeichnen.	*Michael's car, James's Park, a week's holiday, a month's notice, the men's suits, the children's toys*

Der Apostroph ohne *s* wird benutzt	
um den Besitzfall bei **Pluralnomen** zu bezeichnen	*the ladies' dresses, the Smith's new car, the boys' chairs*
bei **Kurzformen von Verben** – Verneinung – Pronomen + *will* – Pronomen + Nomen + *to be* – Pronomen + *have* – Pronomen + Kurzform von *would* oder *have*	*aren't, don't, isn't, weren't* *I'll, you'll, he'll, she'll, they'll* *I'm, your're, he's, we're* *I've, he's, you've, we've* *I'd, he'd, we'd, they'd*
für verkürzte **Datumsangaben**	*the '96 Olympics*

Anführungszeichen *(quotation marks)* werden benutzt	
um die **direkte Rede** vom Rest eines Satzes abzutrennen. Komma oder Punkt stehen immer vor Anfang oder Ende von Anführungszeichen.	*All he could say was, "I didn't do it."* *"I hope," she said, "to be back by 6 o'clock."*
zur Bezeichnung von **Buchtiteln, bekannten Gebäuden, Zeitungen** usw.	*Have you read "Death of a Salesman"? I have subscribed to "The Sunday Times".*

Texte und Medien analysieren | 5

5.1 Texte und Medien

5.1.1 Merkmale von Texten und Medien

In dem Informationszeitalter, in dem wir leben, hat jeder von uns Zugang zu dem fast unbegrenzten globalen Austausch von Informationen. Jede dieser Informationen ist über verschiedene Medien in Textform erhältlich.

> Als **Medien** bezeichnet man Kanäle zur Vermittlung von Informationen.

Medien können Informationen auf verschiedene Weise an uns herantragen:
– akustisch (*song, radio play, speech*)
– szenisch (*drama, film, commercial, TV-programme*)
– visuell (*text message, photography, cartoon*)

Moderne Medien erlauben eine zeitversetzt oder simultan über räumliche Distanz hinweg stattfindende Kommunikation.
Medien reichen alle Informationen in Textform weiter. Der erweiterte Textbegriff umfasst neben den gedruckten bzw. geschriebenen sprachlichen Texten auch:
– die gesprochene Mitteilung (*verbal communication*),
– die begleitende Gestik und Mimik (*non-verbal communication*) sowie
– Graphiken, Fotos und Bilder.

> Als **Text** gilt eine sinnvolle Anordnung sprachlicher und non-verbaler Zeichen, die in einer Kommunikation einen Bedeutungszusammenhang ergeben.
> Der Verfasser eines Textes wird als **Autor** (*writer, author*) bezeichnet.
> Den **Leser** (*reader*) oder **Zuhörer** (*listener*) nennt man **Rezipient** oder **Adressat** (*addressee*).
> Der Autor wendet sich mit einer bestimmten Absicht (*intention*) an einen Adressaten oder eine Adressatengruppe (*target audience*).
> Kann die Nachricht von vielen Adressaten empfangen werden, spricht man von einem **Massenmedium.**
> *Mass media* ist der englische Sammelbegriff für die Medien der Massenkommunikation (*mass communication*):
> *newspapers, magazines, TV-programmes, radio programmes, films, internet.*

▶ Nur mithilfe des **situativen Kontextes** sind erkennbar:
– Ironie
– rhetorische Fragen

Zum Verständnis einer sprachlichen Äußerung oder eines Textes ist es wichtig, den Sach- oder Handlungszusammenhang, den **situativen Kontext,** in den er eingebettet ist, zu kennen. Hierzu zählen alle Faktoren, die die Kommunikation beeinflussen, z. B. Anlass sowie Ort und Zeit der Äußerung, die Beziehung zwischen Sprecher und Adressat sowie die Absicht des Sprechers.

5.1.2 Die Unterscheidung von fiktionalen und nicht fiktionalen Texten

Texte können aufgrund mehrerer Eigenschaften unterschieden werden. Gebräuchlich sind folgende Unterscheidungsmerkmale:
- **Erscheinungsform** (mündlich oder schriftlich)
- **Adressat** (öffentlich, geschäftlich, privat)
- **Textfunktion** (narrativ, deskriptiv, argumentativ, expositorisch, instruktiv, appellativ, persuasiv)
- **Medium** (Zeitung, Buch, Internet, Radio, Fernsehen, Telefon etc.)
- **Wirklichkeitsbezug** (literarisch und nicht literarisch/fiktional und nicht fiktional)

Mithilfe dieser Merkmale lässt sich leicht feststellen, um welchen Texttyp es sich handelt. Für das Rezeptionsverhalten ist die Unterscheidung nach dem Wirklichkeitsbezug der Texte von besonderer Bedeutung.

▶ **Textfunktion** = Zweck einer Mitteilung (siehe auch Kap. 5.2.1):
narrativ = erzählend
deskriptiv = beschreibend
argumentativ = begründend
expositorisch = erklärend
instruktiv = anleitend
appellativ = mahnend
persuasiv = überredend

■ **Beispiel eines nicht fiktionalen Textes:** *A travelling brochure*

Come to London!

Learn English from experienced native teachers. The around-the-clock program includes visits to some of London's famous sights – such as the Tower Bridge, Madame Tussaud's, or Piccadilly Circus! Live and study together with other students near Covent Garden. Pay just € 1.800 if you book before February 1!

> The text "Come to London!" is obviously a non-fictional text. Evidence for this is provided by the layout of the text and by the details of the price and the booking deadline for this special offer ("€ 1.800", "February 1"). The text is placed against the background of a large and colourful photo of Tower Bridge which immediately arrests the reader's attention. Together with the slogan in the imperative "Come to London!" these are typical features of a travelling brochure. Reading the text you will find two more examples of advertising language, the imperatives "Learn" and "Live and study together". Also, the high-angle shot of Tower Bridge, one of London's most prominent sights, is clearly an eye catcher. The phrase "Live and study together with other students" reveals young people to be the target group of this advertisement.

CHARLES DICKENS (1812–1870) ist der Autor zahlreicher sozialkritischer englischer Romane, u. a. *Oliver Twist, David Copperfield, A Christmas Carol*

■ **Beispiel eines fiktionalen Textes:** *Extract from a novel*
The strange boy whistled; and put his arms into his pockets as far as the big coat-sleeves would let them go.
"Do you live in London?" inquired Oliver.
"Yes. I do, when I'm at home," replied the boy. "I suppose you want some place to sleep in tonight, don't you?"
"I do, indeed," answered Oliver. "I have not slept under a roof since I left the country."
CHARLES DICKENS, *Oliver Twist*, chapter 8.

> The excerpt from chapter 8 of "Oliver Twist" presents the runaway orphan Oliver Twist meeting the person who will take him to London. Unfortunately Oliver does not realize that Jack Dawkins is a young criminal who lures him into Fagin's house by offering him a place where he can sleep. Jack is Fagin's favourite in his gang of pickpockets.
> A number of facts indicate that the excerpt has been taken from a fictional text. First of all, the text falls into chapters, which is typical of narrative texts, especially of novels. Furthermore, Oliver and Jack are characters the writer has made up for his story. Although we will never meet them in reality, Oliver, for example, is presented in such detail that he comes to life as we go on reading. Oliver is clearly the innocent protagonist. Dickens bases Oliver's world of experience on a section of reality, the negative sides of 19th century London, and draws fictitious scenes of poverty and crime.

Nicht fiktionale Texte (*non-fictional texts*) sind Sachtexte. Sie machen eine Mitteilung über unsere erlebbare Wirklichkeit. Wir können die im Text gemachten Angaben an der Wirklichkeit überprüfen.
Fiktionale Texte (*fictional texts*) sind literarische Texte. Sie stellen eine vom Autor erfundene Wirklichkeit dar, die Ähnlichkeit mit unserer erfahrbaren Wirklichkeit besitzt.

Die Unterscheidung von Texttypen

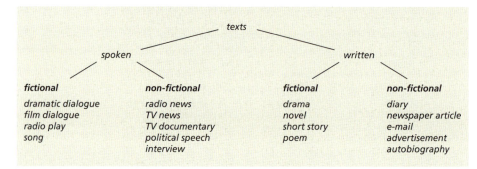

5.2 Nicht fiktionale Texte

Im Alltagsleben, egal ob im privaten Bereich, zu Studienzwecken oder im Beruf, werden wir häufig mit **Sachtexten** oder **nicht fiktionalen Texten** (*non-fictional texts*) konfrontiert. Sachtexte finden überall dort Anwendung, wo Informationen über real existierende Ereignisse, Personen, Gegenstände oder Probleme verarbeitet, weitergegeben oder abgefragt werden. Sie beinhalten Daten, die sich auf die Vergangenheit, die Gegenwart oder die Zukunft beziehen können und an der Wirklichkeit überprüfbar sind. Da wir sie im privaten und beruflichen Bereich im wahrsten Sinne des Wortes „gebrauchen", werden sie auch als **Gebrauchstexte** bezeichnet.

Wenn Sie eine E-Mail, eine SMS, einen Brief, Zeitungs- oder Zeitschriftenartikel lesen oder eine Rundfunkwerbung hören, sind Sie Rezipient von Sachtexten. Sachtexte können in vielfältigen Formen auftreten und sowohl in ihrer Länge als auch ihrer Erscheinungsweise variieren.

Auch die **Medien** (von lat. *medium*, pl. *media*, „Mittel"), die die Verbreitung von Texten realisieren, weisen höchst unterschiedliche Merkmale auf. Sie reichen vom einfachen Bogen Papier bis zu Computern oder Mobiltelefonen, die in Sekundenschnelle umfangreiche Datenmengen an die Empfänger weitergeben können. Der Autor eines Textes kann entscheiden, welches Medium für seine Absicht und die von ihm anvisierte Leserschaft das geeignete ist. Auch der Rezipient hat diese Möglichkeit, d. h., er wählt das Medium, das seinen Bedürfnissen am besten entspricht.

Das Verlangen des Menschen nach umfassender Information hat dazu geführt, dass immer neue Medien und passende Textformen entwickelt wurden. Hier wirkt neben dem Bedürfnis des Einzelnen auch das Interesse ganzer Berufszweige, beispielsweise des Dienstleistungsbereichs oder der Wissenschaft als treibende Kraft. SMS-Mitteilungen oder E-Mails sind heute selbstverständliche Resultate dieser Entwicklung, die durch den Einsatz moderner Technologien ermöglicht wird. Das Streben nach schneller, grenzenloser Kommunikation wird diesen Trend weiter vorantreiben.

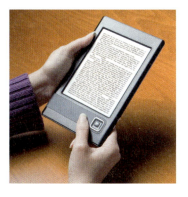

Auf kleinstem Raum speichert das **E-Book** Tausende elektronischer Texte.

5.2.1 Die Unterscheidung von nicht fiktionalen Texten

Sachtexte können in unterschiedlichen **Textsorten (*text forms*)** erscheinen. Texte, die zu ein und derselben Sorte gehören, weisen zahlreiche gleiche Eigenschaften auf, z.B. hinsichtlich des Themas, der Wortwahl, des typischen Satzbaus, der Textstruktur. Außerdem verfügen sie über gleiche Merkmale, z.B. hinsichtlich der Textfunktion, des Mediums und der kommunikativen Situation, in welcher der Text eingesetzt wird. In der Regel sollten Sie Textsorten problemlos unterscheiden können, da sie meist einen ähnlichen Aufbau haben. Jeder erwartet z.B. bei einem Kochrezept – gleichgültig, wo es veröffentlicht wird – den Namen des Gerichts, eine Zutatenliste und die Vorgangsbeschreibung.

Sachtexte haben verschiedene **Funktionen,** die sie beim Leser erfüllen sollen. Es gibt z.B. Texte, die dem Leser Wissen vermitteln sollen (Nachricht, Bericht, Beschreibung), oder Texte, mit denen der Leser beeinflusst und für eine bestimmte Meinung gewonnen werden soll (Werbeanzeige, Kommentar). Andere Texte dienen dazu, persönliche Beziehungen aufrechtzuerhalten (Brief, SMS), oder sie halten eine Vereinbarung fest, die zwei oder mehrere Personen getroffen haben (Vertrag).

Je nach Funktion kann man Texte in verschiedene **Texttypen** einteilen.

Texttyp (*text type*)	Absicht	*intention*	*example*
narrativer Text *narrative text*	informieren, unterhalten	*to inform, to entertain*	*news report, report about a concert*
argumentativer Text *argumentative text*	argumentieren, überzeugen, überreden	*to argue, to convince, to persuade*	*comment, advertisement, speech*
expositorischer Text *expository text*	aufklären	*to explain*	*essay, paper, presentation*
instruierender Text *instructive text*	anleiten	*to instruct*	*manual, user's guide*
deskriptiver Text *descriptive text*	beschreiben	*to describe*	*description of painting or sculpture*

Jeder **Texttyp** hat bestimmte Merkmale und Bestandteile. Um einen Texttyp erfolgreich anzufertigen, muss der Autor dessen charakteristische Bestandteile kennen und handhaben können. Diese Bestandteile sind:
- die Struktur (*structure*)
    oder der Aufbau des Textes, d.h. die Anordnung der Informationen, Fakten, Gedanken usw., die der Verfasser dem Leser mitteilen möchte
- die Sprachebene (*register*),
    d.h. die Wahl der Sprache, die der Situation angemessen und vom Thema abhängig ist
- die Stilmittel (*stylistic means*),
    die der Autor einsetzt, um seine Absicht erfolgreich umsetzen zu können

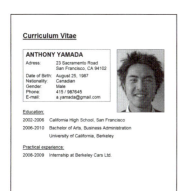

Auch wenn Lebensläufe in jedem Land unterschiedlich gestaltet werden, gibt es doch im Hinblick auf den Aufbau und die Sprache allgemeingültige Regeln, die es einzuhalten gilt.

In der Praxis kombinieren Autoren oft die Merkmale unterschiedlicher Texttypen. So verwendet ein Verfasser, der z. B. eine erfolgreiche Argumentation führen möchte, meist neben den typischen Bestandteilen eines argumentativen Textes auch Elemente, die für einen erzählerischen Text charakteristisch sind. Das kann z. B. die Darstellung von Fakten in ihrer zeitlichen Abfolge sein, welche die Argumentation des Verfassers unterstützen.

Tipps für die Unterscheidung von Sachtexten:
- Unterscheiden Sie zwischen mündlichen und schriftlichen Sachtexten. Ein mündlicher Sachtext kann etwa ein Vortrag (oder Referat) sein. Ein schriftlicher Sachtext ist z. B. ein wissenschaftlicher Aufsatz in einer Fachzeitschrift.
- Achten Sie darauf, wie Informationen verbreitet werden. **Medien (*the media*)** verbreiten Informationen auf unterschiedliche Weise – mündlich, wie im Radio; schriftlich, wie in Zeitungen oder Büchern; oder in gemischter Form, wie etwa beim Fernsehen oder im Internet.
- Die **Art und Weise der Präsentation (*presentation*)** und **Illustration (*illustration*)** eines Sachtextes spielt eine wichtige Rolle bei seiner Wahrnehmung durch den Empfänger, unabhängig davon, ob der Text in mündlicher oder schriftlicher Form vorliegt. Achten Sie vor allem bei Werbung auf die Gestaltung und das Zusammenspiel zwischen Text und Bildern. Aber auch die Gestaltung (*layout*) und Platzierung eines herkömmlichen Sachtextes entscheidet mit über dessen Erfolg beim Publikum.
- Achten Sie auf Informationen, die durch **gestalterische Mittel**, z. B. Fotos, Grafiken oder akustische Signale, vermittelt werden. So können Fotos oder Filmausschnitte helfen, im Text auftretende Verständnisschwierigkeiten aufzufangen.
- Ziehen Sie zur Beschreibung von Texten Informationen über die **Erscheinungszeit (*time of publication*)** oder den **Erscheinungsort (*place of publication*)** heran. So weisen Sachtexte, die zwar zur selben Zeit und in gleichartigen Zeitschriften, aber in verschiedenen englischsprachigen Ländern veröffentlicht wurden, Unterschiede im Wortschatz oder in den stilistischen Mitteln auf. Daraus lassen sich Rückschlüsse auf den Sprachgebrauch in den jeweiligen Ländern ziehen.

5.2.2 Die Analyse von nicht fiktionalen Texten

Die Textanalyse ist ein komplexer Vorgang. Er beinhaltet folgende Aspekte:
- das Erkennen von Merkmalen im Text
- das Benennen dieser Merkmale mit Fachbegriffen
- die Erklärung ihrer Funktionsweise

Dabei ist es wichtig, dass Sie durchgehend am Ausgangstext arbeiten und eigene Aussagen sowie Wertungen mit Zitaten belegen.

Das Verstehen und Analysieren eines Sachtextes in der Fremdsprache setzt sowohl solide Sprachkenntnisse als auch einen sicheren Umgang mit literaturwissenschaftlichen Begriffen voraus. Viele Fachtermini sind Ihnen dabei bereits aus dem Deutschunterricht bekannt. Jedoch ist Vorsicht geboten, denn nicht immer findet sich zu der in der deutschen Literaturanalyse gebräuchlichen Kategorie ein passgenaues englisches Äquivalent, und es ist auch möglich, dass sich hinter ähnlich lautenden Begriffen unterschiedliche Inhalte verbergen.

Jeder Text verfügt über eine innere und eine äußere Struktur. Er stellt eine individuelle Kombination von Inhalt, Sprache und Stil dar und sollte deshalb immer in seiner Gesamtheit betrachtet werden.

Tipps für die Erschließung von Sachtexten

1. Nehmen Sie zuerst die äußeren Merkmale des Textes wahr:
   - Um welches **Medium** handelt es sich (z.B. Tagespresse, Jugendmagazin, spezielle Internetseite; handelt es sich um einen mündlich vorgetragenen Text)?
   - Wo und wie ist der Text platziert?
   - Welche Signale gehen vom Namen des Autors, von der Präsentation, dem Layout des Textes einschließlich Fotos, Illustrationen oder sonstiger Abbildungen wie Grafiken o. Ä. aus?

2. Lesen Sie die **Überschriften** bzw. Zwischenüberschriften. Hieraus erhalten Sie erste Informationen über das Thema und darüber, was der Autor mit seinem Text bewirken möchte.

Schon die Schlagzeilen (*headlines*) von Zeitungsartikeln verraten oft, was der Autor mit seinem Text aussagen möchte.

3. Lesen Sie den ersten und letzten Textabschnitt, um einen Eindruck vom **Textgegenstand** zu erlangen.

4. Überlegen und notieren Sie, was Ihnen bereits zu diesem **Thema** bekannt ist.

5. Überfliegen Sie nun den ganzen Text und markieren Sie einzelne **Schlagwörter (key words)** – etwa ein bis zwei Wörter pro Abschnitt. Orientieren Sie sich dabei an folgenden Fragen:
   - Welches Thema behandelt der Text?
   - Wie sind Absicht und Grundhaltung des Autors?
   - Um welche Textsorte handelt es sich?

   M ↗ Zu den verschiedenen Lese- und Markierungstechniken vgl. Kapitel 1.2.

6. Sind in der Aufgabenstellung Fragen zum Inhalt gestellt, sollten Sie diese beachten und hinterfragte Informationen im Text markieren. Dadurch sind sie beim wiederholten Textstudium leichter auffindbar.

*The reading technique called **skimming** helps you to find out quickly what a text is about. For more detail, **intensive reading** is helpful.*

7. Erarbeiten Sie die **äußere Struktur** des Textes. Erschließen Sie folgende mögliche Strukturelemente:
   - Aufbau (Einleitung – Hauptteil – Schluss)
   - Gliederung (Darstellung des Problems – Beispiele – Argumente – Gegenargumente – Schlussfolgerungen)
   - Kernaussagen
   Sie können dazu in jedem Absatz ein Schlüsselwort oder eine Kernaussage **(key phrase)** markieren.

   ▶ **Struktur der Sachtexte:** Genaue Hinweise finden Sie auf Seite 178–184.

8. Untersuchen Sie die Objektivität oder Subjektivität der Darstellung sowie die Intention des Autors. Klären Sie, ob der Autor sachlich informieren, unterhalten oder den Leser für eine bestimmte Überzeugung gewinnen möchte. Die Tendenz eines Textes können Sie an folgenden Elementen des Textes erkennen:
   - Spricht der Autor den Leser (in)direkt an?
   - Anordnung der Informationen
   - Auswahl der Informationen und Zitate
   - einseitige oder ausgewogene Darstellung
   - wertende Sprache, Kommentare und Stellungnahmen
   - Stilmittel wie Übertreibung, Kontrast

9. Evaluation: Fügen Sie die bisherigen Untersuchungsergebnisse zu einer abschließenden Beurteilung des Textes zusammen (z. B. Wird der Text dem Thema gerecht? Beeinflusst er den Leser zu sehr?). Beschreiben Sie auch die Wirkung, die der Text auf Sie hat, und begründen Sie Ihre Meinung.

5.2.3 Die Struktur

Hält man einen Geschäftsbrief und eine Reisereportage nebeneinander, fallen sofort rein äußerliche Bestandteile der beiden Textsorten auf:
– Anschrift, Anrede, Betreffzeile, Mitteilung und Grußformel beim Brief,
– Überschriften und Textabschnitte beim Bericht.
Neben sprachlichen Unterschieden weisen sie auch unverwechselbare Merkmale in der Anordnung und Darstellung von Informationen auf.

> Jede **Textsorte** besitzt eine für sie typische **Textstruktur.**

Darüber hinaus unterscheidet sich jedes Exemplar einer bestimmten Textsorte durch individuelle Strukturmerkmale von allen anderen Texten seiner Sorte. Diese Struktureigenschaften wurden vom Autor gezielt zur Verwirklichung einer bestimmten Absicht eingesetzt.

> Aufbau und Sprache eines Textes sind in der Regel bewusst zur **Vermittlung einer Textaussage** gewählt. Sie liefern dem Leser wichtige Hinweise zum Erkennen von Aussage und Absicht des Textes.

Erkennen von Sinnabschnitten

Bei Zeitungstexten helfen die oft verwendeten Zwischenüberschriften (*subheadings*), um Sinnabschnitte voneinander zu unterscheiden. Doch besonders bei Texten der *popular press* ist Vorsicht geboten, weil Zwischenüberschriften willkürlich eingestreut werden, um das Layout aufzulockern. Beliebt sind Zitate von beteiligten Personen als fett gedruckte Zwischenüberschrift, die erst später im Fließtext wiederzufinden sind.

… drove 14-year-old Madelyn Thompson to despair. Nightly phone calls, anonymous threats and obscene graffiti on her locker and on the front door of her home kept her in stark terror.

"We didn't mean any harm."

For two weeks Madelyn and her parents put up with this kind of harassment. They expected the bullies to grow bored after a while. When they did not stop, Madelyn's parents informed the police.

Madelyn felt terrorized to the extreme. She could not bear facing the suspected bullies at school and stayed at home. So in the long run, even her school career will suffer from this dreadful experience. Lawrence Simms, Headmaster at Gilford School, suggests she changes to another school to get a new chance of feeling like a normal student again.

This excerpt from a popular press article is a typical example of a subheading which does not match. It is a quotation from one of the bullies who claims not to have deliberately harassed Madelyn. It has been inserted into this paragraph for purely optical reasons. So whilst the subheading clearly deals with the motives of the bullies, the paragraph, by contrast, is about the forms of bullying used on Madelyn and the effect they have had on the girl.

Keywords which help to identify the topic of the paragraph are "nightly phone calls, anonymous threats and obscene graffiti" for the way Madelyn was bullied. Expressions like "despair", "terror", "terrorized to the extreme"; "could not bear", "suffer" and "feeling like", which are used throughout this paragraph, indicate that the way Madelyn felt is the main topic of this paragraph.

5.2 Nicht fiktionale Texte

Sinnabschnitte lassen sich erkennen
- an Schlüsselwörtern und dem Vorherrschen eines Begriffsfelds,
- am einleitenden Satz (*topic sentence*) eines Abschnitts,
- an überleitenden Konjunktionen (*sequence signals*).

> *"The critical power is of lower rank than the creative. True; but in assenting to this proposition, one or two things are to be kept in mind. It is undeniable that the exercise of a creative power, that a free creative activity, is the highest function of man."*
> MATTHEW ARNOLD, *Essays in Criticism,* 1970

"The critical power is of lower rank than the creative" ist der **topic sentence** eines neuen Abschnitts. Er besitzt die Merkmale einer These oder Behauptung. Die Funktion des nachfolgenden Abschnitts ist es, diese Behauptung weiterzuverfolgen, zu erläutern und zu diskutieren (*general-to-particular structuring*).

Sequence signals leiten über zu einem neuen Thema oder zu einem neuen Unteraspekt eines Themas. Sie weisen auf einen Themenwechsel (*shift in topic*) hin.

Beispiele für *sequence signals*

To narrow our range and leave these considerations, …
It has long seemed to me that …
It must be said that …
Another aspect to consider is …
An aspect which has rarely been considered is …
Focus has moved to / shifted to …

Feststellung der Subjektivität oder Objektivität eines Textes

Zur Untersuchung der Tendenz eines Textes sind folgende Elemente des Textes hinzuzuziehen

Leserbezug	Anordnung der Informationen	Auswahl der Informationen	Formen der Wertung, Kommentare und Stellungnahmen

Zum Nachvollziehen des **Leserbezugs** werden Sprache und Aufbau des Textes auf Stellen hin untersucht, an denen der Autor den Leser direkt oder indirekt anspricht. Anhaltspunkte sind etwa direkte oder indirekte Appelle an den Leser. Auch indem sich der Autor dem Leser persönlich vorstellt, stellt er eine direkte Beziehung zum Leser her. Gibt er sich als jemand aus, der von einem Problem persönlich betroffen ist, ist sein emotionaler Einfluss auf den Leser besonders stark.

Immer wenn sich ein Autor dem Leser persönlich zu erkennen gibt, kann von einer mehr oder weniger starken **subjektiven Färbung** des Textinhalts und **Einseitigkeit** der Berichterstattung ausgegangen werden. In diesem Fall muss untersucht werden, was der Autor unternimmt, um seine Darstellung zu objektivieren. Lässt er auch andere Stimmen zu Wort kommen? Berücksichtigt er die Argumente der Gegenseite?

Die Anordnung der Informationen

Um die Aufmerksamkeit des Lesers zu wecken, nutzen Autoren häufig die herausragenden Stellen eines Textes, den Anfang oder das Ende, für die Platzierung besonders wichtiger Information, Fragen oder Appelle. Oft wird bei der Darstellung von Ereignissen die chronologische Reihenfolge verändert, um das Interesse des Lesers auf die Ursachen eines Ereignisses zu lenken.
Weitere Möglichkeiten, wie eine Darstellung strukturiert sein kann, sind:
– Das *general-to-particular structuring*: Ausgehend von der allgemeinen Feststellung eines Phänomens werden seine Hintergründe und Auswirkungen detailliert untersucht. Diese Möglichkeit der Darstellung ist häufig in *features* und *news stories* anzutreffen.
– Die Anordnung von Informationen oder Argumenten nach dem Grad ihrer Bedeutung (*gradation in importance/relevance*), sodass die Darstellung mit einem Höhepunkt (*climax*) endet.

Die Auswahl der Informationen

Manche Texte konzentrieren sich sachlich und genau auf einen **Schwerpunkt** ihres Themas. Andere bieten einen allgemeinen Überblick ohne Schwerpunktbildung. Zur Beantwortung der Frage, ob ein Text einen Sachverhalt neutral und zuverlässig oder einseitig und wertend darstellt, muss einerseits geprüft werden, ob die Auswahl der genannten Fakten oder Argumente umfassend genug ist. Werden wesentliche Bereiche des Themas verschwiegen, sind Zweifel an der Zuverlässigkeit des Textes angebracht. Andererseits ist zu untersuchen, welchen **Anteil an der Textlänge** ein Aspekt hat. Je mehr Raum ein Aspekt einnimmt, umso bedeutender ist er für den Autor.
Auch ist es aufschlussreich, die **Auswahl der Zitate** in einem Text genauer zu untersuchen. Welcher der von einem Problem betroffenen Parteien wird mehr Raum eingeräumt? Kann es sein, dass der Autor eher mit dieser Seite sympathisiert?

Direkte Meinungsäußerung

Häufig sind Meinungsäußerungen eines Autors offensichtlich. Um ihre Texte interessanter zu gestalten, flechten manche Autoren auch Zitate anderer Personen stellvertretend für ihre eigene Meinung ein. Darüber hinaus besitzen manche Zitate den Stellenwert eines Kommentars.

■ *Phil Simmons, Gilford's former Mayor, died yesterday at the age of 74. "He was an outstanding member of society," said his successor, Mayor James Barmsby.*

5.2.4 Die Sprache

Die Wortwahl (*choice of words*)

In der Regel sind Sachtexte aus Zeitungen, Magazinen oder populärwissenschaftlichen Büchern in der gebräuchlichen **Standardsprache (*Standard English*)** geschrieben. Ihre Wortwahl basiert auf dem Grundwortschatz eines englischen Muttersprachlers (*common core English*). Natürlich werden je nach Thematik besondere, ansonsten weniger häufig auftretende Wörter verwendet. Diese kann man bestimmten **Wortfeldern (*word fields / semantic fields*)** zuordnen. Mithilfe von speziellem **Fachvokabular (*special / technical terms*)** kann der Autor präzise Aussagen treffen, ohne auf umständliche Umschreibungen zurückgreifen zu müssen.

▶ *semantic field* = *a lexical set of semantically related items, for example verbs of perception*

Die Analyse der Wortwahl stellt für den Nicht-Muttersprachler eine besondere Herausforderung dar. Zum einen ist die englische Sprache besonders reich an Synonymen, sodass die Zugehörigkeit von Vokabeln zu bestimmten Sprachebenen vielfach nur mithilfe des einsprachigen Wörterbuches (*monolingual dictionary*) festgestellt werden kann. Zum anderen genügt es oft nicht, die **Grundbedeutung (*denotation*)** eines Wortes oder einer Wortgruppe zu kennen, sondern es ist auch nötig, mögliche **Nebenbedeutungen (Konnotationen = *connotations*)** und spezielle Verwendungsmöglichkeiten zu berücksichtigen, z. B. im Rahmen von Dialekten oder Soziolekten.

■ Wie unterschiedlich die Verwendungen eines Wortes ausfallen können, lässt sich mit Blick auf die englischen Entsprechungen für das Verb „essen" demonstrieren:

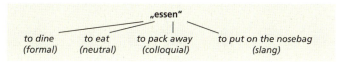

to dine	to eat	to pack away	to put on the nosebag
(formal)	(neutral)	(colloquial)	(slang)

What's eating you?

Die wörtliche Bedeutung (*literal meaning*) des Verbs *to eat* ist „essen/speisen"; die Wortgruppe *to be eaten up* auf diese Weise zu verstehen wäre jedoch unsinnig. Hier muss die figurative Bedeutung (*figurative meaning*) der Wortgruppe erfasst werden, die lauten kann: *something e.g. a feeling which dominates somebody's thoughts, so that his/her attitude towards life is affected.*

e.g.: *You look so worried, what's eating you?* = *You look so worried. What is annoying you?*

▶ *Phrasal verbs* wie *to eat up s.th.* sind eine Besonderheit der englischen Sprache. Durch die Zusammensetzung von Verb und Präposition kann ein Tätigkeitswort mit gänzlich neuer Bedeutung entstehen.

Es gibt aber noch eine weitere figurative Bedeutung von *to eat up*, die in folgender Verwendung zum Ausdruck kommt: *Construction of the roof will **eat up** half of the whole budget.* = *Construction of the roof **needs** half of the whole budget.*

To eat up wird in diesem Satz als *phrasal verb* verwendet. Durch den Zusatz der Präposition ist ein Tätigkeitswort mit neuer Bedeutung entstanden (hier: „aufbrauchen").

5   Texte und Medien analysieren

Wertung durch konnotative Sprache

Eine Reihe von Wörtern verfügen über die Grundbedeutung hinaus über Bedeutungsnuancen und Nebenbedeutungen.

> **Konnotation (*connotation or implicit meaning*)** ist die Bezeichnung für die Nebenbedeutung, die ein Wort in einem bestimmten Zusammenhang per Assoziation ausdrückt. Wörter können positive oder negative Konnotationen haben.

Wörter, die für negative Erscheinungen stehen, lösen negative Gefühle aus und geben dem Text eine negative Färbung:

> *"those barriers cut across Germany in a gash of barbed wire, concrete, dog runs, and guard towers [...] still a restriction on the right to travel, still an instrument to impose upon ordinary men and women the will of a totalitarian state [...] every man is a German, separated from his fellow man. Every man is a Berliner, forced to look upon a scar."*
> RONALD REAGAN, *Brandenburg Gate Speech of 12 June 1987*

In President Ronald Reagan's speech, words carrying positive overtones, such as "right to travel", "ordinary men and women" and "fellow man" are used to stand in sharp contrast with a big number of words carrying negative connotations: "barriers", "barbed wire", "totalitarian state", "separated from" and "scar". Even a neutral expression like "cut" or "will" evokes negative associations if used in combination with all the others. Reagan's intention was to imply that freedom hardly had a chance against the powerful mechanisms of dictatorship.

Bildhafte Sprache (*figurative language: metaphors, symbols, similes*) ist ebenfalls ein Anzeichen von Subjektivität und Wertung. Im obigen Beispiel stehen die Metaphern *„gash"* und *„scar"* aus dem medizinischen Bereich für den Schaden, den die Teilung des Landes angerichtet hat.

> **Mehrdeutigkeit (*ambiguity*)** ist die Eigenschaft eines Wortes, Träger mehrerer Bedeutungen zu sein. Mehrdeutige Begriffe sind nicht wertfrei oder neutral, sondern enthalten Anspielungen. Sie sind Träger versteckter Kritik und Ironie.

■ *"Prosperity comes in terms of black and white."*
The expression "in terms of black and white" is ambiguous. On the one hand it may refer to the figures printed out in black on white paper in one's bank account; on the other hand it may allude to social inequality. Prosperity appears to be a privilege for white people only.

Ton (tone)

> Der **Ton** (*tone*) spiegelt die Haltung des Autors zum Textgegenstand und zu seiner Leserschaft wider.

▶ *The tone expresses the author's attitude towards his subject matter and the readership.*

Der Ton eines Textes kann folgendermaßen beschrieben werden:

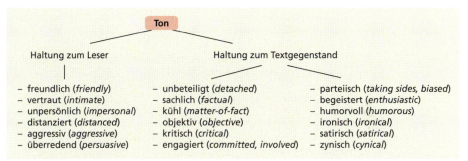

- freundlich (*friendly*)
- vertraut (*intimate*)
- unpersönlich (*impersonal*)
- distanziert (*distanced*)
- aggressiv (*aggressive*)
- überredend (*persuasive*)

- unbeteiligt (*detached*)
- sachlich (*factual*)
- kühl (*matter-of-fact*)
- objektiv (*objective*)
- kritisch (*critical*)
- engagiert (*committed, involved*)

- parteiisch (*taking sides, biased*)
- begeistert (*enthusiastic*)
- humorvoll (*humorous*)
- ironisch (*ironical*)
- satirisch (*satirical*)
- zynisch (*cynical*)

Satzstruktur (syntax)

> Die Analyse des Satzbaus soll über die Wirkung der Syntax auf den Stil eines Textes Auskunft geben.

Stellen Sie bei der Analyse der Satzstruktur zuerst die dominanten syntaktischen Merkmale fest. Unterscheiden Sie dabei zwischen einfachem Satzbau (*simple sentence*) und komplexem Satzgefüge (*complex sentence*). Insbesondere in der Schriftsprache trifft man häufig auf komplexe Satzstrukturen.

▶ Vgl. Kapitel 3.8.

> Um abstrakte Ideen oder Zusammenhänge auszudrücken, werden in der Regel komplexe Satzstrukturen verwendet. Durch die sinnvolle Verknüpfung von Haupt- und Nebensätzen können Informationen sehr detailliert, präzise und gleichzeitig effektiv formuliert werden.

▶ *Syntax is the structure of a sentence. It may be simple (subject, predicate, object) or complex, i.e. consist of two or more clauses.*

Durch bestimmte Umstellungen im Satzbau werden neutrale Aussagen wertend formuliert. Es handelt sich hierbei um Hervorhebungen im Satz durch Mittel der Emphase wie „*What nobody has believed so far*" oder „*It is more important to*" (*emphatic language/emphatic style*).

Factual style	Emphatic style in comments
Rural Malaysia emits 3.3 billion tons of carbon dioxide a year. Foliage absorbs CO_2.	What nobody has believed is that rural Malaysia emits 3.3 billion tons of carbon dioxide a year. What's even more important is that foliage absorbs CO_2.

5.2.5 Der Stil

Jeder Verfasser eines Textes verfügt über seine individuelle Ausdrucksweise, die durch die Einstellung zum Textgegenstand sowie durch seine Haltung zum Leser geprägt ist. Jeder Autor unterliegt jedoch auch Einschränkungen bei seiner stilistischen Freiheit. So muss er sich an die für verschiedene Textsorten oder Gesprächssituationen geltenden Regeln halten oder die Beschränkungen, die sich aus der Wahl des Mediums ergeben, beachten. Dementsprechend wählt er einen angemessenen sprachlichen Stil.

> Der **Stil** (*style*) entsteht durch das Zusammenwirken der Sprachebene (*register*) mit ihren Bestandteilen Wortwahl (*choice of words*), Satzbau (*syntax*), und Ton (*tone*) sowie den eingesetzten Stilmitteln (*stylistic devises*).

Folgende Komponenten beeinflussen den Autor bei der Wahl von Stilebene und Stilmitteln:

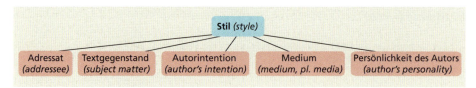

Stilebenen

Im Englischen werden folgende Stilebenen unterschieden:
- *formal style*
  serves official or serious purposes and is mostly used in written English, or in highly formal situations.

  ■ political speech in parliament, letter of invitation, law text, text of a declaration, entry in an encyclopedia or a catalogue

- *neutral style*
  is characterized by the correct use of language (the choice of words, grammar and syntax), i.e. there are no elements of dialect or sociolect. It is easy to read and understand and used in written texts as well as in spoken English.

  ■ newspaper article, lecture, speech

- *informal style*
  uses words from colloquial English, or from certain dialects, sociolects respectively.

  ■ private conversation, letter, e-mail, text message, reader's letter to a youth magazine

5.2 Nicht fiktionale Texte

Stilmittel (*stylistic devices*)

Stylistic means	Explanation/example	Author's intention/effects on the reader
accumulation (Akkumulation)	using a number of similar words or phrases "Enter the amazing, thrilling, breathtaking world of fantasy!"	to emphasize/illustrate an idea or a topic
alliteration (Alliteration)	the repetition of initial sounds at the beginning of, or in the middle of surrounding words "Girls' power leaves lazy lads lagging behind."	to stress/support the main idea of the text, to focus the reader's interest on an important aspect, to make it easy to remember a particular idea
anaphora (Anapher)	the repetition of a word or words at the beginning of a group of sentences "We will not be lazy. We will continue to work and we will do all we can."	to emphasize an idea/topic/statement
climax (Klimax)	a line of expressions which grows more and more powerful in meaning "Some books are to be tasted, others to be swallowed, and some to be chewed and digested."	to focus the reader's interest on an important aspect, to achieve an ironic or comic effect
ellipsis (Ellipse)	leaving out a word or words of a sentence; the meaning of the sentence can still be understood "The teenager showed the policeman all the weapons. And there were many." (anstatt: "And there were many weapons.")	to emphasize the word which has been left out
enumeration (Aufzählung)	the listing of words usually illustrating one idea or subject "Not only teachers but also the pupils, their friends and parents were fascinated by the (great) facilities the new building offers."	to stress a certain aspect, to emphasize/illustrate an idea or a topic, to convince by referring to examples, to prove the validity/truth of a statement
euphemism (Euphemismus)	paraphrasing someone or something in a more positive though often less direct way "he passed away" ⟶ "he has died"	to hide the real negative quality of something unpleasant

Stylistic means	Explanation/example	Author's intention/ effects on the reader
hyperbole (Übertreibung)	an obvious exaggeration or overstatement, not meant to be taken literally, but figuratively "There are a thousand reasons why more research is needed on solar energy."	to emphasize an opinion, to convince
inversion (Inversion)	changing the usual word order of subject and predicate (verb) in a sentence or phrase "Never had a policeman seen such a quantity of firearms in the local area." (anstatt: "A policeman had never seen …")	to emphasize the adverb and verb
irony (Ironie)	the use of words to indicate the opposite of what they usually mean "The future is a bright and beautiful time, which I shall enter into with all my energies." (spoken by a man who is seriously ill) "Brutus is an honorable man." (Brutus was one of the conspirators who murdered Caesar.)	to entertain/inform the reader in a lively/humorous way, to point/hint at a critical aspect/idea, to reveal, to mock
metaphor (Metapher)	an indirect comparison; an object or idea is expressed by an image; both share similar features "All the world's a stage And all the men and women merely players …" (WILLIAM SHAKESPEARE)	to compare two things and stress similar features
parallelism (Parallelismus)	the repetition of identical or similar syntactical structures in different parts of a sentence or in surrounding sentences "Women represent the triumph of matter over mind, just as men represent the triumph of mind over morals." (OSCAR WILDE)	to attract the reader's interest, to entertain the reader by using an unusual/ a striking structure
periphrasis (Periphrase)	a descriptive word or paraphrase is used instead of a proper name The Swan of Avon (for SHAKESPEARE)	to allude to special features of the person or object in question

5.2 Nicht fiktionale Texte

Stylistic means	Explanation/example	Author's intention/ effects on the reader
personification (Personifikation)	human qualities, feelings etc. are given to an animal, object, or abstract idea "The ship began to creak and protest as it struggled against the rising sea."	to illustrate an idea or an action
pun (Wortspiel)	a (mostly humorous) play on words that sound similar or the same but carry different meanings "Eat now, play later" (modifying the advertising slogan „Eat now, pay later.") "Some folks are wise, and some are otherwise." (TOBIAS SMOLLET)	to make the reader laugh, to arouse the reader's interest
repetition (Wiederholung)	the repeated use of a word, a word group or syntactical structure in a sentence or in surrounding sentences "And that government of the people, by the people, for the people, shall not perish from earth." (ABRAHAM LINCOLN)	to structure thoughts, to emphasize a statement, an idea, a structure
rhetorical question (rhetorische Frage)	a question which is not followed by an answer as the answer is obvious "Don't we all love peace and hate war?"	to emphasize a statement
simile, comparison (Vergleich)	the connection of two objects or abstract ideas "Your eyes are like the sun."	to emphasize what two things have in common
symbol (Symbol)	a concrete object, action, character or place that represents or suggests something abstract The cross is the symbol of Christianity.	to illustrate, to give the object/action a higher meaning
understatement (Untertreibung)	the deliberate presentation of something as being much less important, valuable etc. than it really is "He was quite upset." (statt: „He flew into a terrible rage.")	to emphasize a fact or feeling
zeugma (Zeugma)	a figure of speech which plays on the two functions a word has in a sentence "John and his driving licence expired last week."	to achieve irony or to draw attention to a fact

5.2.6 Die Wirkungsabsicht des Autors

Der Autor verfasst einen Text, weil er eine bestimmte Absicht (*author's intention*) verfolgt. Er möchte den Leser zum Beispiel informieren, aufklären, unterhalten oder von einer Sache überzeugen. Um diese Intention erfolgreich umzusetzen, d. h. die gewünschte Wirkung auf den Leser zu erreichen, setzt der Autor spezielle Gestaltungselemente ein. Diese Elemente erzielen in ihrer Gesamtheit einen Effekt und können unter dem Begriff **Textfunktion** zusammengefasst werden.

▶ Eine Erzählung besitzt sowohl Anteile der narrativen wie der deskriptiven Textfunktion; ein Zeitungskommentar vereint Anteile der narrativen mit denen der argumentativen Textfunktion.

Die unterschiedlichen Textfunktionen kommen in allen Textsorten vor, sowohl in literarischen wie auch in Sachtexten. In der Regel setzen sich Texte aus mehreren Textfunktionen zusammen. Dabei kann eine der Funktionen vorherrschen. Nur bei bestimmten Textsorten beeinflusst eine einzige Textfunktion durchgehend Sprache und Aufbau des Textes.

Mit Blick auf ihre Funktion lassen sich folgende Sachtexte unterscheiden:

1. Der narrative Sachtext (*narrative text*)

Der narrative Sachtext (*narrative text*) informiert über die zeitliche Abfolge von Ereignissen oder die Entwicklung eines Geschehens. Seine Gliederung ist klar strukturiert. In der Darstellung kann der Text einer chronologischen oder einer kausal-logischen Ordnung folgen. Die Fragen: „Wer? Was? Wann? Wo? Warum? Wie?" werden meist vollständig beantwortet, wobei häufig Zitate verwendet werden. Vielfach werden Wirkungen bzw. Wechselwirkungen einzelner Teilvorgänge beschrieben. Die Haltung des Verfassers ist neutral, die vorherrschende Zeitform das *simple past*. Typische Textsorten sind der Zeitungsbericht und die Biografie.

▶ FREDERICK JACKSON TURNER (1861–1932) ist ein bedeutender amerikanischer Historiker des 20. Jahrhunderts. Er stellte 1893 die These von der nordamerikanischen „Frontier" auf. (siehe Kapitel 6.3.2).

■ *"From the time the mountains rose between the pioneer and the seaboard, a new order of Americanism arose. The West and the East began to get out of touch of each other. The settlements from the sea to the mountains kept connection with the rear and had a certain solidarity. But the over-mountain men grew more and more independent. The East took a narrow view of American advance, and nearly lost these men. [...] The East began to try to hedge and limit westward expansion. The farmer's advance came in a distinct series of waves. [...] The frontier promoted the formation of a composite nationality for the American people. The coast was preponderantly English, but the later tides of continental immigration flowed across to the free lands. This was the case from the early colonial days."*
From: FREDERICK JACKSON TURNER, *The Significance of the Frontier in American History*

5.2 Nicht fiktionale Texte

2. Der deskriptive Sachtext (*description*)

Der deskriptive Sachtext (*description*) dient der Beschreibung einer Person, eines Ortes oder Gegenstandes. Basierend auf den Eindrücken des Autors, werden die charakteristischen Merkmale des zu beschreibenden Objektes (z. B. äußere Form, Oberfläche, Farbe) aufgeführt, wobei der Autor eine neutrale Haltung einnimmt. Deskriptive Texte sind zumeist in einer sachlichen, präzisen Sprache verfasst. Die vorherrschende Zeitform ist das *simple present*.

■ *„That part of America which is generally called New England, including New Hampshire, Massachusetts, Rhode Island, and Connecticut, is peopled chiefly by English descendants. In the state of New York, about half are Dutch, the rest English, Scotch, and Irish. In New Jersey, a mixture of English and Dutch, with some Scotch and Irish. In Pennsylvania, about one third are English, another Germans, and the remainder Scotch and Irish, with some Swedes. The states to the southward have a greater proportion of English than the middle states, but in all of them there is a mixture; and besides those enumerated, there are a considerable number of French, and some few of all the European nations, lying on the coast. The most numerous religious denomination are the Presbyterians; but no one sect is established above another, and all men are equally citizen."*
From: THOMAS PAINE, *Of Society and Civilization*

3. Der expositorische Sachtext (*exposition*)

Der erläuternde/expositorische Sachtext (*exposition*) dient der umfassenden und detaillierten Information oder Aufklärung des Lesers über einen Sachverhalt. Grundsätzlich werden zwei Arten erläuternder Sachtexte unterschieden:
– Einerseits kann die Einordnung und Zuordnung von Sachverhalten im Vordergrund stehen. Der Autor bemüht sich hier um die Klassifizierung des Gegenstandes nach der Fragestellung: „Welchem allgemeinen Begriff lässt sich eine spezielle Erscheinung zuordnen?" Der Text folgt einer **synthetischen Gedankenführung**, wobei Formen von *to be* und andere Verben wie *to refer to, to be called to, to be defined as* oder *to belong to* Verwendung finden.
– Andererseits kann der Autor einen Sachverhalt in seine Faktoren oder Komponenten zerlegen. Er bedient sich dann einer **analytischen Gedankenführung,** die vom Allgemeinen zum Speziellen fortschreitet. Kennzeichen eines analytischen Textes ist die Verwendung von Verbformen wie *to have, to consist of, to comprise, to contain, to distinguish between, to be divided into, to fall into, to be a part of* oder *to include*.
Typische Textsorten sind wissenschaftliche Texte, Lexikonartikel und Begriffserklärungen.

■ *A narrator can disturb or interrupt the chronological order of a story by telling in the retrospect and by inserting flashbacks, foreshadowing and anticipation.*

■ *"The legislative power is that which has a right to direct how the force of the commonwealth shall be employed for preserving the community and the members of it. [...] political power is that power which every man having in the state of Nature has given up into the hands of the society, and therein to the governors whom the society hath set over itself, with this express of tacit trust, that it shall be employed for their good and the preservation of their property."*
From: JOHN LOCKE, *Two Treatises of Civil Government*

4. Der argumentative Sachtext (*argumentation*)

Der argumentative Sachtext (*argumentation*) zielt auf die Begründung eines Sachverhalts. Ein Problemzusammenhang wird aufgezeigt und aus verschiedenen Perspektiven beleuchtet. Das Grundschema der Argumentation besteht aus These, Argument und Schlussfolgerung. Durch die möglichst schlüssige Begründung der eigenen Position soll die Zustimmung des Lesers gewonnen werden. Deshalb werden häufig Expertenmeinungen zitiert oder Beispiele zur Verdeutlichung angeführt. Argumentative Sachtexte sind gekennzeichnet durch einen klaren Aufbau (*line of argument*), eine präzise sprachliche Darstellung sowie durch die Verwendung von Fachwortschatz und komplexen syntaktischen Strukturen. Die Haltung des Verfassers kann neutral sein, aber auch betont subjektiv. Typische Textsorten sind Kommentartexte, Diskussionen und Essays.

■ *"The critical power is of lower rank than the creative. True; but in assenting to this proposition, one or two things are to be kept in mind. It is undeniable that the exercise of a creative power, that a free creative activity, is the highest function of man; it is proved to be so by man's finding in it his true happiness. But it is undeniable, also, that men may have the sense of exercising this free creative activity in other ways than in producing great works of literature or art; if it were not so, all but a very few men would be shut out from the true happiness of all men. They may have it in well-doing, they may have it in leaning, they may have it even in criticizing. This is one thing to be kept in mind. Another is that the exercise of the creative power in the production of great works of literature of art, however high this exercise of it may rank, is not at all epochs and under all conditions possible."*
From: MATTHEW ARNOLD, *Essays in Criticism*

The essay by Matthew Arnold shows typical features of an argumentative text: it states a thesis in the topic sentence at the beginning; it reminds of facts which have to be taken into account by saying "... are to be kept in mind." There are many sequence signals which are typically argumentative:
- It is undeniable that ...
- It is proved to be so ...
- If it were not so ...
- Another is ...

5. Der instruktive Sachtext (*instruction*)

Der instruktive Sachtext (*instruction*) dient der Anleitung des Lesers, z. B. beim Erlernen einer Handlung oder beim Umgang mit Geräten. Der Adressat wird zumeist konkret angesprochen. Hinweise, Aufforderungen, Empfehlungen oder Warnungen werden unter Verwendung von Imperativen formuliert. Instruktive Sachtexte sind gekennzeichnet durch eine präzise und effiziente sprachliche Darstellung; die Haltung des Verfassers ist neutral, vorherrschende Zeitform ist das Präsens. Eine typische Textsorte sind Gebrauchsanleitungen.

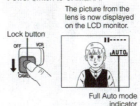

Easy Camera Recording with Full Auto Mode

Before you start recording, perform the operations described on pages 10 through 15 to prepare your VIEWCAM for recording.

1 Remove the lens cap (see page 15).

2 Hold down the Lock button and slide the Power switch to CAMERA.

The picture from the lens is now displayed on the LCD monitor.

Full Auto mode indicator

6. Der appellative Sachtext (*persuasive text*)

Appellative Sachtexte (*persuasive texts*) zielen darauf ab, eine Situations- oder Verhaltensänderung herbeizuführen. Sie wollen den Leser überreden oder überzeugen. Dazu wendet sich der Autor nicht nur in rationaler Argumentation an den Leser, sondern spricht ihn auch emotional an. Sprachliche Merkmale appellativer Texte sind der Aufbau eines direkten Kontaktes zum Leser, die Verwendung von handlungsauffordernden Sätzen im Imperativ; der Gebrauch modaler Hilfsverben, die eine Notwendigkeit oder Verpflichtung ausdrücken; die Hervorhebung positiver Eigenschaften des Handlungsziels durch Vergleiche, Adjektive und Hyperbeln; eine bildhafte Sprache, die das Vorstellungsvermögen des Lesers aktiviert, sowie ein Gestus, der die Sinne und die Gefühlswelt des Lesers anspricht und Bedürfnisse in ihm weckt. Typisch sind Wahlkampfreden, Aufrufe zu Hilfsaktionen und Werbetexte.

■ "Let your voice be heard. Whenever you have a chance, say something good about our country. With God's help and for the sake of our Nation, it is time for us to join hands in America. Let us commit ourselves together to a rebirth of the American spirit. Working together with our common faith we cannot fail."
From: JIMMY CARTER, *The Malaise Speech of 15 July 1979*

> In his speech of 15 July 1979, President Jimmy Carter tries to motivate the nation in its struggle for economic recovery by addressing his audience in the imperative ("let ... be heard", "let us commit" "say something good"). By using a metaphor ("join hands"), he implores his fellow citizens to stick together. Another metaphor ("rebirth") indicates the common aim he wants the nation to strive for.

Analyse einer politischen Rede

Politische Reden werden zu bestimmten Anlässen gehalten: in Wahl-
kampagnen, zur Durchsetzung oder Verhinderung eines neuen
Gesetzes, bei Gedenkfeiern und als Durchhaltereden in politischen
oder wirtschaftlichen Krisen. Im Allgemeinen versuchen Politiker ihre
Botschaft erfolgreich zu vermitteln, indem sie einen engen Kontakt zur
Zuhörerschaft herstellen. Politische Reden zählen zu den Texten mit Ap-
pellcharakter. Sie sind gekennzeichnet durch eine gefühlsbetonte und
bildhafte Sprache, die das Vorstellungsvermögen der Zuhörer aktiviert.

1	*"The pictures of airplanes flying into buildings, fires burning, huge*
2	*structures collapsing, have filled us with disbelief, terrible sadness,*
3	*and a quiet, unyielding anger. These acts of mass murder were in-*
4	*tended to frighten our nation into chaos and retreat. But they have*
5	*failed; our country is strong.*
6	*A great people has been moved to defend a great nation. Terrorist*
7	*attacks can shake the foundations of our biggest buildings, but they*
8	*cannot touch the foundation of America. These attacks shattered*
9	*steel, but they cannot dent the steel of American resolve.*
10	*America was targeted for attack because we're the brightest beacon*
11	*for freedom and opportunity in the world. And no one will keep*
12	*that light from shining. [...]*
13	*This is a day when all Americans from every walk of life unite in*
14	*our resolve for justice and peace. America has stood down enemies*
15	*before, and we will do so this time. None of us will ever forget this*
16	*day. Yet, we go forward to defend freedom and all that is good and*
17	*just in our world.*

GEORGE W. BUSH,
Excerpt from the 9/11 TV Address of 11 Sept. 2001

Bei der Analyse einer politischen Rede können Sie folgendermaßen vorgehen:

Feststellung von Anlass und Thema

Titel und Anmerkungen
zur Veröffentlichung
liefern in der Regel An-
gaben zum Anlass und
zum Thema der Rede.
Wiederholungen und
Schlüsselbegriffe sind
oft weitere Anhalts-
punkte für das Thema
der Rede.

The title and the date of when the speech was given inform
the reader about the reason for the speech. It is the President's
immediate response to the terrorist attack on the World Trade
Center in 2001.
The enumeration of the damage done (l. 1) reminds of the pictures of the event everybody saw in the media. So the reader's
assumption about the reason for the speech is confirmed. Looking at the verbs and their tenses in this extract (e.g. "is strong",
"cannot", "we're", "will keep") makes the reader realize that President Bush sums up what situation the US is in at that moment.

Wissenstest 5   auf **http://wissenstests.schuelerlexikon.de** und auf der DVD

Überblick | 193

Herstellung des Kontakts zum Zuhörer

Hier ist die Untersuchung der Personal- und Possessivpronomen sowie der Identifikationsangebote mit den Zuhörern wichtig.

> By speaking in the first person plural President Bush makes the audience feel involved. When he says that the pictures of that day "filled us with disbelief ... anger," (l. 2) he signalizes to the audience that he is sharing their feelings, that he is one of them.

Gedankenverlauf

Teilen Sie den Text in Sinneinheiten (*line of thought*) einzuteilen. Die Untersuchung der Sinneinheiten hilft festzustellen, welche wichtigen Inhalte der Sprecher dem Leser vermitteln möchte.

> After referring to what has happened President Bush talks about what he considers to be the intended effect ("frighten our nation into chaos and retreat", l. 4) and the motive ("because we're the brightest beacon ... world", l. 10) of the terrorist attack. He points out that the terrorists have "failed" to intimidate the US.
> In the last paragraph he states the nation's undiminished determination to promote the cause of "freedom" (l. 16).

Absicht des Sprechers

Orientieren Sie sich am Anlass oder Auslöser der Rede.
Überlegen Sie, ob der Sprecher von einer Idee überzeugen oder einfach die Zuhörer mitreißen möchte. Geht es ihm darum, seinen Beliebtheitsgrad zu erhöhen oder dem Image eines anderen zu schaden?

> President Bush's intention is manifold. First of all he wants to assuage the citizens' fears and reassure them in the face of a national crisis. For this purpose he tries to restore the nation's self-confidence and lift it up. His second intention is to fill the people with the spirit of community. Having achieved this he is able to motivate and encourage the audience not to give in to the threat of terrorism but to go on defending "freedom".

Sprache und Stil

In diesem Arbeitsschritt finden Sie heraus, wie Wortwahl und Stilmittel das Anliegen des Sprechers vermitteln.

> President Bush uses a simple style which is appropriate in the face of the catastrophe. At the same time he addresses the audience in an emotional way. Expressions like "our country", "our nation" (l. 4, 5) and "all Americans from every walk of life unite" (l. 13) indicate his intention of uniting the nation. Metaphors ("foundation of America", "steel of American resolve", l. 8, 9) remind the listeners that the US has always been a powerful country. The "light" metaphor ("light from shining", "brightest beacon", l. 10-12) implies that American values are what the nation can rely on and what gives orientation to the world.

auf **http://wissenstests.schuelerlexikon.de** und auf der DVD | **Wissenstest 5**

5 Texte und Medien analysieren

Vokabular für die Analyse von nicht fiktionalen Texten

Line of thought	Aufbau, Gedankenverlauf
topic	Thema
a topical issue	ein aktuelles Thema
to divide a text into sense units	einen Text in Sinnabschnitte einteilen
A text falls into sections/parts/sense units.	Ein Text ist in (Sinn-)Abschnitte eingeteilt.
to introduce (into), to begin by	einleiten in; beginnen, indem
to talk about, to inform about	reden, informieren über
to analyse	analysieren, untersuchen
to outline (a development)	(eine Entwicklung) skizzieren
to give an account of	darstellen, berichten
to raise a question	eine Frage aufkommen lassen
to continue by doing s.th. to proceed by doing s.th.	fortfahren, indem …
to point out that	hinweisen auf
to emphasize that	betonen, hervorheben, dass
to argue that	argumentieren, dass
to raise arguments for/against	Argumente für/gegen etwas aufstellen
to enumerate	aufzählen
to sum up/to summarize	zusammenfassen
to give an outline of	einen Überblick liefern über
to warn of	warnen vor
to doubt if	zweifeln, ob
to criticize	kritisieren
to complain about	sich beklagen über
to approve of/ to express one's approval of	zustimmen, befürworten
to claim, to state	behaupten
to call for s.th.	nach etwas verlangen, etw. fordern
to draw the conclusion that	zu dem Schluss kommen, dass
the text closes by	der Text schließt ab, indem

5.2 Nicht fiktionale Texte

Tendency of a text	Tendenz, Richtung, Meinung
A text is factual / non-factual	Ein Text ist sachlich / unsachlich
matter-of-fact	nüchtern, sachlich
biased, partial	voreingenommen
The author takes sides with …	Der Autor ergreift Partei für …
impartial	unvoreingenommen, unparteiisch
objective / subjective	sachlich / persönlich
The author tries to influence the reader.	Der Autor versucht, den Leser zu beeinflussen.
to manipulate	manipulieren
The author is prejudiced against …	Der Autor hat Vorurteile gegen …
The author's view of the topic is critical.	Der Autor zeigt eine kritische Einstellung zum Thema.

Stating one's opinion	Seine Meinung sagen
I think	Ich finde, denke, meine
In my opinion	Meiner Meinung nach
I am of the opinion that	Ich bin der Meinung, dass …
I consider this to be …	Ich halte das für …
As far as I am concerned, …	Was mich anbelangt, so …

Intention	Absicht
The author's intention is to inform about …	Die Absicht des Autors ist es, zu informieren über …
to make aware of	etwas bewusst zu machen
to draw attention to	auf etw. aufmerksam machen
to reveal	zeigen, offenlegen
to disclose information about	Informationen enthüllen
to make the reader think about	den Leser zum Nachdenken bringen
to open the reader's eyes to	die Augen des Lesers für etw. öffnen
to provoke the reader	den Leser provozieren
to deceive the reader	den Leser täuschen
to distort the truth	die Wahrheit entstellen, verzerren

Intention	Absicht
to distort facts	die Tatsachen verdrehen
to omit facts	Tatsachen auslassen
to withhold information	Informationen zurückhalten
to play s.th. down	etwas verharmlosen
to satirize s.th.	etwas satirisch darstellen
to ridicule s.th.	etwas lächerlich machen
to caricature s.th.	etwas karikieren, überzeichnen
to make fun of s.th./s.b. to poke fun at s.th./s.b.	sich über etw./ jdn lustig machen

Language and style	Sprache und Stil
to use a technical style/ technical terms and expressions	Fachsprache/Fachbegriffe und -ausdrücke benutzen
a pompous style	geschwollene, gespreizte Sprache
sensationalist style	Sensationsstil
to make use of sensationalism	Fakten sensationell aufblähen
to use a rude/offensive style/ language	eine grobe/verletzende Ausdrucksweise benutzen
to use an appropriate style	einen angemessenen Stil benutzen
to use emotional/subjective language	gefühlsbeladene Sprache benutzen
to use connotative words	wertende Begriffe, die eine Meinung ausdrücken, benutzen
to evoke positive/negative associa- tions in the reader/listener	positive/negative Assoziationen auslösen
to summon patriotic feelings	patriotische Gefühle hervorru- fen
to call up memories of (strength and power)	positive Erinnerungen (der Stärke und Macht) wachrufen
to stir emotions	Gefühle wecken
a vigorous/powerful language	eine kraftvolle Sprache
a vivid, dramatic vocabulary	eine lebendige, dramatische Sprache
emphatic vocabulary	eine eindringliche Sprache
to carry the audience away	die Zuhörer mitreißen
to fascinate the audience	die Zuhörer faszinieren

5.2.7 Die Analyse von Zeitungstexten

Englischsprachige Zeitungen (*newspapers*) und Magazine (*magazines*) informieren unmittelbar und lebensnah über die nationalen Ereignisse in dem entsprechenden Land sowie über die landesspezifische Sicht auf das internationale Geschehen. Für die effiziente Erschließung eines Zeitschriften- oder Zeitungsbeitrags, und um Aussagen darüber treffen zu können, auf welchem Niveau eine Zeitung oder Zeitschrift angesiedelt ist, ist es wichtig, die **Klassifizierungsmerkmale journalistischer Texte** zu kennen:
– Aufbereitung von Themen
– Gestaltung des Seitenlayouts
– Verwendung sprachlicher Mittel

Seriöse Tageszeitungen (*quality newspaper*)

Zu den Zeitungen mit seriöser Berichterstattung zählen *The Financial Times, The Times, The Guardian* und *The Independent*. Wegen ihrer unhandlichen Bögen erhielten sie den Beinamen *broadsheets*. Inzwischen werden verlässliche Informationen und gut recherchierte Beiträge leserfreundlicher auf kleineren Papierbögen angeboten. Das aktuelle Format der Zeitung *The Times* wird als *compact form* bezeichnet.

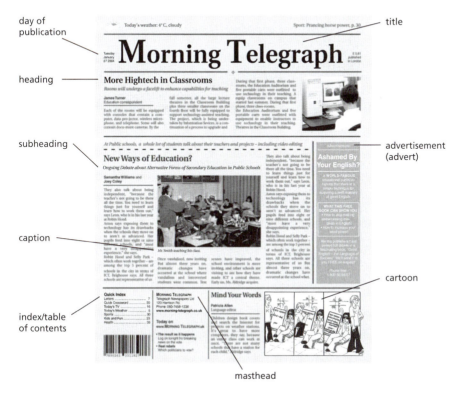

Die Beiträge der **seriösen Zeitungen** weisen in der Regel folgende sprachliche Merkmale auf:
- neutrale Sprachebene (*neutral register*)
- Erweiterung des Standardwortschatzes durch Wörter lateinischen Ursprungs (*words derived from Latin*) sowie Fachausdrücke (*technical terms*)
- Verwendung komplexer Sätze (*complex sentences*) und hypotaktischer Verbindungen, die satzverkürzende Elemente wie Partizipien enthalten
- Äußerungen von Augenzeugen oder Experten häufig in indirekter Rede (*reported speech*) wiedergegeben
- Verwendung von Zahlen, statistischem Material oder Zitaten unter verlässlicher Angabe der Quellen
- Überschriften überwiegend sachlich und informativ (*factual and informative*), Einsatz von Stilmitteln wie Alliteration (*alliteration*), Anspielung (*allusion*), Wortspiel (*pun*) und unvollständige Sätze (*ellipsis*)

Populäre Tageszeitungen (*popular press*)

Zu den bekanntesten populären Tageszeitungen der **Boulevardpresse** (*boulevard press*) gehören in Großbritannien *Daily Mail* und *Daily Express*. Die auflagenstarken Titel *The Sun*, *Daily Mirror* und *Daily Star* werden abwertend auch als **Sensationspresse** (*sensational paper/gutter press*) bezeichnet.

Die Beiträge der **populären Zeitungen** weisen in der Regel folgende sprachliche Merkmale auf:
- informelle Sprachebene (*informal register*), in der umgangssprachliche (*colloquial words/phrases*) oder sogar Slangausdrücke (*slangy words/phrases*) enthalten sein können
- begrenzter Wortschatz, der weitgehend ohne Fremdwörter auskommt, sondern für die Benennung komplizierter Dinge Umschreibungen oder Wortschöpfungen verwendet
- häufiger Einsatz von mehrgliedrigen Verbformen (*phrasal verbs*)
- Verwendung von Superlativen und ausdrucksstarken Begriffen
- einfach strukturierte Syntax, lange Sätze vor allem mit parataktischen Verbindungen
- Meinungen von Betroffenen oder Experten werden oft in direkter Rede (*direct speech*) wiedergegeben
- Überschriften beinhalten Sensationsmeldungen (*sensational information*); oft sind Stilmittel wie Alliteration (*alliteration*), Assonanz (*assonance*) oder Wortspiel (*pun*) zu finden
- Spitznamen (*nicknames*) werden verwendet, um die Distanz zu Politikern oder Stars zu verringern. So werden z. B. der beliebte Fußballspieler David Beckham „*Becks*" und seine Frau Victoria „*Posh*" genannt

5.2 Nicht fiktionale Texte

Bei den **Schlagzeilen** (*headlines*) fällt die Verwendung kurzer, griffiger Ausdrücke auf. Sie werden einerseits benutzt, um mit minimalem Aufwand möglichst viele Informationen an den Leser zu bringen. Andererseits klingen viele dieser Begriffe in den Schlagzeilen weitaus dramatischer als neutrale, bedeutungsverwandte Wörter.

■ *Prince Held In Bomb Alert*
 statt: *Prince W. was kept from leaving because of a bomb warning at Heathrow Airport.*

Die für die Boulevardpresse typische Sprache wird abwertend als *„journalese"* bezeichnet. Kennzeichnend ist vor allem die Übertreibung:

■ *to aid: to help*
 to alert: to warn s.b.
 to ban: to stop
 blast: explosion
 cash: money
 to cut: to reduce
 disaster: accident or bad event
 fiasco: failure
 horror: unpleasant, terrible
 to free: to release
 to quit: to stop/give up sth.
 to rap: to criticise
 war: conflict

Überschriften (*headings*)

Die Überschrift eines Zeitungsartikels soll das Interesse des Lesers wecken. Deswegen enthält sie in der Regel in wenigen Worten einen klaren Hinweis auf das Thema des Beitrags. Neben sprachlichen Mitteln, wie verkürzte Sätze (*compressed sentences*) oder Ellipsen (*ellipsis*), stehen folgende verkürzende Konstruktionen zur Verfügung:
– Verzicht auf das Verb *to be* oder die Verwendung des Artikels
  (*"US Senate looking better to opponents of abortion"*)
– Verwendung des *present simple* für bereits abgeschlossene Handlungen
  (*"The queen of commas turns her attentions to a book of manners"*)

– Verwendung von *to + infinitive* für Handlungen, die in der Zukunft stattfinden werden
("*English to be spoken by half of the world's population within 10 years*")
– Verwendung des *past participle* anstatt der kompletten Konstruktion *be + past participle* zur Wiedergabe von Passivkonstruktionen
("*Written by Hemingway closed to public*")

Auf einen Blick:
Unterschiede zwischen *quality paper* und *popular paper*

	Quality paper	*Popular paper*
Presentation of themes	– *serious coverage of topical events* – *complex presentation of themes* – *each paragraph expresses a sense unit and contains several sentences, commentaries, reviews etc.*	– *short articles with big colour photos presenting topics with little depth* – *short paragraphs consisting of one or two sentences* – *sensational news* – *little or no cultural themes other than entertainment or sports*
Language	– *neutral style* – *Standard English* – *complex sentence structure*	– *informal style with colloquial or even slangy language* – *short and long sentences with plain structures* – *a lot of quoted speech*
Headlines	– *factual and informative* – *frequent use of alliteration, allusions and puns*	– *sensational information ("journalese" words) offered in compressed form* – *use of alliteration, assonances, nicknames, puns*

Arten von Sachtexten in Zeitungen (*types of newspaper articles*)

Zeitungen und Zeitschriften enthalten eine Vielzahl von fiktionalen und nicht fiktionalen Texten. Am häufigsten vertreten sind die Textsorten Nachricht (*news, news item*), Zeitungsbericht (*report*) und Kommentar (*comment*). Je nachdem, welche Informationen angeboten bzw. wie die Informationen präsentiert werden, unterscheidet man folgende Arten von Sachtexten in Zeitungen und Magazinen:

5.2 Nicht fiktionale Texte

Type of article	Typical features
advertisement, advert or ad (Werbung)	*a text aimed at persuading the reader to act in a certain manner; it often contains an eye-catching headline, is illustrated and presented in an unusual, attractive layout*
commentary → *column* (Kommentar)	*an article which comments on a current subject matter and expresses the individual view of its author; regular article that either always appears in the same place and deals with the same theme or is always written by the same author; it expresses the (highly) subjective view of the columnist who is named in the byline; e. g.: "Letter from America"; "World view by X.Y."*
editorial or leader/ leading article (Leitartikel)	*an article written by the (chief) editor of a newspaper or magazine expressing his/her view of a theme of current importance or general interest, e.g. a political or social topic*
feature (Reportage, Feature)	*an article dealing with a topic of general interest, often with an individual story as a starting point; it goes beyond covering facts and thus is both informative and entertaining*
news report (Bericht)	*any article which covers current affairs or topical events (so-called hot news) concentrating on answering the five "w's", i.e. who, what, when, where, why, and how; divided into paragraphs*
news item (Nachricht)	*a very short article answering the five "w's" of a current event – often only in one paragraph*
news story	*a kind of report which deals with current affairs or topical events in a subjective manner; it answers the five "w's", but may contain background information and the author's personal opinion and that of people involved as well; the temporal order of the events may be reversed for effect*
op-ed (= opposite the editorial page)	*article always published in the same place dealing with different subjects each time*
(film/book) review (Rezension)	*an article evaluating a film, novel or other piece of literature or art*
gossip column (Klatschspalte)	*article revealing the affairs and gossip of celebrities*
human interest story	*concentrates on the individual fate of a person who is involved in an event of current interest*

5 Texte und Medien analysieren

Vokabular für die Analyse von Zeitungen und Zeitschriften

People writing/illustrating newspapers	Berufe bei Zeitungen und Zeitschriften
(chief) editor	(Haupt)Herausgeber
editorial team	Redaktionsteam
journalist	Journalist
reporter	Berichterstatter, Reporter
newspaper man	Journalist
photographer	Fotograf
cartoonist	Karikaturist
layout designer	Layout-Gestalter

Purchasing a newspaper	Eine Zeitung kaufen
to subscribe to a paper/magazine	abonnieren
to buy a newspaper at a newsagent's/at a newsdealer's/ at a news vendor's	eine Zeitung kaufen beim Zeitschriftenhändler

Products of the press	Presseerzeugnisse
magazine	Illustrierte, Zeitschrift
journal	Zeitschrift
periodical	monatlich/vierteljährlich erscheinende Zeitschrift
daily newspaper (kurz: daily)	Tageszeitung
weekly newspaper (kurz: weekly)	Wochenzeitung
quality paper	anspruchsvolle Zeitung
popular paper	Massenblatt
tabloid/yellow press	Boulevardzeitung

Parts of a newspaper or magazine	Bestandteile einer Zeitung/ einer Zeitschrift
front page	Titelseite
front/back cover	Titelseite/hintere Umschlags- seite
sheet	Zeitungsblatt
supplement	Beilage (z. B. zum Wochenende)

5.2 Nicht fiktionale Texte

Text types in newspapers or magazines	Textsorten in Zeitungen oder Zeitschriften
editorial/leader/leading article	Leitartikel
news item	Nachrichtenmeldung
news report	Bericht
news story	ausführlicher Bericht
It's front-page news.	Es steht auf der Titelseite.
comment	Kommentar
feature	Reportage
letter-to-the editor	Leserbrief
advice column	Ratgeber
gossip column	Klatschspalte
(film/book/CD) review	(Film/Buch/CD) Besprechung
weather forecast	Wetterbericht
TV guide	Fernsehprogramm

Layout	Layout
typescript	Schriftbild
to be printed in large/small type	in großer/kleiner Schrift gedruckt
to be printed in bold letters	fett gedruckt sein
catchline	Schlagzeile
headline/title	Überschrift
subheading	zweite/Zwischenüberschrift
head paragraph	einleitender Abschnitt (oft fett gedruckt)
to be printed in columns	mehrspaltig gedruckt sein
There is more space devoted to photos than to the text.	Abbildungen nehmen mehr Raum ein als der Text.
Little space is devoted to …	Wenig Raum wird … gewidmet.
Headlines and photos cover most space.	Überschriften und Fotos nehmen den größten Raum ein.
A headline is very striking. It is an eye-catcher.	Eine Überschrift fällt sofort auf.
A newspaper has sections: the political section, the sports section, the financial section.	Eine Zeitung hat mehrere Teile: den politischen Teil, den Sportteil, den Wirtschaftsteil.

5.3 Fiktionale Texte

Der Leser eines Romans richtet an diesen Text andere Erwartungen als an eine Dokumentation. Von der Dokumentation, dem Sachtext, erwartet der Leser Sachlichkeit und Genauigkeit. Er geht an den Text mit der Gewissheit heran, alle Informationen an der Wirklichkeit überprüfen zu können. Dem Roman hingegen nähert sich der Leser mit dem Bewusstsein, eine erfundene Geschichte zu lesen. Er stellt die im fiktionalen Text aufgebaute Wirklichkeit nicht infrage.

▶ **fiktional** = auf einer Vorstellung beruhend
Fiktion = etwas, das nur in der Vorstellung existiert

Im fiktionalen Text (*fictional text*) lässt der Autor mithilfe der Sprache eine Wirklichkeit entstehen, die keinen Bezug zur Realität besitzt.

> Unter **Fiktionalität** versteht man die Eigenschaft von literarischen Texten, einen eigenen abgeschlossenen Bezugsrahmen zu besitzen, der außerhalb der Wirklichkeit liegt, aber Ähnlichkeiten mit der Wirklichkeit aufweist.

Die fiktionale Wirklichkeit wird aus folgenden Elementen konstruiert:
- Handlung (*plot*),
- räumliche Dimension (*setting; space*),
- zeitliche Dimension (*time*),
- Figuren (*characters*),
- Perspektive (*point of view*),
- Sprache als Vermittlungsmedium (*language*).

Mithilfe dieser Bestandteile konstruiert der Autor stets nur einen **Wirklichkeitsausschnitt**. Der Autor wählt aus der Vielfalt des in der Wirklichkeit Gegebenen denjenigen Lebensaspekt aus, der ihm geeignet scheint, sein Anliegen an den Leser zu vermitteln. So kann sich der Zeitraum der dargestellten Handlung auf einen Tag und das Personal auf eine geringe Zahl fiktiver Figuren beschränken.

Bei jedem Lesevorgang errichtet der fiktionale Text seine Welt aufs Neue in der Vorstellung des Lesers. Erst die gedankliche Mitwirkung des Lesers beim Lesevorgang füllt die fiktionale Welt und ihre Personen mit Leben.

Textformen der Literatur

Fiktionale Texte werden aufgrund ihrer Textform in Gattungen (*genres*) unterteilt.

Gattung (*genre*)	Textformen
Epik (*epic genre*)	Erzähltexte (*narrative texts; short forms: anecdote, beast fable, parable, short story; long forms: novelette, novel*)
Lyrik (*poetry*)	Versdichtung (*ballad, sonnet, ode, elegy, lyrical poem*)
Drama (*drama*)	Bühnenspiel (*tragedy, comedy, one-act play*)

▶ Im Englischen wird der Ausdruck *fiction* hauptsächlich für Erzähltexte (Roman und Kurzgeschichte) oder häufig als Synonym für *novel* verwendet.

5.3.1 Merkmale narrativer Texte

Narrative Texte oder Erzähltexte stellen die ursprünglichste Form der Literatur dar. Sie wurzeln in der Situation des mündlichen Erzählens vor einer Zuhörerschaft. Aus der mündlichen Überlieferung (*oral tradition*) ist die Schaffung schriftlicher Erzähltexte hervorgegangen.

Das Erzählen von Geschichten oder Märchen hat eine lange Tradition. In einem narrativen Text (von lat. *narrare* „erzählen") tritt der Erzähler als Vermittler zwischen Publikum und Erzählhandlung auf.

Der Erzähler (*narrator*)

Das wichtigste Merkmal narrativer Texte ist der Erzähler. Er ist nicht mit dem Autor identisch. Vielmehr schafft der Autor eine Erzählfigur, aus deren Perspektive er die Handlung präsentiert. Die Wahl des Erzählers hat entscheidenden Einfluss auf die Gestaltung der Erzählung. Ein Ich-Erzähler wird eine Handlung anders darstellen als ein neutraler Beobachter. Daher werden Erzähltexte sowohl im Hinblick auf die Geschichte (*story*), die sie erzählen, untersucht, als auch im Hinblick auf die Erzähltechniken (*narrative techniques*).

Die folgende Graphik zeigt die Erzähltechniken, die durch die Auswahl des Erzählers bestimmt werden.

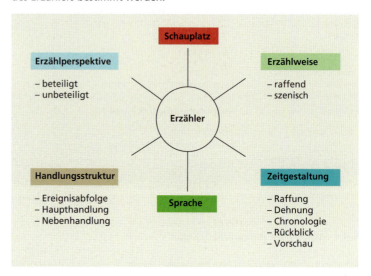

Der Ich-Erzähler (*first-person narrator*)

▶ Beispiele für Kurzgeschichten mit einem *unreliable narrator* sind:
EDGAR ALLAN POE, *The Tell-Tale Heart;*
IAN McEWAN, *Dead as They Come*

Die Persönlichkeit des Ich-Erzählers gibt dem Bericht eine individuelle Färbung; z. B. kann seine soziale Stellung (Angehöriger einer Minorität, einer herrschenden Schicht, einer sozialen Randgruppe; Kind oder Jugendlicher) seine Sichtweise von Problemen und Konflikten beeinflussen.

Der Ich-Erzähler kann zugleich auch **Hauptfigur (*main character*)** der Handlung sein. Die Darstellung der Ereignisse und Figuren wird hierdurch sehr einseitig und subjektiv. Eine Sonderform dieses Typs des Ich-Erzählers stellt der **unglaubwürdige Erzähler (*unreliable narrator*)** dar. Seine Erzählweise, die z. B. aus kindlicher Perspektive, lässt den Leser im Ungewissen über die Glaubwürdigkeit der Darstellung.

IAN McEWAN (geb. 1948) ist Autor erfolgreicher zeitgenössischer Romane, z. B. *Atonement*.

Statt der Hauptfigur kann der Ich-Erzähler eine **Nebenfigur (*subordinate character*)** verkörpern, die sozusagen als **Zeuge (*eye-witness*)** der Handlung beiwohnt. Er ist lediglich Beobachter des Geschehens. Deshalb bezeichnet man diesen Typ des Erzählers als *observer narrator*. In welcher Weise seine Schilderung der Ereignisse subjektiv gefärbt ist, hängt von seiner Beziehung zur Hauptfigur ab:
– Er kann z. B. enger Vertrauter des Protagonisten oder ein unbeobachteter Zeuge sein.
– Er kann durch Gespräche mit der Hauptfigur Einblick in deren Gefühle und Gedanken erhalten.
– Ist er ein außenstehender Beobachter, dann ist seine Perspektive stark eingeschränkt. Seine Darstellung beschränkt sich auf die Wiedergabe der äußeren Ereignisse. Zusätzlich kann er sie aus seiner Sicht kommentieren und Vermutungen über die Motive der Akteure anstellen.

5.3 Fiktionale Texte

Auktorialer und personaler Erzähler

Abhängig davon, welchen Standpunkt (*point of view*) der Erzähler gegenüber dem Erzählgegenstand einnimmt, lassen sich nach FRANZ K. STANZEL noch zwei weitere **Typen von Erzählern** unterscheiden:

Erzähler	Erzählperspektive (*point of view*)	Merkmale
auktorialer Erzähler (*omniscient narrator*)	– außerhalb des Geschehens, alles überschauend – Erzähler ordnet und kommentiert (*intrusion; intrusive narrator*)	– direkte Ansprache des Lesers – Erzähler führt durch das Geschehen
personaler Erzähler (*third-person selective narrator*)	– Übernahme der Wahrnehmungsperspektive einer Figur (*introspection; internal point of view*) oder mehrerer Figuren (*shifting point of view*) – Erzähler als Stellvertreter der Figur (*substitutionary narration*) – subjektiv geprägter Bericht (*limited point of view*)	– kein Kontakt zum Erzähler als Individuum (*impersonal narrator*) – wirklichkeitsgetreue Darstellung; Eindruck der Nähe zum Geschehen – Identifikationsmöglichkeiten werden eröffnet. – Der Leser ist in seiner Urteilsfähigkeit gefordert.

Die Erzählperspektive (*point of view*)

Die Erzählperspektive ist der Standpunkt, den der Erzähler gegenüber dem Erzählgegenstand (Handlung und Figuren) einnimmt. Die folgende Tabelle erläutert die vier Grundkategorien der Erzählperspektive.

	Merkmal	Erzählbeispiel
Außenschau (*external point of view*)	Der Erzähler ist an der Handlung unbeteiligt. Er berichtet aus der Distanz.	*"… being born in a workhouse (…) was the best thing for Oliver Twist that could by possibility have occurred."* CHARLES DICKENS, Oliver Twist, 1837–39
Innenschau (*internal point of view*)	Der Erzähler ist am Geschehen beteiligt, zu dem der Leser eine unmittelbare Nähe empfindet.	*"One night I woke with a start. I heard someone turning the lock of my door."*
unbegrenzte Perspektive (*unlimited point of view*)	Der Erzähler besitzt den Überblick über die gesamte Handlung, ihre Vorgeschichte und Folgen.	*"Had any one at this moment told her she would give up her job to become a freelance journalist, she would have rejected the idea as sheer nonsense. However, time was to prove her wrong."*
begrenzte Perspektive (*limited point of view*)	Der Erzähler ist nur begrenzt in der Lage, den Leser vollständig über die Handlung zu informieren.	*"I'll just leave the basket and go, she decided. I shan't even wait for it to be emptied."* KATHERINE MANSFIELD, The Garden Party, 1922

5 Texte und Medien analysieren

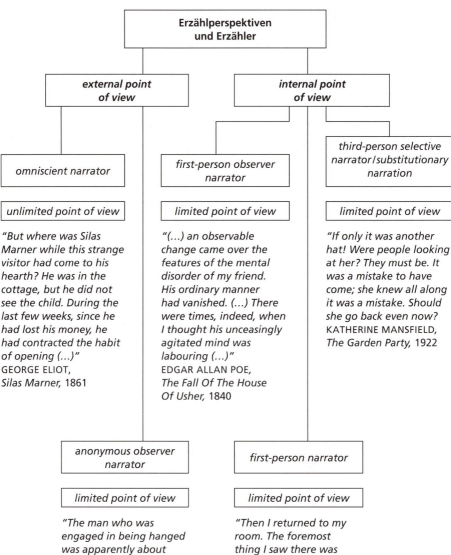

5.3 Fiktionale Texte

Bewusstseinswiedergabe (*presentation of inner life*)

Unter Bewusstseinsvorgängen versteht man die Gedanken, Wahrnehmungen, Eindrücke, Motive, Absichten und Gefühle einer Person. Der Autor kann auf folgende Techniken zurückgreifen, um dem Leser Einblick in die Gedanken- und Gefühlswelt der Figuren zu verschaffen:
- Wiedergabe der Figurenrede in **direkter** (Dialog, Monolog) oder **indirekter Rede**
- **Bericht eines Gesprächs** (Redebericht) durch Figur oder Erzähler
- **direkte Gedankenwiedergabe** (*direct thought*): Gedanken werden in der Form der direkten Rede wiedergegeben, begleitet durch einen berichtenden Satz des Sagens, Denkens, Meinens oder Fühlens („*she thought*", „*he felt*") und unter Verwendung der ersten Person Singular des Verbs.

■ "I'll just leave the basket and go, she decided. I shan't even wait for it to be emptied."
KATHERINE MANSFIELD, *The Garden Party*, 1922

- **direkte Innenschau** (*introspection*): Einblick in seelische und gedankliche Vorgänge einer Figur. Die drei Techniken der direkten Innenschau unterscheiden sich nach der Unmittelbarkeit der Wiedergabe:
  · die **erlebte Rede**: Der Erzähler ordnet die Wiedergabe der Gedanken.
  · der **innere Monolog**: Der Erzähler unterbricht das Selbstgespräch der Figur nicht.
  · der **Bewusstseinsstrom** (*stream of consciousness*): eine realitätsnahe Wiedergabe der spontanen, assoziativen und ungeordneten inneren Vorgänge einer Figur. Gedanken, Erinnerungen und momentane Eindrücke können sich wie in einer Kollage überlagern.

JAMES JOYCE' (1882–1941) Romane *Finnegan's Wake* und *Ulysses* sind vollständig in der **stream of consciousness technique** geschrieben.

erlebte Rede (*reported thought, substitutionary narration*)	innerer Monolog (*interior monologue*)
Der Erzähler gibt die Gedanken der handelnden Figur wieder. Er verwendet dabei die 3. Person Indikativ des Verbs. Das einleitende „he thought" oder „she said" entfällt.	Im Selbstgespräch teilt uns eine Figur ihre spontan-assoziativen Gedanken mit.
■ "Oh, to be away from this! She actually said, 'Help me God.'" KATHERINE MANSFIELD, *The Garden Party*, 1922	■ He had to get to the shop before closing time. He just had to. Now, if he took the bus to Regents Park then – whoops, nearly bumped into an old lady. Be careful – then he could walk from there to Mayfair and … Oh no! Was his bus the one that had just left? No, that one's the 135. It's the number 12 bus that goes to Regents Park. Was this even the right stop? Does the number 12 even go past here?
Der Ausruf „Oh, to be away from this!" ist keine wörtliche Rede – der Erzähler gibt vielmehr gleichsam in Protokollform die Gedankengänge der Figur wieder.	

Die Handlungsstruktur

Die Handlung einer Erzählung bezeichnet man als *plot* oder *action*. Sie besteht aus einer Kette von Ereignissen, die mittels des Erzählers nach bestimmten Gesichtspunkten angeordnet sind:
– in ihrer zeitlichen Reihenfolge (*in a chronological order*),
– verknüpft nach Ursache und Wirkung (*cause and effect*),
– verzweigt nach Haupt- und Nebenhandlung (*main plot and subplot*),
– vorgreifend (*jumping ahead*),
– rückblickend (*flashback or retrospection*).
Als Ereignis (*event, incident*) oder Handlung bezeichnet man eine Situations- oder Zustandsveränderung in einem Zeitverlauf. Sie stellt die kleinste Einheit des Erzählens dar.
Eine Geschichte lässt sich in einzelne Handlungsabschnitte unterteilen, die eine Ereignisbedeutung besitzen. Die Ereignisbedeutung ist so etwas wie die Überschrift für eine Handlung. Die Feststellung der Ereignisbedeutung ist eine Methode zur
– Untersuchung der Informationsvergabe im Text,
– Aufdeckung wiederholt auftretender Ereignisse und Ereignismuster (*plot patterns*),
– Untersuchung der symbolischen Bedeutung eines Ereignisses (z. B. die Reise als Symbol des Übergangs zwischen Jugend und Erwachsenendasein im Entwicklungsroman).
Am Beispiel von ERNEST HEMINGWAYs Roman *The Old Man and the Sea* lässt sich der Zusammenhang zwischen Ereignisbedeutung und symbolischer Bedeutung veranschaulichen:

Der amerikanische Schriftsteller ERNEST HEMINGWAY (1899–1961) erhielt 1954 für *The Old Man and the Sea* den Nobelpreis für Literatur.

Handlung	Ereignis-bedeutung	Symbolische Bedeutung
Santiago, the old fisherman, has to go out to sea alone…	"journey"	Santiago's lonely passage to his ordeal
… in order to find his match in courage, dignity and endurance: the biggest marlin he has ever seen.	"quest"	finding a challenge
In the ensuing fight, Santiago defeats the marlin. He exceeds his physical strength and endurance.	"victory"	passing the ordeal
Santiago returns with what remains of the marlin.	"return"	sanctity

▶ *Vocabulary*
challenge – Wagnis, Herausforderung
ordeal – qualvolle Prüfung
quest – Suche nach etw. Wertvollem
sanctity – Heiligkeit, Läuterung

The marlin brings out Santiago's superior human qualities. In defeating a fish all on his own which is many times bigger and more powerful than he is, he passes an ordeal. In one long heroic effort the old man overcomes all temptations of giving in to his exhaustion and to his opponent. "It is silly not to hope, he thought. Besides I believe it is a sin." This additional information reads the old fisherman's thoughts; it reveals how determined Santiago is and how he fortifies himself to pursue his fight against the attacking sharks.

Die Zeitgestaltung

Ein Erzähltext funktioniert auf zwei Zeitebenen (*time scales*):

Mit dem Begriff erzählte Zeit (*acting time*) bezeichnet man den Zeitraum, über den berichtet wird. Dieser Zeitraum kann auf einen Tag begrenzt sein (z. B. in VIRGINIA WOOLFs Roman *Mrs. Dalloway*); er kann sich aber auch über mehrere Jahre erstrecken wie in EMILY BRONTËs *Wuthering Heights*.
Die **Erzählzeit** oder **Lesezeit** (*narrating or reading time*) ist die Zeit, die der Leser braucht, um den Text zu lesen. Anhand der Seiten- oder Zeilenangaben ist die Erzählzeit leicht zu messen. Sie wird durch die **Erzählökonomie** bestimmt.

Vergleicht man erzählte Zeit und Erzählzeit, so erhält man wichtige Informationen über die Gestaltung eines Textes. Man erfasst seine **Zeitstruktur** (*time scheme*). Im Verlauf des Textes wechselt das Verhältnis von erzählter Zeit und Erzählzeit. Es muss so gestaltet sein, dass der Leser die wesentlichen Informationen in dem zur Verfügung stehenden Raum vermittelt bekommt. In der folgenden Tabelle sind die **Techniken der Zeitgestaltung** dargestellt:

▶ VIRGINIA WOOLF (1882–1941) gilt als Erneuerin des englischen Romans. Die Montagetechnik, die WOOLF in ihrem Roman *Mrs. Dalloway* verwendet, hat als Vorlage für den biografischen Film *The Hours* (2002) gedient.

Zeitraffung *compression of time*	Erzählzeit < erzählte Zeit: Zusammenfassungen, Andeutungen, iteratives Erzählen	"He had been out of sight a long time before she went in." BARRY HINES, Kes. Section IV
Aussparung *ellipsis*	Der Erzähler überspringt einen Zeitabschnitt der Handlung; extremste Form der Zeitraffung.	"[...] I had better go on; and instead of leaping three years, I will be content to pass the next summer [...]." EMILY BRONTË, *Wuthering Heights*, Ch. VII
Zeitdeckung *simultaneity*	Erzählzeit = erzählte Zeit	wörtliche Wiedergabe von Gesprächen; Idealfall: Aufführung eines Dramas
Zeitdehnung *expansion of time*	Erzählzeit > erzählte Zeit	Darstellung von Bewusstseinsvorgängen, z. B. *stream-of-consciousness technique*; Zeitlupentechnik im Film
Zeitpause *pause*	erzählte Zeit = 0; Der Erzähler verbraucht Zeit, während die erzählte Zeit stehen bleibt.	Der Erzähler gibt lange Kommentare oder ausführliche Beschreibungen.

Die Zeitgestaltung dient als Strukturierungsmittel:
- in der Rhythmusbildung, wobei der Wechsel zwischen Beschleunigung, Verlangsamung und Stillstand des Erzähltempos der Erzählung eine rhythmische Bewegung gibt,
- in der Hervorhebung wichtiger Ereignisse und Abläufe,
- in der Schaffung von **Erzählphasen.**

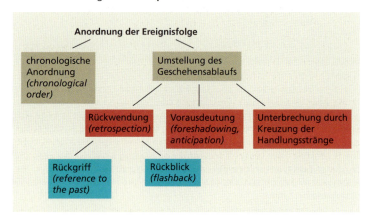

Techniken der Rückwendung

Die **Rückwendung (*retrospection*)** kann variieren zwischen:
- dem **Rückgriff (*reference to the past*)**, der Informationen als kurze gedankliche Erinnerung oder Bestandteil eines Gesprächs nachliefert, und
- dem **Rückblick (*flashback*)**, der an Nahtstellen der Erzählung zurückliegende Ereignisse in szenischer Form oder reflektierender Überschau einblendet.

▎ *"Ok Doctor, this is Anne Smith. She's eighty years old and came in yesterday with heart pains."*
"Mrs Smith, can you hear me …?"
But Annie is flirting with an American soldier on the corner of Brick Lane and Chester Street. It's the Summer of 1942 and her mother thinks she's working late at her job at the post office. Instead she's come to Jimmy's Bar with her girlfriends to swing dance and meet Yanks.
"Now, I have to take a small blood sample," says the doctor. "You'll feel a small pinch." He sits in a chair next to the withered shape on the hospital bed and searches a skeletal arm for a vein. The skin is grey, spattered with liver spots and wilting with age, and the body doesn't move; it scarcely breathes.
"What's your name?" asks the Yank, a lit cigarette sticking from his lips like a lollipop. He grins, and Annie watches out for a flash of teeth. She has heard that Americans have the whitest teeth.
"I don't give my name out to strangers," Annie laughs, then she adds "my mama told me not to," in a big, fake American accent copied from Vivien Leigh in Gone With the Wind.

Techniken der Vorausdeutung

Als Vorausdeutungen (*foreshadowing, anticipation*) wirken von den Figuren geäußerte Befürchtungen und Ängste sowie Einblendungen zukünftigen Geschehens. Durch diese Art von Umstellung der Ereignisfolge lässt sich Spannung erzeugen. Häufig verwendet werden:
– der **plötzliche Handlungsanfang** in einer Short Story oder in einem Roman (*abrupt opening*), der mitten in die Geschehnisse führt, während die Vorgeschichte erst nachträglich eingeblendet wird;
– **Anspielungen** auf zukünftige Ereignisse (*foreshadowing, forboding*);
– der szenische **Schnitt** (*cliffhanger*) als Unterbrechung des Erzählvorgangs mitten im Handlungszusammenhang.

Erzählweisen (*modes of presentation*)

Ein Autor kann auf verschiedene Techniken zurückgreifen, um die Erzählhandlung zu vermitteln. Die wichtigsten Erzählweisen sind der **raffende Bericht** (*panoramic presentation*) und das **szenische Erzählen** (*scenic presentation*). Sie wechseln in einer Erzählung ab und lassen sich anhand ihrer Zeitgestaltung leicht unterscheiden:

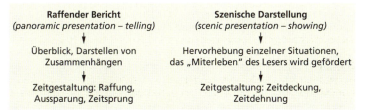

Auch die Ausführlichkeit der Darstellung und die Entfernung zum Geschehen sind Anhaltspunkte zum Erkennen der Erzählweisen.

> Der **raffende Bericht** (*panoramic presentation*) fasst ausgewählte Ereignisse zusammen und vermittelt einen Überblick über ein Geschehen, das sich über einen längeren Zeitraum erstreckt. Mit den Mitteln der Raffung und Aussparung schafft der Autor den Eindruck der räumlichen und zeitlichen Distanz zur Handlung. Diese Technik wird auch als *telling* bezeichnet.

> ■ *"For the next eight or ten months, Oliver was the victim of a systematic course of treachery and deception. He was brought up by hand. The hungry and destitute situation of the infant orphan was duly reported by the workhouse authorities to the parish authorities."*
> CHARLES DICKENS, *Oliver Twist*, 1837–39

> Die **szenische Darstellung** (*scenic presentation*) rückt das Geschehen durch detaillierte Schilderung in räumliche und zeitliche Nähe zum Leser. Sie wird daher auch als *showing* bezeichnet.

214   5 Texte und Medien analysieren

> Die Mittel der Zeitgestaltung in der szenischen Darstellung sind **Zeitdeckung (*simultaneity*)** und **Zeitdehnung (*expansion of time*)**. Der Figurendialog sowie die Wiedergabe der Wahrnehmungen, Gedanken und Gefühle der Figuren sind typische Bestandteile.

▶ *Scenic presentation*
In dem Beispiel aus *Oliver Twist* ermöglicht sie dem Leser die Anteilnahme am Geschehen; die Identifikation mit den handelnden Figuren wird unterstützt.

> "'I don't like it,' rejoined Oliver, timidly; 'I wish they would let me go. I – I would rather go.'
> 'And Fagin would rather not!' rejoined Charley.
> Oliver knew this too well; but thinking it might be dangerous to express his feelings more openly, he only sighed, and went on with his boot-cleaning.
> 'Go!' exclaimed the Dodger. 'Why, where's your spirit? Don't you take any pride out of yourself? (…)'"
> CHARLES DICKENS, *Oliver Twist,* 1837–39

Spannungserzeugung in Erzähltexten

Man unterscheidet zwei Arten der Spannung in fiktionalen Texten:
– Die **Beziehungsspannung (*tension*)** ist das spannungsreiche Verhältnis zwischen mehreren Personen.
– Die **Finalspannung (*suspense*)** ist die Eigenschaft einer Erzählung, die unsere Neugier an einem Text wach hält. Sie kann nur dadurch entstehen, dass zuvor im Leser eine Erwartung auf ein zukünftiges Geschehen bzw. auf die weitere Entwicklung der Handlung geweckt wurde.

Der Aufbau einer Lesererwartung geschieht z.B. durch:
– **Andeutungen und Hinweise:** Der Handlungsort (*setting*) und seine Atmosphäre (*atmosphere*) haben oft ankündigende Funktion. Teilinformationen und Andeutungen über die Vorgeschichte lassen den Leser eine vollständige Darstellung der Hintergründe erwarten. Vorausdeutungen (*foreshadowing, foreboding*) erfüllen den Leser mit der Vorahnung auf einen guten oder schlechten Ausgang der Ereignisse.
– **die Nennung eines Handlungsziels:** Der Leser entnimmt der Erzählung ein Handlungsziel des Protagonisten. Nun liegt für den Leser die Spannung in der Frage wie und wann wird das Vorhaben erreicht?
– **die Unterbrechung der Erzählhandlung** in einem für die weitere Entwicklung entscheidenden Moment (*cliffhanger*).
– **die szenische Darstellung** und **die Zeitdehnung (*expansion of time*):** Der Fortgang der Ereignisse wird durch die Ausführlichkeit der Darstellung weiter hinausgezögert. Da nur kleine Handlungsfortschritte erzielt werden, ist jederzeit mit dem Auftauchen neuer Gefahren und Hindernisse zu rechnen, die das Vorhaben (z.B. die Flucht, die Rettung) des Protagonisten in Frage stellen. Die Identifikation des Lesers mit der Hauptfigur ist besonders stark.

> "He stood, for a moment, with the blood so tingling through all his veins from terror, that he felt as if he were in a burning fire; then, confused and frightened, he took to his heels; and, not knowing what he did, made off as fast as he could lay his feet to the ground."
> CHARLES DICKENS, *Oliver Twist,* 1837–39

5.3.2 Die Short Story

Die Short Story ist ein kurzer Erzähltext, der sich auf die Betrachtung einer einzelnen Situation konzentriert. Diese steht oft stellvertretend für ein bestimmtes Phänomen. Alle Gestaltungsmittel der Short Story (Sprache, Aufbau) tragen gezielt zur Verdeutlichung dieses Phänomens (z. B. *disappointment*) bei. Häufig wird eine krisenhafte Situation, Entscheidung oder Wende untersucht, die für das Leben der Hauptfigur von herausragender Bedeutung ist. Die Betroffenheit der Figur in dieser Situation wird oft besonders intensiv und für den Leser nachvollziehbar dargestellt.

> Die **Short Story** ist ein kurzer Erzähltext in Prosa, dessen Gestaltungsmittel zur Darstellung eines einzigen, besonderen Phänomens gebündelt werden.

EDGAR ALLAN POE (1809–1849) gilt als Begründer der traditionellen Short Story. Er hebt folgende **Darstellungsprinzipien** der *„short prose narrative"* hervor:
- **Selektion** (*selection*): gezielte Auswahl einer einzigen Handlungseinheit oder Kernsituation, die geeignet ist, einen Aspekt menschlichen Daseins treffend zu veranschaulichen;
- **Konzentration** (*concentration*): Schärfe und Tiefe der Darstellung;
- **Ökonomie** (*brevity*): knappe Darstellung mit gezieltem Einsatz sprachlicher Mittel;
- **Komprimierung** (*compression*): Raffung und Verdichtung der Darstellung; es wird erreicht durch **suggestives Erzählen** (*compression by suggestion and implication*), d. h., Sachverhalte werden angedeutet, „zwischen den Zeilen" ausgedrückt.

EDGAR ALLAN POE veröffentlichte 1841 mit *Murders in the Rue Morgue* eine der ersten Detektivgeschichten.

Merkmale der Short Story

Aufgrund ihrer typischen Darstellungsprinzipien unterscheidet sich die Short Story deutlich vom Roman (*novel*).

Short Story	Roman
– einsträngige Handlung – Komprimierung – Konzentration	– komplexe Handlungsstruktur – Detail – Vielfalt

Obwohl Kurzgeschichten sich generell durch die Vielfalt ihrer Gestaltungsformen unterscheiden, gibt es spezifische Merkmale, in denen sie übereinstimmen können.

Die Rahmenhandlung (*framework structure*)

Einige Geschichten sind in eine Rahmenhandlung eingebettet. Der Erzähler der Geschichte ist zugleich handelnde Figur der Rahmenhandlung. In *Heart of Darkness* von JOSEPH CONRAD bildet die Erzählsituation, in der der Protagonist von seiner Expedition in Afrika berichtet, die

JOSEPH CONRAD (1857–1924), aus Polen stammender Autor moderner englischer Romane und Kurzgeschichten, fuhr 20 Jahre lang zur See und erlernte die englische Sprache als Autodidakt.

Rahmenhandlung. In *The Celebrated Jumping Frog of Calaveras County* von MARK TWAIN stehen die Reaktionen des Zuhörers auf die witzige Geschichte im Mittelpunkt der Rahmenhandlung.

Die Exposition (*exposition*)

Als Exposition bezeichnet man den Teil der Short Story, der Ort und Zeit der Handlung (*setting*), Stimmung (*atmosphere*), Hauptfiguren sowie das Anliegen der Geschichte vorstellt. Nur die für das Verständnis der Gesamthandlung wichtigen Elemente der Vorgeschichte werden hier erwähnt. Dieser Erzählabschnitt steht in der Regel am Anfang der Geschichte. Im folgenden Beispiel liefert bereits der Anfangssatz (*initial sentence*) die wesentlichen Informationen der Exposition und deutet das Thema (z. B. *unhappy marriage*) an.

■ *At 9 A.M. on Friday 17th of March, Mrs Carlton left the New York townhouse in which she lived with her wealthy husband and caught a taxi to her lover's studio flat on the other side of the city.*

Abrupt einsetzende Handlung (*abrupt opening*)

Der unmittelbare Einstieg in die Handlung ist eine Erzähltechnik der Short Story, die das Interesse des Lesers weckt und den Leser direkt am Geschehen teilhaben lässt.

■ *He slipped in his chair, knocking his plate and his neighbour's wineglass onto the floor. Somebody pulled him up, but he slipped again and sat looking ahead, his eyes unfocused and shot through with red streaks. He was drunk.*

> The first lines of the story use the impersonal pronoun „he" and give very little information about the man's identity. From the context, the reader may guess that the character is at a dinner party. The fact that we know nothing about him, makes him a very anonymous character. His drunkenness cuts him off from the others because he is unable to speak or sit up properly. His situation is emphasised in the last line which is so short and factual compared to the other more descriptive, longer sentences.

Die Hauptpersonen und der Ort der Handlung werden im Anfangssatz als bekannt vorausgesetzt. Oft wird im weiteren Verlauf rückblickend dargestellt (*retrospection*), wie die Ausgangssituation entstand.
Vielfach endet die Short Story ebenso abrupt mit einem offenen Ende (*open ending*), das den Leser über den Ausgang der Ereignisse im Dunkeln lässt. Die Geschichte konzentriert sich auf die Kernhandlung, die, aus dem Leben der Hauptfigur „herausgeschnitten", wiedergegeben wird. Diesen Typ der Short Story bezeichnet man als **slice-of-life story**.
Open ending und *surprise ending* sind Erzähltechniken, die den Leser zur persönlichen Deutung der Geschichte auffordern. Das überraschende Ende erschüttert die bis dahin aufgebaute Lesererwartung.

5.3 Fiktionale Texte

Die Kurzgeschichte mit offenem Ende blendet den weiteren Verlauf der Handlung aus. Fragen und Probleme bleiben ungeklärt. Das offene Ende kann auch auf die Unveränderbarkeit einer Situation hindeuten.

■ *"Put it down, Mary."*
Her body, her arms, her shoulders were all shaking, but her breathing was calm. It was loud and regular and he listened to it over the shouts and police sirens he could hear coming from outside.
"Put it down, Mary," he said. "We'll talk. Let's just talk."
But the black pupils of her eyes gave him no sign that she had heard, or even recognised him at all. They were cold and metal as the gun in her hands.

> After their fight, Mary is standing over Frank in her kitchen, pointing a gun at him as he tries to crawl away from her. Mary is clearly in a position of power: she is higher than Frank, holding a gun, and fairly calm. However, the reader also senses that she is vulnerable because she is shaking and the sound of approaching police cars can be heard. This ambiguity is emphasised by the fact that she doesn't speak - does she not want to answer Frank, or is she too scared? The dramatic tension is raised at the very end when her eyes are compared to her gun. She suddenly seems emotionless, rather than scared, and it is implied that she might shoot him. As the story is left open, the reader must imagine what happens. The ending is therefore meant to build tension and not 'finish' the story in a conventional way.

Der Wendepunkt (*turning point*)

Nachdem sich die Ausgangssituation der Short Story bis zum Höhepunkt zugespitzt hat, kann die Handlung eine überraschende Wende nehmen. Sie spielt eine zentrale Rolle für die Aussage der Geschichte. In HEMINGWAYs *A Day's Wait* tritt der Wendepunkt ein, als der Vater den Irrtum seines Sohnes erkennt, der glaubt, sterben zu müssen.

Sprachliche Gestaltung der Short Story

Kurzgeschichten sind inhaltlich sehr komprimiert; durch treffende Formulierungen einerseits und Andeutungen „zwischen den Zeilen" soll eine möglichst große Aussagekraft erzielt werden. Schlüsselbegriffe, die durch Wiederholung hervorgehoben werden, sowie Symbole liefern wichtige Hinweise für das Verständnis einer Geschichte.
Durch bewusste Wortwahl (Adjektive und Wörter mit konnotativer Bedeutung) wird auch die Stimmung einer Kurzgeschichte erzeugt. In JAMES JOYCE' Erzählung *Eveline* etwa spielt das Wort „dust" bei der Beschreibung von Evelines Umgebung eine große Rolle. So wie sich der Schmutz und Staub in Ecken oder auf Dingen sammelt, die nicht beachtet werden und vergessen im Raum stehen, ist auch Eveline von dem Gefühl bestimmt, verlassen und vergessen zu sein. Als Symbol des Todes erzeugt er eine Atmosphäre der Leblosigkeit und des Stillstands und

deutet so die Handlungsunfähigkeit der Protagonistin Eveline am Ende der Geschichte an. In der Allgegenwärtigkeit von „dust" spiegelt sich für Eveline die Unmöglichkeit, dem Schicksal zu entfliehen.

Der Schauplatz (*setting*)

Der Schauplatz in fiktionalen Texten ist zunächst einmal Handlungsort, Bestandteil des *setting*. Darüber hinaus kann er aber auch verschiedene bedeutungstragende Funktionen ausüben.
Im folgenden Textbeispiel hat der Ort eine **sinnbildliche Funktion** (*symbolic function*). Als besonderes Merkmal dieser Beschreibung ist eine Reihe von Details erkennbar, die konnotativ mehrfach die Ideen *distance* (Entfernung) and *isolation* (Abgeschlossenheit) ausdrücken:

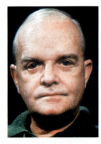

TRUMAN CAPOTE (1924–1985) schildert in Kurzgeschichten und Romanen mit stilistischer Brillanz Leiden, Einsamkeit und Fantasien von Jugendlichen und Außenseitern.

■ From where we live, you can see for miles and miles because there is nothing in the way. Just desert, and more desert, and rocks that are all the same shape. Sometimes the sky is so grey that it blends in with the ground and it seems the whole world is desert, above and below. Sometimes you see a stray goat or a sheep, but not often.
Our house is twenty miles from the nearest town, and to get there you have to go along one straight long road that is bumpy and makes a car rattle like windows in a storm.

> The narrator uses two devices to underline the short story's themes. First of all, he places the setting in a prominent position by putting it at the beginning. This a clear signal to show that where he lives has a lot of importance; it is implied to the reader that the story will take place there.
> Secondly, the narrator repeats the idea of isolation in the imagery of the description. Words like "desert" and "grey" portray an image of a non-existent space where the inhabitants have no contact with other people. The emphasis on the distance and poor quality of the road emphasise this: it is obviously difficult for the characters to leave their environment and they are therefore separated from the outside world.

In manchen Short Storys werden durch die Wahl von zwei Schauplätzen **Gegensätze** geschaffen, z. B. zwischen *city/country, the far/the near, the outside/the inside, native country/foreign country*.
Ein weiterer Aspekt einer Kurzgeschichte können die **Empfindungen** sein, die der Schauplatz in den Figuren auslöst.

> "The Fall of the House of Usher" by Edgar Allan Poe is the story of an evil deed taking its toll. The presentation of the setting at the beginning of the story already prepares the reader for its horrifying ending. On approaching the House of Usher to visit his friend, the narrator is filled with "a sense of insufferable gloom". In the ensuing description of what he sees, "bleak walls," the use of adjectives connotating sadness and lifelessness the prevails.

Kreatives Schreiben I: Den Anfang einer Short Story verfassen

"Good evening. Today, our fellow citizens, our way of life, our very freedom came under attack in a series of deliberate and deadly terrorist acts. The victims were in airplanes, or in their offices; secretaries, businessmen and women, military and federal workers; moms and dads, friends and neighbors. Thousands of lives were suddenly ended by evil, despicable acts of terror. [...]"

GEORGE W. BUSH, *The 9/11 TV Address*

Im Anschluss an die Analyse der Rede Bushs wird diese *creative writing* Aufgabe gestellt:
Write the beginning of a short story which is about the family of one of the victims of the terorist attack.

Um planvoll vorgehen zu können, arbeiten Sie entlang der wichtigen Merkmale der Short Story.

1. Die Short Story konzentriert sich auf die Betrachtung einer einzelnen **Situation.** Diese steht oft stellvertretend für ein bestimmtes **Phänomen.**

Auswahl eines Themas
Choose a topic you would like to present in your story about the victims of 9/11.

- coping with the death of a family member
- violence breeds more violence
- feelings of guilt

Auswahl einer Situation
Choose a situation which is most suitable to present your idea.

- hearing the news of a person's death
- telling someone about the experience after many years

2. Der Autor schafft eine **Erzählfigur,** aus deren **Perspektive** er die Handlung erzählt.

Auswahl der Erzählperspektive

You can choose between three perspectives:
- a grown-up's perspective (the victim's husband or wife)
- a child's version of the events: the victim's son or daughter tells the story
- a person who is not directly involved meets the victim's wife, husband or child a long time after the attack, e.g. after ten years, and listens to the person's experiences. So you will be able to show the long-term effects a death in the family has on those who survived.

---

auf **http://wissenstests.schuelerlexikon.de** und auf der DVD   **Wissenstest 5**

220 | Überblick

3. Der **unmittelbare Einstieg** in die Handlung weckt das Interesse des Lesers und lässt ihn direkt am Geschehen teilhaben.

Auswahl eines Anfangssatzes

Choose an initial sentence which plunges the reader immediately into the action and makes him want to read on.
Make the first sentence very short.
Do not give away too much information in the first sentence – just drop a few hints to make the reader curious.

Some examples:

Valerie was the least likely person to meet in a hotel bar.

They were very patient with me.

The morning of the 11th September seemed full of promise to Valerie.

4. Als Exposition bezeichnet man den Teil der Short Story, der Ort und Zeit der **Handlung (*setting*)**, Stimmung (*atmosphere*), **Hauptfiguren** sowie das **Anliegen der Geschichte** vorstellt. Dieser Erzählabschnitt steht in der Regel am Anfang der Geschichte.

Auswahl des Schauplatzes, der Zeit und der Hauptfiguren

Make your decision on
– when and where the story will be set,

– what the constellation of characters will be and

– what background information the reader needs to understand the story.

Choose only one setting for the beginning of the story, e.g. a room, a subway train, a plane or a park.

Concentrate on two or three characters, e.g. a teacher and a child, a doctor or a fireman; a child and their friend.

Create one single background situation which underlines your topic.

Wissenstest 5 auf **http://wissenstests.schuelerlexikon.de** und auf der DVD

Überblick 221

5. Der Schauplatz kann in fiktionalen Texten eine **symbolische Bedeu-tung** haben. Er beeinflusst die Atmosphäre der Handlung.

Gestaltung des Schauplatzes

Decide whether to choose a place which is full of symbolism, or

Some examples
a bridge or a station (stand for a new stage of life)
a river (stands for life)
a cemetery (stands for death)
a hospital (stands for illness and suffering)

Describe the setting in a way that the reader may feel its atmos-phere: Use adjectives and connotative nouns.

Sunny weather, bright colours and cheerful sounds create a pleasant atmosphere; dim light and rain, fog or snow are likely to produce a sad, mournful atmosphere. Darkness and thunder are associated with fear.

Perhaps you mention an object in the room which is a symbol.

a candle (symbol of understanding)
a photograph (symbol of memories)
a flower (symbol of love and respect)

6. Eine Short Story erzielt durch knappe, treffende **Formulierungen** eine möglichst große Aussagekraft. **Schlüsselbegriffe,** die Hinweise zum Verständnis einer Geschichte liefern, werden durch Wiederho-lung hervorgehoben.

Sprachliche Darstellung

Use precise expressions in your description of the place. Use direct speech to make the beginning lively.

■ *" 'I can't bear it!' She sits up breathing the words and tosses the dark rug away. It is colder than ever, and now the dusk is falling, falling like ash upon the pallid water.*
And the little steamer, growing determined, throbbed on, pressed on, as if at the end of the journey there waited …"
KATHERINE MANSFIELD, *Six Years After,* 1923

Vermittlung der Hinter-grundinformation

Give just a short out-line of the background: Some of the information the rea-der needs may be given by the dialogue.

"Six Years After" is about a mother remembering her sons's early death and everything he missed in his life.

Titel

Find a title which matches the topic and makes your text inte-resting.

"Into Darkness"
"After Ten Years"
"Loss"

auf **http://wissenstests.schuelerlexikon.de** und auf der DVD   **Wissenstest 5**

5.3.3 Der Roman (*novel*)

Der Roman (*novel*) ist eine **narrative Langform.** Eine Zwischenform zwischen Short Story und Roman stellt in der englischsprachigen Literatur der **Kurzroman (*novelette*)** dar. Der Roman ist meist in Kapitel unterteilt.

> Der **Roman** entfaltet ein komplexes und vielfältiges fiktives Geschehen. Von den narrativen Kurzformen wie der Short Story unterscheidet er sich außer durch seine Länge auch durch die weit verzweigte Handlung sowie das reichere Figurenensemble. Im Gegensatz zum Epos, als dessen Nachfolger er gilt, ist der Roman nicht in Versen abgefasst, sondern in Prosa.

Gegenstand des Romans ist nicht die punktuelle Befindlichkeit, sondern die Entwicklung einer Figur oder einer Gruppe von Figuren über einen Zeitraum hinweg. Der Leser lernt den Protagonisten in der Begegnung mit unterschiedlichen Situationen und Menschen kennen und nimmt verschiedene Seiten seiner Persönlichkeit wahr. Zu diesem Zweck weist er neben einer **Haupthandlung (*main plot*)** vielfach mehrere **Nebenhandlungen (*subplots*)** und häufige Schauplatzwechsel auf.

> Der Roman bietet aufgrund seines Umfanges den Raum, um
> - das vielschichtige und sich wandelnde Gefühlsleben einer Figur ausführlich zu entwickeln;
> - eine umfangreiche Einführung in die Vorgeschichte und Hintergründe der zentralen Handlung zu liefern;
> - ein Thema in seiner Vielschichtigkeit aus verschiedenen Perspektiven vor dem Leser auszubreiten;
> - Themen darzustellen, die eine breitere Entfaltung benötigen.

Im Unterschied zur Short Story, die nur einen Ausschnitt der fiktiven Welt betrachtet, verfügt der Roman über folgende **Gestaltungsmittel:**
- komplexe Handlungsstruktur
- Rückblicke
- Episoden und Einschübe
- Perspektivenwechsel
- räumliche Vielfalt
- Figuren- und Ereignisvielfalt

Romangattungen

Romane werden aufgrund gemeinsamer Merkmale in Romangattungen (*genres*) eingeteilt. Diese Merkmale können sein:
- Aussageweise
- Form
- Stoffauswahl
- Anspruchsniveau
- Entstehungszeit

5.3 Fiktionale Texte

Merkmale von Romangattungen

Aussageweise

sentimental novel
empfindsamer Roman

satirical novel
satirischer Roman

realistic novel
realistischer Roman

naturalistic novel
naturalistischer
Roman

humorous novel
humoristischer Roman

parody
parodistischer Roman

Form

epistolary novel
Briefroman

diary
Tagebuchroman

frame story
Roman mit Rahmen-
handlung

*stream-of-conscious-
ness novel*
Bewusstseinsroman

experimental novel
experimenteller
Roman

picaresque novel
pikaresker Roman

Stoffauswahl

historical novel
historischer Roman

gothic novel
Schauerroman

*novel of adolescence/
coming-of-age novel*
Entwicklungsroman

*detective novel, psy-
chological crime novel*
Kriminalroman

*utopian or dystopian
novel*
utopischer oder anti-
utopischer Roman

science fiction novel
Sciencefictionroman

Anspruchsniveau

literary novel
anspruchsvoller
Roman

romance
Kitschroman

light fiction
Unterhaltungsroman

bestseller

thriller

cheap fiction
Trivialliteratur

Entstehungszeit

*18th century/
19th century/
20th century novel*
Roman des 18./19./20.
Jahrhunderts

Victorian novel
Viktorianischer Roman

postwar novel
Nachkriegsroman

contemporary novel
zeitgenössischer
Roman

post-colonial novel
Roman der postkolo-
nialen Zeit

Beispiele wichtiger Romangattungen

Satirical novel
A satirical novel wants to criticize aspects of society the author finds problems in, e.g. the abuse of power or political inefficiency. Instead of openly criticizing what he finds fault with, the writer uses exaggeration and irony to expose the object of criticism to laughter.

Animal Farm (1945) by GEORGE ORWELL is both a satirical fable and a "novel du clef" (Schlüsselroman) of revolutionary Russia and Stalinism: The animals of Mr Jones's farm stage a revolution and expel their human master from the farm. The pigs take over leadership, eventually become corrupted, and a new tyranny replaces the old one. Exaggeration and the absurd are used to ridicule the post-revolutionary order and political manipulation. In the last chapter the perversion of political rule culminates, when the pigs reduce all of the farm animals' revolutionary commandments into a single one:
"All animals are equal, but some animals are more equal than others."

Science fiction novel
Science fiction novels explore the chances and limits of future civilization. Science fiction themes are extrapolations of current trends in science, technology and society, e.g. visions of life after a nuclear catastrophe, society changed by imaginary technological or medical advances, life on an overpopulated planet or a planet which has become uninhabitable.
The tendency of best-selling science fiction novels is to warn readers not to give in to the fascinations of new discoveries but to be aware of their long-term effects on life on earth.

URSULA K. LE GUIN, *City of Illusions* (1967); *The Dispossessed* (1975)
RAY BRADBURY, *Fahrenheit 451* (1953)

GEORGE ORWELL
(1903–1950)

Dystopian novel (Anti-utopischer Roman)
Dystopian novels go back to THOMAS MORE's Utopia (1515/1516), a short novel presenting an ideal imaginary society. Dystopian novels do quite the opposite. Their intention is to warn of present-day tendencies in politics, society or science, which might deteriorate in the future. They create a nightmare-like setting in order to warn of disastrous consequences of what is wrong today.

GEORGE ORWELL's dystopian satire *1984* (1949) projects the political reality of ORWELL's lifetime into the future: recent German Nazism, the totalitarianism of Soviet-Russia and the Cold War. The satirical novel *1984* describes a society which is controlled by manipulation and terror.

ALDOUS HUXLEY's novel *Brave New World* (1932) makes aware of the risks of genetic engineering in a totalitarian state.

ALDOUS HUXLEY
(1894–1963)

5.3 Fiktionale Texte

Coming-of-age novel **(Entwicklungsroman)**
The coming-of-age novel (or novel of adolescence) concentrates on, in some novels only a section of, a young person's passage into adulthood. Experiencing conflicting influences or one (or several) crisis, the protagonist has to make his/hers choice. Some stories present a child's first confrontation with violence, loss or death. In the process of growing up, the young person has to learn how to come to terms with difficulties on his/her own. In the course of this process, he/she investigates into his/her identity and individuality. He/she acquires a growing self-understanding, a growing confidence in his/her own faculties, an aim in life and an individual set of values. If the passage is completed, the young person is finally ready to face adult life.

In NICK HORNBY, About A Boy (1998) Marcus, an unhappy outsider among teenagers who are his age, grows independent from his mother and turns into a self-confident and cheerful boy. He meets Ellie, an outsider, too, is the first person to discover Marcus's sense of humour. She encourages him simply by accepting his true self. Meeting Ellie, Marcus finds out about the true meaning of friendship. As well, the novel shows how Will Freeman, Marcus's grown-up friend, finds his own identity and purpose in life.

JEROME D. SALINGER, *The Catcher in the Rye* (1951); HARPER LEE, *To Kill a Mockingbird* (1960); PAUL AUSTER, *Moon Palace* (1989); KHALED HOSSEINI, *The Kite Runner* (2003)

Post-colonial novel
"New English literature" is fiction which has been written in former British colonies. Due to the fact that English has not been replaced by any native language as the official language after Britain's colonies became independent, there is a large stock of African, Indian and Pakistani fiction written in English which deals with present-day life of people in Africa, India and Pakistan, and of immigrants in Great Britain. Some of the most common issues which are illustrated are discrimination against women, injustice, poverty, difficulties in integrating, religious fanaticism, the clash of traditional and modern values.

Indian and Pakistani authors:
SALMAN RUSHDIE
ARUNDHATI ROY, *The God of Small Things* (1997)
MONICA ALI, *Brick Lane* (2003)
VIKAS SWARUP, *Slumdog Millionaire* (2005)

African authors:
CHINUA ACHEBE, *Things Fall Apart* (1958)
NGUGI WA THIONG'O, *Petals of Blood* (1977)

NICK HORNBY
(geb. 1957)

JEROME D. SALINGER
(1919–2010)

PAUL AUSTER
(geb. 1947)

ARUNDHATI ROY
(geb. 1961)

5 Texte und Medien analysieren

Entwicklung des englischsprachigen Romans

Epochen	Beispiele
Altenglische Epik (450–1066)	Heldenepen (z. B. *Beowulf*) und Geschichtsepen (z. B. *The Anglo-Saxon Chronicle*) in Versform
Mittelenglische Epik (1066–1500) Einführung des Reims und der *romance* durch den Einfluss der französisch-normannischen Kultur	GEOFFREY CHAUCER: *The Canterbury Tales* (1387–1400) Höfische Erzählungen (*romances of chivalry*)
Renaissance (1500–1660) Zeitalter des Humanismus Weiterentwicklung der Versepen	THOMAS MORE: *Utopia* (1516) EDMUND SPENSER: *The Faerie Queene* (1589–1596) JOHN MILTON: *Paradise Lost* (1642–1663)
Restauration und neoklassische Zeit (1660–1798) Zeitalter der Aufklärung: Satire, satirische Versepen Herausbildung des Romans mit der Figur des allwissenden Erzählers (wichtigste Vorbilder: CERVANTES: *Don Quixote* (1605) und die spanischen Schelmenromane) Empfindsamer Roman (*sentimental novel*) Schauerroman (*Gothic Novel*)	JONATHAN SWIFT: *Gulliver's Travels* (1726) ALEXANDER POPE: *The Rape of the Lock* (1712–1714); *Dunciad* (1728,1742/43) DANIEL DEFOE: *Robinson Crusoe* (1719); *Moll Flanders* (1722) HENRY FIELDING: *Joseph Andrews* (1742); *Tom Jones* (1749) SAMUEL RICHARDSON: *Pamela* (1740) LAURENCE STERNE: *Tristam Shandy* (1760–1767) HORACE WALPOLE: *The Castle of Otranto* (1764)
Das 19. und 20. Jahrhundert Herausbildung der amerikanischen Short Story und des Romans	WASHINGTON IRVING (1783–1859), NATHANIEL HAWTHORNE: *The Scarlet Letter* (1850) und EDGAR ALAN POE (1809–1849) gelten als Begründer einer eigenständigen amerikanischen Literatur. HERMAN MELVILLE: *Typee* (1846); *Moby Dick* (1851)
Der historische Roman: Im Zentrum steht die meist mehrsträngige Handlung, die in ein historisches Geschehen eingebettet ist.	SIR WALTER SCOTT: *Ivanhoe* (1818) MARGARET MITCHELL: *Gone with the Wind* (1936) CHARLES DICKENS: *Oliver Twist* (1837–1838); *Hard Times* (1854); *Little Dorrit* (1855–1857); *A Tale of Two Cities* (1859)
Der englische **Gesellschaftsroman** beschreibt die Auswirkungen der wirtschaftlichen und sozialen Umwälzungen des 19. Jahrhunderts.	WILLIAM THACKERAY: *Vanity Fair* (1847–1848) GEORGE ELIOT: *Middlemarch* (1871–1872)
Roman des **Realismus:** möglichst realitätsnahe Schilderung von Personen und Ereignissen	Romane von CHARLES DICKENS SINCLAIR LEWIS: *Main Street* (1920); *Babbit* (1922) JOHN STEINBECK: *Grapes of Wrath* (1939) THOMAS HARDY: *Tess of the D'Urbervilles* (1891); *Jude the Obscure* (1895)

5.3 Fiktionale Texte

Roman des Naturalismus: Das menschliche Leben wird nicht als selbstbestimmt beschrieben, sondern als den gesellschaftlichen Kräften, dem Schicksal oder der Natur ausgeliefert.	THEODORE DREISER: *Sister Carrie* (1900) STEPHEN CRANE: *Maggie: A Girl of the Streets* (1892); *The Red Badge of Courage* (1895)
Versprachlichung von Bewusstseinsvorgängen: Entwicklung der personalen Erzählweise	JOSEPH CONRAD: *The Heart of Darkness* (1902) HENRY JAMES: *The Ambassadors* (1903)
Entwicklung des inneren Monologs und der *stream-of-consciousness technique*	JAMES JOYCE: *Ulysses* (1922) VIRGINIA WOOLF: *Mrs. Dalloway* (1922) KATHERINE MANSFIELD: *The Garden Party* (1922)
Thematische Auseinandersetzung mit der modernen Wirklichkeit: – Entfremdung und Einengung der individuellen Entwicklung – satirische Auseinandersetzung mit totalitären Systemen – britische *working-class novelists* – Romane der *Angry Young Men*	D. H. LAWRENCE: *Sons And Lovers* (1913); *The Rainbow* (1915) ALDOUS HUXLEY: *Brave New World* (1932) GEORGE ORWELL: *Animal Farm* (1945); *1984* (1949) ALAN SILLITOE: *The Loneliness of the long distance Runner* (1959) STAN BARSTOW, DAVID STOREY, JOHN BRAINE, KINGSLEY AMIS, JOHN WAIN
– Darstellung der Rollenanforderungen an die moderne Frau	DORIS LESSING: *Martha Quest* (1952); *A Man and Two Women* (1958) MARGARET DRABBLE: *The Needle's Eye* (1972)
– Commonwealth-Literatur (*New English Literature*): Aufarbeitung der Kolonialgeschichte; Belebung der eigenständigen kulturellen Identität	JEAN RHYS: *Wide Sargasso Sea* (1966) MARGARET ATWOOD: *Surfacing* (1972) V. S. NAIPAUL: *Half A Life* (2001) SALMAN RUSHDIE: *Midnight's Children* (1981) NADINE GORDIMER: *Burgher's Daughter* (1979) J. M. COETZEE: *Waiting for the Barbarians* (1980) PATRICK WHITE: *The Tree Of Man* (1955) JANET FRAME: *Living in the Maniototo* (1979) MICHAEL ONDAATJE: *The English Patient* (1992)
Wichtige zeitgenössische amerikanische Autoren	SAUL BELLOW: *The Adventures of Augie March* (1953) JOHN UPDIKE (1932–2009) TONY MORRISON: *Beloved* (1987) J. CALIFORNIA COOPER: *In Search of Satisfaction* (1994) AMY TAN: *The Joy Luck Club* (1989) PAUL AUSTER: *Moon Palace* (1989) PHILIP ROTH: *American Pastoral* (1997)
Wichtige zeitgenössische britische Autoren	JULIAN BARNES: *A History of the World in 10 $^1\!/_2$ Chapters* (1989) HANIF KUREISHI: *The Buddha of Suburbia* (1990) NICK HORNBY: *About a Boy* (1988) GRAHAM SWIFT: *Waterland* (1983) IAN MCEWAN: *Atonement* (2001)

Kreatives Schreiben II: Umschreiben einer Short Story aus der Perspektive einer anderen Figur

Der Perspektivenwechsel (*telling from a different point of view*) ist eine Form des *creative writing*, die sich auf Erzähltexte anwenden lässt. Dabei wird ein Teil einer Kurzgeschichte oder eine Romanszene aus der Sicht einer anderen Figur als im Originaltext wiedergegeben. Besonders interessant ist die Sicht einer Nebenfigur oder die Sicht des Gegenspielers. Die Figur erzählt die Ereignisse aus der Position des *first person narrator*. Diese Aufgabenstellung verlangt, sich in die Betroffenheit anderer Figuren im Text einzufühlen. Ihre Motive und die Konsequenzen, die das Handeln der Hauptfigur auf ihr Leben hat, müssen plausibel dargestellt werden.

Another character sees the action with different eyes:
- He/she knows more/less about the action.
- He/she has got different interest, plans or reasons for acting.
- He/she has got different relationships with the other characters in the story.
- He/she loses/wins something in the new situation.

KATHERINE MANSFIELD (1888–1923)

Aufgabe: Read KATHERINE MANSFIELD's short story The Garden Party. Tell the scene about Laura's visit to Scott's family from Em's point of view.

Summary of "The Garden Party"	Laura's visit from Em's point of view
"The Garden Party" is set in New Zealand around the year 1903. The story tells what happens on the day, when the Sheridans, a wealthy family, are having a garden party. The Sheridans hear that Scott, a poor carter who lives in a poverty-stricken neighbourhood, died in an accident. He had a wife and five children. Laura, one of the Sheridans' daughters, decides to pay Scott's family a visit. She takes a basket of the scraps from the party and white lilies for the family. At Scott's tiny house she talks to the widow. Laura is surprised by the peaceful look on the dead young man's face.	The day my husband died was one of the most troubling days in my life. I was beside myself with despair and couldn't stop weeping. How could life be so unfair as to rob me of my handsome beloved husband? The first question that came to my mind was how I was going to cope with five children to raise? If that wasn't enough, the high and mighty Sheridans sent one of their daughters to see me in all my misery. If she had come on a normal day, it would have been embarrassing enough, with us living in such a poky little hole. The Sheridans had never let themselves down to even saying "hello" to the likes of us. So here she comes wearing that silly hat and bringing us their fancy food. I hope looking into my dead husband's face gave her a shock and cured her of her pride. Yes, you're right. None of them has never turned up here again since then.

Überblick | **229**

Eine Geschichte zu Ende erzählen

Die Fortführung einer Short Story (*continuation*) beendet einen Originaltext, der nur bis zu einem bestimmten Punkt der Handlung vorgegeben ist (*open-ended story*). Die Fortführung der Geschichte sollte nahtlos an den vorgegebenen Text anknüpfen und mit ihm einen Zusammenhang bilden. Wichtig ist die Auswahl des Endes der Kurzgeschichte. Eine Short Story kann folgende Arten des Abschlusses haben:
– *open ending,*
– *surprise ending,*
– *happy or unhappy ending.*
Prüfen Sie stets, ob das Ende im Einklang steht mit ihrem Titel, dem Thema, der Aussage, ihrer Sprache, ihrem Stil sowie ihrer Stimmung.
– Ein offenes Ende passt eher zu einer problembesetzten Handlung. Es ist geeignet, auf die Ausweglosigkeit einer Situation hinzudeuten und den Leser zum Nachdenken anzuregen.
– Ein überraschendes Ende ergibt sich häufig aus der Verwechslung und Aufdeckung von Identitäten.
– Auf ein tragisches oder unglückliches Ende muss die Geschichte schon vorher hindeuten, etwa durch Symbole, eine melancholische Stimmung oder indem betont wird, das die Hauptfigur einer besonderen Gefährdung ausgesetzt ist.

Aufgabe: *Continue the open-ended short story* Eveline *by* JAMES JOYCE. *What might Frank tell Eveline to give the story a happy ending?*

Summary and ending of the short story "Eveline"	Suggestion of a happy ending
Frank and Eveline are about to leave for Buenos Aires to start a new life. Just when they are entering the ship, fear paralyzes Eveline. Her fear of leaving her way of life and her hometown behind her makes her unable to move and think. "He rushed beyond the barrier and called to her to follow. He was shouted at to go on, but he still called to her. She set her white face to him, passive, like a helpless animal. Her eyes gave him no sign of love or farewell or recognition." (JAMES JOYCE, Eveline, 1914)	Frank saw her hands gripping at the iron railing. There was no point in shouting at her or pushing her on. The din, the angry voices of passers-by rushing on were hard to bear. If only it were quiet. He took her by her shoulders, whispering all the time as if to a wounded animal. Over there, some empty space behind the newsstand. Yes, that might do. To give her some of his courage and reassurance. "Don't worry, Evvy. Think of the ducks in the park. They never feel afraid, not even of the cold in winter. They are glad to live and look after their ducklings." On and on he went evoking scenes from their lives which filled her with calm. Slowly she softened and relaxed. They would try again, now that most of the other passengers had gone aboard the ship.

auf **http://wissenstests.schuelerlexikon.de** und auf der DVD   **Wissenstest 5**

Vokabular für die Analyse von narrativen Texten

General Vocabulary	Allgemeines Vokabular
short story (n.)	Kurzgeschichte
novel (n.)	Roman
novelist (n.)	Romanautor
narration (n.)	Erzählung
narrator (n.)	Erzähler
narrative structure (n.)	Erzählstruktur
narrative technique (n.)	Erzähltechnik

Setting	Schauplatz
place and time of action	Raum und Zeit der Handlung
A story is set in …	Eine Geschichte/ein Roman spielt in …
A story takes place in …/at the time of …	
The scene of action changes.	Die Handlung wechselt zu einem anderen Schauplatz.
The action shifts from … to …	
The setting is described in detail.	Der Schauplatz wird detailliert geschildert.
The narrator gives a(n) accurate/detailed/circumstantial description of the setting.	Der Erzähler liefert eine genaue Beschreibung des Schauplatzes.
The setting is of a symbolic meaning.	Der Schauplatz hat eine symbolische Bedeutung.
The setting creates a peaceful/sad/sombre/depressing mood.	Der Schauplatz erzeugt eine friedliche/traurige/düstere/bedrückende Stimmung.

Atmosphere	Atmosphäre
There is a change of atmosphere when …	Die Atmosphäre wandelt sich, wenn …
The atmosphere is a foreboding of …	Die Atmosphäre kündigt ein späteres Ereignis an …
to create a(n) warm/friendly/pleasant/cold/sinister/hostile/tense/frozen/unpleasant atmosphere	eine warme/freundliche/angenehme/kalte/bedrohliche/feindselige/angespannte/erstarrte/unangenehme Atmosphäre schaffen

5.3 Fiktionale Texte

Atmosphere	Atmosphäre
atmosphere	Atmosphäre
An atmosphere is charged with anger/aggression.	Eine Atmosphäre ist mit Wut/Aggression aufgeladen.
mood (n.)	Stimmung
the atmosphere is suggested by	die Atmosphäre wird vermittelt durch

Opening	
an abrupt opening	ein plötzlicher Anfang
an open beginning	Anfang ohne Einleitung
The story starts in the middle of the action.	Die Geschichte setzt mitten in der Handlung ein.
The narrator immediately plunges into the story.	Der Erzähler beginnt ohne Umschweife mit der Erzählung.
to present the exposition: main character(s) setting main issue background	die Einleitung vorstellen: Hauptfigur(en) Schauplatz Hauptthema oder Konflikt Hintergrund
to introduce the main issue	das Thema/den Konflikt vorstellen
to provide the background to story	die Hintergrundinformationen zur Geschichte liefern
The exposition is embedded into the action/revealed by flashback.	Die Exposition ist in die Erzählung eingebettet/wird durch eine Rückblende offengelegt.

Structure	Struktur
to have simple/complex structure	eine einfache/vielschichtige Struktur haben
The narrator tells the story in three parts.	Der Erzähler erzählt die Geschichte in drei Teilen.
He organizes/arranges/structures it in five scenes.	Er strukturiert die Geschichte in fünf Szenen.
The story falls into/can be divided into five parts/sections.	Die Geschichte kann in fünf Teile aufgeteilt werden.
The story has a dramatic structure: exposition rising action climax falling action dénouement	hat die Struktur eines Dramas: Einleitung/Exposition aufsteigende Handlung Höhepunkt fallende Handlung Ausgang

Structure	Struktur
The action/development rises to a climax.	Die Handlung/Entwicklung steigt zu einem Höhepunkt an.
The action reaches a turning point when ...	Die Handlung erreicht einen Wendepunkt, wenn ...
The relationship between the characters reaches a crisis, when ...	Die Beziehung zwischen den Figuren steht auf dem Spiel, wenn ...
The story centres round a moment of revelation/crisis/a "shock of recognition".	Im Mittelpunkt der Geschichte steht die Aufdeckung einer bisher unbekannten Tatsache/eine Bruchstelle/neue Erfahrung im Leben der Figur.
The story has a(n) open/surprise ending/happy ending.	Die Geschichte hat eine offenes/ überraschendes/glückliches Ende.
to consist of several layers of action	aus mehreren Handlungs-ebenen bestehen
A novel/story has a main plot/ a double plot/a subplot.	Ein Roman/eine Geschichte hat eine Handlung/zwei Handlungs-stränge/eine Nebenhandlung.
It has several strands of action/ lines of action/storylines.	Er/sie hat mehrere Handlungs-stränge.
The lines of action are interlinked/ interwoven with one another.	Die Handlungsstränge sind mit-einander verbunden/verwoben.
A sequence of action is centred around a character.	Ein Handlungsstrang beschäf-tigt sich mit der Entwicklung einer Figur.
A sequence of events has a certain pattern.	Eine Handlungsfolge läuft nach einem bestimmten Muster ab.
Events are arranged in a linear/ temporal/chronological order.	Ereignisse sind in einer linearen/ zeitlichen/chronologischen Reihenfolge angeordnet.
The action progresses in a ... order.	Die Handlung bewegt sich in einer ... Reihenfolge weiter.
The action/narration gets side-tracked.	Die Handlung/Erzählung schweift ab.
A parallel/contrasting scene is presented.	Eine ähnliche/gegensätzliche Szene wird dargestellt.
Two scenes are linked by cont-rast/parallelism.	Zwei Szenen sind durch Kont-rast/Ähnlichkeit miteinander verbunden.
A scene correlates with another one.	Eine Szene steht in Beziehung zu einer anderen Szene.

5.3 Fiktionale Texte

Sequence of events	Ereignisfolge
A story is told chronologically.	Eine Geschichte wird chronologisch erzählt.
A story upsets/disregards the chronological order.	Eine Geschichte durchbricht/ missachtet die chronologische Reihenfolge.
The story switches from the present to the past.	Eine Geschichte wechselt von der Gegenwart zur Vergangenheit.
to use sequence signals to indicate a shift in time	Zeitbestimmungen u. Konjunktionen benutzen, um auf einen Zeitwechsel aufmerksam zu machen
to use retrospection/retrospective narration	einen Rückblick, rückschauende Erzählweise benutzen
to employ forward looking narration/to anticipate future events	in der Vorausschau erzählen, zukünftige Ereignisse vorwegnehmen
to foreshadow an event	ein zukünftiges Ereignis ankündigen

Modes of presentation	Erzählweisen
to use panoramic/scenic presentation	raffende oder szenische Erzählweise benutzen
to sum up past action	vergangene Handlung zusammenfassen
to skip a period of … hours/days/ weeks	einen Zeitraum von … Stunden/ Tagen/Wochen überspringen
to draw attention to the events rendered by scenic presentation	durch szenische Darstellung die Aufmerksamkeit auf Ereignisse lenken
to present s.th. in detail by using scenic presentation	etwas durch szenische Präsentation in allen Einzelheiten darstellen

The narrator	Der Erzähler
The story is told by a first-person narrator an eye-witness the protagonist	Die Geschichte erzählt von: Ich-Erzähler Augenzeuge Hauptfigur
The story is told from an external point of view by a third-person narrator from a limited/unlimited point of view	Die Geschichte wird von einem unbeteiligten Erzähler erzählt: in der dritten Person Singular aus einer eingeschränkten/ uneingeschränkten Perspektive

The narrator	Der Erzähler
The reader gets to know s.th. from a personal point ot view.	Der Leser erfährt etwas aus der Sicht des personalen Erzählers.
to address the reader personally	den Leser persönlich ansprechen
The story has a neutral / impersonal narrator.	Eine Geschichte hat einen unbeteiligten Erzähler.

Introspection	Innenschau
to use introspection	Einblick in die Gefühle und Gedanken der Figuren geben
stream-of-consciousness technique	Schilderung des Bewusstseinsstroms einer Figur
to present s.o.'s thoughts, feelings, perceptions	die Gedanken, Gefühle, Wahrnehmungen einer Figur darstellen
by interior monologue by substitutionary narration by reported thought	durch inneren Monolog erlebte Rede indirekte Gedankenwiedergabe
The reader is able to share s.o.'s feelings.	Der Leser ist in der Lage, die Gefühle einer Figur zu teilen.
to identify with a character	sich in eine Figur hineinversetzen

Use of symbols and suggestion	Symbole und suggestives Erzählen
A symbol is the key to the meaning of …	Ein Symbol hilft, die Bedeutung von … zu entschlüsseln.
A symbol suggests / alludes to / stands for/symbolizes …	Ein Symbol steht für …
an allusion to	eine Anspielung auf
to imply s.th.	etwas beinhalten, andeuten
to hint at s.th.	auf etwas hindeuten
to read between the lines	zwischen den Zeilen lessen
… is a keyword to a story	… ist ein Schlüsselbegriff für die Bedeutung einer Geschichte
A word / a group of words carries symbolical overtones.	Ein Wort / eine Gruppe von Wörtern hat eine symbolische Nebenbedeutung.
to use a leitmotif	ein wiederkehrendes Symbol benutzen
A word / a group of words has connotations of hope / fertility / reconciliation etc.	Ein Wort / eine Gruppe von Wörtern löst Assoziationen von Hoffnung/Fruchtbarkeit/ Versöhnung aus.

5.3 Fiktionale Texte

Use of symbols and suggestion	Symbole und suggestives Erzählen
An expression calls forth / evokes associations of ...	Ein Ausdruck löst aus / ruft hervor Assoziationen von ...
The deeper meaning of a word, of an action is ...	Die tiefere Bedeutung eines Wortes, einer Handlung ist ...

Theme, topic	Thema, Gegenstand
The story deals with the conflict / dilemma of ...	Die Geschichte handelt von dem Konflikt / dem Zwiespalt von ...
The theme of the story is ...	Das Thema der Geschichte ist ...
The story is about the problem of ...	Die Geschichte beschäftigt sich mit dem Problem des / der ...
The story illustrates the phenomenon of...	Die Geschichte veranschaulicht das Phänomen der / des ...

Evaluation	Beurteilung
(the plot is) well / poorly chosen	gut / schlecht ausgewählt sein
to be well selected	gut ausgewählt sein
to be a suitable means of presenting s.th.	ein passendes Mittel sein, um etwas darzustellen
to be balanced	ausgeglichen, ausgewogen sein
to be well / badly / poorly organized / structured	gut / schlecht / mangelhaft aufgebaut / strukturiert sein
to be arranged in a suitable way	in passender / geeigneter Weise aufgebaut sein
to draw the reader's attention to	die Aufmerksamkeit des Lesers auf etw. lenken
to be boring exciting / thrilling / full of suspense gripping amusing entertaining too complicated to follow	langweilig sein aufregend, spannend packend amüsant unterhaltsam zu kompliziert, um verständlich zu sein
to be of personal interest to s.o.	von persönlichem Interesse für jem. sein
to find s.th. particularly interesting / astonishing / exciting	etw. besonders interessant / erstaunlich / überraschend finden
to be thrilled / fascinated by	gepackt / fasziniert sein von
to feel particularly drawn to	sich von etw. besonders angezogen fühlen

5.3.4 Gedichte (*poems*)

> **Lyrik** = Bezeichnung für die Dichtung als eine der drei Literaturgattungen (von griech. *lyra* = Leier)

Gedichte (*poems*) sind lyrische Texte. Die **Lyrik** als Ausdrucksweise in Gedichtform hat sich aus dem **Lied** entwickelt, das einem Publikum vorgetragen wurde. Die Gliederung in Verse und Strophen sowie die Klang- und Rhythmusmittel der **Metrik (*rhyme and metre*)** entspringen damit der Verwandtschaft von Gedicht und Gesang.

> Gedichte sind im Gegensatz zu Prosatexten in gebundener Sprache verfasst (*written in verse*), d. h. in einer durch Versmaß (*metre*), Rhythmus (*rhythm*) und Reim (*rhyme*) klanglich gestalteten Sprache. In der Regel sind sie in Versen und Strophen (*stanzas*) aufgebaut, die ein Reim miteinander verbindet.

> *„Great literature is simply language charged with meaning to the utmost possible degree."* (W. B. YEATS)

Gedichte sind gekennzeichnet durch die Subjektivität der Aussage, die Zusammenwirkung mehrerer Gestaltungsebenen und die Vielschichtigkeit in ihrer Bedeutung.

Die Subjektivität des Gedichts

Mit dem Gedicht schafft sich der Autor eine Ausdrucksform für die Gegenstände, mit denen sich sein Inneres beschäftigt: bewegende Eindrücke oder Erfahrungen, tiefe und anhaltende Gefühle, gedankliche Prozesse, Bewusstseinshaltungen wie Kritik, Auflehnung oder Protest. Der lyrische Text ist von der Haltung des Dichters geprägt. Daher spricht man von der Subjektivität der Ausdruckshaltung in Gedichten.
Nicht immer ist der Sprecher eines Gedichtes mit dem Autor identisch. Das **lyrische Ich (*speaker*)** und sein Adressat sowie der Sprecher im anonymen Gedicht sind vom Autor geschaffene Figuren, die der imaginären Welt des Gedichtes angehören.

Besondere Ausdrucksmöglichkeiten des Gedichts

Um Dinge, die sich schwer darstellen lassen, vermitteln zu können, schöpft der Dichter alle Ausdrucksmöglichkeiten der Sprache aus. Die poetische Freiheit (*poetic licence*) erlaubt es ihm, die Regeln der Alltagssprache zu durchbrechen und nach weiteren Möglichkeiten der Ausdruckssteigerung und Vervollkommnung der Sprache zu suchen. Hierzu zählen:
– die Durchbrechung sprachlicher Regeln und Textkonventionen (*breaking the rules of the language*),
– die Vermischung von Stilebenen (*blending levels of speech*),
– sprachliche Neubildungen (*neologisms*),
– Rückgriffe auf Gedichtformen vergangener Epochen (*use of traditional text forms*),
– Rückgriffe auf veraltete Sprachformen (*obsolete style, archaisms*).

> *archaisms:* quoth = said wrought = made

"Quoth the Raven 'Nevermore.'"
"… each separate dying ember wrought its ghost upon the floor."
EDGAR ALLAN POE, The Raven, 1845

Unterscheidung von Gedichten

Gedichte werden aufgrund gemeinsamer Merkmale in Gattungen (*genres*) eingeteilt. Das Schaubild zeigt, welche Gedichttypen es aufgrund einzelner Merkmale gibt.

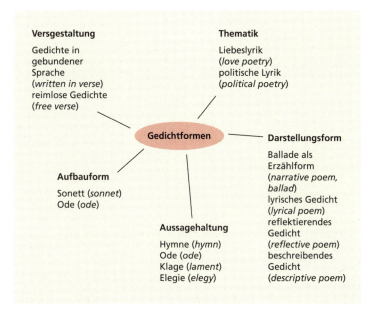

Gestaltungsmerkmale poetischer Texte

Die Vielschichtigkeit der Eindrücke und Informationen, die ein Gedicht vermittelt, fordert vom Leser eine intensive Auseinandersetzung mit dem Text, bevor er dessen Bedeutung erfasst. Diese Vielschichtigkeit und Komplexität wird verursacht durch das Zusammenwirken verschiedener Gestaltungsmerkmale:

▶ **Gedichtinterpretation**
Es ist wichtig, Inhalt und Stilmittel nicht getrennt zu untersuchen. Untersuchen Sie Stilmittel immer auf ihre Funktion hin. Leitfragen:
Was soll ausgedrückt werden?
Was soll betont werden?

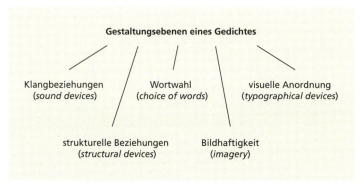

Die Strophe (*stanza*)

Rein äußerlich lassen sich die verschiedenen Arten von Strophen (*stanzas*) nach der Anzahl ihrer Zeilen (*verses*) unterscheiden:
– Zweizeiler (*couplet*)
– dreizeilige Strophe (*tercet*)
– vierzeilige Strophe (*quatrain*)
– sechszeilige Strophe (*sestet*)
– achtzeilige Strophe (*octave*)
In manchen Balladen oder Liedtexten folgt auf jede Strophe ein **Kehrreim** oder **Refrain,** der eine oder mehrere Wortzeilen wiederholt. Er kann den Inhalt zusammenfassen oder nochmals hervorheben.
Einige Gedichtformen sind durch eine besondere Folge von Strophen (*stanzaic pattern*) gekennzeichnet. Das **Elisabethanische Sonett** (*Elizabethan sonnet*) besteht aus drei vierzeiligen Strophen und einem Zweizeiler (*three quatrains followed by a couplet*).

Die Klangmittel (*sound devices*)

Klangmittel (*sound devices*), Satzstruktur (*syntactical patterns*), rhetorische Figuren (*figures of speech*) und graphische Gestaltung (*typography*) besitzen in einem Gedicht wichtige sinnstiftende Funktionen:
– Sie stellen Beziehungen zwischen Wörtern her.
– Sie heben bestimmte Wörter hervor.
– Sie können zur Stimmung eines Gedichtes beitragen.

Als Klangmittel wirken in Gedichten und Liedern:
– der Reim (*rhyme*), die Alliteration (*alliteration*), die Assonanz (*assonance*),
– die Lautmalerei (*onomatopoeia*),
– das Metrum (*metre*),
– der Rhythmus (*rhythm*).

Der Reim (*rhyme*)

Als Reim (*rhyme*) bezeichnet man ein Klangmuster, bei dem zwei oder mehrere Wörter in ihrem Klang übereinstimmen. Es gibt verschiedene Reimformen, je nach der Stellung der Reime am Versende.

Häufige Abfolgen von Endreimen (*rhyme scheme*)	
Kreuzreim (*cross rhyme or alternating rhyme*)	abab
Paarreim (*rhyming couplet*)	aabb
umarmender Reim (*embracing rhyme*)	abba
Schweifreim (*tail rhyme*)	aabccb

In der modernen Lyrik findet man häufig **freie Verse (*free verse*),** d. h. reimlose Verse, und freie Rhythmik (*free rhythm*). Dadurch erhält die Sprache moderner Gedichte mehr Ähnlichkeit mit der Alltagssprache.

5.3 Fiktionale Texte

Das Versmaß (*metre*)

Unter dem Versmaß oder Metrum (*metre*) versteht man die Anzahl der Versfüße (Takte, Schläge) pro Zeile: Das Metrum kann zweifüßig (*dimeter*), dreifüßig (*trimeter*), vierfüßig (*tetrameter*), fünffüßig (*pentameter*) oder sechsfüßig (*hexameter*) sein.

Ein einzelner **Versfuß (*measure, foot*)** besteht aus
– einer betonten Silbe (*stressed syllable* –) und
– einer oder mehreren unbetonten Silben (*unstressed syllable* ∪).

Steigender Versfuß (rising metre)	Fallender Versfuß (falling metre)
Der Jambus (*iamb or iambic metre*) besteht aus der Abfolge einer unbetonten und einer betonten Silbe: ∪ –.	Der Trochäus (*trochaic metre*) besteht aus einer betonten und einer unbetonten Silbe: – ∪.
Der Anapäst (*anapaestic metre*) besteht aus zwei unbetonten und einer betonten Silbe: ∪ ∪ –.	Der Daktylus (*dactylic metre*) besteht aus einer betonten und zwei unbetonten Silben: – ∪ ∪.

SHAKESPEARE schrieb seine Dramen in **Blankversen (*blank verse*)**, reimlosen fünffüßigen Jamben (*iambic pentameter*):

■ "O, that | the slave | had for – | ty thou – | sand lives!"
  ∪ – | ∪ – | ∪ – | ∪ – | ∪ –

SHAKESPEARE, Othello, III, iii

Die Lautmalerei

Eine Reihe von Einzelwörtern im Englischen besitzen lautmalerische Eigenschaften (*onomatopoeia*), z. B. *buzz, clatter, cuckoo, hiss, whisper.* Darüber hinaus lassen sich durch die gehäufte Verwendung bestimmter Laute, akustische Eindrücke nachahmen. Die überwiegende Verwendung dunkler oder heller Vokale verleiht dem Text eine entsprechende Färbung. Einige Konsonanten erzeugen den Eindruck der Härte (k, p, t), andere den Klang von Glätte und Weichheit (l, m, n, w).

■ *"I hear lake water lapping with low sounds"*

W. B. YEATS, The Lake Isle Of Innisfree, 1890

Im folgenden Beispiel imitiert die Häufung der Zischlaute sowie der harten Konsonanten „p" und „t" den Klang des aufprallenden Wassers und der spritzenden Gischt am Wasserfall:

■ „and whizzing and hissing,
  And dripping and skipping,
  And hitting and spitting …"

ROBERT SOUTHEY, Lodore. From: Rhymes for the Nursery. 1820

Die Alliteration (*alliteration*)

Die Alliteration (*alliteration*) ist ein Mittel der Lautwiederholung am Wortanfang. Zwei oder mehrere Wörter beginnen mit gleich lautendem Konsonanten.
Am Anfang des Gedichtes *Ode To The West Wind* (1819) von PERCY BYSSHE SHELLEY ahmt die Alliteration lautmalerisch das Stürmen des Windes nach:

> "O wild West Wind"

Die Wiederholung der f- und b-Laute an den Wortanfängen im folgenden Beispiel unterstreicht die zügige Bewegung eines Segelschiffes beim Durchkreuzen des Ozeans:

> "The fair breeze blew, the white foam flew,
> The furrow followed free; ..."
> SAMUEL T. COLERIDGE, *The Rime Of The Ancient Mariner*, 1798

Die Bildhaftigkeit der Sprache (*imagery*)

Sprachliche Bilder (*imagery*) werden in Gedichten zur Veranschaulichung verwendet. Sie helfen, abstrakte Begriffe oder Gefühle in der Vorstellung des Lesers sichtbar und lebendig zu machen.

Symbol (*symbol*)

Das Symbol (*symbol*) wird sehr häufig als sprachliches Bild verwendet. Hier steht ein sinnlich wahrnehmbarer Gegenstand für eine abstrakte Idee. Das Symbol oder Sinnbild wird benutzt, damit sich der Leser ein „Bild" von der Idee machen kann.

▶ Other examples of **symbols** are:
heart for "love"

light for "knowledge"

tree for "shelter"
lion for "power"
sword for "conflict, war"

Rose		Love
A rose is a thing which you can hold in your hands, touch, see, or smell.		Love is an abstract idea, a feeling which you cannot directly see.

Der Vergleich (*simile*)

Bei einem Vergleich (*simile*) werden zwei Dinge aufgrund ihrer Ähnlichkeit mit *like* oder *as* in Beziehung gesetzt.

> "I wandered lonely **as a cloud**
> That floats on high o'er vales and hills"
> WILLIAM WORDSWORTH, *I Wandered Lonely As A Cloud*, 1804

5.3 Fiktionale Texte 241

Durch den ersten Vergleich drückt der Sprecher aus, dass er sich während seiner Wanderung treiben lässt. Er fühlt sich nicht an andere Menschen oder ein Ziel gebunden. Mithilfe des zweiten Vergleichs vermittelt der Sprecher dem Leser das Bild, das sich ihm während seiner Wanderung bot. Mit seinen Worten malt er die große Anzahl der Blumen aus und wie dicht sie beieinander stehen. Durch den Vergleich mit den Sternen (*„that shine and twinkle"*) kann er gleichzeitig eine Vorstellung von der Leuchtkraft ihrer Blüten vermitteln.

Die Metapher (*metaphor*)

Die Metapher (*metaphor*) wird auch verkürzter (oder indirekter) Vergleich genannt. Hier steht das konkrete Sinnbild (z. B. *rose*) ohne *„as"* oder *„like"* direkt anstelle der abstrakten Idee (z. B. *love*). Dabei wird ein Begriff in einen neuen Bedeutungsbereich übertragen.
Um auszudrücken, dass ein Gedicht besondere Momente im Leben eines Menschen verewigen kann, bezeichnet der Dichter es im nächsten Beispiel als „Denkmal eines Moments":

▶ Other examples of **metaphors** are:
– The gates of your heart are closed.
– I lost the thread of my story.
– He is a spring of wisdom.
– Life is a river.

> *"A Sonnet is a moment's monument"*
> DANTE GABRIEL ROSETTI, *The Sonnet*, 1880

SHAKESPEARE verglich oft die menschliche Gesellschaft mit einer Theaterbühne, auf der die menschlichen Akteure ihre Rollen spielen.

> *"All the world's a stage"*
> SHAKESPEARE, *As you like it*, 1623

Die Personifikation (*personification*)

Auch die Personifikation (*personification*) hat die Aufgabe, abstrakte Eigenschaften durch handelnde und sprechende Personen zu veranschaulichen.
In WORDWORTH's *I Wandered Lonely As A Cloud* werden die Narzissen mit menschlichen Eigenschaften ausgestattet, um ihre lebhafte und tanzende Bewegung zu verbildlichen:

▶ Other examples of **personification** are:
– the hands of power
– Spring briskly steps into the year.
– Fog wraps us into its folds.

> *"Fluttering and dancing in the breeze"*
> *"Tossing their heads in sprightly dance"*
> WILLIAM WORDSWORTH, *I Wandered Lonely As A Cloud*, 1804

Der Satzbau (*syntax*)

Im Satzbau eines Gedichts findet man häufig Abweichungen von den Strukturen der Alltags- oder Standardsprache (z. B. Wiederholungen, fehlende Wörter, Veränderungen der Satzordnung). Diese Besonderheiten sind wichtige Signale für den Leser, denn hier möchte der Dichter Wichtiges hervorheben.

▶ Mehr Informationen über den Satzbau finden Sie in Kapitel 3.8.

Begriffe, die dem Leser besonders auffallen sollen, sind an den Gelenkstellen der Strophen, z. B. am Anfang oder Ende einer Zeile zu finden. Außerdem werden **Schlüsselbegriffe** (*keywords*) durch **Wiederholung** (*repetition*) hervorgehoben oder in ihrer Wirkung verstärkt.

Neben der Wiederholung eines einzelnen Wortes gibt es die Wiederholung von Satz- oder Zeilenanfängen, die Anapher, und die Wiederholung von Satzmustern, den Parallelismus.

Die folgende **Anapher** (*anaphora*) hebt die Aussage besonders hervor. Sie soll die Gültigkeit des Gesagten bekräftigen:

> "So long as men can breathe or eyes can see,
> So long lives this, and this gives life to thee."
> WILLIAM SHAKESPEARE, Sonnet No. 18, 1609

Der **Parallelismus** (*parallelism*) des folgenden Beispiels wird noch durch die Anapher, die Wiederholung mehrerer Wörter am Anfang aufeinanderfolgender Sätze, unterstützt. Das Satzmuster wiederholt in paradoxen Bildern die Idee der menschlichen Überforderung. Durch den adverbialen Zusatz „*With millstones ... about your neck*" steigert sich die Wiederholung zu einem Höhepunkt (*climax*):

> "It's a naked child against a hungry wolf;
> It's playing bowls upon a splitting wreck;
> It's walking on a string across a gulf
> With millstones fore-and-aft about your neck."
> JOHN DAVIDSON, Thirty Bob A Week, 1894

Bei der **Inversion** (*inversion*) kommt es zu einer Veränderung der Satzordnung. In dem Beispiel von WORDSWORTH werden die Satzteile Objekt, Verb und Subjekt vertauscht, um den Ausdruck „*Ten thousand*" an den Zeilenanfang und somit in den Blickpunkt zu rücken:

> "Ten thousand saw I at a glance"
> WILLIAM WORDSWORTH, I Wandered Lonely As A Cloud, 1804

Bei einem **Zeilensprung** (*run-on line*) endet der Satz nicht am Zeilenende, sondern wird in der nächsten Zeile fortgesetzt. Der erste Teil des Satzes erzeugt eine Erwartung, die die Aufmerksamkeit des Lesers auf den folgenden Abschnitt lenkt.

"A host, of golden daffodils"

> "When all at once I saw a crowd,
> A host, of golden daffodils"
> WILLIAM WORDSWORTH, I Wandered Lonely As A Cloud, 1804

In der Strophe von WORDSWORTH erfährt der Leser erst in der zweiten Zeile, was der Sprecher sieht. So steigert sich die Wirkung der überraschenden Information „*a crowd of golden daffodils*".

Die Interpretation eines Gedichts

Ziel einer Gedichtinterpretation ist es, die Aussage festzustellen, mit der ein bestimmter Textinhalt dem Leser vermittelt wird. Aufbau und Sprache eines Gedichtes sind in der Regel vom Autor bewusst zur Verdeutlichung dieser Textaussage gewählt. Sie liefern wichtige Hinweise zur Entschlüsselung von Aussage und Absicht des Textes. Sie sind auch für die Wirkung eines Gedichtes auf den Leser verantwortlich.

WILLIAM WORDSWORTH

Composed upon Westminster Bridge (1802)

1. Earth has not anything to show more fair;
2. Dull would he be of soul who could pass by
3. A sight so touching in its majesty:
4. This City now doth, like a garment, wear
5. The beauty of the morning; silent, bare,
6. Ships, towers, domes, theatres, and temples lie
7. Open unto the fields, and to the sky;
8. All bright and glittering in the smokeless air.
9. Never did sun more beautifully steep
10. In his first splendor, valley, rock, or hill;
11. Ne'er saw I, never felt, a calm so deep!
12. The river glideth at his own sweet will:
13. Dear God! The very houses seem asleep;
14. And all that mighty heart is lying still!

WILLIAM WORDSWORTH (1770–1850)

Feststellung des Themas Überschrift und erste Zeile des Gedichts vermitteln in der Regel das Thema und die Einstellung des Sprechers zum Thema.	The title of the poem informs the reader that is has been written on Westminster Bridge, which is in London. So the poem could be about London. The first line underlines that the speaker is struck by the beauty of what he sees. As the poem goes on, "This City", a number of buildings (ll. 6, 13) and "The river" are mentioned. So the reader's assumption that the poem might be about London is confirmed. The river mentioned is the River Thames.
Wiederholungen und Schlüsselbegriffe sind oft weitere Anhaltspunkte für das Thema des Gedichts.	Words signifying beauty (e.g. fair, beauty, bright, beautifully) and quiet (e.g. silent, calm, asleep, still) are repeated throughout the poem. So the sense of beauty and quiet seems to be something the poet wants to convey.

Überblick

Situation des Sprechers
Versuchen Sie zu ermitteln, aus welcher Situation heraus der Sprecher sich äußert.

The speaker (l. 12 "Never saw I") has a panoramic view of the City of London from Westminster Bridge, and in the poem he describes his vision. "The beauty of the morning" (l. 5), "in his first splendour" (l. 10) and the last line show that he is looking at the city in the early morning hours.

Gedankenverlauf
Versuchen Sie mithilfe des Reimschemas und des Satzbaus das Gedicht zu strukturieren. Untersuchen Sie, ob diese äußere Struktur einer Unterteilung in Sinneinheiten entspricht (*line of thought*). Die Untersuchung der Sinneinheiten bringt zu Tage, welche wichtigen Inhalte der Sprecher dem Leser vermitteln möchte.

The regular rhyme scheme reveals that the poem is a sonnet falling into an octet (abbaabba) and a sestet (cdcdcd). It consists of a number of hypotactical and paratactical sentences which are the sense units of the poem.
The poem opens by making a general statement about the speaker's vision (up to line 3). The aspects the following part mentions are the calm atmosphere of the city (ll. 5 and 11), the brightness caused by the rising sun (ll. 8-10) and the city's openness (ll. 6-7). The last three lines culminate in a praise of the city's quietness.

Sprache und Stil
In diesem Arbeitsschritt geht es darum herauszufinden, wie Wortwahl und Stilmittel das Anliegen des Sprechers vermitteln.

The two main ideas the speaker wants to carry across to the reader are the city's stunning beauty and its quietness in the early morning sun.
He uses hyperbole (ll. 1, 3) and a comparison (l. 2) to express the overwhelming effect this vision has on him. Personification and simile ("like a garment wear") serve to illustrate the city's majesty. The adjectives "bare", and "open" combined with an enumeration, indicate the city's purity at the beginning of a new day. The accumulation of adjectives in line 8 underlines the brightness of the light, and purity again. Hyperbole is used again in lines 9 and 11 to help the reader imagine the beauty of the light and the "calm" which the speaker feels. The poem ends with an exclamation of the speaker's admiration for the city's majesty.

Bewertung

Being full of enthusiasm about London's beauty, this is a poem which, in contrast to many others, draws a very positive picture of a big city.

Wissenstest 5 auf **http://wissenstests.schuelerlexikon.de** und auf der DVD

5.3 Fiktionale Texte

Vokabular für die Analyse von poetischen Texten

General vocabulary	Allgemeines Vokabular
poetry (n.)	Dichtung
poem (n.)	Gedicht
poet (n.)	Dichter
songwriter (n.)	Liedautor
poetic (adj.)	lyrisch, poetisch
song (n.)	Lied
singer (n.)	Sänger, -in
ballad (n.)	Ballade, Erzählgedicht
stanza (n.)	Strophe
line/verse (n.)	Zeile
refrain (n.), chorus (n.)	Kehrvers
lyrics (n.)	Songtext

Division	Aufbau
A poem falls into ... has ... (stanzas/parts) is divided into ... is composed of ... is arranged in ...	Ein Gedicht ... ... ist aufgeteilt in ... (Strophen) ... ist aufgebaut aus ... (Teilen)
It consists of ... three-line stanzas quatrains couplets	Es besteht aus ... dreizeiligen Strophen Vierzeilern Zweizeilern
A stanza consists of/has ... lines	Eine Strophe besteht aus ... Zeilen
A sonnet has a stanzaic pattern of three quatrains and a rhyming couplet.	Ein Sonnet hat ein Strophen-muster von drei Vierzeilern und einem Zweizeiler.
A poem achieves coherence by .../establishes unity by ...	Ein Gedicht ist zusammen-gehalten durch ...

The meaning of the poem	Die Bedeutung des Gedichtes
A poem deals with/is about ... is concerned with ... describes ... defines ...	Ein Gedicht handelt von ... beschäftigt sich mit ... beschreibt ... definiert ...

The meaning of the poem	Die Bedeutung des Gedichtes
The meaning of the poem	Die Bedeutung des Gedichtes
The topic/idea is introduced ... / expressed in ...	Das Thema/der Gedanke wird vorgestellt/ausgedrückt ...
The poet draws the reader's attentention to ...	... lenkt die Aufmerksamkeit des Lesers auf ...
S.th. is the key to/a hint at/a clue to the meaning of the poem.	Etwas ist der Schlüssel zur Bedeutung des Gedichts.
S.th. is a hint at the message of the poem.	Etwas ist ein Hinweis auf die Botschaft des Gedichtes.
The poet wants to show that ...	Der Dichter möchte zeigen, dass ...
... wants the reader to understand that ...	... möchte, dass der Leser versteht, dass ...

Effect	Wirkung
The poem strikes the reader, because ...	Das Gedicht fällt dem Leser auf, weil ...
It stirs up feelings/associations of ...	Es löst Gefühle/ Assoziationen aus
It reminds the reader of s.th. It makes the reader remember sth.	Es erinnert den Leser an etwas.
It makes the reader associate s.th.	Es löst beim Leser Assoziationen aus.
It makes the reader able to imagine s.th.	Es ermöglicht es dem Leser, sich etwas vorzustellen.
A poem appeals to the reader's feelings emotions senses	Ein Gedicht spricht die Gefühle, Empfindungen, Wahrnehmung des Lesers an.
It fills the reader with feelings of ...	Es erfüllt den Leser mit Gefühlen von ...
A poem has a sad mood a cheerful mood a humorous tone a solemn tone	Ein Gedicht hat eine traurige Stimmung heitere Stimmung humorvollen Ton feierlichen Ton

Devices	Stilmittel
rhetorical or stylistic device	rhetorisches oder Stilmittel
to use/employ a device to make use of a device	ein Stilmittel verwenden
A device is to be found in line ...	Ein Stilmittel ist zu finden in ...

5.3 Fiktionale Texte

Devices	Stilmittel
S.th. is a means of producing a / an ... effect	Etwas ist ein Mittel, um eine ... Wirkung zu erzielen
A device underlines s.th. creates an effect evokes an atmosphere of ...	Ein Stilmittel betont etwas. erzeugt eine Wirkung. schafft eine Stimmung von ...
to mention a symbol	ein Symbol erwähnen
s.th. is a symbol of ...	ein Symbol der / des ...
to be of a symbolic meaning	symbolische Bedeutung haben
to use / employ a metaphor	eine Metapher verwenden
to use a simile	einen Vergleich verwenden
to compare s.th. to s.th. else	etw. miteinander vergleichen
to use / employ imagery	eine bildhafte Sprache benutzen
to use / employ hyperbole	etw. übersteigert ausdrücken
Nature is personified in this poem. There is a personification of nature.	Die Natur wird personifiziert, tritt als menschliches Wesen auf.
to form a contrast to ... to be in contrast to s.th.	einen Gegensatz bilden zu ...
There is a contrast between ... and ...	Es besteht ein Kontrast zwischen ... und ...
s.th. contrasts with ...	... steht im Gegensatz zu
exclamation	Ausruf
The poem / stanza starts / ends with an exclamation.	Das Gedicht / die Strophe beginnt / endet mit einem Ausruf.
to address s.b.	jdn. anreden
to invoke s.b.	jdn. anrufen
an invocation of (God)	ein (Hilfe-)Ruf an

Sound devices	Klangmittel
Alliteration / assonance / onomatopoeia suggests a relationship between words contributes to the meaning of words	Alliteration usw. deutet eine Beziehung zwischen den Wörtern an erhöht die Bedeutung der Wörter
The alliteration at the beginning of the lines gives the poem a harsh / soft sound.	... gibt dem Gedicht einen harten / weichen Klang.
The anaphora in lines ... stresses the meaning of the sentence.	Die Anapher in ... betont die Bedeutung des Satzes.

5 Texte und Medien analysieren

Sound devices	Klangmittel
The sound of words creates a certain atmosphere/mood in the poem.	Der Klang der Wörter erzeugt eine Atmosphäre/Stimmung.
There is a caesura in …	Pause
The rhyme draws attention to the words/links the words …	Der Reim lenkt die Aufmerksamkeit auf/verbindet die Wörter …
The words of the poem have a pleasant sound.	Die Wörter des Gedichts haben einen angenehmen Klang.
The sound of the words helps the reader to imagine s.th.	Der Klang der Wörter hilft dem Leser, sich etw. vorzustellen.
to have a regular/irregular rhyme scheme	ein (un)regelmäßiges Reimschema aufweisen
to have a cross/embracing rhyme	Kreuzreim/umarmender Reim
to rhyme in pairs aabb	Paarreim

Rhythm	Rhythmus
A poem/song has a special rhythm.	… hat einen Rhythmus.
Its rhythm sounds … fast/slow smooth flowing monotonous regular/irregular halting/pulsing	Sein Rhythmus klingt … schnell/langsam gleichmäßig, glatt, weich, ruhig fließend eintönig regelmäßig/unregelmäßig stockend/pulsierend

Syntactical patterns	Satzmuster/Satzstruktur
the repetition of the word/ sentence … stresses …	Die Wiederholung des Wortes/ Satzes … betont …
to repeat a word/line/sentence	etw. wiederholen
to drop a word to leave a word out	ein Wort auslassen
to use an elliptical sentence	unvollständigen Satz
to change the word order to use inversion	die Satzstellung verändern Inversion verwenden
Two sentences/lines are parallel to one another.	Sätze/Zeilen besitzen eine parallele Struktur.
to have a run-on line/an enjambement in lines …	Zeilensprung
A sentence runs on into the following line.	Ein Satz setzt sich in der nächsten Zeile fort.

5.3 Fiktionale Texte

Choice of words	Wortwahl
to use a word in the figurative meaning	ein Wort im übertragenen Sinne benutzen
to use an unusual expression for s.th.	einen ungewöhnlichen Ausdruck benutzen
to use an unusual combination of words	eine ungewöhnliche Wortkombination benutzen
to create a new word for s.th.	ein neues Wort für etw. schaffen
to use/employ everyday language informal language slang formal language poetic language	Alltagssprache Umgangssprache Slang förmliche Sprache lyrische Sprache
to use connotative expressions	wertende Ausdrücke verwenden
a word hints at s.th.	auf etw. hinweisen

Typographical form	Druckbild
to arrange s.th. in the shape of	Wörter/Buchstaben in der Form von … anordnen
in a vertical/horizontal line	in einer senkrechten/waagerechten Linie
to use bold/capital letters	Fettdruck/Großbuchstaben
to use indented lines	eingerückte Zeilen verwenden

The mood of a poem	Stimmung
happy/sad	glücklich/traurig
calm	ruhig
thoughtful	nachdenklich
melancholic	melancholisch
enchanting	verzaubernd
soothing	tröstend, beruhigend
meditative	meditativ, versunken
pleasant	angenehm
aggressive	aggressiv
cheerful	heiter, fröhlich
humorous	lustig, humorvoll, amüsant
romantic	romantisch

5.3.5 Dramen und Einakter (*drama and short plays*)

Dramatische Texte werden in erster Linie für die Aufführung auf einer Bühne geschrieben. Schauspieler und Regisseur müssen dem Dramentext alle wichtigen Informationen entnehmen können, die sie zum Einstudieren des Dramas benötigen. Schauspieler übernehmen die Rollen der **Dramenfiguren** und führen die fiktive Handlung des Dramas aus. Die **Zuschauer** (*audience, spectators*) erleben diese Handlung zeitgleich wie ein reales Geschehen auf der Bühne mit. Der dramatische Text, der die Grundlage der Aufführung darstellt, besteht aus den **Bühnenanweisungen** (*stage directions*) und der **Figurenrede** (*dramatic dialogue*).

ARISTOTELES (384–322 v. Chr.) hat in seiner *Poetik* die bis heute einflussreichste Theorie des Dramas formuliert.

Dramengattungen (*dramatic genres*)

Verschiedene Dramengattungen lassen sich nach folgenden Kriterien unterscheiden:
- **Anzahl der Akte,** z. B. Einakter, Dreiakter, Fünfakter (*one-act play, three-act play, five-act play*)
- **Aufbau,** z. B. analytisches Drama (*analytical drama*), experimentelles Drama (*experimental drama*), episches Drama (*epic theatre*)
- **Aussagegegenstand,** z. B. Problemdrama (*problem play*)
- **Ausgang des Dramas,** z. B. Tragödie (*tragedy*), Komödie (*comedy*), Tragikomödie (*tragicomedy*)

> Tragödie und Komödie bilden die beiden Hauptgattungen des Dramas; ihre Definition geht zurück auf die Poetik des ARISTOTELES.

Komödie (*comedy*)	Tragödie (*tragedy*)	Einakter (*short play, one-act play*)
Ein unterhaltsames Schauspiel, das, oft ausgehend von einem scheinbaren Konflikt, menschliche Schwächen entlarvt und zu einem glücklichen Ausgang führt. Die Komödie macht zur Steigerung der Unterhaltungswirkung Gebrauch von verschiedenen Formen der Komik: – Situationskomik (*situational comedy, stock situations*) – Figurenkomik (*stock characters*) – Sprachkomik (*verbal wit*)	Ein ernstes Schauspiel, dessen Handlung durch einen tief greifenden Konflikt ausgelöst wird. Der Konflikt wird von außen an die Hauptfigur (*tragic hero*) herangetragen, die an dessen Bewältigung scheitert, oder die Hauptfigur begeht unwissentlich einen schicksalhaften Irrtum (*tragic flaw*), an dessen Folgen sie zerbricht. Nach ARISTOTELES soll die Handlung der Tragödie den Zuschauer in Mitleid und Furcht versetzen und ihn so von seinen Leidenschaften „reinigen" (Katharsis). Sie erreicht dies durch die Darstellung eines unlösbaren Konfliktes, der den Untergang des Protagonisten zur Folge hat (*catastrophe*).	Seine Merkmale sind aufgrund der Kürze – die gezielte Auswahl des Handlungsausschnittes, – Konzentration des Aufbaus und inhaltliche Dichte. Da diese Kurzform wenig Raum lässt für die Entwicklung einer Handlung, wird häufig der Endpunkt einer Entwicklung als Gegenstand der Bühnendarstellung gewählt. Ein krisenhafter Moment oder ein Wendepunkt in der Entwicklung der Hauptfigur(en) dient der Veranschaulichung des Problems.

Komödie (*comedy*)	Tragödie (*tragedy*)	Einakter (*short play, one-act play*)
WILLY RUSSELL, *Educating Rita* (1980)	W. SHAKESPEARE, *Macbeth* (1606); *Romeo and Juliet* (1597); ARTHUR MILLER, *Death of a Salesman* (1949)	ROY MINTON, *Bovver* (1976)

Merkmale des Dramas

Das Drama unterscheidet sich von Erzähltexten und Gedichten durch seine Rezeptionsform, die des Zuschauens.

> Bei der Rezeption dramatischer Texte fehlt die vermittelnde Figur des Erzählers. Es gibt nur die
> - äußere Kommunikationsebene zwischen Autor und Zuschauer und
> - die Ebene der Kommunikation zwischen den Dramenfiguren.

Die Zuschauer werden unmittelbar mit der dramatischen Handlung konfrontiert. Es gibt weder eine zeitliche noch eine räumliche Distanz zu dem Geschehen auf der Bühne.

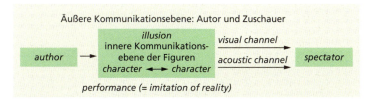

Einen Ausnahmefall stellt das **epische Drama (*epic theatre*)** dar. Die Trennung zwischen erzählenden und dramatischen Texten durch die fehlende Erzählfunktion ist im epischen Drama aufgehoben. Es werden distanzschaffende Erzählinstanzen eingebaut (Prolog, Epilog, Figurenbericht), um den Zuschauer über Handlungshintergründe ins Bild zu setzen.

Die Zeichenvielfalt (Plurimedialität)

Die Vermittlung der fiktiven Handlung des Dramas erfolgt nicht durch einen Erzähler, sondern durch das direkte Agieren auf der Bühne. Nicht nur der gesprochene Dialog liefert wichtige Informationen über die Dramenhandlung; auch die Bühnenausstattung, die Kostüme sowie die gestisch-mimische Darstellung der Charaktere geben Aufschluss über Atmosphäre, Thema oder Konfliktlösung eines Stückes. Diese gleichzeitige Verfügbarkeit mehrerer Übermittlungskanäle wird als Plurimedialität bezeichnet.
Die Figurenrede ist so beschaffen, dass sie es dem Zuschauer ermöglicht, selbst Bezüge herzustellen, Intentionen und Motive zu erkennen und das Drama als sprachliches Kunstwerk zu verstehen.
Das folgende Schaubild veranschaulicht die Vielfalt der Vermittlungskanäle bei einer Dramenaufführung.

Die Figurenrede

Die Figurenrede ist grundlegender Bestandteil dramatischer Texte. Ihr kann der Zuschauer die meisten Informationen über den Handlungsverlauf und die Figuren entnehmen. Die Figuren reden nicht nur im **Dialog** (*dialogue*) miteinander. Längere Redeanteile einer Figur nennt man **Monolog** (*monologue*). Im **Selbstgespräch** (*soliloquy*), bei dem nur der Sprecher auf der Bühne anwesend ist, äußert eine Figur ihre Gedanken und Gefühle. Manchmal wendet sich eine Figur direkt an die Zuschauer, ohne dass ihre Mitakteure es hören; diese Redeform nennt man das **Beiseitesprechen** (*aside*).

Das Bühnengespräch übernimmt im Drama eine Vielzahl von Funktionen. Es ist
– Handlungsauslöser (*sets the action in motion*),
– Beziehungsstifter (*establishes relationships among the characters*),
– Figurenzeichner (*characterizes the persons of a play*).

Die Figurenrede als Handlungsauslöser
Im Bühnengespräch treten die fiktiven Figuren miteinander in Interaktion, um den Verlauf der Dramenhandlung voranzutreiben.

> JULIET: What's he that follows there, that would not dance? (...)
> Go ask his name. If he be married,
> My grave is like to be my wedding bed.
> NURSE: His name is Romeo, and a Montague,
> The only son of your great enemy.
> JULIET [To herself]: My only love sprung from my only hate!
> Too early seen unknown, and known too late!
> WILLIAM SHAKESPEARE, *Romeo and Juliet*, 1597

These lines from Act I, scene 5 of "Romeo and Juliet" are spoken by Juliet to her nurse after she has talked to Romeo for the first time in her life. The audience gets to know that up to now Juliet has been ignorant of Romeo's identity. It is the nurse who makes her understand the shocking truth: Juliet has just fallen in love with one of her family's enemies. This is the beginning of the relationship between the two star-crossed lovers. Shakespeare uses dramatic irony when he makes Juliet say, "My grave is like to be my wedding bed." This is a passage spoken in the drama which foreshadows its tragic end.

Die Figurenrede als Beziehungsstifter

Das Bühnengespräch lässt vor dem Zuschauer ein Geflecht von Beziehungen entstehen. Der Zuschauer erfährt, wie die Figuren zueinander stehen. Eine Beziehung kann geprägt sein durch die Gegensätze

Zuneigung (*affection*)	⇌	Abneigung (*dislike*),
Nähe (*close relationship*)	⇌	Distanz (*distant relationship*),
Unterstützung (*solidarity*)	⇌	Rivalität (*rivalry*),
Freundschaft (*friendship*)	⇌	Feindseligkeit (*hostility*).

Die Gestaltung des Dialogs

Bei der Untersuchung des Gesprächsverlaufs können Besonderheiten auffallen, die Auskunft geben über die Rangordnung der Figuren und die Beziehungen der Figuren untereinander. Eine ungleiche Verteilung der Redeanteile deutet auf das Verhältnis zwischen einer dominanten/ überlegenen und einer unterwürfigen/schwachen Persönlichkeit hin. Störungen der zwischenmenschlichen Kommunikation werden in modernen Dramen häufig durch folgende Dialogmerkmale thematisiert:

Failure of communication
- *silences and lack of response* (schweigen; nicht reagieren)
- *talking at cross purposes* (aneinander vorbeireden)
- *evading communication by not answering in a straightforward way* (dem Gespräch ausweichen)
- *concealing one's true motives* (wahre Beweggründe verschweigen)
- *sticking to irrelevant topics* (sich an Banalitäten klammern)
- *battling for positions* (die Oberhand behalten)

Die Dramenfiguren (*characters*)

Die Stimmungen der Figuren werden an ihren Bewegungen und an ihrer Sprechweise spürbar. Das erleichtert dem Zuschauer die Identifikation mit den Figuren. Im Drama gibt es folgende Figurenrollen:
- Hauptfigur (*main character*)
- Nebenfigur (*minor or subordinate character*)
- Protagonist (*protagonist*) oder Held (*hero, heroine*)
- Antagonist (*antagonist*) oder Gegenspieler (*opponent*)

Figurengestaltung (*varieties of characters*)

Die Einteilung in verschiedene Arten fiktiver Figuren gilt für Dramen wie auch für Romane und Short Storys. In Anlehnung an die Figurentypologie des englischen Romantheoretikers E. M. FORSTER lassen sich folgende Varianten der Figurengestaltung unterscheiden:

> **E. M. FORSTER**
> (1879–1970), Autor von Kurzgeschichten, Romanen und Essays. Sein wichtigstes literaturkritisches Werk Ansichten des Romans (*Aspects of the novel*) erschien 1927.

– *A character personifying "a single idea or quality" and lacking any individualized detail is called a* **flat character** *or* **type**.
– *A character who is as complex and difficult to describe as a real-life individual is called a* **round character**. *A round character offers a broad range of psychological reactions.*
– *A character who remains unchanged in the course of events is a* **static character**. *It often corresponds with the flat character.*
– *A* **dynamic character** *is influenced by the action he is involved in. A dynamic character may either develop gradually or undergo radical change as a result of a crisis.*

In der Figurengestaltung können die Gegensatzpaare *flat* und *round character* sowie *static* und *dynamic character* kombiniert werden, sodass eine Bandbreite von Zwischenformen entsteht. Sie reicht von der allegorischen Figur, die eine menschliche Tugend oder Schwäche verkörpert, und dem *stock character* der Komödie bis hin zu komplexen und sich wandelnden Figuren wie der Juliet in SHAKESPEAREs *Romeo and Juliet*.

Die Figurenkonstellation (*constellation of characters*)

Unter der Figurenkonstellation versteht man Beziehung der Figuren untereinander sowie die Position, die die einzelne Figur einnimmt. Aus der Figurenkonstellation entwickelt sich die Dynamik der dramatischen Handlung. Die Figuren bilden Gruppen mit gegensätzlichen oder übereinstimmenden Interessen, die sich im Konflikt gegenüberstehen. Auch die Nebenfiguren übernehmen oft entscheidende Funktionen für das Fortschreiten der Handlung: als Überbringer einer Nachricht von einem anderen Schauplatz, als Kommentatoren, als **comic relief**. Im Verlauf des Dramas können sich in der Figurenkonstellation Veränderungen vollziehen. Die zunehmende Isolation einer Hauptfigur zeichnet sich ab, eine Figur ergreift Partei, oder eine Gruppe von Figuren schließt sich zu einer Reaktion auf ein dramatisches Ereignis zusammen.

Figurendarstellung (*techniques of characterisation*)

Um die fiktiven Figuren für den Zuschauer vorstellbar und glaubwürdig agieren zu lassen, muss dieser eine Auswahl verschiedenartiger Informationen über die Figuren erhalten. Diese Auswahl schließt Informationen aus, die für das Anliegen des Textes unwichtig sind. Figurenbezogene Informationen erhält der Leser/Zuschauer entweder direkt vom **Autor** (*authorial characterisation*) oder mittels der **Figuren** (*figural characterisation*). Autor und Figuren können jeweils **direkt** (*explicitly*) und **indirekt** (*implicitly*) eine Figur charakterisieren:

5.3 Fiktionale Texte

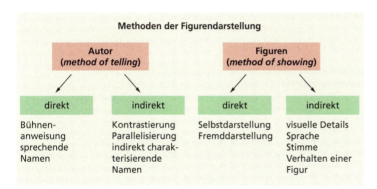

Methoden der Figurendarstellung

Autor (*method of telling*)		Figuren (*method of showing*)	
direkt	indirekt	direkt	indirekt
Bühnen- anweisung sprechende Namen	Kontrastierung Parallelisierung indirekt charak- terisierende Namen	Selbstdarstellung Fremddarstellung	visuelle Details Sprache Stimme Verhalten einer Figur

Die direkte Charakterisierung (*explicit characterisation*)
Die direkte Charakterisierung durch den Autor kann sich auf die äußere Erscheinung, die Persönlichkeitsentwicklung oder auf die Gedanken und Gefühle der Figur(en) beziehen. Direkte Figurencharakterisierungen sind meist in den Bühnenanweisungen zu finden.

> Frank Barber is a good man. He likes to make other people happy and lives the life of a saint. He's loved by all, and never has a bad word to say about anybody.
> His brother, Jack Barber, is a bad man. He'd no sooner look at a man than punch him in the face. He is angry at the world, and likes nothing more than causing trouble in the local bars.

Die direkte Figurencharakterisierung kann neben der Beschreibung auch durch die Benennung der Figuren erfolgen. **Sprechende Namen (*telling names*)** sind hier ein häufig angewandtes erzählerisches Mittel.

> "Godot" in SAMUEL BECKETTs "Waiting For Godot" is an ana- gram of the English word "god" and the German word "Tod", thus implying: "God is dead."

SAMUEL BECKETT (1906–1989), irisch- französischer Schrift- steller, der in seinen Werken die Absurdi- tät des menschlichen Daseins thematisiert.

Bei der direkten Charakterisierung durch eine andere Figur macht die Figur eine Aussage über sich selbst (Selbstdarstellung), oder andere Figuren äußern sich zu Eigenschaften dieser Figur (Fremddarstellung).

Die indirekte Charakterisierung (*implicit characterisation*)
Die indirekte Charakterisierung durch den Autor kann z.B. durch einen deutenden Namen (*interpretive name*) erfolgen. Seine Bedeutung wird erst im Laufe der Handlung erkennbar.

In Truman Capotes Short Story "The Diamond Guitar" the boy Tico Feo fascinates the prisoner Mr. Schaeffer and reminds him of the attractions of the world outside the prison camp. When Tico Feo introduces himself, his voice makes Mr. Schaeffer associate something beautiful: a bird or a song.
The Spanish meaning of "feo" is "ugly". By calling the boy "Tico Feo", Capote wants to hint at Tico's deceptiveness: At first he is the promise of freedom to Mr. Schaeffer; the reader has to find out that Tico Feo will let Mr. Schaeffer down in the end.

Weitere Techniken der indirekten Charakterisierung sind:
– die **Kontrastierung (*contrast*)**: Figureneigenschaften werden durch die Gegenüberstellung von Figuren, die mit gegensätzlichen Eigenschaften ausgestattet sind, besonders hervorgehoben.
– **Parallelisierung (*correspondence*)**: Mehrere Figuren erleben Situationen, auf die sie ähnlich reagieren; so werden ihre gleichartig verlaufenden Reaktionen unterstrichen.

Der Aufbau des Dramas

Die Dramenhandlung ist in der Regel in abgeschlossene Handlungseinheiten unterteilt, in **Akte (*acts*)** und **Szenen (*scenes*)**. Diese stellen solche Ausschnitte der Gesamthandlung auf der Bühne dar, die exemplarisch für das Handlungsganze sind. Ein Schauplatzwechsel oder der Sprung in eine spätere Handlungsphase wird oft durch den Anfang eines neuen Akts markiert.
Die Handlungsabfolge verläuft im Allgemeinen chronologisch; jedoch gibt es auch Techniken, die gleichzeitige Darstellung (Simultaneität) verschiedener Zeit- und Handlungsebenen ermöglichen. Durch das Nebeneinander von zwei oder mehreren Haupthandlungen oder die Einfügung von Nebenhandlungen (*subplots*) in die Haupthandlung (*main plot*) erreicht der Autor bestimmte Effekte:

Intensivierung
– Spannungssteigerung, wenn ein Handlungsstrang kurz vor dem angedeuteten Höhepunkt unterbrochen wird
– Spiegelung und Kontrastierung zur wechselseitigen Verdeutlichung (*reflection, contrast*)
– Intensivierung durch Wiederholung von Ähnlichem (*parallelism*)
Abwechslung zur Unterhaltung des Publikums, z.B. durch Einschieben einer Szene des *comic relief*.

> A humorous scene following a number of tragic and serious scenes provides the audience with comic relief and diversion. The "Porter Scene" in Macbeth (II, iii) besides easing tension, plays an integral part in the play as it prepares for the turning point.

Elemente des klassischen Plots

Die Mehrzahl der Dramen hat folgende Aufbaumerkmale gemeinsam:
– Der dramatische Plot entwickelt sich zwischen einem **Protagonisten** (*protagonist*) und einem oder mehreren **Antagonisten** (*opponent*).
– Zwischen ihnen oder zwischen dem Protagonisten und den Schicksalsumständen besteht ein **Konflikt**.
– Der Konflikt liefert das **handlungsauslösende Moment** des Dramas (*point of attack*).
– Der Plot besitzt **Einheit der Handlung,** d. h., alle Elemente der Handlung sind integriert in das Handlungsganze und führen zu einem übergreifenden Handlungsziel.
– Die Einheit der Handlung kann ergänzt werden durch die **Einheit des Ortes und der Zeit.** Die Tragödie findet dann an einem festgelegten Schauplatz in einem genau umrissenen Zeitrahmen statt; Schauplatzwechsel und Zeitsprünge werden vermieden.
– Der **dramatische Dialog** treibt die Handlung voran.

Das Strukturmodell des Dramas

In seiner Dramentheorie weist GUSTAV FREYTAG dem klassischen Fünf-Akt-Drama die Struktur einer Pyramide zu. Exposition, Peripetie und Katastrophe als wesentliche Elemente in der Handlungsentwicklung des Dramas werden auch schon bei ARISTOTELES unterschieden.

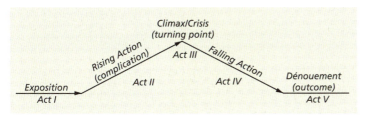

GUSTAV FREYTAG (1816–1895)

Die Exposition (*exposition***)**
Die Exposition im ersten Akt liefert das Fundament für den Aufbau der dramatischen Handlung. Sie nennt das Handlungsziel der Hauptfigur und liefert alle für das Verständnis der Handlung notwendigen Informationen über:
– Zeit und Ort der Handlung (*setting*),
– Atmosphäre (*atmosphere*),
– Hauptfiguren (*main characters*),
– den Konflikt oder das zentrale Thema (*point of attack*).

Die aufsteigende Handlung (*rising action*)
Im zweiten Akt steigt die Handlung zum Höhepunkt an. Auf dem Weg zur Verwirklichung ihres Handlungsziels hat die Hauptfigur eine Reihe von Hindernissen zu bewältigen und kann Rückschläge erleben, deshalb spricht man bei dieser Handlungsphase von der Komplikation der Handlung (*complication*). Schwierigkeiten und Hindernisse werden auch als retardierende Momente (*retardation*) bezeichnet; sie verzögern den erwarteten Handlungsverlauf und bauen Spannung auf.

Der Höhepunkt (*climax*)
Im dritten Akt bündelt sich die Komplikation der Handlung zu einer Krise (*crisis*), während der Spannungsverlauf seinen Höhepunkt (*climax*) erreicht. Die Krise bildet zugleich den Wendepunkt (*turning-point, peripety*) der Handlung: Das Kräfteverhältnis zwischen Protagonist und Antagonist verschiebt sich; in der Tragödie deutet sich der Untergang des Helden an.

Szene aus einer Macbeth-Aufführung unter der Regie von ANNA LANGHOFF (1977)

> The action of William Shakespeare's "Macbeth", Act III
>
> By murdering King Duncan, Macbeth and his wife have accomplished their plan of becoming King and Queen of Scotland. They have to carry out a second murder to secure their position: the murder of Banquo. The apparition of Banquo's ghost during the banquet-scene, Macduff's disobedience and the news that Malcolm and Macduff have gone to England to raise forces against Macbeth all indicate the reversal in Macbeth's fortune. He will not be able to hold his position against the opposing forces which are determined to restore rightful order.

5.3 Fiktionale Texte

Die absteigende Handlung (*falling action*)
Der Spannungsverlauf im vierten Akt fällt ab bis zum **Dénouement (*dénouement*)** – der Auflösung aller Komplikationen und Beantwortung offener Fragen. Eine unerwartete Entdeckung führt in manchen Dramen zu einem abschließenden Wendepunkt.

> The action of Shakespeares's "Macbeth", Act V, Scene 5
> The third and last of the witches' prophecies, which Macbeth
> did not expect to come true, materializes: Birnam Wood is mov-
> ing to Dunsinane, announcing Mabeth's final defeat.

Die Zeitgestaltung des Dramas

Die Handlung kann mit einem voraussetzungslosen Anfang beginnen. Häufig verwenden Autoren jedoch den **offenen Anfang (*abrupt opening*)** mit einer für den Konflikt beispielhaften Szene, um das Interesse des Publikums zu wecken. Alle Informationen, die der Zuschauer zum Verständnis der Handlung benötigt, werden dann im Dialog nachgeliefert. Vorausgegangene Handlungen, die wichtig für das Gesamtverständnis sind (Schlüsselszenen = *scenes having a key function*), können in Form von **Rückblenden (*flashback; retrospection*)** eingebaut werden. In ARTHUR MILLER's *Death of a Salesman* erinnert sich z. B. Willy Loman an Szenen aus der Vergangenheit, die auch auf der Bühne dargestellt werden.

> **Rückblende (*flashback*)** nennt man die Unterbrechung der chronologischen Ereignisdarstellung, um in der Vergangenheit liegende Ereignisse nachträglich ins Bild zu setzen.

Oft verbindet eine Überleitung die Handlung der Gegenwart mit der Rückblende; eine gedankliche Assoziation oder Erinnerung der gerade agierenden Figur sowie ein Dialog können als Überleitung dienen.

Dramatische Ironie (*dramatic irony*)

Dramatische Ironie (*dramatic irony*) oder tragische Ironie wird durch den **Informationsvorsprung** erzeugt, den das Publikum gegenüber der Dramenfigur hat. Während sich die Figur noch in völliger Sicherheit wähnt, erkennt der Zuschauer bereits das unabwendbare Verhängnis.

> Dramatic Irony in Shakespeare's drama "Macbeth"
> Macbeth is full of dramatic irony. In the exposition, King Duncan
> addresses Macbeth whom he has made Thane of Cawdor. The
> ambiguity of the gardening metaphor he uses underlines his er-
> ror of judgement: "I have begun to plant thee, and I will/labour
> to make thee full of growing." King Duncan is unaware of the
> fact that what he fosters is not Macbeth's loyality and valiant
> service but Macbeth's burning ambition. Macbeth will murder
> King Duncan to become King of Scotland.

5.3.6 Das elisabethanische Drama

Unter der Herrschaft der englischen Königin ELIZABETH I. (1558–1603) erlebte das englische Theater eine enorme Weiterentwicklung und große Popularität. Daher gilt das Zeitalter der Queen ELIZABETH I. als das Goldene Zeitalter des englischen Dramas.

Die Weiterentwicklung des englischen Dramas

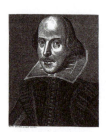

WILLIAM SHAKESPEARE

CHRISTOPHER MARLOWE (1564–1593) und WILLIAM SHAKESPEARE (1564–1616) sind die wichtigsten Dramenautoren dieser Zeit. Ihre Dramen sind die ersten in der englischen Literaturgeschichte, die die **Eigenschaften neuzeitlicher Dramen** besitzen:

– Die Handlung beschäftigt sich mit weltlichen Themen.
– Die Dramengattungen Tragödie und Komödie sind klar erkennbar.
– Sie besitzen eine oder mehrere Handlungsstränge, deren Handlung kontinuierlich weiterverfolgt wird.
– Die Dramenhandlung besitzt eine Struktur nach antikem Vorbild; sie hat eine Exposition, einen Höhepunkt und einen Handlungsabschluss. Die Hauptfiguren sind keine Charaktertypen, sondern komplexe Individuen, die im Laufe der Handlung eine Entwicklung durchlaufen.

Die Themen der elisabethanischen Dramen

CHRISTOPHER MARLOWE

MARLOWE und SHAKESPERARE schrieben Dramen auf der Grundlage **historischen Tatsachenmaterials.** Den Stoff für seine Dramen entnahm SHAKESPEARE den zu seiner Zeit zugänglichen Geschichtsbüchern oder ins Englische übersetzten Erzählungen und wandelte ihn um in Bühnenrollen für die ihm bekannten Schauspieler; z. B. basiert *Romeo and Juliet* auf einer romantischen Geschichte von MATTEO BANDELLO, *Macbeth* auf RAPHAEL HOLINSHEDs *Chronicles of England, Scotland and Ireland* in der Ausgabe von 1586.

SHAKESPEAREs Dramen zählen zu den bedeutendsten Werken der Weltliteratur und haben bis heute nichts an Aussagekraft eingebüßt. Die berühmtesten seiner tragischen Figuren verkörpern **grundlegende menschliche Handlungsmotive** und die sich aus ihnen ergebenden Konsequenzen: Othello, der blind ist vor Eifersucht; der von Ehrgeiz getriebene Macbeth; die selbst durch den Tod nicht zu trennenden Liebenden Romeo und Julia; der durch Schmeicheleien getäuschte King Lear; Hamlet, dessen Unentschlossenheit ihn hindert, den Tod seines Vaters zu rächen und die gesetzmäßige Ordnung wiederherzustellen.

In SHAKESPEAREs Dramen begegnen wir Menschen, die hin und her gerissen sind zwischen Angst und Sicherheit (*Richard II, Troilus and Cressida*), überwältigt von der Versuchung (*Macbeth*), vom Wahnsinn gequält (*Macbeth, King Lear*), unter Einsamkeit, Schuld und Angst leidend (*Macbeth, King Lear*). SHAKESPEAREs Komödien stellen die Zuverlässigkeit menschlicher Beziehungen auf die Probe. Ihre Themen sind Liebe, das Gute und das Böse, Schein, Wirklichkeit und wahre Identität.

Besonderheiten des Dramentextes

Die SHAKESPEARE-Forschung konnte nachweisen, dass die Originalmanuskripte weder eine Einteilung in Akte und Szenen noch Ortsangaben am Szenenanfang vorsahen. Stattdessen markierte ein reimender Zweizeiler (*rhyming couplet*) für das Publikum und die Schauspieler das Ende einer Szene und den jeweiligen Schauplatzwechsel. Angaben zum neuen Schauplatz musste der Zuschauer dem gesprochenen Dialog entnehmen. Da es kein Bühnenbild gab, verließ sich der Autor auf die Vorstellungskraft der Zuschauer.

Die Sprache, die SHAKESPEARE benutzte, das *Early Modern English,* weist nicht so sehr in der Satzstruktur, wohl aber im Wortschatz Unterschiede zum heutigen Englisch auf.

■ Im folgenden Beispiel trägt *"doth make good"* die Bedeutung *"proves the truth of":*
"This letter doth make good the Friar's words […]."
(SHAKESPEARE, *Romeo and Juliet*, V, ii)

Die ersten gedruckten Ausgaben der Dramen SHAKESPEAREs tragen die Bezeichnung **Folio** oder **Quarto**.

▶ **Folio** und **Quarto** sind Bezeichnungen für das Format, zu dem das bedruckte Papier vor dem Binden gefaltet wurde.
– Folio ist das größere Format: Ein Blatt wurde einmal gefaltet, sodass es zwei Vorder- und zwei Rückseiten ergab.
– Für das Quartoformat wurde jedes Blatt Papier zweimal gefaltet, sodass es vier Vorder- und vier Rückseiten ergab.

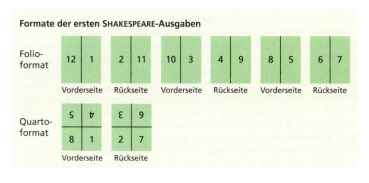

Formate der ersten SHAKESPEARE-Ausgaben

Das Elisabethanische Theater

Die religiösen Dramen des ausgehenden Mittelalters wurden in Kirchen oder auf fahrbaren Bühnenplattformen an öffentlichen Plätzen aufgeführt. Zu SHAKESPEAREs Zeit fanden Theateraufführungen in den Innenhöfen der Gasthäuser auf zusammenschiebbaren Bühnenwagen statt. Seit den siebziger Jahren des 15. Jahrhunderts etablierten sich eigens zu diesem Zweck erste öffentliche Theaterhäuser. Das **Globe Theatre,** an dessen Gründung SHAKESPEARE beteiligt war, öffnete 1599. Das Globe Theatre war ein dreistöckiges, aus Galerien bestehendes Gebäude, das einen Innenhof umgab. Die Galerien hatten ein strohgedecktes Dach – vermutlich die Ursache dafür, dass das Theater bereits im Jahr 1613 abbrannte. Zwei Drittel der Zuschauer saßen auf rückenlosen Holzbänken, die im Parterre um die Bühne herum aufgestellt waren (*groundlings*). Die Bühnenplattform (*platform stage*) war von allen Seiten einsehbar.

▶ In SHAKESPEARE's time theatre performances were given in inn yards. In the 1570s the first institutionalizes public playhouses were built in London. SHAKESPEARE *and some actors had a playhouse built on the south bank of the Thames, the* Globe Theatre.

Es gab weder Bühnenbeleuchtung noch Lautsprecher oder Bühnenbild. Um das Tageslicht zu nutzen, fanden die Aufführungen in der Regel am Nachmittag statt.

Das *Globe Theatre* (Nachbau) in der Außenansicht, daneben ein Blick auf den Bühnenraum

Die Schauspieler betraten die Bühne von ihrem Umkleideraum aus, der sich unterhalb der Bühne befand. Ihre Kostüme waren selten historisch authentisch. Wegen der offenen Bühne war der Kontakt zwischen Schauspielern und Publikum sehr eng. Monologe und „beiseite" (*aside*) gesprochene Passagen konnten direkt an die Zuschauer gerichtet werden. Die Nähe der Zuschauer zwang die Schauspieler, das Publikum einzunehmen und in den bewegendsten Szenen mitzureißen. Gelang es den Schauspielern nicht, den Kontakt zum Publikum herzustellen, konnte die Aufführung in einem Tumult enden.

Das Elisabethanische Theater war ein öffentlicher Treffpunkt, der Menschen aller sozialen Schichten zugänglich war, da sich jeder den Eintrittspreis für einen Stehplatz leisten konnte. Das bedeutete, dass ein Schauspiel den Erwartungen unterschiedlicher Zuschauergruppen gerecht werden musste.

Das Elisabethanische Zeitalter

Die Regierungszeit ELIZABETHs I. (1558–1603) fällt in die kulturgeschichtliche Epoche der Renaissance. Die Renaissance war geprägt von einschneidenden Veränderungen in Wissenschaft, Technik, Handel, Gesellschaftsauffassung und Religion. Sie bildet den Übergang zwischen Mittelalter und Neuzeit.

Die Veränderungen in der Literatur dieser Zeit sind hauptsächlich auf zwei Faktoren zurückzuführen: den Humanismus und – damit einhergehend – das gewandelte Bild des Menschen (von der mittelalterlichen Vorstellung des Menschen als fremdbestimmtem Wesen mit zugewiesener Stellung in einer fest gefügten weltlichen Ordnung zur neuzeitlichen Vorstellung des Menschen als selbstbestimmtem Individuum in einer veränderbaren Welt).

Die Entdeckung Amerikas 1492 und KOPERNIKUS' Beweisführung zum heliozentrischen Planetensystem revolutionierten die Vorstellungen der Menschen von der Welt und ihrer eigenen Stellung im Universum. Mit der Erfindung der Buchdruckerpresse kam es zugleich zu einer zunehmenden Verbreitung von Büchern und Schriften. Humanismus und Reformation öffneten Wege zur religiösen Emanzipation und erschütterten die Vorstellungen von Autorität und gesellschaftlicher Ordnung. Durch die Reformation vom katholischen Teil des Kontinents isoliert, war

Nachbau der „Santa Maria", mit der KOLUMBUS auf seinen Entdeckungsfahrten den Atlantik überquerte

England gezwungen, neue Handelsmöglichkeiten zu finden. Die fast gleichzeitige Entdeckung Amerikas und neuer Handelswege legte in dieser Übergangszeit den Schwerpunkt der englischen Wirtschafts- und Außenpolitik für die folgenden Jahrhunderte fest: Die Orientierung nach Übersee.

Starkes Bevölkerungswachstum und Umverteilung der Landnutzung (enclosures) in agrarischen Gebieten führten zu Landflucht, Ausdehnung der Städte und zunehmender Verelendung der landlosen Bevölkerung. Ungeachtet dieser Entwicklungen blieben in der elisabethanischen Literatur auch mittelalterliche Vorstellungen lebendig: Zum Beispiel galt die Erde weiterhin als Zentrum des Universums; der Glaube an Dämonen, Geister und die Wirkung von Zauberkräften blieb erhalten.

Der Gedanke einer hierarchischen Ordnung aller Dinge, *„Great Chain of Being"*, lebte fort. In diesem fest gefügten System wurden alle wahrnehmbaren Dinge, z. B. die Elemente, Planeten, Organe des Körpers, Mineralien, Pflanzen, Tiere und gesellschaftliche Schichten, in Klassen eingeteilt und sowohl waagerecht wie auch in einer senkrechten Abstufung angeordnet. Die Störung dieser Ordnung durch menschliche Eingriffe galt als Verstoß und spiegelte sich in Naturkatastrophen wider. Die vielfältigen Veränderungen dieses Zeitalters waren begleitet von einem Gefühl des Verlusts. Verloren gegangen war die durch die alte Ordnung garantierte Sicherheit. In ihr hatte jedes Wesen seine eigene, unantastbare Position. Daher thematisiert die Elisabethanische Literatur häufig den Bestand wie auch die Auflösung einer überzeitlichen Ordnung.

▶ *The Great Chain of Being is a visual metaphor for a divinely inspired universal hierarchy ranking all forms of life.*

Analyse eines Monologs

1 MACBETH: *Be innocent of the knowledge, dearest chuck,*
2 *Till thou applaud the deed. Come, seeling Night,*
3 *Scarf up the tender eye of pitiful day,*
4 *And, with thy bloody and invisible hand,*
5 *Cancel, and tear to pieces, that great bond*
6 *Which keeps me pale! – light thickens; and the crow*
7 *Makes wing to the rooky wood;*
8 *Good things of day begin to droop and drowse,*
9 *Whiles night's black agents to their preys do rouse.*
10 *Thou marvellest at my words: but hold thee still;*
11 *Things bad begun make strong themselves by ill.*
12 *So, pr'ythee, go with me.*

(WILLIAM SHAKESPEARE, *Macbeth*, Act III, Scene 2)

Einordnung in den Handlungszusammenhang und Inhaltswiedergabe
Die Einleitung am Anfang der Interpretation informiert den Leser über die Herkunft und Art des Textes sowie über das für das Verständnis des Monologs wichtige bisherige Geschehen.
Das Thema des Monologs erschließt sich durch im Text wiederholt genannte **Schlüsselbegriffe.**

In this monologue of "Macbeth" III,2, Macbeth talks to his wife about his intentions. By murdering King Duncan Macbeth has become King of Scotland. Remembering the part of the witches' prophecy which proclaimed Banquo the father of future kings, Macbeth's suspicions are roused. Without letting his wife in on his plans he has arranged to have Banquo murdered as well.

The topic of this monologue is the concealment of guilt. Here Macbeth informs his wife that he will not let her know about his plans before they have been carried out. Carrying on with this topic, he mentions Night's darkness which will conceal the evil deed he has planned.

Der Inhalt des Monologs wird in eigenen Worten zusammengefasst.

He talks about the approaching night which makes the "good things of day" go to rest whilst the wicked beings of the night come to life.

Untersuchung des Textaufbaus
Der Aufbau des Monologs wird beschrieben.

Macbeth's monologue has got a framework structure. At the beginning and at the end (ll. 1-2, ll. 10-12) Macbeth directly addresses his wife. The main part consists of an invocation of "Night" and a description of nightfall.

Wissenstest 5   auf **http://wissenstests.schuelerlexikon.de** und auf der DVD

Sprachanalyse

Die Art und Weise, in der der Sprecher sich über sein Handeln, seine Handlungsmotive und Absichten äußert, werden untersucht. Es wird berücksichtigt, dass der Sprecher im Monolog Einblick in seine innersten Gedanken und Gefühle gewährt.
Folgende sprachlichen Mittel werden auf ihre Funktion hin untersucht:
– Wortfelder
– rhetorische Figuren (z.B. *metaphor, repetition, rhetorical question, alliteration*)
– Satzbau

The way Macbeth addresses his wife ("dearest chuck") reveals that theirs is a very strong relationship full of tenderness. Macbeth seems to be concerned about his wife, so his intention is to save her from new guilt ("be innocent of the knowledge"). He responds to her confusion (l. 10) by reassuring her and cheering her up (l. 11).
Although he appears to be powerful to his wife, he still is in need of support himself. So he invokes Night to assist him in covering ("seeling", "Scarf up") his deeds from daylight. In order to express these ideas, Shakespeare uses a personification of night and day (ll. 2–6). Metaphors used to illustrate Macbeth's crime are the cloak-metaphor ("Scarf up") and the "bond" which stands for Banquo's life. As taking Banquo's life away makes him turn "pale" Macbeth still seems to have scruples about killing Banquo. So instead of killing Banquo himself, he wants Night to destroy the "bond" "with thy [...] hand", which will release him of all responsibility. To increase the urgency of his plea, Macbeth enforces "cancel" by adding the paraphrase "and tear to pieces". The middle part of the monologue establishes a contrast between innocence ("innocent", "tender", "pitiful", "Good things of day") and evil ("black agents") which is underlined by the contrasts of day and night, light and darkness. Thus Macbeth's speech reflects the "Great Chain of Being" the Elizabethans believed in.

Bedeutung des Monologs für die Entwicklung der Handlung

Monologe liefern wichtige Informationen über den Sprecher (Selbstcharakterisierung), über die Figurenkonstellation und über den Fortlauf der Handlung. Zu untersuchen ist also, welchen Beitrag ein Monolog zum Verständnis einer Figur oder der Handlung leistet.

Macbeth's monologue marks a shift of positions in the relationship between Macbeth and his wife. Whereas in Act I Lady Macbeth played the dominant part, it is Macbeth who takes initiative in murdering Banquo. From now Lady Macbeth's tendency of being troubled by guilt will increase, and she ends being Macbeth's match in ambition.
As for dramatic purposes, the monologue's middle part serves to create the atmosphere for scene 3, where the hired murderers will meet Banquo.

auf **http://wissenstests.schuelerlexikon.de** und auf der DVD   **Wissenstest 5**

Analyse einer Dramenfigur

Die Analyse einer Dramenfigur, häufig **Charakterisierung** genannt, betrachtet alle Informationen über eine Figur, die der Dramentext liefert, gewichtet sie und fügt sie zu einer Gesamtdarstellung zusammen. Besonders viele und aussagekräftige Angaben über eine Figur sind in diesen Textstellen zu finden:

– **Bühnenanweisungen** (*stage directions*)
Beim ersten Auftritt der Figur werden häufig ihre äußere Erscheinung und ihr Auftreten beschrieben. Die Bühnenausstattung enthält manchmal Elemente, die für die Person eine symbolische Bedeutung haben. Kurze Anweisungen, die in den Dialog eingestreut sind, geben oft Aufschluss über ihre Stimmungen, Reaktionen und Gefühle.
– **Monologe und Selbstgespräche** (*monologues and soliloquies*)
In Monologen und Selbstgesprächen stellt die Figur sich dem Publikum vor. Es erfährt viel über die Pläne, Absichten und Beweggründe. In längeren Sprechpassagen nimmt die Figur Stellung zu anderen Figuren. Auch die vom Sprecher verwendete Sprache ist zu untersuchen. Seine Wortwahl, die Verwendung bildhafter Ausdrücke sowie die Sprechweise geben Auskunft über die Stimmung und Gefühle der Figur.
– **Schlüsselszenen** (*key scenes*)
Schlüsselszenen markieren einen besonderen Punkt in der Entwicklung einer Figur. In diesen Szenen steht die Figur im Zentrum der Handlung. Zum Beispiel fällt die Figur kann eine Entscheidung von großer Tragweite, macht eine außergewöhnliche Entdeckung oder erlebt eine tiefgehende Enttäuschung. Solche die Figur und ihre Entwicklung prägenden Erlebnisse müssen in der Untersuchung und in der Beurteilung der Figur berücksichtigt werden.

Erster Arbeitsschritt: Sichtung des Materials
– Sammeln Sie Textstellen, die besonders aussagekräftige Informationen über die zu untersuchende Figur enthalten.
– Markieren Sie Angaben und Einzelheiten über die Figur im Text und stellen Sie sie in Stichworten zusammen. Untersuchen Sie die Sprache der Figur auf Besonderheiten hin.
– Stellen Sie im Text die Eigenschaften und Verhaltensweisen der Figur fest.
– Ordnen Sie die Figur ein: Welche Rolle spielt sie für die anderen Figuren? Wie verhält sie sich anderen gegenüber? Wer sind ihre Gegenspieler?
– Untersuchen Sie die Gründe und Motive für das Verhalten der Figur. Überlegen Sie, welche Bedeutung die Figur für den Text und die Handlung insgesamt hat.
– Überlegen Sie, ob sich die Figur im Lauf der Handlung verändert; das ist oft bei den Hauptfiguren der Fall. Suchen Sie nach Schlüsselszenen für die Veränderung der Figur. Untersuchen Sie, ob sich die Veränderung in Schritten vollzieht.

Wissenstest 5 auf http://wissenstests.schuelerlexikon.de und auf der DVD

Die Analyse der Dramenfigur muss sich an eng an den Text halten. Fakten aus dem Text dürfen nicht verändert oder weiter ausgeschmückt werden. In der Niederschrift ist es wichtig, die wesentlichen Behauptungen über die Figur an **Textstellen mit Zeilen- und Seitenangaben bzw. Zitaten** zu **belegen.** Bis auf diese Zitate sollte die Darstellung **in eigenen Worten** verfasst werden.

Zweiter Arbeitsschritt: Gliederung der Niederschrift

Einstieg: Ein für die Figur typisches Zitat der Figur am Anfang kann als Motto der Darstellung dienen; es macht die Analyse interessant und lebendig.

	Leitfragen der Analyse
Einleitung (*introduction*) Kurze Vorstellung der Figur mit Namen, Alter, gesellschaftlicher Stellung; Beschreibung ihrer Rolle im Drama.	*Who is the character? Is it one of the main characters, the hero, his opponent, or subordinate character? What is the person's background (upbringing, family)? What is the person's function in the play? What impression does the person make (e.g. tired, depressed)? Is there a scene in which the character plays an important part?*
Hauptteil (*main part*) Untersuchung folgender Aspekte und Darstellung in je einem eigenen Absatz: – äußere Erscheinung – Persönlichkeitszüge (von den offensichtlichen zu den verborgenen) – Umgang mit anderen Figuren – Gefühle und Beweggründe der Figur – Wandelt sich die Figur?	*What is the person's facial expression (e.g. intelligent, sly, cheerful, happy, sad, worried, angry, nervous, weary, sensitive)? What is the person's posture/build (e.g. awkward, erect, dignified, bowed/tall, short, well-built, sturdy, slender)? How does the person move (e.g. slowly, clumsily, vigorously)? What is his/her voice like and how does he/she speak? What is his/her attitude towards other people? Who does he/she take sides with? Is he/she in a conflict with someone else? What are his/her hopes/dreams/motives/intentions? How do they influence his/her decisions? What are the person's most important feelings in this text? Does the character undergo a change in the course of the action?*
Schlussbetrachtung (*conclusion*) Zusammenfassende Beurteilung der Figur und ihrer Bedeutung für den handlungsverlauf. Hierhin gehört auch eine persönliche Stellungnahme zum Handeln der Figur.	*What consequences do the events of the drama have for the character? What consequences does the character's action have for the other persons in the play, e.g. a mistake he/she makes? How strong is his/her influence on other characters? Is there a special turning point in the person's life? What is your personal opinion of the character?*

auf **http://wissenstests.schuelerlexikon.de** und auf der DVD   **Wissenstest 5**

5 Texte und Medien analysieren

Vokabular für die Analyse von dramatischen Texten

General vocabulary	Allgemeines Vokabular
drama (n.), play (n.)	Drama, Schauspiel
dramatic (adj)	dramatisch, Dramen betreffend
dramatist (n.), playwright (n.)	Dramenautor
short play (n.)	Kurzdrama
one-act play (n.)	Einakter
tragedy (n.)	Tragödie
hero (n.)/heroine (n.)	Held/Heldin
comedy (n.)	Komödie
to use/to employ/to make use of humorous elements	komische Elemente einsetzen
to use a pun to play on the meaning of words	Wortspiel
to exaggerate s.th.	übertreiben
to make fun of s.th./to ridicule s.o./to expose s.o. to laughter	sich über etwas lustig machen/ jdn. lächerlich machen
to make s.o. laugh	jdn. zum Lachen bringen
to entertain	unterhalten
to amuse	amüsieren

The structure of the play	Die Struktur eines Dramas
exposition	Einführung
to introduce the conflict that sets the action into motion	Den handlungsauslösenden Konflikt vorstellen
rising action (complication)	ansteigende Handlung
Suspense increases/grows.	Die Spannung wächst.
climax	Höhepunkt
The action rises to/reaches a climax.	Die Handlung steigt bis zu einem Höhepunkt an.
The conflict culminates in ... is brought to a head comes to a head	Der Konflikt gipfelt in ... spitzt sich zu
the action reaches a turning-point when ...	Die Handlung erreicht einen Wendepunkt, wenn ...
falling action	abfallende Handlung
Suspense decreases.	Die Spannung lässt nach.
solution	Lösung

5.3 Fiktionale Texte

The structure of the play	Die Struktur eines Dramas
outcome of the play	Handlungsausgang
a play has a happy/tragic/open ending	Ein Drama hat ein glückliches/tragisches/offenes Ende
The protagonist is heading towards a catastrophe.	Der Held steuert auf seinen Untergang zu.
to settle a conflict	einen Konflikt beilegen
a conflict comes to an end	ein Konflikt wird beendet
to reconcile	sich versöhnen
reconciliation	Versöhnung

Composition	Aufbau
a play is a three-act/five-act drama	... hat drei/fünf Akte
a play is divided into three/five acts	... ist unterteilt in drei/fünf Akte
an act has three/four/five scenes	ein Akt hat drei/vier/fünf Szenen
A new scene is set at a different time/in a different place.	... findet zu einer anderen Zeit/an einem anderen Ort statt.
the setting of the scenes changes	Der Schauplatz der Szenen ändert sich.
a play has a main plot/a subplot	Haupthandlung/Nebenhandlung
a key scene	Schlüsselszene
s.th. serves as a transition between scenes	etw. dient als Überleitung zwischen den Szenen
a comic relief scene/a scene which provides comic relief	eine Zwischenszene zur Erheiterung (in Tragödien)
A play has ... detailed, circumstantial short/precise stage directions.	Ein Stück hat ... umfangreiche, ausführliche knappe/genaue Bühnenanweisungen.
The stage directions provide information about the characteristics, movements, gestures, reactions, state of mind of the characters.	Die Bühnenanweisungen liefern Informationen über die Merkmale, Bewegungen, Gesten, Reaktionen, Gemütsverfassung der Figuren.
The stage directions hint at the atmosphere and setting of a play.	Die Bühnenanweisungen liefern Hinweise auf die Atmosphäre und den Schauplatz der Handlung.

5 Texte und Medien analysieren

The stage	Die Bühne
to perform a play on stage	ein Spiel aufführen
to enter the stage	die Bühne betreten
to leave the stage, to go off stage	die Bühne verlassen
to design the scenery	Bühnenbild entwerfen
a painted canvas	Kulisse
stage props	Requisiten
to move/remove the stage props	bewegen/beseitigen
to change the scenery	Bühnenbild auswechseln
the curtain rises/falls	der Vorhang öffnet sich/fällt
the prompter	Souffleur
to wait for a prompt/cue	auf ein Stichwort warten
to use sound/lighting effects	Klang-/Lichteffekte benutzen
to light the stage	die Bühne beleuchten

The characters	Figuren
actor	Schauspieler
actress	Schauspielerin
to act on stage	auf der Bühne spielen
to play a part	eine Rolle spielen
to wear a costume	ein Kostüm tragen
a character speaks in a monologue/ soliloquy in an aside/talks to the audience	eine Figur spricht in einem Monolog/ Selbstgespräch beiseite/zum Publikum

A person's characteristics	Charakterzüge, Merkmale
features	Merkmale
the most striking feature of a person is revealed when ...	das auffallendste Merkmal wird deutlich, wenn ...
to change	sich verändern
to develop	sich entwickeln
to be inclined to/tend to do s.th.	neigen zu
a person changes his/her opinion his/her way of thinking his/her intentions	eine Figur ändert ihre Meinung ihre Art zu denken ihre Absichten

5.3 Fiktionale Texte

A person's characteristics	Charakterzüge, Merkmale
A person changes sides in a conflict.	Eine Figur wechselt die Partei in einem Konflikt.
A person undergoes a radical change/a development.	… verändert sich grundlegend/ durchläuft eine Entwicklung.
A person's character shows in the way he behaves towards others.	Die Persönlichkeit einer Figur zeigt sich in seinem Umgang mit …
… in the way he/she treats others/deals with others.	… in der Art und Weise, wie sie andere behandelt/mit anderen umgeht.

Way of speaking	Sprechweise
to shout, to scream, to yell	rufen, kreischen, schreien
to whisper, speak in a low voice	flüstern, leise sprechen
to speak encouragingly seriously affectionately humorously solemnly aggressively threateningly hatefully understandingly	ermutigend sprechen ernsthaft liebevoll humorvoll feierlich aggressiv drohend hasserfüllt verständnisvoll
to speak in a matter-of-fact way formal/intimate in a friendly/polite rude/impolite way	sachlich distanziert/vertraut freundlich/höflich ungehobelt/unhöflich sprechen
to criticize s.o.	jdn. kritisieren
to find fault with s.o.	
to blame s.o. for s.th.	jdm. Vorwürfe machen wegen
to bully s.o.	jdn. drangsalieren
to terrify./to intimidate s.o	jdn. in Angst versetzen/ einschüchtern
to threaten s.o. to do s.th.	jdm. drohen etwas zu tun
to boast of s.th./to show off	mit etwas angeben, prahlen
to persuade s.o. to do s.th.	jdn. überreden etwas zu tun
to flatter s.o.	jdm. schmeicheln
to convince s.o. of s.th.	jdn. von etwas überzeugen
to complain about s.th.	sich über etw. beschweren

Way of speaking	Sprechweise
to interrupt s.o.	jdn. unterbrechen
to calm s.o. down, to comfort s.o.	jdn. beruhigen, trösten

Behaviour towards other characters	Verhalten gegenüber anderen Figuren
to behave towards s.o.	sich gegenüber jmd. verhalten
to support	unterstützen
to feel pity for s.o./to pity s.o.	bemitleiden
to insult/offend s.o.	jdn. kränken, beleidigen
to pretend to be/do s.th.	vortäuschen
to deceive s.o.	jnd. täuschen
to let s.o. down	jmd. im Stich lassen
to be jealous of	eifersüchtig sein

Intentions and motives	Absichten und Beweggründe
to ache for/long for	sich sehnen nach
to hunger for love and recognition	sich nach Liebe und Anerkennung sehnen
to be committed to an aim	sich für ein Ziel einsetzen
to be determined to do s.th.	entschlossen sein etw. zu tun
to have/lack will-power	willensstark/-schwach sein
to have one's own mind	seine eigenen Vorstellungen haben
to be driven by ambition/jealousy/love/hate	angetrieben sein von Ehrgeiz/Neid bzw. Eifersucht/Liebe/Hass
to strive for power/success	nach Macht/Erfolg streben
to lose one's courage/ambition	den Mut/Ehrgeiz verlieren
envy (n.)	Neid
to be envious of/to envy s.o. for s.th.	neidisch sein, jdn. um etw. beneiden
to have a guilty conscience	ein schlechtes Gewissen haben
to feel guilty of doing s.th	sich schuldig fühlen
to be in an inner conflict	sich im inneren Konflikt befinden
to ease/clear one's conscience	das Gewissen erleichtern
to make up for/compensate for s.th.	etw. wiedergutmachen

5.4 Andere Medien

5.4.1 Cartoons

Cartoons sind Zeichnungen oder Zeichnungsfolgen, in denen gesellschaftliche oder politische Ereignisse bzw. Zustände oder menschliche Verhaltensweisen auf humorvolle oder satirische Weise dargestellt werden.

Cartoons verfolgen zum Teil sehr unterschiedliche Absichten und unterscheiden sich dementsprechend stark, was Themen, Methoden und Darstellungsmittel betrifft.

Die Verbindung von Bild und Text ist dabei nicht zwingend; viele Cartoons sind jedoch mit einem **Text** versehen. Der Text hat die Funktion, die Bildaussage zu konkretisieren. Er kann z. B. auf verschiedene Weise angebracht sein:
- als Aufschrift (*inscription/label*)
- als Sprechblase (*balloon, bubble*) direkt im Bild
- als Bildunterschrift (*caption*)

▶ Die ersten Cartoons erschienen im 19. Jahrhundert in der englischen Wochenzeitschrift *PUNCH*.

Oft stellt sich der zündende Gedanke für das Verständnis eines Cartoons erst in der Zusammenschau von Bild und Text ein.

▶ *PC = political correctness*

Politische Karikaturen (*political cartoons*)

Politische Karikaturen üben **Kritik** an gesellschaftlichen und politischen Verhältnissen und Werten. Die Haltung des Karikaturisten (*cartoonist*) wird zugespitzt präsentiert. Dabei bedienen sich Karikaturisten häufig bestimmter Stilmittel (*stylistic devices*) wie z. B. Symbole, Verfremdung oder Übertreibung (*hyperbole*). Darüber hinaus sind *political cartoons* von folgenden Kennzeichen geprägt:

– Sie richten sich immer an zeitgenössische Betrachter und können aufgrund ihrer **Aktualität** ihre volle Wirkung nur in einem engen zeitlichen Rahmen entfalten: Wenn die Ereignisse, auf die der Zeichner anspielt, vergessen bzw. unbekannt sind, wird der Sinn des Cartoons für den Leser unverständlich.
– Sie bedienen sich der Methode der **Zerstörung des äußeren Scheins** und der Aufdeckung des eigentlichen, verborgenen Wesens, indem das Objekt (z. B. ein Politiker, ein Repräsentant einer bestimmten Partei oder Interessengruppe) verzerrt dargestellt und so der Lächerlichkeit preisgegeben und „entlarvt" wird.
– Sie greifen auf das Mittel der **Verfremdung** zurück, bei der das ins Auge gefasste politische Handlungsfeld in ein anderes, allgemein vertrautes und oftmals „zeitloses" Handlungsfeld übertragen wird. Beispiele dafür sind die Alltagswelt (Sport, Berufswelt, Liebe), die Religion (Paradies, Sündenfall, Sintflut) oder die Literatur (Robinson, Faust; Wilhelm Tell).

Witzzeichnungen (*gag-cartoons*)

Neben politischen Karikaturen gibt es noch die sogenannten Witzzeichnungen. Sie haben folgende Merkmale:
– Sie zielen im Gegensatz zu den politischen Cartoons nicht primär darauf ab, Kritik an gesellschaftlichen oder politischen Zuständen zu üben, sondern wollen menschliche Schwächen, Verhaltensweisen und Ansichten mit (leiser) Ironie kommentieren bzw. auf humorvolle oder pointierte Weise präsentieren,
– Sie knüpfen thematisch an die Erfahrungswelt der Betrachter an, indem sie auf allgemein bekannte Kontexte (z. B. Arbeitswelt, Schule, Ehe und Familie usw.) zurückgreifen,
– Sie wollen den Betrachter eher zum Schmunzeln anregen und ihn unterhalten.

Stilmittel in Cartoons

Übertreibung (Hyperbel)	Inhaltlich Bedeutendes (wie z. B. individuelle Merkmale und typische Attribute einer Person oder Sache) wird – abweichend von der naturalistischen Darstellung – übergroß wiedergegeben und so hervorgehoben. Die Übertreibung hat die Funktion, auf das angesprochene Problem aufmerksam zu machen und den Betrachter dafür zu sensibilisieren: – Die Darstellung einer im Schmutz erstickenden Welt, in der Menschen nur noch mit Sauerstoffmasken existieren können, soll beispielsweise vor den Gefahren mangelnden Umweltschutzes warnen. – Bei einem Politiker wird ein charakteristisches (oft körperliches) Merkmal besonders hervorgehoben. Neben Vergrößerung/Verstärkung kann eine Hyperbel aber auch eine Verkleinerung/Abschwächung sein: Merkmale, die für die Aussage kein besonderes Gewicht haben, werden verkleinert und oft bis zur schemenhaften Andeutung vereinfacht.

5.4 Andere Medien

Verallgemeinerung und Typisierung (Synekdoche)	Ersetzung und Darstellung des eigentlichen Begriffs durch einen zu seinem Bedeutungsfeld gehörenden engeren oder weiteren Begriff: – Der Geldbeutel steht für Reichtum (d. h., ein Teil steht für das Ganze → Pars pro Toto). Auf der Synekdoche beruhen die vielen „Typen" der Karikatur: – Einzelne Attribute werden herausgestellt und verallgemeinert: Ein mit Waffen behängter Uniformierter mit bissigem Gesichtsausdruck steht für den Militaristen. Das Problem dieser Verallgemeinerungen besteht darin, dass sie zur Bildung und Verfestigung von Klischees und Vorurteilen beitragen, wenn sie unreflektiert auf die Wirklichkeit übertragen werden.
Symbol	bildhaftes Zeichen, das über sich hinaus auf höhere geistige Zusammenhänge und Ideen (Glaube, Wahrheit, Weltanschauung) verweist; im Unterschied zur rational auflösbaren Allegorie hat das Symbol eine mehrdimensionale Bedeutung: – das Kreuz als Symbol des Christentums – die weiße Taube als Friedenssymbol
Metapher	Der wörtlich genommene, gezeichnete Vergleich, d. h., der Karikaturist versucht, einen treffenden Vergleich für seine Kritik an einem Sachverhalt oder einer Person zu finden und diesen zeichnerisch umzusetzen. So kann er z. B. Redensarten wörtlich nehmen und ins Bild übertragen: – Einer Figur, die bestimmte Zusammenhänge nicht erkennt, malt der Karikaturist sprichwörtlich „ein Brett vor den Kopf". – Die herannahende Gewitterfront (dunkle Wolken, Sturm etc.) dient als Metapher für ein drohendes politisches Unwetter. Eine traditionelle Metapher ist der Mensch-Tier-Vergleich. Mit bestimmten Tieren verbinden sich spezifische Assoziationen; Personen des öffentlichen Lebens werden immer wieder mit Tieren verglichen: – der Strauß, der den Kopf in den Sand steckt → nichts wahrnehmen will – der Elefant, der eine dicke Haut hat → keine Sensibilität gegenüber äußeren Einflüssen zeigt
Allegorie	Ein abstrakter Begriff bzw. ein Begriffsfeld wird durch ein rational fassbares Bild ersetzt: – der Staat als Schiff Oft handelt es sich bei der Allegorie um eine **Personifikation,** bei der ein abstrakter Begriff durch eine menschliche Gestalt dargestellt wird: – der Sensenmann steht für den Tod – Amor mit dem Pfeil steht für die Liebe
Zitat	Eine Aussage oder ein „geflügeltes Wort" aus einem anderen Kontext (Literatur, Film, Oper, bildende Kunst, Musik) wird als Anspielung in den Cartoon eingebracht. Die Aussage der Vorlage wird dabei parodiert bzw. in ihrer kritischen Intention übernommen und durch entsprechende Veränderungen aktualisiert. Die Voraussetzungen für das Funktionieren der Zitat-Methode sind die Plausibilität des Bezuges und die Bekanntheit des Quellen-Textes. – Eine Figur, die unter dem Druck steht, für ein Problem eine Lösung zu ersinnen, wird in der Pose des „Denkers" (Skulptur von Rodin) dargestellt.

Karikaturen und Cartoons analysieren

Die Erschließung einer Karikatur erfolgt in der Regel in drei Schritten:
- Beschreibung
- Analyse
- Interpretation/Bewertung

1. Beschreibung

In einem ersten Schritt geht es darum, die vorliegende Karikatur bzw. das Bild oder Foto zu beschreiben, d. h., die dargestellte Situation soll vollständig erfasst werden. Die einzelnen Bildelemente werden benannt und kurz charakterisiert. Im Idealfall kann man sich das Bild danach auch ohne die Vorlage zu kennen gut vorstellen. Verwenden Sie für die Szenenbeschreibung *simple present* bzw. das *present progressive*.

Hilfreiche Leitfragen für die Beschreibung:
- *What situation is depicted?*
- *Which are the central characters and objects?*
- *What information does the text that is included in or beneath the cartoon give?*
- *When and where was the cartoon first published?*

2. Analyse

Anschließend sollen die in der Karikatur oder auf dem Bild verwendeten Stilmittel identifiziert und in ihrer Wirkung beschrieben werden. Hier ist auch beispielsweise der gesellschaftlich-politische Kontext des Cartoons herauszuarbeiten. Dieser Arbeitsschritt nimmt bei der Cartoon-Analyse den größten Teil ein.

Hilfreiche Leitfragen für die Analyse:
- *What stylistic devices does the cartoonist use and what is their meaning?*
- *How are the characters depicted?*
- *What kind of imagery is used in the cartoon?*
- *How do picture and text relate to each other?*
- *What social, political, economic or cultural context does the cartoon refer to?*
- *What is the overall message of the cartoon?*

3. Interpretation/Bewertung

Abschließend geht es bei der Interpretation um die Bewertung der Karikatur oder des Fotos. Es wird eingeschätzt, ob und wie es dem Karikaturisten gelungen ist, sein Anliegen bzw. seine Kritik an den Leser zu vermitteln.

Hilfreiche Leitfragen für die Interpretation:
- *What effect does the cartoon have?*
- *Did the cartoonist use adequate means in order to bring his message across?*
- *Is the cartoon convincing?*
- *Does it have a message?*

5.4.2 Filme

Der Film als Massenmedium

Der Film (*movies, the cinema, motion pictures, flicks*) ist eine multimediale Kunstform, die sich über die schnelle Abfolge bewegter Bilder realisiert. Beim Film handelt es sich um die wohl wichtigste und populärste Kunstform des 20. Jahrhunderts und eines der bedeutendsten Elemente der modernen Kultur.

Der Film ist heute ein Massenmedium, eine Industrie und eine Kunstgattung. Filme lassen sich in verschiedene **Gattungen** und **Genres** aufteilen:

Beim **Spielfilm** (*feature film*) lassen sich zahlreiche Genres unterscheiden. Die wichtigsten sind:
- Actionfilme (*action film*)
- Komödien (*comedy*)
- Western
- Krimis (*thriller, mystery*)
- Dramen (*drama*)
- Science-Fiction-Filme (*science-fiction film*)
- Fantasy-Filme (*fantasy film*)
- Horrorfilme (*horror film*)

Jedes Genre verfügt über charakteristische **Elemente** und **Stilmittel**, durch die es sich von anderen unterscheidet. Dazu gehören:
- bestimmte **Typen** (*stock characters*), z. B. der einsame Westernheld
- bestimmte **Themen** (*stock plot/theme*), z. B. die Invasion der Erde durch Außerirdische
- typische **Handlungsorte** (*stock location/setting*), z. B. das düstere Schloss
- bestimmte **Requisiten** (*stock props*), z. B. das Samuraischwert

Die meisten Filme werden heute nicht mehr auf dem Fotomaterial Film aufgezeichnet, sondern auf **digitalen Medien;** die analogen Filmkameras werden immer mehr durch digitale Kinokameras ersetzt.

Durch den Siegeszug der kostengünstigen digitalen Aufnahmegeräte (Fotokameras, Videokameras, Smartphones) und Speichermedien hat sich das Medium Film „demokratisiert". Filme und Videos werden zunehmend auch von filmischen Laien gemacht und zu Videoportalen wie Youtube hochgeladen und so einem Millionenpublikum zugänglich gemacht.

Filme analysieren

Filme beeinflussen unser Leben und unser Verständnis für die Umwelt. Deshalb ist es interessant herauszufinden, mit welchen Mitteln sie ihre Wirkung erzielen. Jeder Film entsteht vor einem bestimmten **historischen** und **sprachlich-kulturellen Hintergrund**. Diesen kann man sich mithilfe folgender Fragen vergegenwärtigen:

– Wann wurde der Film gedreht?
– Welche Besonderheiten lagen für die Filmproduktion vor?
– Welche historischen Ereignisse, Personen oder Schauplätze präsentiert der Film?
– Welche gesellschaftlichen, ethnischen etc. Besonderheiten werden gezeigt?

Für die **Analyse der inhaltlichen, künstlerischen und technischen Gestaltungselemente** bietet sich folgendes Vorgehen an:

– *Pre-viewing activities*
Überlegen Sie, welches **Vorwissen** Sie bereits über den Film haben und mit welchen Erwartungen Sie ihn anschauen. Welches Thema behandelt der Film, und wie ist er zeitlich einzuordnen? Überlegen Sie auch, auf welches Vokabular sie eventuell zurückgreifen müssen, um der Handlung folgen zu können.

– *While viewing*
Konzentrieren Sie sich auf die wesentlichen **Handlungsabläufe (*gist*),** dabei ist es nicht nötig, dass Sie jedes einzelne Wort verstehen oder jede Szene im Detail rekapitulieren können.

▶ Ebenso können Sie versuchen, einen Aufnahmeplan (*story board*) für den Film zu erstellen. Er sollte sich an der Haupthandlung orientieren und Informationen dazu enthalten, was wie gefilmt werden soll.

Wenn Sie während des Zuschauens ein **Protokoll (*viewing log*)** erstellen, fällt es Ihnen leichter, inhaltliche und technisch-darstellerische Aspekte im Auge zu behalten.
Wichtig sind:
– **Handlungsablauf (*storyline*)** – Verfolgen Sie Szene für Szene anhand der Fragen *who? when? what? where?*
– **Filmische Darstellungsverfahren:**
  Einstellungsgröße (*field sizes*)
  Darstellungsperspektive (*perspective*)
  Kameraperspektive (*camera angles*)
  Kameraführung (*camera work*)
  Montage/Schnitt-Technik (*montage/editing*)

Konzentrieren Sie sich beim Zuschauen auf den Zusammenhang von Handlungsentwicklung und filmtechnischen Verfahren. Wenn Sie die Möglichkeiten haben, sehen Sie sich einzelne Szenen mehrmals an, um die Details genau erfassen zu können.

Die wichtigsten filmischen Darstellungsverfahren, auf die Sie bei der Analyse achten sollten, sind **Einstellungsgröße, Darstellungsperspektive, Kameraführung** und **Montage** (bzw. **Schnitt-Technik**).

5.4 Andere Medien

Die folgende Grafik zeigt verschiedene **Einstellungsgrößen (*field sizes*):**

▶ Wichtig ist, dass Sie die verschiedenen Einstellungsgrößen nicht nur registrieren, sondern in ihrer Funktion wahrnehmen:
Warum beispielsweise wird ein Objekt in Großaufnahme gezeigt, welche Wirkung hat das auf den Betrachter?

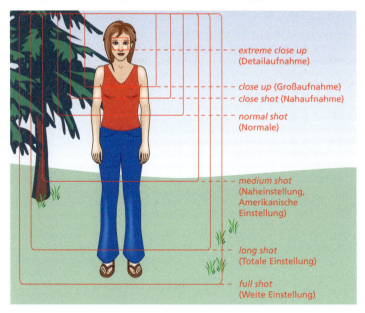

Point of view, viewpoint (Darstellungsperspektiven, Einstellungen):
– *Establishing shot*
  · *a long shot filming the entire setting*
  · *often used at the very beginning of a scene or sequence to present the setting*
  · *to create a neutral view*

– *Point-of-view shot* (Subjektive Einstellung)
  · *a shot/scene filmed from the perspective of one character*
  · *to make the viewer share a character´s point of view*

– *Over-the-shoulder shot* (Über-die-Schulter-Einstellung)
  · *a shot taken from a position behind one character who may be partly in shot, too*
  · *often used in a dialogue situation to allow the viewer to take the position of the characters in turns*

– *Reverse-angle shot*
  · *a shot taken from the opposite perspective*
  · *often used after an over-the-shoulder shot to present the other side*

Camera work (Kameraführung)
– *pan(ning) shot* (horizontale Bewegung oder Schwenk)
  · *camera moves horizontally, i.e. from left to right or vice versa around the object, without changing its distance to the filmed object*
  · *to allow smooth changes from one image/character to another one*

5 Texte und Medien analysieren

– *tilt shot* (vertikale Bewegung oder Schwenk)
  · *camera moves vertically, i.e. upwards (tilt up) or downwards (tilt down)*
– *tracking or trucking shot* (Kamerafahrt)
  · *camera is placed on a wagon running in front of/behind/next to the filmed object*

Editing/montage (Schnitt-Technik / Montage)
The editing or montage is the deliberate placement of single shots after filming. Editing is used to structure the shots in a meaningful order, also to establish relationships between the individual shots and to shape time/place. It includes **parallel action/cross-cutting** *and* **punctuation/transition:**

Parallel action/cross-cutting (parallele Handlung, Umschnitt) *How (parallel) actions can be combined:*	
cut (Schnitt)	*a change from one scene to another one*
cross-cutting, parallel action	*repeated switches directly between two or more scenes which are taking place simultaneously; it is often used to increase suspense*
jump-cut (Jump Cut)	*a sudden or unexpected switch from one shot to the next, omitting an element of time or space*
flashback (Rückblende)	*placing a shot or scene dealing with past events into the sequence of present-time scenes*
flash-forward (Vorausschau)	*placing a scene dealing with future events into the sequence of present-time scenes*
master shot (Master-Einstellung)	*the main shot of a scene filmed by one (static) camera, which is interrupted by other shots*
split screen (Bildteilung)	*the simultaneous presentation of two or more pictures or scenes on a divided screen*

Punctuation/transition (Verbindung der einzelnen Filmausschnitte, Übergänge) *The way the shots are linked:*	
fade-in (Aufblenden)	*gradually the scene appears more and more brightly until it reaches full strength*
fade-out (Abblenden)	*the scene is presented in full strength before the colours gradually disappear*
cross-fade, dissolve, dissolving shot (Überblenden)	*one scene disappears while the following one gradually fades in*

5.4 Andere Medien

Musik, Sprache und **Geräusche** scheinen in Filmen den visuellen Eindrücken untergeordnet, beeinflussen die Rezeption durch ihre emotionale Ausdrucksstärke jedoch wesentlich.

Folgende Komponenten verdienen besondere Beachtung:

1. Dialoge (*dialogue*): Die Filmfiguren bedienen sich einer besonderen Sprache und Sprechweise, beides ist wesentlich für die Rollendarstellung. In Deutschland werden ausländische Filme zumeist synchronisiert (*to dub*), sodass die Originalstimmen nur in besonderen Szenen, z. B. Gesangsausschnitten, zu hören sind.

2. Wichtige **Gestaltungselemente des Dialogs:**

> ▶ In einem Filmteam sind zahlreiche Personen für Ton und Musik zuständig. Neben dem *sound man* und dem *sound effects editor* gibt es häufig einen *music supervisor* und einen *music editor*.

voiceover	*the narrator's voice is speaking while he is not in-shot, and other voices or sounds can be heard*
voice on	*the character who is speaking is shown in the scene*
voice off	*the character who is speaking is not shown in the scene*

3. Musik (*music*): Die Musik wird wesentlich zur Schaffung von Stimmungen, aber auch zur Charakterisierung von Situationen oder Figuren eingesetzt.

4. Geräuscheffekte (*sound effects*): Geräusche in Filmproduktionen werden in der Regel nach dem Drehen produziert, wobei man selbst natürliche Laute, wie z. B. Donner, künstlich erzeugt.

Weitere filmische Termini

term	definition
cast (Besetzung)	*the group of actors / actresses in a film; the process of choosing the actors / actresses for the parts in a film is called casting*
closing shot	*final frame of a film*
credits (Vor- bzw. Abspann)	*a list enumerating all people involved in the film by name and job*
contre-jour shot (Gegenlichtaufnahme)	*the object is filmed against the light source, for example the sun, for effect*
cut rate (Anzahl der Cuts)	*the number of cuts (in a certain time)*
film adaptation (Filmversion)	*a film based on a novel, short story etc.*
film review (Filmrezension)	*an essay in a newspaper or magazine containing the plot summary and assessing the main qualities of a film*
film transcript (Filmscript)	*script of the film containing notes on the camera work, field size, action, dialogue etc.*

Weitere filmische Termini

term	definition
fish-eye-lens	the viewer is given a distorted perspective as if looking through a glass bubble
freeze-frame (gestopptes oder „eingefrorenes" Bild)	the movement of pictures is stopped in order to present only one single shot
high school pic or teen pic (typischer High-School-Film)	a film that is set in a high school dealing with problems of teenagers in quite a superficial and often humorous way
mise-en-scene/ the making of a film	the preparation of the setting and props, costume, hair and make-up, facial expressions and moving arrangements, lighting and colour, positioning within frame
opening scene	very first scene of a film with special importance; often used to introduce setting and main characters
reduction (Verkürzung, Reduzierung)	reducing a complexly narrated scene, e.g. in a novel, in the film adaptation
screenplay (Drehbuch)	the script with a rough description of the setting, dialogues, stage directions, camera work
scene (Szene)	several shots that form a sense unit
segment (Segment)	larger piece of a film consisting of a number of scenes
sequence (Filmausschnitt)	several scenes which are edited together
shot a) Filmeinstellung; b) Einzelbild	a) a single piece of film without cuts b) a single frame or photo from a film
still (Standbild)	a single shot / photo
subtitle; to subtitle (mit Untertiteln versehen)	written words, e. g. the dialogues in a language other than that of the film, presented on the bottom of the screen
time compression (Zeitverkürzung)	the leaving-out of a certain time span as it is not of importance for the plot or for effect
trailer	a combination of scenes presented for advertising the film
visualization (Sichtbarmachen)	making developments, feelings or thoughts visual

5.4 Andere Medien   **283**

Vokabular für die Analyse von Bildern und Filmen

> ▶ Für eine Bildbeschreibung ist es wichtig, treffende **Präpositionen** (Verhältniswörter) zu benutzen. Mehr zu den Präpositionen finden Sie in Kapitel 3.6.2.

Describing a picture or a photo	Ein Bild oder Foto beschreiben
in the background / foreground	im Hinter- / Vordergrund
in the middle	in der Mitte
in front of / behind / next to	vor / hinter / neben
on the left / on the right	rechts / links
at the bottom / at the top	unten / oben
in the bottom right-hand corner	unten rechts
in the top left-hand corner	oben links
There is / are … in the picture.	Es gibt … in dem Bild.
The picture shows … … from above / from below.	Das Bild zeigt … … von oben / von unten.
The picture is about / deals with …	Das Bild beschäftigt sich mit …
The picture shows a part of a scene.	Das Bild zeigt einen Ausschnitt.
The photo was taken at night; it is very dark.	Das Foto wurde nachts gemacht; es ist sehr dunkel.
The photo was taken in daytime; it is full of light.	Das Foto wurde tagsüber gemacht; es ist sehr hell.
The photo / picture is … colourful full of bright colours	Das Foto / Bild ist … farbenfroh voller leuchtender Farben
a black-and-white photo	ein schwarz-weiß Foto
a coloured photo	ein Farbfoto
The picture reminds me of … … makes me think of … … makes me feel …	Das Bild erinnert mich an … … lässt mich an … denken. … vermittelt ein … Gefühl.

Describing a cartoon	Karikaturen/Cartoons beschreiben
The cartoon was published in … (title of the publication)	Die Karikatur wurde veröffentlicht in … (Titel der Veröffentlichung)
The cartoon is taken from … (title)	Die Karikatur ist aus … (Titel)
The cartoon illustrates the article … (title)	Die Karikatur illustriert den Artikel … (Titel)
The cartoonist presents a situation of / in …	Der Karikaturist zeigt eine Situation aus / von / in …
… uses speech bubbles	… benutzt Sprechblasen

5 Texte und Medien analysieren

Describing a cartoon	Karikaturen / Cartoons beschreiben
The cartoon has a punch line.	Die Karikatur hat eine Pointe.
The punch line is a play on words. ... has a double meaning.	Die Pointe ist ein Wortspiel. ... ist doppeldeutig.
The cartoon is about the problem of ...	Die Karikatur bezieht sich auf das (Problem) der / des ...
The cartoon hints at / makes fun of / criticizes ...	Die Karikatur spielt an auf / macht sich lustig über / kritisiert ...
The cartoonist exaggerates / distorts ...	Der Karikaturist übertreibt / verzerrt ...
The persons in the cartoon stand for ...	Die dargestellten Figuren stehen (stellvertretend / symbolisch) für ...
The person's face / body language expresses / shows ...	Der Gesichtsausdruck / die Körperhaltung der Figur drückt aus ...
This could mean ... It suggests ... This makes me conclude ...	Das könnte bedeuten ... Es deutet an, dass ... Das bringt mich zu dem Schluss ...

▶ Im Film agieren die Schauspieler ähnlich wie im Drama auf der Bühne. Daher finden Sie noch mehr nützliche Vokabeln zur Beschreibung der Filmhandlung in Kapitel 5.3.5.

Describing films	Filme beschreiben
The film was made / produced in ...	Der Film wurde in ... gedreht.
The film is set in ... (place / time)	Die Handlung spielt in ... (Ort / Zeit)
The film is popular for its music / soundtrack.	Der Film ist beliebt wegen seiner Musik.
Light / sound effects are used to show how ... ... to make suspense grow.	Licht / Klangeffekte werden benutzt um zu zeigen, wie ... ... um die Spannung zu erhöhen.
There is a cut after each scene.	... endet mit einem Schnitt.
A scene fades in / fades out.	Eine Szene wird langsam eingeblendet / ausgeblendet.
A scene is interrupted by a cut to make suspense grow.	Eine Szene wird durch einen Schnitt unterbrochen, um die Spannung zu steigern.
The characters' faces have been taken in a close-up to show their feelings and reactions.	Die Gesichter der Figuren wurden aus der Nähe gefilmt, um ihre Gefühle und Reaktionen zu zeigen.
montage	Zusammenschnitt aller Filmszenen
Flashback / flash-forward shows what a person remembers / expects.	Rückblende / Vorausblende zeigt Erinnerungen / Erwartungen.
screenplay	Drehbuch

Profiles of the English Speaking World | 6

6.1 Great Britain

The **United Kingdom of Great Britain and Northern Ireland** – often called Great Britain or just Britain – consists of four rather different parts: England, Wales, Scotland and Northern Ireland. Each have their own history, traditions and – in the case of Wales – even their own language.

Although the UK is no longer the superpower it used to be in the 19th and early 20th century, it still holds a special place among the nations of the world. As one of the victorious allied powers of World War II it has a permanent seat in the United Nations Security Council. It also is an official nuclear power. The UK has long been a member of the EU, but it also has close ties with the many Commonwealth countries, making it one of the more influential countries worldwide.

Modern Britain is a multicultural **society** with nearly 5 million people of a foreign background, mainly from Asia and the Caribbean. **London** is one of the most multicultural capitals in the world.

The 1990s brought about important political changes in the UK. It stopped being a unitary state by a process called **devolution**. Scotland got its own parliament, Wales an assembly. Both countries now have a certain degree of autonomy from the Westminster government in London.

Its rich cultural heritage and fine scenery make Britain one of the most attractive destinations for tourists from all over the world. While the UK is one of the more densely populated countries in Europe and has many urban areas like London, Birmingham, Manchester and Liverpool. It is also a country with a large and interesting countryside where many people live a rural lifestyle.

The **City of London** with its banks and its stock exchange is one of the financial centres of the world. It stands for Britain's post-industrial society, which has lost many core industries over the past decades but has gained in the service industries.

That Britain is an **island** separated from mainland Europe can definitely be felt. Even after more than 30 years of EU-membership Britons travelling to France or Germany still go to "Europe".

Stonehenge: The famous stone monument was erected around 2500 BC.

6.1 Great Britain 287

UNITED KINGDOM OF GREAT BRITAIN AND NORTHERN IRELAND

6 Profiles of the English Speaking World

A Timeline of British History

Before the Norman Conquest	For most historians, British history starts in the 1st century with the Roman invasion of Britain (AD 43). The Romans controlled Britain up to about AD 410, forming a distinctive Roman-British culture during their time.
Anglo-Saxon England	Germanic settlers, including Angles, Saxons and Jutes, came to Britain during the 5th and 6th centuries. They established a number of Anglo-Saxon kingdoms which eventually merged to become England.
1066	WILLIAM THE CONQUEROR invades England and ends Anglo-Saxon rule.
1215	Magna Carta, the first document forced onto an English King by a group of his subjects, imposes important legal limits on the king's personal powers.
1527	HENRY VIII declares himself head of the Church of England, marking the beginning of the English Reformation.
1558–1603	The reign of Queen ELIZABETH I (Elizabethan Age) stands for a time of artistic excellence and growing prosperity.
1689	The "Bill of Rights" marks the beginnings of modern parliamentary democracy and turns Britain into a constitutional monarchy.
1776	Britain loses its North American colonies when the American settlements declare their independence.
1800	The Act of Union merges Great Britain with the Kingdom of Ireland to form the United Kingdom of Great Britain and Ireland.
18th/19th century	The Industrial Revolution brings about major changes in agriculture, manufacturing, transport and technology.
1876	Queen VICTORIA becomes Empress of India, marking Britain's rise to the world's biggest colonial power.
1914–1918	Britain fights in World War I as part of an entente with France and Russia.
1939–1945	Britain declares War on Germany to prevent HITLER's armies from conquering Europe.
1947	India and Pakistan gain independence.
1973	The UK joins the European Economic Community (later to become the European Union).

6.1.1 The Middle Ages

Anglo-Saxon England

After the end of Roman Britain, Germanic settlers came to Britain during the 5th and 6th centuries. The groups of settlers included Angles, Saxons and Jutes. They established a number of Anglo-Saxon kingdoms which eventually merged to become England. Although Christianity was introduced on the British Isles during the Roman occupation it was not until the 7th century that the Anglo-Saxons were converted to Christianity.

The events surrounding WILLIAM's invasion are shown in the **Bayeux Tapestry**.

The Norman Conquest

WILLIAM DUKE OF NORMANDY invaded England in 1066 and won a decisive victory in the **Battle of Hastings** to become the new English King WILLIAM THE CONQUEROR. The Norman conquest removed most of the native ruling class and replaced it with a foreign, French-speaking monarchy, aristocracy and clergy, resulting in the transformation of the English language and the culture of England. The Norman conquest also brought England much closer to continental Europe and started a century-long rivalry with France. The Norman conquest is seen as the last successful conquest of England.

Magna Carta

The Great Charter was originally issued in 1215 and was the first document forced onto an English King by a group of his subjects – the barons. It imposed important legal limits on the king's personal powers, limiting his right to make any decision he liked. Magna Carta was created as a result of a conflict between King JOHN and his barons about higher taxes and unsuccessful wars.
The document was modified a couple of times; the 1297 version still remains in the statute books of Britain and Wales and is considered to be an important part of the country's uncodified constitution. Judge Lord DENNING described it as "the greatest constitutional document of all times – the foundation of the freedom of the individual against the arbitrary authority of the despot".

The Tudors and the Reformation

The second part of the 15th century was a period of unrest and civil war in England. The **Wars of the Roses** – a conflict between the rival houses of York and Lancaster over which family should rule England – ended in 1485 with the accession of HENRY VII, the first of many Tudor monarchs. His successor HENRY VIII declared himself head of the **Church of England** in 1527 in a conflict with the Pope over an annulment of his first marriage, which had not produced a male heir to the throne. This marked the beginning of the English Reformation and the establishment of the Church of England. HENRY VIII was married six times and had a number of children, among them ELIZABETH and his only son EDWARD, who succeeded him as king but died when he was only 16 years old.

HENRY VIII
(1491–1547)

6.1.2 From the 16th up to the 19th Century

The "Golden Age" of ELIZABETH I (1558–1603)

▶ **Renaissance** = a cultural movement in European history which re-discovered the values and insights of the classical era in Ancient Greece and Ancient Rome.

The Elizabethan Age is often considered to be a very special era in English history. It marks the height of the English Renaissance and is a very productive time for English poetry, music and literature as well as the Elizabethan theatre. **WILLIAM SHAKESPEARE** was its most famous protagonist. Other famous artists of the Elizabethan age were the poets EDMUND SPENSER and JOHN MILTON and the playwright CHRISTOPHER MARLOWE. THOMAS MORE and Sir FRANCIS BACON were important philosophers. The Elizabethan Age also stands for increasing prosperity and exploration and expansion abroad.

Union of the Crowns

Queen ELIZABETH I died childless and was the last monarch of the **Tudor** dynasty. Her successor was JAMES VI, King of Scots, a member of the **Stuart** dynasty. It was during his reign that disaffected protestants, travelling on the **Mayflower** in 1620, founded the first lasting colonies in North America at Cape Cod.

The English Civil War

When King CHARLES I needed money, he first dissolved and then called a new Parliament. This **Long Parliament** insisted on constitutional reform to strengthen its political position. When – in 1642 – CHARLES tried to have five members of the House of Commons arrested on a charge of treason by his soldiers who marched into Parliament, **civil war** broke out between the supporters of Parliament and the King's troops. It lasted until 1648 and ended with the victory of the supporters of Parliament and the execution of King CHARLES I for high treason.

OLIVER CROMWELL
(1599–1658)

The Commonwealth of England and the Restoration

After the end of the Civil War, England became a **republic**. Parliament declared England to be a **Commonwealth** in 1649.
In 1653 Parliament was dismissed by OLIVER CROMWELL who established the Protectorate, making himself **Lord Protector**, a king-like figure until the year of his death in 1658.
OLIVER CROMWELL's successor lost his power in 1659 because he could no longer rely on the military. In 1660 CHARLES II was restored to the throne.

Glorious Revolution and Bill of Rights

In 1688 King JAMES II was overthrown because a Roman Catholic dynasty had become likely with the birth of his son. The two leading parties in Parliament invited WILLIAM OF ORANGE-NASSAU from the Netherlands to England. He invaded England with a large fleet and landed in Devon. Within a few weeks King JAMES II was forced to flee the country. WILLIAM OF ORANGE and his wife Mary were declared joint monarchs by Parliament.

In 1689 a **Bill of Rights** was declared by Parliament. It set the rules for a constitutional monarchy, severely restricting the power of the monarch. It can be said that modern English **parliamentary democracy** began with the overthrow of King JAMES II. The times of near-absolute power of the monarch were over and the Bill of Rights has become one of the most important documents in the political history of Britain.

The First British Empire

The beginnings of the empire date back to the 16th century when British seafarers like Sir FRANCIS DRAKE put to sea to seek immediate profits. In the 17th century Britain concentrated on the Americas, setting up colonies in North America and the Caribbean. Initially, the Caribbean provided Britain's most important and lucrative colonies, later to be replaced by the Thirteen Colonies in North America. The 18th century saw the settlement of Australia, which started out as a penal colony in 1788.

▶ Among the colonies of the First British Empire were North America (The Thirteen Colonies), Barbados, Jamaica and the Bahamas

The growth of the British Empire

To a large degree the First Empire was based on the slave trade. The Royal African Company got a royal monopoly to supply African slaves to the British colonies in the Caribbean. Until the abolition of the extremely profitable slave trade in 1807, Britain was responsible for the transportation of 3.5 million African slaves to the Americas.

The **East India Company** was established in 1600 to trade with Asia. Near the end of the 18th century, when Britain had lost its colonies in Northern America after the American War of Independence, the First British Empire came to an end.

American War of Independence

Britain's colonial status was shaken by the loss of the North American colonies with the exception of Canada, after a war which lasted from 1775 to 1783. Basically, the conflict developed due to the reluctance of the colonists to pay taxes used to finance British troops on the continent. As a result of the violence of the war, a call for a complete break from Britain was soon made. With French aid the colonists were victorious and the Treaty of Paris in 1783 resulted in the shifting of British colonial interests to India and to the African continent.

The Second British Empire

While many of the early colonies were mainly seen as a source of cheap raw materials and markets for British goods and thus were only of economic interest to the mother country, this perception started to change in the 19th century. It was replaced by **imperialist** thinking.

> **Imperialism** is often defined as the practice of extending the power, control or rule by one country over areas outside its borders.

The Second British Empire is one of the best known examples of imperialist policy in history. Britain enlarged its empire by means of conquest, diplomacy, commerce and purchase. Its main aims were to extend British rule over large territories and gain political, military, strategic and economic advantages.

In the 18th century British expansion shifted from the Americas to Asia and Africa. Britain took possession of India – Queen VICTORIA was proclaimed Empress of India in 1876, Ceylon, Burma, Malaysia and Hong Kong. The late 19th century saw Britain and other European nations in the "scramble for Africa". Competing with countries like France and Germany, Britain became the most successful colonial power in Africa: it held control over South Africa, Egypt, Nigeria and other African colonies, comprising almost 30 % of Africa's total population.

Queen VICTORIA
(1819–1901)

In the late 19th century Queen VICTORIA could claim, "the sun never sets" on her empire. At its height in the 1920s the British Empire covered about a quarter of the landmass of the earth and 400–500 million people lived under British rule. It was the largest empire in history and, for over a century, was the greatest global power.

The Industrial Revolution

▶ Industrialisation started in the Midlands (the area around Birmingham and Manchester).

The Industrial Revolution in the 18th and 19th century brought about major changes in agriculture, manufacturing, transport and technology. It was one of the most important turning points in human history.
This process started in Britain in the later part of the 18th century with the mechanization of the textile industry, the development of iron-making techniques and the increased use of refined coal.

Manual labour was being replaced more and more by machines (steam power). Roads, railways and canals were built. A process of widespread urbanization started when increasing numbers of people left the rural areas of England to find work in the new factories.

The Industrial Revolution in Britain also led to a number of previously unknown problems, among them long working hours (up to 16 hours a day), child labour, housing problems and the fact that the emerging working class was virtually without any rights.

The invention of the steam engine in 1769 and the **"Spinning Jenny"** caused the development of a flourishing manufacturing industry.

Act of Union

In 1800 the Kingdom of Great Britain merged with the Kingdom of Ireland to form the **United Kingdom of Great Britain and Ireland**. Ireland had been under British influence – and later British rule – since the late 12th century. During the 17th century the **Anglo-Irish ruling class** demanded greater legislative independence for the Parliament of Ireland. Following the example of the French Revolution, the **United Irishmen** – a society of mainly Protestant dissenters – decided to take up arms against Britain in 1798. Their rebellion was bloodily suppressed and the British government decided to end Irish self-government. The Irish Parliament was abolished and the Irish were allowed to send around 100 Members of Parliament (MPs) to the House of Commons in Westminster.

Victorian Era

The reign of Queen VICTORIA (1837–1901) covered almost a century and was a long period of prosperity and peace for the British people. The increasing wealth came mostly from the colonies of the British Empire and the process of industrialization at home. The population of England almost doubled in the second part of the 19th century.

The time of Queen VICTORIA's reign is also characterized by a particular set of moral values with an emphasis on sexual restraint, low tolerance of crime and a strict social code of conduct in a rigid class system. The term "Victorian" often refers to these values. The best known is probably Victorian prudery, e.g. the use of euphemisms for "improper" words. Homosexuality was illegal and homosexual acts were a capital crime.

CHARLES DICKENS (1812–1870) was one of the most important authors of the Victorian era. His works include *Great Expectations, A Tale of Two Cities* and *Oliver Twist*.

The writer OSCAR WILDE was sentenced to two years hard labour for homosexual relations.

Britain's parliamentary system of government

The British parliamentary system – often referred to as the **Westminster system** – is a democratic parliamentary system with:
– a nominal head of state holding no real power,
– a prime minister as head of government who is elected by parliament and who is the head of government (executive power),
– a parliament with elected members, divided into the ruling party/parties and the opposition party/parties (legislative power).

The history of Britain's parliamentary system goes back to the middle ages. After the Norman conquest in 1066 the king sought the advice of nobles before making laws. In 1215 the **Magna Carta** established that the king had to get the consent of his royal council before collecting any new taxes. The royal council gradually developed into a parliament.

Over the following centuries, the English Parliament increasingly limited the power of the English monarchy. This culminated in the English Civil War and the execution of King CHARLES I. When the monarchy was restored under CHARLES II in 1649, it became clear that British monarchs would be restricted to the role of **constitutional monarchs** with limited executive authority.

After the Act of Union which created a new unified Kingdom of Great Britain, the **Parliament of Great Britain** was formed in 1707. It became the **Parliament of the United Kingdom** in 1800 when another Act of Union merged the separate British and Irish Parliaments into a single Parliament. Before the 19th century the House of Lords was superior to the House of Commons. This changed during the 19th century when ministers became responsible to the lower House. The supremacy of the House of Commons was firmly established at the beginning of the 20th century when the Lords lost their right to block important bills from becoming law.

The Palace of Westminster, also known as the **Houses of Parliament,** is the meeting place of the two houses of the Parliament of the United Kingdom – the House of Lords and the House of Commons.

The **Westminster Parliament** has been called "the mother of parliaments" and it has set the standards for many democracies throughout the world.

Home Rule

One major conflict in British politics at the end of the 19th century was the fight for Home Rule in Ireland. The demand for more self-government so that Ireland would govern itself as a region within the United Kingdom had become very strong in Ireland. The movement for Home Rule was lead by CHARLES STEWART PARNELL. The British government was willing to grant Home Rule, but two Home Rule Bills were defeated in Parliament, mainly due to opposition from the House of Lords. In Ireland the move towards Home Rule met the opposition of the Unionists who wanted to maintain the Act of Union.

6.1.3 Britain Today

The First World War

By the end of World War I strong feeling that Britain should not involve itself in European wars was felt in many sections of British society. Many believed that Britain's future was with the Commonwealth. The war had been won at a terrible cost, killing almost three million people. The British economy did not really recover until the end of the Great Depression.

The **Battle of Verdun** in 1916 lasted for 10 months and cost 250,000 lives. It was one of the longest and most devastating battles in human history.

The Inter-War Years

After the Anglo-Irish War (1919–1921) the **Anglo-Irish Treaty** of 1921 brought a preliminary end to the conflict over Britain's position in Ireland. After an unsuccessful republican uprising in 1916 **(Easter Rising)** and the partition of Ireland into Northern Ireland (Ulster) and Southern Ireland **(Government of Ireland Act)** in 1920, the Anglo-Irish Treaty established the **Irish Free State.** The new state was initially a British Dominion, but later left the Commonwealth and became an independent republic after World War II.

▶ **dominion** = an independent nation of the Commonwealth with the Queen as nominal head of state

The period between the two World Wars was dominated by the **Great Depression,** a worldwide economic crisis of hitherto unknown dimensions.
Mass unemployment reached 70 % in some areas, especially in the north of England and Wales where the mining industry was badly hit. There was great **social unrest** in Britain as a result of the Great Depression, culminating in the General Strike of 1926.

The Second World War

After HITLER launched his attack on Poland, Prime Minister CHAMBERLAIN and the French reacted on the 3rd of September 1939 by declaring war on Germany. A German attempt to prepare for an invasion in 1940 was beaten off in the air **Battle of Britain,** but Britain still remained incapable of facing Germany on its own.

It was only when the US and the USSR entered the war that Nazi Germany could be overcome. The economic cost of war in the form of debt was huge for Great Britain, however, and meant the loss of superpower status.

The Post-War Period

Despite being one of the victors of World War II Britain was in a bad economic situation after the war, relying heavily on loans from the USA. The situation was so bad that there was **food rationing** until 1954.

WINSTON CHURCHILL
(1874–1965)

Rebuilding showed its first results in the 1950s. The economic situation improved, unemployment dropped. The late 1959s and the 1960s were relatively prosperous times and saw the beginning of a modernisation of the United Kingdom, i.e. with the construction of its first motorways. The late 1940s saw the beginning of immigration from Commonwealth countries when 500 passengers from Jamaica arrived onboard the **Empire Windrush** in Tilbury in 1948.

"Empire Windrush" immigrants from Jamaica

From Empire to Commonwealth

After World War II Britain's Empire dissolved as colony after colony became independent. This did not mean the end of Britain's relationship with her former colonies, however. Today Britain and most of her former colonies are members of the **Commonwealth,** a voluntary association of independent states.

The end of World War II also signalled the end of Empire. Britain had to concentrate on its domestic problems after World War II while at the same time anti-colonial nationalist movements challenged British rule in most of its colonies.

First **India**, then other territories in **Asia** and **Africa** demanded – and finally got – independence from Britain. The leading figure in this struggle for independence was MOHANDAS KARAMCHAND GANDHI (1869–1948), better known under the name MAHATMA GANDHI (Mahatma = "the Great Soul"). This process of decolonisation marked the Empire's transformation into today's Commonwealth.

MAHATMA GANDHI

Colony	Date of Independence	Independent State
India	1947	India
		Pakistan
Burma	1948	later: Myanmar
Ceylon	1948	later: Sri Lanka
Sudan	1956	Sudan
Nigeria	1960	Nigeria
Uganda	1962	Uganda
Malaya	1963	later: Malaysia
Hongkong	1997	became part of China

The British Empire left its mark on all its colonies. English is still an official language in many former colonies. The administrative and political systems are often strongly influenced by the British presence. So are the educational systems.

Decolonisation is the political process in which colonialist or imperialist countries lose their colonies and the former colonies gain their political independence. The term is often used to describe the dismantlement of the colonial empires like Britain that were established prior to World War I in Asia and Africa in the years after World War II.

The Commonwealth is a loose confederation of independent nations, most of them former members of the British Empire. There are 53 countries in the Commonwealth with a total population of around 1.5 billion people. Queen ELIZABETH II is the (symbolic) Head of the Commonwealth; she is also the head of state in 16 countries. Australia, New Zealand and South Africa got their independence in the early years of the 20th century. In India, 1947 is the year of independence:

Today's members of the Commonwealth of Nations

Commonwealth Countries

the British finally withdrew as a result of the passive resistance put up by the supporters of MAHATMA GANDHI. Other nations followed, and the end of the British Empire saw the emergence not only of the Commonwealth but also of a **postcolonial world** with problems of its own. The fight for national liberation in the second half of the 20th century has changed the political maps of Asia and Africa.

Political Goals of the Commonwealth

The political aims of the Commonwealth were put down in the *Harare Declaration* of 1991. Member states are expected to
- promote democracy, the rule of law, good government and human rights,
- promote the equality of women,
- provide universal access to education,
- promote economic development and ease poverty,
- take action against disease and illegal drugs,
- support world peace and the United Nations.

The **Commonwealth Secretariat** in London coordinates the international cooperation of the member states and prepares the regular meetings of the head of states of the Commonwealth countries.
Language is also an important factor. Because of their colonial background and their shared histories with Great Britain, English is still the first or official language in most states of the Commonwealth.

Britain and Europe

The Eurostar connects England with the European mainland.

Britain has always played a somewhat special role in Europe. First it was kept from joining the European Economic Community twice because France vetoed Britain's application both in 1963 and 1967. When Britain finally joined the EEC in 1973 it was only after a lengthy public debate in Britain about the merits of joining the EEC. Britain has been a member of the EU for over 30 years now but is one of the few member countries that did not join the Euro zone. Public opinion about the merits of EU membership is still divided, probably more so than in other EU countries.

Important dates
1963: Britain applies for membership of the EEC. President DE GAULLE of France vetoes the application on claims that Britain's ties with both the Commonwealth and the USA were too close
1973: Britain is finally able to join the EEC.
1974: The British people confirm this in a referendum.
1991: Britain is among the few members of the EU that do not join the EMU (European Monetary Union). The main reason for not joining the single European currency is the fear of a loss of national sovereignty.
2008: Britain's government approves the Lisbon Treaty and the Queen ratifies it.

There is widespread fear in the UK that the EU is heading in the direction of becoming a **mega- or super state,** thereby reducing the importance of the individual nation state and its sovereignty. While there is relatively little opposition to the economic implications of the European Union – i.e. the single European market –, opposition to the idea of a politically united Europe with powerful European institutions is fairly strong.
There is also strong opposition of so-called *'Eurosceptics'* to the **Euro.** The two major parties are divided on the subject. Business in the UK is mainly

with the Euro. A lot of firms export their goods to euro zone countries. With different currencies these firms run a currency risk which they hope to avoid by becoming a member of the euro zone.

Britain since the 1970s

The Conservative victory of 1979 brought MARGARET THATCHER to power. THATCHER believed that the major problems of the British economy were based on the lack of freedom for the individual businessman and instituted a policy of privatisation of all national industries, a cutting of union power and the lowering of taxes. In doing so she followed **monetarist** economic policy. The social results of this policy were fairly disastrous, with the closing of many industries and widespread strikes. THATCHER was able to weather the situation and win the election in 1983 due to the successful outcome of the **Falklands War** in which British troops defeated an Argentine invasion in 1982, and due to divisions within the Labour Party, part of which split off to form the Social Democratic Party.

MARGARET THATCHER
(born 1925)

Mostly due to on ongoing economic recovery THATCHER won another election in 1987. However, her proposed **poll tax** in which every household was supposed to pay a flat rate for public services, and her opposition to the European Union caused a rebellion by Conservative MPs and she was forced to stand down in 1990. Her successor, the Conservative JOHN MAJOR (1990–1997) continued her economic policies to a large degree, dispensing, however, with the Poll Tax in 1991. Like THATCHER, he sought close contact with the US and British troops took part in the first **Gulf War** of 1991. Divisions over Europe, sex scandals and increasing dissonance amongst the ranks contributed to the Tory defeat in 1997.

TONY BLAIR
(born 1953)

The new Labour Prime Minister TONY BLAIR promised a return to a more socially aware, centre government, but Thatcherite economic policy continued. BLAIR also continued the policy of close cooperation with the US, supporting the American government in its fight against terrorism after the **September 11th attacks in the United States** and sending British troops to Iraq in 2003 in support of the American invasion of that country. Britain was hit by a **terrorist attack in 2005,** when a series of bomb explosions struck London's transport system, killing 52 commuters.

After more than 10 years in power, the Labour Party lost the general elections of 2010, which resulted in a **hung parliament** where no single party had a sufficient majority. The Conservatives formed a coalition with the Liberal Democrats with DAVID CAMERON (Conservatives) as Prime Minister and NICK CLEGG (Liberal Democrats) as Deputy Prime Minster.

The new government introduced strict **financial cuts** and new taxes and fees towards the end of 2010 in order to fight the huge national debt in the wake of the **economic crisis of 2008.** The public opposed these measures, especially the students who protested against much higher university fees.

DAVID CAMERON
(born 1966)

6.1.4 Political System

If people speak of Great Britain, what they really mean is the **United Kingdom of Great Britain and Northern Ireland** (UK). Up to the 1990s, the UK used to be a **unitary state** where political power lies with the central government at Westminster in London. Since the Referendums of 1997 there have been a number of changes: Parliament decided to give a certain degree of autonomy to **national assemblies** in Scotland, Wales and Northern Ireland, a process which is called **devolution**.

The United Kingdom's system of government – which is both a parliamentary democracy and a constitutional monarchy – is known as the **Westminster system**. It consists of a constitutional monarchy in which the **Monarch** is head of state and the **Prime Minister** is the head of government.

Executive power lies with the UK government and the devolved governments of Scotland and Wales and the Executive of Northern Ireland.

Legislative power is exercised by the central government at Westminster and the two chambers of Parliament, the House of Commons and the House of Lords, as well as by the Welsh and Northern Ireland assemblies and the Scottish parliament.

The **judicial system** is independent of the executive and the legislature. Unlike in the United States there is no supreme court.

▶ The national assemblies of Scotland and Wales have the sole legislative responsibility for education, housing, the environment and economic development, among others. The UK government, on the other hand, has the sole responsibility for foreign policy, defence and the justice system.

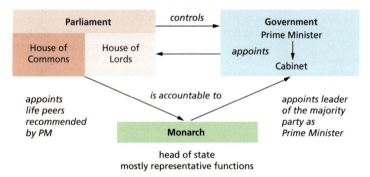

The British Constitution

Most countries have a written constitution laid down in a single document like the Constitution of the United States or the "Grundgesetz" in Germany. This is not true for Britain. It is sometimes said that Britain has an "unwritten" constitution. Although the constitution indeed has unwritten sources ("conventions"), most of it is in fact laid down in a number of written documents.

One thing was missing from the constitution until recently: a document stating the rights of the citizens. This was rectified with the adoption of the European Convention on Human Rights, when specific rights that were not provided for in UK law were enacted in the Human Rights Act in 1998.

There is an ongoing debate as to whether the fact that Britain has no constitution like most other countries is an advantage or a disadvantage.

▶ Among the documents that make up the **British constitution** are:
- Magna Carta (1215)
- Bill of Rights (1689)
- European Communities Act (1972)
- Human Rights Act (1998).

- Some contend that this gives the UK an unmatched flexibility in constitutional matters, making it easy to bring about political and social change.
- Others say that can easily lead to a situation where important changes could be made without popular support. They argue that every citizen should know exactly what his rights are and that only a written constitution will make that possible.

Parliament

Britain is one of the oldest **parliamentary democracies** in the world and has become a model for many other countries. British parliament has been called "the mother of parliaments" because the system of parliamentary government was first developed in England.
Parliament is bicameral, consisting of an upper house, the House of Lords, and a lower house, the House of Commons. The two houses meet in different chambers in the Palace of Westminster, which is also known as the "Houses of Parliament".

> ▶ **parliamentary democracy** = a system of government where parliament is at the centre of political power

House of Commons

The House of Commons consists of 650 **Members of Parliament** (MPs). Each MP is chosen by a single **constituency** according to the First-Past-The-Post electoral system, where only one of the candidates can win the constituency seat and where one vote more than the nearest rival is enough to win. MPs elected for a 5-year term. There are 529 constituencies in England, 40 in Wales, 59 in Scotland and 18 in Northern Ireland. The main functions of the House of Commons are the **control of the government,** the **control of the state finances** by approving budgets, the discussion of bills and the **passing of bills into law** (Acts of Parliament).
The government uses the so-called **"whips"** to make sure that the government MPs follow the political line of the Prime Minister and his cabinet. Since it is in the interest of the MPs of the ruling party to keep the government in power and not risk defeating the government and lose their seat in a possible general election, it can be said that, in fact, the Cabinet controls Parliament.
If the MPs of the ruling party are really dissatisfied with the Prime Minister and his politics, they will not normally defeat him in Parliament but try to bring about his fall by different means. The pressure on TONY BLAIR, for example, got so strong in his third term as Prime Minister that he agreed to step down and make way for his successor.

House of Lords

The House of Lords is the upper chamber in Britain's **bicameral system.** "Upper" is not to be confused with "more important". The House of Lords is far less powerful than the House of Commons. After a number of parliamentary reforms the House of Lords has been reduced to its judiciary role as **Britain's highest Court of Appeal** (The Law Lords) and its role as an institution which examines bills passed by the House of Commons and often suggests modifications to those bills.

> Some well-known life peers are composer ANDREW LLOYD WEBBER, writer JEFFREY ARCHER and social scientist RALF DAHRENDORF.

The House of Lords has about 746 members. None of them are elected in any way. Its members mainly consist of two groups: **hereditary and life peers.** There are also two archbishops and 24 other senior bishops from the Church of England and 20 Law Lords who make up the final court of appeal. The largest group by far is the life peers; they are men and women who have been appointed members of the House of Lords by the Queen on the advice of the Prime Minister. The number of hereditary peers has been drastically reduced to just 92 (from over 750). Life peers rank as barons or baronesses and get their life peerage because of outstanding achievements in their fields, i.e. the arts, the sciences, literature, public service and so on.

There is an ongoing debate in Britain whether the House of Lords should be abolished. Some people favour a fully elected Senate to replace the House of Lords. No practical steps have been taken so far, however.

Political Parties

Two big and one smaller party dominate Britain's politics:
– the Labour Party,
– the Conservative Party and
– the Liberal Democratic Party.

> In 2005 the Liberal Democrats got over 20 % of all votes but less than 10 % of the seats in the House of Commons.

Most MPs belong to one of these parties. But there are a number of smaller parties with MPs, mainly the nationalist parties (Scotland, Wales and Northern Ireland).

Britain has traditionally been a country with a two-party-system. For many decades the two major parties – Labour and the Conservatives – have dominated British politics. Since the electoral system with its "the winner takes all"-system puts smaller parties at a disadvantage, the influence of these parties has always been rather limited. Coalition governments are rare; normally one of the two major parties is in government with the other major party taking over the role of "her majesty's opposition". This changed after the general elections of 2010 when the Conservatives and the Liberal Democrats formed a coalition to take over the government from the defeated Labour Party.

> In 2010 none of the two big parties could form a government without a partner.

The Electoral System

In general elections Britain uses the **First-Past-The-Post** (winner-takes-all) **system or majority vote.** The 646 Members in the House of Commons are all elected in one of 646 constituencies. The candidate who gets the most votes in a constituency is elected. Even the smallest possible majority is enough to win the seat. The votes for the other candidates in the constituency are "lost votes". Unlike the system of proportional representation, which makes sure that smaller parties also get seats in proportion to the total of the votes, these votes count nothing as far as winning a seat in Parliament is concerned.

An MP is elected for a five year term. Since it is the Prime Minister's privilege to call a general election whenever he and his party think the time is right, MPs often serve shorter terms. On average, general elections take place about once every four years.

Since Britain's electoral system has traditionally put smaller parties at a disadvantage, the Liberal Democrats made electoral reform a precondition for entering a coalition government with the Conservatives in 2010. In 2011 a referendum on voting reform took place, proposing an **Alternate Vote** electoral system (AV) for the UK general elections where voters mark candidates in order of preference with the numbers 1, 2, 3 and so on. The public voted to keep their old voting system.

Government

Her Majesty's Government consists of the **Prime Minister** and his/her **Cabinet**. By convention it is the leader of the party that has a majority of seats in the House of Commons who becomes Prime Minister.
As the name suggests, the "first" minister originally was meant to be first among equals, some sort of cabinet chairman. This has changed considerably over the centuries. Today the Prime Minister occupies a very strong position in the system of government in the UK and is, in fact, at the centre of power.

10 Downing Street is the official residence of the Prime Minister.

> The **Prime Minister's political position** is quite strong. He
> – leads Her Majesty's Government,
> – appoints members of his cabinet and
> – can decide the date of general elections.

▶ Important **government departments** are:
– Department of Health
– Department of Education
– Ministry of Defence
– Foreign and Commonwealth Office
– The Treasury.

The Sovereign

Great Britain is a hereditary **constitutional monarchy.** This means that the powers of the monarch are limited by the constitution. While formally and symbolically the powers of the Crown remain very great, the political reality is different. **"The Queen reigns, but she does not govern"** sums up the monarch's political standing today. On the whole, the Queen must follow the advice of government ministers.
According to the constitutional writer WALTER BAGEHOT the monarch has **three rights:** the right to be **consulted,** the right to **advise** and the right to **warn.** As a consequence of these ideals, Prime Ministers hold weekly confidential meetings with the monarch in which the sovereign holds the right to express her opinions.

Once a year the queen gives the „Queen's Speech" at the opening of a new parliamentary session. In this speech – written by the Prime Minister, not the queen – he outlines the government's agenda.

▶ WALTER BAGEHOT's book *The English Constitution* (1867) is considered a classic.

6.1.5 A Multicultural Society

> In a **census**, information about the members of a given population is systematically acquired and recorded.

Office for National Statistics: The **Census in England and Wales** www.ons.gov.uk/census/index.html

The latest nationwide **census** (2001) shows that the majority of the UK population – totalling almost 60 million people – is white (92 %). Roughly 8 % of the population belongs to other ethnic groups, for example Asian, Black British or Chinese. These ethnic groups consist of 4.6 million people.

According to the 2001 census these are the UK's ethnic groups:

Ethnic group	Population	% of total UK population
White British	50.366,497	85,67 %
White (other)	3.096,169	5,27 %
Indian	1.053,411	1,8 %
Pakistani	977,29	1,6 %
White Irish	691,23	1,2 %
Mixed race	677,12	1,2 %
Black Caribbean	565,88	1,0 %
Black African	485,277	0,8 %
Bangladeshi	283,063	0,5 %
Other Asian (non-Chinese)	247,644	0,4 %
Chinese	147,403	0,4 %
Other	230,615	0,4 %
Black (others)	97,585	0,2 %

Between 1991 and 2001 the number of people who came from an ethnic group other than White grew by 53 %. Between 1951 and 2001 the percentage of people born overseas doubled from 4 % to 8 %.

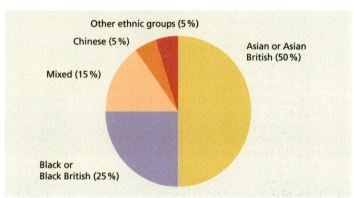

The graph shows that around half of the non-white population are Asians of Indian, Pakistani, Bangladeshi or other Asian origins. This reflects the fact that Britain still has very close ties with her former colonies. The great majority of immigrants come from **Commonwealth countries** and virtually all of them have British citizenship.

▶ **Immigration rules**
www.ukba.homeoffice.gov.uk/

Patterns of Immigration

The number of immigrants entering Britain prior to the time after World War II was relatively small. Therefore these immigrants were easily assimilated.
– The 18th and 19th centuries saw some black immigrants.
– The 19th century was dominated by a considerable influx of Irish immigrants.
– The first half of the 20th century saw Jewish and Eastern European refugees entering Britain.
– After World War II/1950s: Mass immigration of coloured people from the former colonies, many of them from the West Indies (Jamaica). One reason was the labour shortage in Britain.
– 1960s and 1970s: Mass immigration from India, Pakistan and Bangladesh.
– From the late 1980s/early 1990s: People from troubled areas such as former Yugoslavia seek asylum in Britain.
– Beginning of the new century: People from new EU member states (Poland, Lithuania etc.) seek work in Britain.

Britain as a Multicultural Society

That Britain is **multicultural** can be experienced in many places. Most non-White ethnic groups concentrate in certain areas. London is the most popular: 45 % live in London where they make up almost a third of all London residents. Birmingham, Manchester and Liverpool are other cities where one finds large numbers of immigrants. It's in these – and other cities – where the impact of the various cultural and ethnic groups is most obvious: Indian and Pakistani restaurants and take-aways, black people from the Caribbean and Africa, music from Jamaica, the Notting Hill Carnival, islamic mosques.

▶ **Map of London** showing where the many different ethnic communities are based:
www.guardian.co.uk/graphic/0,5812,1395103,00.html

Notting Hill Carnival

For more information about immigration:
– **The Guardian**
www.guardian.co.uk/uk/immigration
– **The BBC (2002)**
http://news.bbc.co.uk/2/hi/uk_news/2173792.stm
– **Office for National Statistics**
www.statistics.gov.uk/cci/nugget.asp?id=260

But there are also places where the presence of immigrants is hardly felt. Areas like Scotland and Wales have only very small percentages of immigrant population.

Multiculturalism – Cultural Pluralism
These terms are often used to describe societies where a wide range of different cultural or ethnic groups live together. In most multicultural societies this is a result of immigration. The terms can also be used to describe government policy: the basic idea is that different groups within society should keep their cultures and identities and interact peacefully with one another.

Problems of Britain's Multicultural Society

If one compares the situation in Germany and Britain as far as immigration is concerned, one will find marked differences.

When mass immigration started in Germany in the late 1950s the reasons were the same as in Britain: there was a big shortage of labour and people from abroad were needed for the labour market. But it is here that the similarities end. The "Gastarbeiter" who came to Germany were mostly from Southern European countries (Italy, Greece, Yugoslavia, Spain etc.) and were not all that different in their cultural backgrounds.

Immigrants to Britain, however, came from **completely different cultures and religions.** There were Sikhs, Hindus, Muslims and Rastafarians as well as Christians. They were from **Asia, Africa and the West Indies** and brought with them completely different cultural backgrounds and social values. This made integration very difficult; it also meant that the immigrants rarely united to take a common stand. In fact, there is quite a strong friction between some of the immigrant groups, sometimes leading to street fighting among them.

Although different immigrant groups show different results in coping with the new living conditions (with Indians and Pakistanis doing quite well and black immigrants doing less well), **ethnic minorities in Britain still face a number of common problems** (compared to the non-immigrant population):
– less skilled jobs and lower wages
– higher unemployment rate
– poorer housing conditions
– closed communities, especially in the inner cities
– higher crime rates
– racial discrimination
– harassment (often by the police)
– job discrimination (fewer jobs with the police and the armed forces)

Although these problems still exist, there have been quite a number of improvements, bringing about more equality and integration:

- Second and third generation immigrants are now getting a better education and better jobs.
- Africans, Asians and Indians in particular are more successful as businessmen and shop-keepers.
- There are more immigrants in managerial and professional positions.
- The ethnic minorities are better represented in local government. On the national level there now are a number of Black and Asian MPs.

The government has attempted to decrease racial discrimination and to bring about better relations between immigrants and native British through **The Commission for Racial Equality,** a body that can investigate unlawful practices of discrimination and make suggestions to improve the situation. The **Race Relations Act** of 1976 has made open discrimination in housing and employment illegal.

Despite of all these advances, Britain still has a long way to go on the road to equality. The **race riots** of the past decades (Brixton 1981 and Bradford 2001, among others) show that there still is a lot of racial tension.

▶ BBC Report "Summer of Violence": http://news.bbc.co.uk/2/hi/in_depth/uk/2001/summer_of_violence/default.stm

The **"Summer of Violence"** in 2001 showed that there is still some division in Britain's communities. Severe race riots broke out in Bradford and other cities. Reports into the riots suggested that people in Britain were leading "parallel" and "polarised" lives where people from different ethnic backgrounds did not mix. The same reports have urged the government to bring together Britain's "shockingly" divided communities. In the aftermath of the terrorist attacks on London in July 2005 there was a lot of social tension between people from different ethnic groups. Hostility and distrust against the Muslim community in Britain increased to a new level when many people suspected *all* Muslims of religious fundamentalism and terrorist sympathies. Some politicians even declared the death of multiculturalism.

6.2 Northern Ireland and the Republic of Ireland

Flag of the Republic of Ireland. Northern Ireland does not have its own flag but uses the Union Flag of the UK.

Ireland consists of the **Republic of Ireland,** an independent state since 1922, and **Northern Ireland** (Ulster), which is a part of the United Kingdom. The Republic cut all its political ties with Britain in 1949 when it officially became The Republic of Ireland. Its capital is Dublin, the largest city on the island. Belfast is the capital of Northern Ireland. Well over 4 million live in the Republic of Ireland and a little less than 2 million in Northern Ireland. There are two official languages in the Republic, English and Gaelic. The Republic of Ireland has been a member of the European Union since 1973.

A Timeline of Irish History

7500 B.C.	First settlements in Ireland
400–800	Ireland becomes Christian. Among the Christian missionaries was St. PATRICK.
1541	King HENRY VIII brings Ireland under British control, at the same time trying to establish Protestantism in Catholic Ireland.
early 17th century	Protestant settlers from England and Scotland are sent to Ireland, mainly to the northern province of Ulster ("Ulster Plantation"), in order to gain a better control over the island. The native Irish are driven from their land, while the settlers form the ruling class of future British administrations in Ireland.

1641	The Irish rebel against the domination of English and Protestant settlers and against the penal laws, anti-Catholic legislation barring Catholics from public office and from membership in the Irish Parliament.
1691	The beginning of the Protestant Ascendancy in Ireland. The descendants of British colonists become the new ruling class, while the Catholics (largely native Irish) are excluded from power and land ownership.
1801	Act of Union: Ireland becomes part of the "United Kingdom of Great Britain and Ireland".
1845–49	The Great Famine: Due to the failure of the potato crop for several successive years (potato blight), millions of Irish either die from starvation or have to leave the country. Ireland loses about half of its population during that time.
1829	Rebellions and emancipation: During the 19th century the Irish fight for more political rights. The Catholic Relief Act repealed the penal laws and allowed Catholics to sit in the parliament at Westminster. It marks the culmination of Catholic Emancipation in the 19th century.
1916	A coalition of Irish nationalists revolts against British rule in the „Easter Rising". The rebellion is brutally crushed by the British.
1919–21	War of Independence: The IRA leads a guerilla war against British rule in Ireland.
1921	Anglo-Irish Treaty: Ireland becomes a Free State, while Ulster (Northern Ireland) remains part of the United Kingdom.
1949	The Irish Free State leaves the Commonwealth and becomes the Republic of Ireland.
1973	Ireland joins the European Economic Community
1998	The Good Friday Agreement marks the beginning of a political solution to the conflict in Northern Ireland.

"The Troubles" in Northern Ireland

The conflict in Northern Ireland – often referred to simply as "The Troubles" – is an old one. For 30 years, from its beginnings in 1968 to the **Belfast Agreement** in 1998, it has dominated the lives of the people of Northern Ireland as well as British and Irish politics and has cost thousands of lives.
The roots of the conflict go back far in Ireland's troubled history. In the early 17th century **Protestant** Scottish and English settlers moved to the north-east of Ireland and forced the **Catholic** native Irish from their land. Protestants acquired land and wealth, the status of Catholics was greatly reduced. This pattern continued through the following centuries. When Ireland was **partitioned in 1922,** the Irish Free State was predominantly Catholic

Because of its great scenic beauty and its interesting cultural heritage Ireland is a major tourist destination.

(with only a very small Protestant minority). **Ulster** (Northern Ireland) was dominated by a Protestant majority, while its big Catholic minority suffered political, social and economic discrimination. Catholics in Ulster were, in fact, second-class citizens. Most Protestants in Ulster wanted to keep their close ties with Britain, a lot of Catholics (Nationalists) were for a united Ireland.

> **sectarian** = relating to religious or political sects and the differences between them

In 1968, a **civil rights movement** started in Northern Ireland to protest against the discrimination of Catholics. Despite a number of reforms, **sectarian** conflict spread across Northern Ireland, involving paramilitary organisations on both sides. After serious rioting, the British Army was sent to Ulster.

The Peace Process

The Belfast Agreement of April 1998 – often referred to as the Good Friday Agreement – marks the beginning of a difficult and lasting effort to end violence in Northern Ireland and find a permanent political solution for the province. A key element of the Good Friday Agreement is the **devolution** of some central government power in Northern Ireland to a Northern Ireland Assembly, a regional parliament, and the formation of a Northern Ireland Executive, a regional government. The concept of **power sharing** is central to both the Assembly and the Executive, i.e. representatives from both the **Protestant** and the **Nationalist** (Catholic) communities must be part of both institutions. The two main parties in Northern Ireland – the DUP (protestant) and Sinn Fein (nationalist) – managed to establish a **power sharing executive** (government) in Belfast in 2007, thus bringing the three-decades-old conflict to an end.

Republic of Ireland: The Celtic Tiger

Pub in Dublin's Old Town

Over the past two decades, Ireland has undergone a most amazing development. Once the poor, but scenic "Emerald Isle" (the poetic name for Ireland due to its green countryside), the Republic of Ireland turned into the "Celtic Tiger" in the 1990s, rapidly becoming one of Europe's most wealthy countries. At about the same time, the "Troubles" in Northern Ireland (Ulster) gradually came to an end. While up to the 1980s large numbers of people emigrated to other countries, because Ireland offered no future for them, this changed during the Tiger Years. There were more people (mostly from Eastern Europe) immigrating to Ireland than leaving it. The Tiger Years brought about huge **economic, social and cultural change,** making a modern, secular society out of Ireland and turning the country into one of Europe's wealthiest.

Ireland was particularly hard hit by the **financial crisis of 2008,** having to pump billions into its banking sector to prevent it from breaking down completely, and building up a huge national debt. In 2010 Ireland had to seek financial help from the EU and the IMF (International Monetary Fund) and had to accept a severe **austerity programme** to bring about deficit-cutting, lower spending and a reduction in the amount of benefits and public services provided. People in Ireland were faced with rising taxes, lower incomes, high unemployment and high mortgages. And again, there were more people emigrating than immigrating.

6.3 The United States of America

The **United States of America** is a country made up of 50 individual states. Ever since the US gained its independence, it has been democratic. The so-called **American Dream** calls for each inhabitant of the US to try and fulfil their true potential.

Introduction

If ever a country was founded on ideas rather than chance or historical necessity, then this country is the United States of America. From the first Pilgrims, whose leader JOHN WINTHROP envisioned a **"City upon a Hill"**, to America's leaders today, the United States has always been a country whose citizens hold strong beliefs about more than "just" religion. This all started once people in the colonies seriously considered independence – with the writings of men such as THOMAS PAINE, who, in his important work *Common Sense* (1776), outlined a path to a free and democratic society unlike any other of its time.

▶ According to Governor and Puritan visionary JOHN WINTHROP, the new colonies where to be a **"City upon a Hill"**: a place of virtue, of the highest religious and civic standards, and a model for the rest of the world.

The **Declaration of Independence** (July 4th, 1776) from Great Britain mirrors these men's ideas in a surprisingly direct way. From the very idea of individual liberty, a fascinating country emerged – a country with a large variety of religions, endless landscapes and huge cities, more than 300 million inhabitants; the nation of ABRAHAM LINCOLN, of ROCKEFELLER, of MARILYN MONROE, and BARACK HUSSEIN OBAMA. The diversity of its citizens and their ideas is a testament to America's creativity – however, it is this very creative spirit that frequently tears the States apart as racial and gender-related prejudices are far from overcome.

One of the most remarkable things about Americans is their optimism in the face of devastating tragedies. Recently, this could be witnessed after the attacks on the World Trade Center, when a wave of unity and patriotism swept the country. The unusual optimism of a nation and its people can be traced back to its origins. The earliest settlers endured great hardships and had to rely on the help of the "savage" Native Americans. However, as soon as they established themselves, they moved inland, taking the lands of their former saviours and establishing what was later known as the frontier spirit. They did this in the belief that theirs was a mission guided by God – in fact, the words "one nation under God" are a cornerstone of the **Pledge of Allegiance.**

> The **Pledge of Allegiance** is an oath to the flag recited daily by high school children in the US.

The following chapter is designed to give you a deeper understanding of the USA, its complicated history and diverse society. Yet whatever you may read about it, the US remains unique in one respect: Crisis and economic depression have often brought big changes in American society, but also new hope, new ideas, and a new-found optimism.

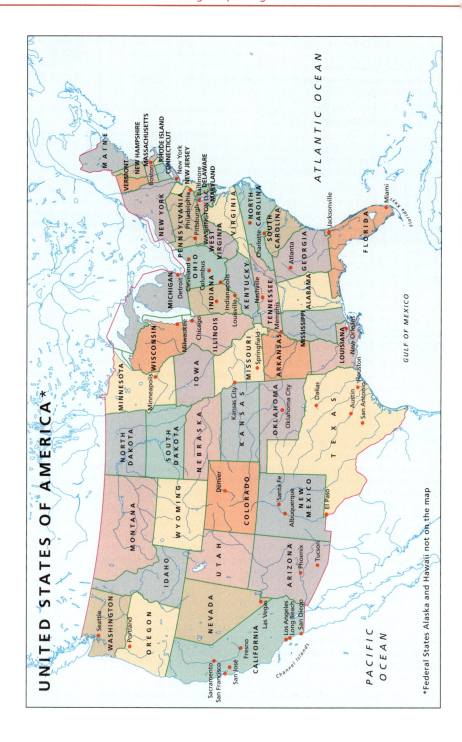

A Timeline of US History

The Settlers: A New Continent

1607 Jamestown, the first British settlement in the "New World", is founded.

1664 Nieuw Amsterdam is bought from the Dutch and renamed "New York" immediately.

1773 *Boston Tea Party:* The citizens of Boston rise up against Great Britain and what in their view is an unfair new tax.

1776 Declaration of Independence: The colonies break free from Great Britain once and for all.

1781 The colonies' victory in the "War of Independence"

1783 Great Britain officially recognizes the independence of the new nation: The USA is born.

The Early Republic and the Civil War

1788/89 GEORGE WASHINGTON is elected first President; a constitution is written and approved.

1820 The Monroe Doctrine: The US decides not to tolerate any European power in any of the American nations, North or South.

1846–48 The US attacks Mexico and wins not only the war, but enormous amounts of new lands such as California.

1861–65 Civil War – reasons for the extremely long and bloody war were the election of ABRAHAM LINCOLN, intensifying the conflict on whether to abolish slavery, and the increasing economic power of the North.

1865 After the Civil War, slavery is finally abolished; the individual states from now on grow closer together than before:

The 20th Century: A World Power Arises

1914–18 The USA rises to a world power in World War I.

1929 Financial crisis in the US and the world begins (the "Great Depression").

1932 FRANKLIN DELANO ROOSEVELT elected President; he starts the so-called "New Deal", an aggressive financial programme to end the crisis.

1941–45 Following the Japanese attack on Pearl Harbor, America takes part in World War II, which ends with the dropping of two atomic bombs on the Japanese cities of Hiroshima and Nagasaki.

1955 ROSA PARKS, a black woman, refuses to offer her seat on a bus to a white passenger – the start of a powerful Civil Rights Movement.

1963 Assassination of President JOHN F. KENNEDY; a nation mourns its popular leader; in 1968, famed civil rights leader MARTIN LUTHER KING, jr., also dies at the hands of an assassin.

1965–75 Vietnam War; after 1970, the Americans retreat without further hope of winning the conflict.

2008 Almost 150 years after the end of slavery, BARACK OBAMA is elected as the first black American President.

6.3.1 From the 17th up to the 18th Century

By all accounts, settling the new lands in "America" was a tremendously difficult challenge. It wasn't until 1607 that English colonists founded the first colonial town named **Jamestown**. The settlers were only able to survive with the help of friendly Native American tribes – up until today, Americans remember these difficult times and the unexpected help of the natives by celebrating a **Thanksgiving** holiday.

The first settlers were the Puritan **Pilgrim Fathers** who left England because of religious differences. Soon, the new colonies attracted people from all over Europe who were persecuted because of their belief. Apart from religious reasons, other settlers came because of the bad economic situation in England at the time. In America, they found the promise of a new life, a vast continent with a sparse population, and a bigger amount of freedom than they had ever known before. While the colonies were in theory under the King of England's control, they practically operated independently. This measure of liberty was not only the root for independence in the late 18th century – moreover, it ensured that the future states were all very distinct and in many respects are still autonomous.

The centerpiece of the contemporary American **Thanksgiving** is a dinner, complete with a large roast turkey, sweet potatoes, and a delicious pumpkin pie.

Obviously, most of the early settlers were farmers. The production of tobacco and rice were the main economic basis of the colonies. Growing rice required enormous labour under circumstances that were often extremely unhealthy. Therefore, a system of slavery was established in order to be more effective. When early efforts to turn natives into slaves failed, **African slaves** were imported. While this was viewed with indignation back in Europe, no one did anything against it as long as the economic result was satisfactory.

Manifest Destiny

Many of the earliest settlers were Puritans. Their faith dictated a simple life with a strict work ethos – the idea behind their religion was that all men are sinners, and that God would only save a few. Through hard work, and chance, men could prove themselves worthy of being saved from eternal damnation.

Slavery is one of the darkest chapters in US history. Originally most Americans agreed that slavery was a moral wrong; over time, though, as Southerners got accustomed to a certain aristocratic lifestyle, they defended slavery as "a positive good". Many imported African slaves didn't even survive the grueling passage to the US – those that did had a long life of hard labor in bondage ahead of them.

Even today, Americans still pride themselves on being hard workers, and a leisurely lifestyle is usually frowned upon. But beyond all this, an even more important thought has survived from the earliest settlers: That America is a country chosen by God. That JOHN WINTHROP's **"City upon a Hill"** metaphor is still relevant today. That the **American Dream** is based on the shared premise that Americans are a chosen people. In the 19th century, when the USA came together as a nation, this belief grew even stronger, and culminated in the doctrine of **Manifest Destiny**.

> **Manifest Destiny** is a concept that sums up the belief of many Americans that as a chosen nation, the US has the duty to continue to expand beyond its borders.

Through this self-conception, the US identified itself as a nation not only with a destiny, but one on the verge of becoming a world power.

Declaration of Independence

The rise of a few scattered British colonies to a most powerful nation of its own might have been inevitable, but it started quite simply: with taxes.
The colonists, especially in the Boston area, began to get increasingly angry with the British for demanding higher taxes on the one hand, and not giving them any representatives in British parliament on the other. In 1767, when the British raised new taxes in the American colonies, introducing duties on tea, paper, glass, and lead, the consequences were vast. British military presence had to be increased, particularly in Boston, where the situation culminated in the Boston Massacre of 1770 in which three demonstrators were shot by British troops. In 1773, the notoriously riotous Bostonians responded with the famous **Boston Tea Party**, in which colonists disguised as Indians boarded ships and dumped their cargo of tea into the harbour to protest the taxation of tea.
In 1774, representatives from the colonies met in Philadelphia to discuss urgent matters such as the increasingly negative mood among the population regarding the British. However, the British were in no mood to compromise, seriously misinterpreting the situation. When they tried to arrest leaders of the Philadelphia meeting, fighting broke out and the **American War of Independence** began.

THOMAS JEFFERSON (1743–1826), the main author of the *Declaration of Independence*, later became the third president of the United States. Despite being a rather liberal thinker for his time, and speaking out against slavery in public, Jefferson was a slaveholder himself.

When the representatives met for the third time in July 1776, the time had come for more drastic measures. The publication of THOMAS PAINE's *Common Sense* had further stirred up the revolutionary mood of many colonists, and THOMAS JEFFERSON, representative of Virginia, was designated to write a **Declaration of Independence** from Great Britain.

> The **Declaration of Independence** is quite possibly the most important document in US history. Much of it is an accusation of King GEORGE of England; however, several parts form an important message for the future nation. It states that "all men are created equal" and that every citizen of the United States should have the right to "Life, Liberty, and the pursuit of Happiness."

At the same time, colonial troops under Commander-in-Chief GEORGE WASHINGTON held their own against the professional British army. When European powers such as the French took the side of the colonists and supplied them with manpower and weapons, the war was decided. On September 3rd, 1783, the British signed a treaty recognizing the independence of the United States. A new nation was born – the first modern nation without a monarch, completely different from the "old powers" of Europe – and a model for Europeans who wished for democracy.

6.3.2 The 19th Century

A Growing Nation

The young nation developed so rapidly that there seemed to be no limits to its ambitions. Following the adoption of a constitution in 1788 – on which today's legal system in the US is still based – GEORGE WASHINGTON was elected first President of the United States. All of the first Presidents – following WASHINGTON's successful reign, they were JOHN ADAMS (1735–1826) and THOMAS JEFFERSON (1743–1826) – enjoyed the full two terms (8 years) in office that each American President is limited to. The country prospered under these strong, principled leaders. They were assisted by brilliant strategists such as ALEXANDER HAMILTON (1755–1804), who established a centralized government as well as strict banking policies. Although the United States were a young nation, they quickly enjoyed financial success as well as solid partnerships with various nations in Europe.

Moving West, Moving South: The Frontier Myth

While democracy reigned in the East, the West was a wild place – a place where the myth of the lonesome cowboy was born, but also one where women worked often just as hard as men did, paving the way for a movement that led to women gaining the right to vote as early as 1869 (in Wyoming) and 1870 (in Utah). For many women, this was a real incentive for moving west – but there were other reasons, as well. Many of the new immigrants arriving from Europe found the cities of the East – such as Boston or New York – to be crowded and couldn't find work or real opportunity. So a big number of them left for the **frontier,** pushing America's border ever more to the west. **New states,** such as Wisconsin or Illinois, soon emerged. This westward movement continued until, by the late 19th century, California and other states to the West were full members of the Union.

GEORGE WASHINGTON was the first President of the United States (1789–97)

JOHN ADAMS was the second President of the United States (1797–1801)

A wild place: Monument Valley in Utah and Arizona

The Frontiersmen and the Native Americans

However, there was a downside to the expansion of the young nation. The Native Americans, who had settled the vast lands of the Northern American continent long before 1492, were pushed back further and further by frontiersmen who showed them little compassion. The conflicts along the frontier resulted in years of struggle and bloody feuds; under President ANDREW JACKSON, a policy called "Indian Removal" was put into place. The natives were forced to retreat and give up most of their lands – an injustice that continues to weigh heavily on these proud people up to the present day.

Slavery: The Road to Civil War

Perhaps the darkest chapter of American History is that about slavery. From the beginnings, American farmers in the South relied on slave work for their profits. Cheap slaves were imported from Africa – many actually died during the passage to America – and sold in slave auctions. While most people agreed that slavery was ultimately immoral, few people realized the need to abolish and end it. When opposition in the North grew stronger, Southerners such as the senator JOHN C. CALHOUN started defending it more aggressively – Calhoun invented the idea of slavery as "a positive good". He claimed that a civilization could only reach its potential as long as there was slavery – so that the plantation owners had ample time to read, write, and generally cultivate themselves.

▶ There are a number of exciting, touching films and TV series about the topic "American Civil War". *North and South* (1985) details the friendship between two families – one from the North, one from the South – during the hard years of the civil war.

The Civil War

The American Civil War was one of the first so-called modern wars. This means that not only did soldiers fight against soldiers, but ordinary people also had to suffer and died in large numbers. It was fought because the Southern states (such as South Carolina or Georgia) feared that the North would try to end the system of slavery – the North already having the stronger economy. They thought that the newly elected President ABRAHAM LINCOLN would act against their wishes. Only a short while after the election, the first Southern states left the Union. On April 12, 1861 – about half a year after LINCOLN's election – the Civil War started at Fort Sumter in South Carolina.

The war lasted almost exactly four years. At first, both sides were convinced they could easily win – after many years of debate over slavery and the economy, many Southerners and Northerners hated each other, thinking the other side would be much too weak in a war. But after the first battles, with thousands of soldiers killed on both sides, everyone knew that this was to be a long, hard fight. The North had many more soldiers, weapons, and supplies of food and clothes. However, the South had clever generals who often came up with a winning strategy. In the end, though, the bigger numbers of the North decided the war. It took over 620,000 dead soldiers and many more dead civilians to unite the nation once again.

ABRAHAM LINCOLN
(1809–1865)

The Civil War: Timeline

January 1861	South Carolina leaves the Union; several other states are soon to follow.
February 1861	The South creates a government.
March 4th, 1861	ABRAHAM LINCOLN begins his Presidency.
April 1861	The Civil War begins at Fort Sumter, South Carolina.
June 1861	Four slave states decide to remain loyal to the North; this was possibly the decisive factor for the outcome of the Civil War.
July 1861	First large battle at Bull Run – realization on both sides that it will not be an easy war.
April 1862	Taking New Orleans from the south, the North wins an important strategic battle.
December 1862	LINCOLN removes the hugely popular General MCCLELLAN, who later runs against him in the next Presidential election.
January 1st, 1863	A historic day for the United States: ABRAHAM LINCOLN declares all Southern slaves as free – it is the beginning of the end of slavery.
July 1st–3rd, 1863	The battle of Gettysburg
Summer and fall, 1864	General SHERMAN marches through the heartland of the South, destroying everything in sight and killing countless numbers of innocent civilians.
November 1864	After serious troubles at the start of his campaign, LINCOLN defeats MCCLELLAN to win the 1864 Presidential election.
April 1865	The South under brilliant General ROBERT E. LEE finally surrenders.
April 14, 1865	ABRAHAM LINCOLN, the last victim of the Civil War, is assassinated by Southerner JOHN WILKES BOOTH who cannot live with the "shame" of defeat.

LINCOLN's assassination

A New World Power: Rise of the United States (1865–1918)

Following this long and brutal war, the wounds healed only slowly. Putting an end to the inhuman practice of slavery was a big step toward a more just and equal society, but it was also only the beginning. The 150 years between the end of slavery and the election of BARACK OBAMA as the first black President were often marked by bloody struggles for those fighting for a better life. One of the many reasons for this was white resistance. In 1865, directly at the end of the Civil War, huge numbers of white racists organized themselves as the **"Ku Klux Klan"**, or simply "The Klan". Its first members had fought for the Southern states and its Confederate army. The feeling of shame after losing the war as well as fear of black power led them to often brutal attacks on former slaves. Their influence on the general population ensured that segregation between blacks and whites lasted for another century.

Nevertheless, the country was about to rise from the ashes in many other respects. The industrial boom that had started long before the civil war continued as if nothing had happened. The ongoing westward expansion brought about a so-called **"Gilded Age"** in which the economy and the population grew at an astonishing rate. The speedy development of the railway was a symbol for this boom. The idea that there was plenty of opportunity in the US gained traction with the rise of charismatic entrepreneurs such as oil magnate JOHN D. ROCKEFELLER and railroad mogul CORNELIUS VANDERBILT. However, there was also social unrest which found its expression in the organization of various interest and worker's associations such as the Knights of Labour, and strikes for better working conditions in the 1870s and 1890s.

6.3.3 The 20th Century

WOODROW WILSON and the First World War

The expansionist foreign policy on the American continent contrasted with its isolationist policy towards Europe. Despite a strengthening of the British-American friendship during the 19th century, at the outbreak of the First World War, America pursued a policy of neutrality, until the declaration of unrestricted warfare on the seas and the submarine attacks by the Germans on American merchant and passenger ships forced President WOODROW WILSON to declare war on Germany on the 6th of April, 1917.

WOODROW WILSON (1856–1924), who not only led America to success in the first World War, but created an organization that can rightly be viewed as an early form of today's United Nations.

It was the American participation that proved decisive in the defeat of Germany on the Western Front. When the Germans surrendered it was WILSON's peace proposal that they cited as a basis for negotiations. Wilson's idealism, best represented by his suggestion for a League of Nations (a forerunner of the UNO) was shattered when the other Allies imposed a peace treaty at Versailles that humiliated the Germans. As a result, the US mostly withdrew from European affairs for a time.

A World Power in Crisis: The Great Depression

During the years between World War I and II, American interest in European affairs confined itself to offering financial solutions to the problems created by the reparations laid down in the Treaty of Versailles and an increasingly idealistic policy of disarmament. Within the US the introduction of **prohibition** failed spectacularly.

> You can find a lot of great material to read and watch on the prohibition era. Among the most famous films about this fascinating time are BILLY WILDER's comedy *Some Like it Hot* (1959) with MARILYN MONROE, and BRIAN DE PALMA's crime drama *The Untouchables* (1987).

The era of **prohibition** marked an attempt to make alcohol illegal throughout the entire United States. Prohibition failed spectacularly as drinkers merely turned to illegal bars (the so-called "speakeasies") to get their drinks. The speakeasies were supplied by the mafia and many so-called godfathers, amongst them the famous AL CAPONE, made a fortune from prohibition. Although many mafia members were arrested – the most common charge being tax evasion – even after the end of prohibition the organization continued to flourish.

Economically speaking, the early twenties were marked by massive economic growth, of which the mass production of HENRY FORD's Model T is perhaps the best example.

The farmers, however, found themselves in a time of crisis. From its early days the nation had been a kind of farming Mecca – the simple country life with a big family being an American ideal up to the present day. But beyond the age of industrialization, the situation for farmers all across the land deteriorated. Soon, the rest of America joined the farmers in a time of extreme economic uncertainty. Stock prices on Wall Street tumbled, unemployment numbers grew at massive speeds, and many families lived in extreme poverty in the evolving slums of the big cities.

Between the 23rd and the 29th of October 1929 the stock market in New York suffered an historic collapse, as a result of overenthusiastic speculation. It was not until the Democrat FRANKLIN D. ROOSEVELT was elected that a solution to the depression was found with the **New Deal**.

The **Great Depression** lasted from 1929 up until roughly the mid-1930s. During this severe crisis, unemployment rose to 15 million.

> The **New Deal** was a set of far-reaching reforms under ROOSEVELT, aiming at stimulating the economy and providing temporary jobs for unemployed workers. While not all of its measures worked, it is largely credited with avoiding an even bigger collapse for the US, and subsequently the world economy.

The US and the Second World War

The War at Home, the War in Europe

FRANKLIN D. ROOSEVELT, who served beyond the usual two-term limit for American Presidents – from 1933 up until his death in 1945 – recognized the threats of fascism early. He warned his countrymen that HITLER had to be stopped, at a time when most Americans were hopeful that there would never be another world-wide war. ROOSEVELT, a liberal Democrat, was also up against a Republican Congress that was isolationist at the core and not too concerned with matters in Europe. However, a few events aided ROOSEVELT and his plan to once again play a decisive role in the world.

FRANKLIN D. ROOSEVELT (1882–1945)

First, there was the Japanese attack on Pearl Harbor in December 1941. Never before had a foreign nation attempted – and, in this case, even succeeded – a surprise attack on American grounds. Public opinion shifted further when ADOLF HITLER declared war on the United States. After this, a massive draft was instituted, with about 50 million Americans between the ages of 18 and 64 being registered for service.

The landing of Allied troops on D-Day – June 6, 1944 – the first coordinated counterattack against HITLER on the western front.

ROOSEVELT proved to be an able diplomat during the war forming good relationships with both STALIN and CHURCHILL that were reflected in the agreements and conferences held during the wartime years (e.g. Teheran 1943, and Yalta 1945). He also worked on the creation of the United Nations Organization, following the example of that other remarkable wartime President, WOODROW WILSON. The military decision was to deal with Germany first and then move on to Japan, but in effect, after the invasion of Italy and the Battle of Midway in the Pacific in 1943, America found itself able to move forward forcefully on both fronts.

The famous picture above called *Raising the Flag on Iwo Jima* shows American soldiers during one of the bloodiest battles of the War in the Pacific.

The Pacific War proved just as brutal as the one in Europe. ROOSEVELT's successor HARRY TRUMAN effectively ended the 2nd World War, though, with his decision to use atomic weapons against Japan. Weighing the possible deaths of ten thousands of soldiers against those of countless civilians, he chose the simpler path – about 250,000 people were killed as a result of TRUMAN's decision.

The Cold War: From JFK to RONALD REAGAN

After the war had ended, HARRY TRUMAN became increasingly suspicious of STALIN. Although agreement had been reached on the future of Europe at the Potsdam Conference in July and August of 1945 both the detonation of the Atom Bomb at Hiroshima and Nagasaki and the surrender of Japan in August and September of 1945 seemed to make the necessity for cooperation with the Soviets less vital. With the Soviet failure to comply with US policy in Eastern Europe, the fear that STALIN wanted nothing less than world revolution arose. The result of this was the **Truman Doctrine.**

> The **Truman Doctrine** was designed to provide economic and, indirectly, military aid to any country being in danger of losing its independence and becoming communist, marking the beginning of the Cold War. The Cold War period lasted until 1989, with devastating effects to countries such as Vietnam and Afghanistan that were caught in the middle of the conflict.
> The **Marshall Plan** laid the groundwork for this doctrine – it included a further financial aid packet for the whole of Western Europe and made US and Soviet relations increasingly difficult.

The final break between the superpowers occurred after the introduction of the unification of the British and US zones in Germany (1947) and the Soviet siege of Berlin (1948). American foreign policy was now guided by the idea that it was necessary to both contain Communism and ensure that Communist countries did not "infect" other countries with Communism, as other countries might follow – the so-called "domino effect". It was in this spirit that the **North Atlantic Treaty Organization (NATO)** was formed in 1949.

The effects of Soviet and American enmity made themselves quickly felt on the home front, too. The fifties were marked by the blacklisting of supposed Communists under ultra-conservative Senator JOSEPH MCCARTHY. Despite this dreary atmosphere, a new confidence in the American Way of Life made itself felt during the presidency of the Republican EISENHOWER (1953–61). The new confidence brought with it a slightly more liberal attitude towards the rights of the non-white minorities in the US. In 1954, **desegregation laws** in schools provided a first major success for the Civil Rights Movement.

> **Desegregation Laws** were laws designed to end the segregation of black and white students in schools around the United States.

JOHN F. KENNEDY and the Early 60s

The election of young, energetic Democrat JOHN F. KENNEDY accelerated this process and his successful fight against unemployment and inflation made him a symbol of hope for many young Americans. On the international stage, though, the building of the Berlin Wall in 1961 led to a marked cooling in relations. This was followed by continuing problems with the revolutionary government in Cuba, leading to an unsuccessful attack at the Bay of Pigs in 1961. Ultimately, a nuclear war with the Soviet Union was narrowly avoided in the Cuba Crisis, when KENNEDY insisted that the USSR withdraw its nuclear missiles from Cuba (1962–1963). Furthermore, the US involvement in the conflict between the Communist North and the "democratic" South of Vietnam advanced from beyond economic to military aid in the form of troops, setting the stage for the Vietnam War under KENNEDY's successor JOHNSON.

JOHN F. KENNEDY – often referred to simply as JFK – captured the hearts and minds of his countrymen in a way few Presidents did. He was assassinated on November 22, 1963.

The Rivalry of the Superpowers: From Vietnam to the Moon

LYNDON B. JOHNSON, a southern Democrat, continued KENNEDY's desegregation policy with the **Civil Rights Laws** of 1964 and began a "War on Poverty" in 1965 which brought about the construction of many new low-cost houses.

Once again, the US was at the cutting edge of new technologies. While the Russians succeeded in first putting a human being into space – the cosmonaut YURI GAGARIN travelled into space on April 12, 1961 – the Americans ultimately won the **"Race to the Moon"** when the spacecraft Apollo 11 landed on the Moon on July 20, 1969.

On the foreign front, however, JOHNSON escalated the US involvement in **Vietnam**. This was a war that the US, despite superior numbers and equipment, was almost destined to lose. The North Vietnamese guerrilla troops – the Vietcong – were often able to retreat into the jungle whenever an American offensive was underway. Moreover, they enjoyed wide support in South Vietnam, as well.

The United States won the "race to the moon".

In addition, large protest movements within the US made many Americans think not only about the war but also about the role of government itself. Despite reforms, the rights of African-Americans in the US were still restricted. In consequence a **peaceful protest movement** under the leadership of the Reverend MARTIN LUTHER KING made their feelings felt. The assassination of KING only served to increase the radicalism of the protest movement.

The Presidents from NIXON to BUSH, Jr.

In the decades following the Civil Rights Movement, many things changed in America. African-Americans started to achieve a more equal standing in US society, as did women. The **Watergate Scandal** under Republican President RICHARD NIXON – who ordered the wiretapping of Democratic Party offices – made the public aware that corruption can be found anywhere. His successors JIMMY CARTER and RONALD REAGAN, a former actor, tried unsuccessfully to relieve tensions with the **Soviet Union**. The economy reached new heights under REAGAN and the Democrat BILL CLINTON before a sharp downturn in GEORGE W. BUSH's second term. BUSH, a Republican, had won the election of 2000 by a razor thin margin. While more Americans voted for his opponent AL GORE, BUSH narrowly won the decisive state of Florida, a result that is still disputed today. BUSH's presidency was mainly concerned with the ramifications of the terrorist attacks of **September 11th, 2001**. After Pearl Harbor, this marked the second time the US came under attack at home – the Twin Towers of the World Trade Center in New York were hit by two hijacked passenger jets. The wars in Afghanistan and Iraq were a direct consequence of that horrible event. President BUSH, Jr. claimed that there was an "Axis of Evil", an alliance of a few anti-Western countries such as Afghanistan, Pakistan, and Iran.

6.3.4 The US Today: New Challenges

The election of BARACK OBAMA as US President has changed the ways the world looks at America once again. It is a remarkable sign that a former slaveholding nation has now overcome this dark chapter of its past insofar as to elect a black President – a symbolic act suggesting that discrimination has largely been overcome. All across the nation, people celebrated the event on November 4, 2008.

OBAMA giving his inauguration speech (January 20, 2009)

However, the US today has to cope with a growing number of problems:
- Having paid little attention to **environmental issues** over the last decade, the US is badly prepared and suffers from energy outages, a limited water supply and worse storms than ever before.
- The **economy** is still in bad shape, following a decade where many Americans bought houses or other items they could not really afford.
- Along with a weakened economy, **government budgets** have also been spiralling out of control.
- There is a big divide between the **conservative and liberal parts** of the population, clashing over topics as controversial as the death penalty, gun ownership or abortion – and there is no easy answer to any of these issues.
- Many Mexicans are still flooding into the United States as **illegal immigrants** – the border between the US and Mexico is extremely hard to guard.
- The same border problem applies when it comes to **imported drugs** from Colombia or Mexico.

Many of these topics have been just as difficult to solve for Presidents of the past. Nevertheless, as the global map sees changes with the rise of nations such as China and India – as there is more and more global competition – the situation today is increasingly tense and calls for more fiscal restraint and bi-partisan solutions than ever before.

6.3.5 Political System

The political system of the United States of America is remarkable for its endurance over time, going back almost 250 years to the time of the American Revolution. At the time, **democracy** was an increasingly popular idea in Europe, expressed by the writings of JOHN LOCKE (*Two Treatises of Government*, 1689) and MONTESQUIEU (*The Spirit of the Laws*, first published in French in 1748) – only to be realized for the first time across the Atlantic in the coalition of a few young states. The original constitution remains the cornerstone of the American nation and its society – anyone who wants to be someone in American politics needs to pledge his allegiance to this document.

The United States has a **federal system**. This means that there are both a federal, centralized government that is responsible for the larger framework of legislative action in America, and state governments regulating all regional matters important to the 50 individual states. The country is based on a presidential system, with the President holding a dominant political position, and a system of checks and balances (division of political powers).

▶ The website www.loc.gov is the official website of the **Library of Congress**. It is a massive site where you can explore the American political system much further; but the site has much to offer beyond that. You can find collections about American History, about literature and the arts, important Americans of the past and much, much more.

Federal Republic
The government of the United States is a federal republic of 50 states and a few territories. The federal government is in Washington, D.C. – it has been the location of the government since 1790, following Philadelphia. Obviously, the name of the capital is derived from the war hero and first American President GEORGE WASHINGTON.

Presidential System
In a presidential system the President acts separately from the legislative power (Congress). The election is held every four years, and each President is limited to two terms. Only under the most extraordinary circumstances can there be an exception to this rule – as was the case with FRANKLIN DELANO ROOSEVELT during World War II. To become President of the United States, it is necessary for the nominee to win a majority in the Electoral College, i.e. winning enough states. It is not enough for a nominee to win a majority of the votes of the population – as was the case for AL GORE in 2000, who won the so-called "Popular Vote" of the people but lost in the Electoral College.

The White House – the official residence and workplace of the US President

▶ The White House has a website that is a great source of political material: www.whitehouse.gov

Apart from being the **head of government** (and therefore the most powerful person in the country in political terms) the American President is also the so-called **commander-in-chief** of the military. The President has the right to **veto** laws that pass Congress, but the Congress can then override the President's veto. Furthermore, the weight of representing the country is also a duty of the President – during meetings with other powerful leaders, when trying to reach agreement on climate resolutions, and especially in times of armed conflicts across the world.

Branches of Government
There are three branches, or parts, of government:
- the **executive** branch (the President and his/her cabinet),
- the **legislative** branch (Congress, consisting of the House of Representatives and the Senate) and
- the **judicial** branch (Supreme Court).

The Cabinet
The cabinet only consists of the secretaries appointed by the President – the most important of which is the Secretary of State (foreign minister). Whereas the office of President has only been held by men in the past, there have been a number of female secretaries of state, the most recent one being HILLARY CLINTON, the former First Lady. While the number of cabinet appointees is limited, the role of the cabinet members is an important one. Each secretary has not only his or her own staff, but a large number of experts working for them. For instance, ambassadors to foreign countries all report to the Secretary of State. This way, the President is almost directly informed about important developments abroad.

The US Congress
The US Congress is divided into two chambers, the **House of Representatives** and the Senate. The former, often simply referred to as "The House", has 435 members which are elected directly in congressional districts all across the country. The districts are divided according to population numbers. This means that there is a re-distribution of congressional districts after every national census. For instance, following the 2010 national census, certain states in the South and Southwest (Texas, Colorado, etc.) will gain additional seats and districts, whereas some in the North (among these New York) will lose seats in the House.

For anyone having the chance to visit Washington, D.C., a visit to **Congress** is a must. Visitors are treated to an insightful tour of the remarkable Capitol Building – but even more interesting is a visit of the Senate or the House itself.

The **Senate** has 100 members. They are elected in the states – each state has two senators, which means that the smaller states are over-represented (California, with a population of about 37 million, has two senators; Iowa, with a population of only 3 million, also has two senators; and North Dakota with about 1 million also has two). It is a system derived from the early years of the American Republic, when there were only a few states in the East which were roughly similar in size.

The work of the US Congress is largely responsible for the major legislative changes in America. While the President has an agenda he wishes to pursue, the members of Congress can try to realize it, or try to push through their own ideas. Introducing a new law is a difficult process, as the members of the different chambers really have to work together – and even if a new law is passed in both the House and the Senate, the President still has the right to veto the law.

The only time when one of the two parties can truly govern and push through their agenda without too much compromise is when the respective party controls not only the White House, but also has a large majority in both the House and the Senate. This was the case during the early years of the OBAMA administration, for the first time in decades. However, this was a rare opportunity for the Democratic Party, and it changed with the Midterm Elections of 2010, when Republicans regained control of the House of Representatives.

The Supreme Court
The Supreme Court is the highest court of law in the United States. It consists of nine members which are elected for life by the President. One of these is the Chief Justice – currently, this role is being served by Judge JOHN G. ROBERTS, who was nominated and confirmed under President GEORGE W. BUSH.

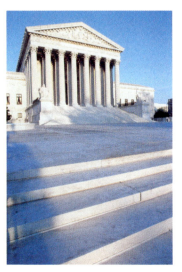

Just like the other bodies of government, the Court is located in Washington, D.C. When voting on a case, each one of the nine votes has equal weight. Therefore, the Supreme Court is maybe the one field where the President has the most power, as he is the only one who can appoint new judges. However, the President's power in nominating a new judge is not unlimited, as each and every applicant has to be approved by the US Senate. The most recent appointee to stir up a lot of controversy was SONIA SOTOMAYOR, a rather liberal-leaning judge appointed by OBAMA who is also the first Hispanic justice on the court.

The US Supreme Court building

6 Profiles of the English Speaking World

The Supreme Court is very powerful. It has to decide whether a law is unconstitutional or not, whether acts of the executive branch are constitutional, generally acting as a check on the other two powers. For example, abortion is an issue decided by the Court and not in Congress or the Senate (as it usually is in Europe). On the other hand, the Court has to adhere closely to the guidelines of the United States Constitution.

The United States Constitution

▶ **amendment** = Ergänzung

Next to the Declaration of Independence, the Constitution of the United States, together with the first ten amendments known as the **Bill of Rights,** is the most important document in American history. In it, the division of powers – also known as checks and balances – is firmly declared and the three branches of government are established. The Constitution was originally a compromise between forces calling for equal weight given to all individual states and others that wanted to favour the bigger states. The most important compromise that was reached stipulated that in the Senate, all states would be given equal weight, whereas in the House of Representatives, larger states would have more representatives. This means that representation in the Senate is highly uneven. A state such as North Dakota, with a population of about 700.000, has the exact same influence as California or New York.

▶ A **secretary** working for the President – such as the Secretary of State, or the Secretary of Defense – has similar powers to a minister in Great Britain.

The **Bill of Rights** comprises the first ten amendments to the Constitution. It was introduced in 1791 and added several important legislative articles that have been seen as vital to the American way of life ever since.

The amendments seriously limited the power of the federal government, mirroring the scepticism of Americans regarding centralized power. Furthermore, they clearly stated important rights of the individual citizen, the civil liberties, such as freedom of speech – rights that we today consider universal.

Checks and Balances

▶ A **veto** is like a negative vote by the President. He/she speaks out against a specific law because there is something in it that the President does not agree with. By doing so, the law is not yet killed, but it is unlikely that a law is signed against the wishes of a President.

The system of checks and balances makes each power act as a safeguard to prevent any of the other two powers from gaining total power under the US constitution. Each branch of the government can be overruled and controlled by another. The powers of the President may be great, but they are not unlimited. The Senate must approve most of the President's decisions. The President is free to choose the secretaries for his Cabinet, but the Senate must approve them. The President also has no way to introduce bills (laws) in Congress, he only has the authority to recommend legislation.

Very often, when there is a Republican President, Congress and the Senate are controlled by the Democrats – and when there is a Democrat as President, Congress and the Senate are more often controlled by Republicans. But the President has the right to veto any bill passed by Congress, which then can only become law if two-thirds of the members of both houses vote in favour of it.

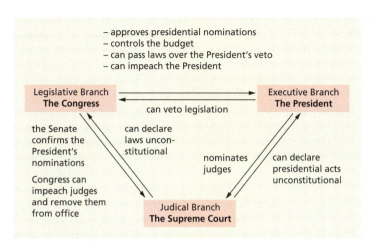

The system of Checks and Balances

The American Party System

As for the parties in the US, there are only two of significance: the **Republican Party** and the **Democratic Party**. They are both "catch all" parties with a broad support base among the population. The real political differences between these parties are sometimes slim, sometimes enormous – depending on the topic. For instance, many in the Republican Party are completely against abortion (or a woman's right to choose), many in the Democratic Party are for it. However, representatives and Senators are fairly independent from their parties and rely more on voters in their electoral districts.

Grand Old Party: The Republicans

The Republican Party – often referred to as the "Grand Old Party" or simply GOP – was founded in 1854 in opposition to the then-dominant Democratic Party and its almost unlimited support of the system of slavery. Its finest hour soon came with the election of ABRAHAM LINCOLN, who won the Civil War, ended slavery, and died a hero at the hands of an assassin. Over time, the Republicans turned increasingly conservative. In the 20th century, they often resisted progressive ideas of various Civil Rights Movements. Their most important Presidents throughout the last decades have been RONALD REAGAN and, despite the Watergate scandal, RICHARD NIXON, who opened up communication pathways to China and the former Soviet Union. Today, Republicans are mainly concerned with bringing more fiscal responsibility to Washington, lowering taxes, and reducing the size of the national government.

An Even Older Party: The Democrats

The Democratic Party goes back almost to the very beginning of the United States as a nation. In 1800, they first gained power under the leadership of THOMAS JEFFERSON. Throughout the 19th century, they were a largely conservative party, intent on keeping the status quo, which meant holding on to slavery and protecting the rights of farmers. In the 20th century, under the influence of progressive Presidents such as ROOSEVELT and KENNEDY, the Democrats turned into a rather liberal, left-of-center party advocating the rights of the middle class, of unions, and the working poor. One of their biggest accomplishments was the decision of LYNDON B. JOHNSON, a President otherwise loathed for his handling of the Vietnam War, to virtually end segregation in the South. Today, Democrats are increasingly torn between the realities of having to cut costs at the federal level while still trying to stimulate a weakened economy and bring down unemployment numbers.

Elections in the United States

▶ Elections in America are celebrated at a much bigger scope than in Germany. It is a highly interesting spectacle to watch – and while, because of the different time zones, it requires some stamina, a Presidential election is well worth watching live, either on one of the American channels available in Europe, or any of the larger German ones.

For such a large country, elections in the United States are held less often than is the custom in many European countries. While there are important elections every two years – the President being elected every four, but many states also voting in the so-called "Midterm Elections" – there are hardly any elections in between. Nevertheless, as the whole world seems to take a keen interest in the election of American Presidents, coverage of such elections usually begins at least a year in advance. Many different interest groups partake in financing a particular candidate, and the parties themselves are continuously busy trying to raise money. About $650 million, an enormous sum even by American standards, were raised for the OBAMA campaign.

As for the President, he/she is elected to a four-year term and can usually only be re-elected once. Presidential elections start with so-called primaries or caucuses whose aim is to pick the presidential candidate most likely to succeed. In the summer of the election year the two big parties then get together for a convention to nominate their candidate. This nomination is always accompanied by celebrations with music and speeches.

The Election of 2008

Before BARACK OBAMA, there had never been a black President in the United States. But there has also never been a woman – the hopes of many women all across America were with HILLARY CLINTON in 2008, but she lost to Mr OBAMA. But no matter who is President, the office calls for a person of the highest principles and moral integrity. The eyes of the entire world are on a President, as the US has become a dominating global presence ever since its decisive role in the two World Wars.

Great Presidents of the past were GEORGE WASHINGTON – who led the United States to independence – ABRAHAM LINCOLN, or FRANKLIN DELANO ROOSEVELT – who led the US into defeating HITLER in World War II. But there were also some weak Presidents, or dangerous ones, like ANDREW JACKSON, who was responsible for the deaths of ten thousands of Native Americans when they were forced to leave their land in the East. The latest example of a President who was severely attacked during

6.3 The United States of America

his time in Washington is that of GEORGE W. BUSH, as his presidency was marked by uncontrolled spending, a dubious war effort in Iraq, and a major economic crisis. With Presidents, as with American history in general, there were some glorious, and some truly bad times.

The arrival of BARACK OBAMA seemed to promise a new beginning for many Americans. With his grandiose rhetoric and bold plans, OBAMA seemed to be able to capture the attention of even those Americans who were usually unlikely to go to the polls – the youngest voters. International attention was at a maximum, as the aggressive policies of BUSH had strained relations with many countries abroad. Following an unusually focused campaign, OBAMA won in what some considered a landslide against the Republican JOHN MCCAIN. However, as is so often the case in politics, great promises were followed by the harsh realities of governing a country that has to shoulder ballooning debts, high unemployment and severe differences in the views of large blocs of voters.

The Significance of Midterm Elections

During midterm elections, the ruling party (i.e., the party which holds the presidency) often loses seats in the House and Senate. As Presidents have to make hard choices, the discontent of the voters is often mirrored in midterm election results. After the so-called "midterms", as both parties already prepare themselves for the next presidential election, Presidents often focus on more popular policies in order to get re-elected or to gain votes for their own party.

> The **midterm elections,** held every four years and two years after a Presidential election – are elections where a lot of Senate and House seats are at issue – all 435 House seats and about a third of Senate seats, to be precise. Additionally, a majority of governorships are also voted upon. Therefore, midterm elections carry a heavy significance for both leading parties in America, even though most voters are not as concerned with them as with the Presidential elections.

The **2010 midterm elections** were typical in that the new President – BARACK OBAMA – was vigorously attacked by the opposition, and his party, the Democrats, lost a lot of seats. Having had the opportunity to rule with a large majority in both the House and Senate, the Democrats under Obama had changed a number of existing laws, prompting Republicans to fire at the President and labelling him a "Socialist" – an effective charge, as being too liberal or social is generally considered Un-American. It remains to be seen whether Americans can overcome their great differences in the next decade, whether liberals and conservatives can work together in solving some of the challenges that lie ahead – or whether the country is headed for even tougher times. Recent developments offer some hope, though. The assassination of OSAMA BIN LADEN, mastermind behind the September 11 attacks, brought the nation together in a way that has not been seen since 2001.

6.3.6 American Society and the Lost American Dream

Almost no other country inspires young people all over the world quite like the United States of America. Enormous mountains, wide landscapes and endless deserts, gigantic cities such as New York or Los Angeles, a fascinating mixture of people from all over the world – the United States is a country like no other. As a diverse nation of roughly 310 million inhabitants, the US has gone a long way from a nation of slaveholders and racism against various foreign people (the Chinese in the 19th century and the Mexicans being examples) to a country that thrives on its multicultural heritage today.

However, fresh problems are always just around the corner for a society of 310 million members. Today, the United States seems to be at a crossroads. Similar to some European countries, it seems doubtful whether the high standard of living can be maintained in decades to come. Some of the most pressing problems are:
- There are fewer **jobs** for a workforce that often has too little training or is simply too specialized in a certain area.
- There is not enough improvement in the **education** system, there are too few young people devoted to math and science, where many of the jobs of the future are.
- The median household **income** is actually declining; too many individuals have been piling up debts.
- As a result, **dissatisfaction** is spreading, and far fewer people than in recent decades believe that the country is headed in the right direction.

It has always been a source of strength to Americans to remain hopeful even in times of great crisis; this hope seems to be running out of late. However, before taking a look at some of the problems of today, the following pages are designed to give an overview of some of the remarkable developments in US society over the course of the twentieth century, and into our day and age.

The Civil Rights Movement: From Segregation to Equality

Back in the 1950s, the American society stuck to dubious double standards. While Christian values were seemingly held in high esteem, segregation of blacks and whites was still the rule in everyday life. The Ku Klux Klan was still active in some parts of the South, often going beyond simple scares by bombing the homes of activists and even hanging African-Americans for alleged crimes.

The **Ku Klux Klan** was an informal organization trying to scare African-Americans from demanding a more equal and just position in society.

Almost 100 years after slavery had been abolished, non-white Americans were still seen as inferior. It took the remarkable effort of millions of Americans to overcome prejudices and reach a more just society through the great **Civil Rights Movement** of the 1960s. Yet every movement needs a beginning, and while civil resistance had been evolving for some time, it took the simple action of a single woman for a nation to wake up from its slumber.

An Example of Civil Disobedience: ROSA PARKS

On December 1, 1955, ROSA PARKS (1913–2005), a secretary from Alabama and an African-American, refused to give up her seat in the "white section" of a public bus. She was not the first person to do so – but in her case, when she went to prison because of her action, many of her fellow black citizens started the "Montgomery Bus Boycott". For a while, African-Americans in Montgomery avoided using the bus altogether, directing a lot of attention to the case. In the middle of all of this, there was

the preacher MARTIN LUTHER KING. He was also from Montgomery – but unlike ROSA PARKS, Mr KING would go out onto the national stage. Soon, he changed the country in ways unimaginable before him.

Despite her brave action, ROSA PARKS lost her job in Montgomery and moved far up north to Detroit to find new work. It took decades before she was recognized as a true hero of the Civil Rights Movement.

> The **Civil Rights Movement** united many groups of people fighting to end segregation and give African-Americans the right to vote in all of the United States. Feminists, gay activists, and all kinds of sub-groups – but also many "ordinary" Americans – fighting for increased personal liberties took part in this larger movement that numbered millions in its heyday in the 1960s. Its methods, based on the heroic Indian leader GHANDI, were almost entirely non-violent. They included civil disobedience realized through boycotts and peaceful demonstrations. The movement succeeded because of the sheer force of some of its demonstrations, the willpower of its activists, but also because of sympathetic Presidents KENNEDY and JOHNSON.

One Man's Dream: MARTIN LUTHER KING

One of the most inspirational leaders of the 20th century – and possibly of all time – MARTIN LUTHER KING helped to make the Civil Rights Movement a phenomenon that spread all across the United States. He was born on January 15th, 1929, when blacks were still treated as second-class citizens all across the nation. When he died on April 4th, 1968 – he was assassinated by a man called JAMES EARL RAY for reasons still unknown – he had changed the nation through his inspired speeches and his insistence on non-violence. In this he followed the great Indian leader GANDHI. He was a Baptist minister who became entangled in the happenings of his time through the actions of ROSA PARKS. Through the "Montgomery Bus Boycott", he first found a national audience. In 1963, he led a march on Washington where people from all across the US came together to protest against injustice and segregation.

MARTIN LUTHER KING (1929–1968) helped make the Civil Rights Movement a phenomenon that spread all across the United States. When he was born, blacks were still treated as second-class citizens. He changed the nation through his inspired speeches and his insistence on non-violence.

After KING's death the Civil Rights Movement only grew in size and strength. The charismatic leader that had once been targeted by the FBI is nowadays considered a role model in the US. There even is a holiday in remembrance of "MLK" – celebrated on the third Monday of January every year.

His legacy goes beyond uniting a diverse movement into a national voice that ultimately won over a hesitant people. Like GANDHI, KING proved that you can reach your goals without resorting to violence. In BARACK OBAMA, MARTIN LUTHER KING's vision of an America that sees beyond the limits of race and gender now has a face visible to the entire world.

Immigration

The United States has always been a nation of immigrants. After hunting down and killing big numbers of Native Americans in the 19th century, the newly discovered land was one inhabited by Europeans, Asians, and African-Americans.

The same is true today. There are still millions of new immigrants coming to the US over the course of a few years. Today, most of them arrive – legally and illegally – from Mexico or other countries to the south. This means that Spanish is of the same importance as English in many southern states today. But there is also a backlash. People who have lived in the United States for a long time are often afraid of the many newcomers – especially those from Islamic countries – so they support stricter regulations and rules.

Immigration from the 19th Century Onward

The 19th century saw a huge influx of immigrants from all over the world. Between 1860 and 1890, about 1.5 million people immigrated from Ireland alone. The number of Germans coming to America was even a lot higher. There were several reasons why the US proved so popular among immigrants, among them the following:
- Many of the new immigrants had lived an extremely poor life in Europe and were hoping for **economic betterment** in the US.
- This was partly spurred by the **idea of the American Dream,** which was spread by writers and intellectuals across Europe.
- Some also came because of persecution in their home country – for **political or religious reasons.**

Most of the new immigrants arrived at Ellis Island, an immigration centre right outside New York City. Millions entered the new country through this gateway in the hope of pursuing a better life.

Ellis Island in New York Harbor was the gateway for millions of immigrants to the U.S. between 1892 and 1954.

One remarkable thing about this is how people from all over the world came together as a nation so quickly. Following the big immigration waves of the late 19th century, they soon fought side by side in two world wars, built the world's largest economy, and often lived together peacefully in the sprawling cities of the US. Scientists have for long tried to translate the idea of successful immigration to America into a convincing model. The following are the two most famous ones, although both have their shortcomings:

The term **"melting pot"** is a metaphor: people from different cultural backgrounds are thrown into a pot (America); after a while, they all "melt together", meaning they take on a new identity as Americans. It stands for the idea that newcomers to a country assimilate, meaning that they give up most of the culture of their mother country and are open to the cultural influences of their new home country.

Melting pot

The term **"salad bowl"** is also a metaphor: people from different cultural backgrounds are thrown into a salad bowl; although they become part of something new they do not mix but keep most of their original flavors/identities. This means that newcomers to a country still keep their original cultural identity. The term is sometimes used to describe today's reality of many different cultures living side by side in the United States.

Salad bowl

Historically you can argue that the "older" groups of immigrants that came to the United States in the 19th and early 20th century were mainly of the "melting pot type". Most of these were immigrants from **Europe** who had many reasons to come to a new country, and continent. They did not lose their cultural roots, but since the United States was heavily influenced by Europe, they still easily fit into their new home country.

The "newer" groups of immigrants are different. They came to the US in the second part of the 20th century, or in the first decade of the 21st. Coming mainly from **Asia** and **Latin America** these immigrants often have a lot more problems coping with everyday life in their new home. The majority of these new immigrants still have strong ties to their mother country, especially the language. In some parts of the American South, Spanish is now in fact a second language that is spoken in many schools and on radio and TV stations.

Immigration Today

In 2004 a total of roughly 34 million people in the US were foreign-born. Of these almost 5 million were born in Europe, close to 9 million in Asia and over 18 million in Latin America. 2.5 million were born in other areas of the world.

Although many people come to the United States as immigrants every year, it is actually quite difficult to become a US citizen. First, you need to get a permission to work in the United States, which you can only get if there is no other American who can do your job as well as you. Second, only after having lived and worked in the US for a number of years can you apply for the so-called **Green Card** – a document that allows you to live and work in the United States at all times. Then again, a number of years after having received a Green Card you can apply for full citizenship.

As you can see, it is a very difficult, long procedure. During times of economic hardship in the US, there are usually fewer immigrants – which at the very least has the desired effect that the number of illegal immigrants is also going down. While illegal immigration to the US is a huge problem nowadays, as it has gotten increasingly difficult to become a US citizen, many experts claim that the United States actually needs them.

Undocumented workers from Mexico often take the kinds of jobs no American wants.

The American Dream Today

The Statue of Liberty

Few images or visions have had such a long lifespan as the American Dream. The term was coined by JAMES TRUSLOW ADAMS, a writer who dreamt of a life of opportunity for everyone, regardless of one's standing in the social order. Over the course of the 20th century, the American Dream evolved from a concept based on the idea that anyone who only tries hard enough might get rich (the phrases "from rags to riches" and "from dishwasher to millionaire" have both gotten famous in their own right) to one that is often used to identify celebrities. Examples of the last sixty years are MARILYN MONROE, who spent years in foster homes as a child, MADONNA, who moved to New York as a young girl with hardly a dime in her pocket, or BARACK OBAMA, who grew up in Indonesia and Hawaii and is now possibly the most powerful politician on the planet.

Faces of the American Dream

A more recent example, MARK ZUCKERBERG is a much more private person despite his pronounced goal to make the world more transparent. However, ZUCKERBERG and OBAMA both received a good education and went on to study at Harvard University. For many young Americans, attending a public school that challenges and educates them well is simply

MARK ZUCKERBERG (left), the founder of Facebook, is the latest example in a series of young internet wizards changing the world around us and inspiring awe, but also a certain amount of scepticism.

Celebrities such as ARNOLD SCHWARZENEGGER have been turning into role models over the course of the 20th century, re-defining the American Dream.

There is, however, still the American Dream of the successful entrepreneur – the most famous example of our day and age being BILL GATES (right).

out of reach. The opportunities for them in a globalized world seem to be shrinking every year – with less developed countries trying to catch up especially where education is concerned. No surprise, then, that far fewer Americans believe in the American Dream today. Rather, they are concerned with the harsh realities of a society going through a deep recession. With up to 15 million jobless Americans, with countless millions in debt to banks that are fragile themselves, the challenges are mounting. Whether the next economic upswing will bring relief to everyday Americans remains to be seen.

Beyond: The End of another World Power?

The 20th century has often been credited as the "American Century". After winning two world wars, and helping to rebuild the European economy, the United States was in a unique position to establish strong ties with many allies throughout the world. Yet the second half of the century often saw an America that chose its conflicts less than wisely. American political leaders have been harshly criticized for starting a war in Vietnam that was really aimed at weakening Russia and its communist allies, or for answering the aggression of the 9/11 terrorists by unleashing violent conflicts in Afghanistan and Iraq.

Still a powerful nation with a large network of allies across the globe, the United States of America faces severe problems. With the US Treasury already owing China huge amounts of money, with India and several other Southern Asian countries on the rise, the future seems less than bright for the so-called "land of opportunity".

Nevertheless, and regardless whether historians of the future will look back on the 21st century as the "Asian Century" or not, the US still stands strong. Going back to the introduction of this chapter, one can probably safely assume that out of the current crisis, new hope will drive Americans to prosper yet again. This is at the very core of the American experience – that to truly live that "American Dream", you have got to start small, and beat the odds. In the next decade, Americans will most likely have to cut back on their standard of living. Theirs, however, is still a country that fascinates people across the globe, and will most certainly continue to do so for a long time to come.

New York Skyline

6.4 Canada

With a total area of almost 10 million km² Canada is the second biggest country in the world after Russia. It extends from the Atlantic Ocean in the east to the Pacific Ocean in the west and consists of ten provinces and three territories (Northwest Territories, Yukon and Nunavut). It is a bilingual nation with both English and French as official languages. Canada is one of the most highly developed countries in the world, ranking 8th in the United Nations Human Development Index (HDI). Canada is officially a multicultural country, taking into account that it has always been a nation with a high influx of immigrants. There is some political tension in Canada about the issues of Quebec sovereignty. There is a strong nationalist movement in the French-speaking province of Quebec aiming at sovereignty for the province.

The Niagara Falls mark the border between Ontario (Canada) and the U.S. State of New York.

A Timeline of Canadian History

ca. 1000	Vikings arrive in today's Canada.
15th century	British and French expeditions explore and later settle along the Atlantic coast.
1604	Quebec City is founded by French settlers and becomes the first permanent settlement in what is called „New France".
17th century	British settlements in Hudson Bay, Newfoundland and Novia Scotia.
1763	The Treaty of Paris ends the Seven Years' War between Britain and France. France is forced to give up almost all of its territories in North America to the British.
1867	Canada becomes a British dominion (a self-governing part of the British Empire).
1982	Canada gets a constitution.
1995	Referendum in Quebec to become a sovereign nation independent from Canada is narrowly defeated.

Toronto, the provincial capital of Ontario

Ottawa, the capital of Canada, is a city of both French-Canadian and English-Canadian influences.

Canada Today

With a **population** of roughly 34 million people living in an area of nearly 10 million km^2 Canada is one of the least densely populated countries in the world. This is particularly true for the western provinces like Yukon, Northwest Territories or British Columbia. Canada's **largest cities** – namely Toronto, Montreal and the capital Ottawa – are all in the east, with the exception of Calgary. About 80 % of Canada's population lives within 150 kilometres of the United States' border, most of them in urban areas. About a third of the population has a Canadian ethnic background. Other ethnic backgrounds include English, French, Irish, German and Italian. The Aboriginal population makes up 4 % of the total population and is growing fast.

> **Aboriginal peoples** in Canada comprise the First Nations, Inuit and Métis. The terms "Indian" and "Eskimo" are used less today and can be considered offensive.
> The **First Nations** (or First Peoples) are the indigenous peoples of North America located in Canada and their descendants, who are neither Inuit or Métis.
> The **Inuit** are a group of culturally similar peoples inhabiting the Arctic regions of Canada.
> The **Métis** trace their descend to mixed European and First Nations parentage.

Canada has always been a country with a large number of **immigrants** and currently has one of the highest per-capita immigration rates in the world. Over the past couple of years Canada hast accepted between 240 000 and 265 000 new permanent residents (immigrants) each year. The country accepts immigrants for mainly three reasons: family reunification (allowing closely related persons of Canadian residents into the country), giving shelter to refugees and attracting immigrants who will contribute economically and fill labour market needs. The Federal Skilled Worker Class Visa makes it possible for people with the desired skills to become permanent residents and, later, to become Canadian citizens.

Bilingual sign in Ottawa

Canada is a **bilingual country,** with English and French the official languages on a federal level. In Quebec French is the official language. About 68 % of the population speak English at home and about 22 % speak French. Other languages in use are Inuktitut (an Inuit language spoken by Aborigines), Chinese, Italian and German.

Canada has a very modern **economy.** As with other highly developed economies most people (about 75 %) now work in the service industry. Despite of this, the primary sector (agriculture, mining, other natural resources) is very important in the Canadian economy. Canada is one of the world's largest suppliers of agricultural products. It is also a country rich in natural resources. Canada is among the largest producers and exporters of oil and natural gas.

The 1989 US-Canada Free Trade Agreement (**FTA**) and the 1994 North American Free Trade Agreement (**NAFTA**) (which includes Mexico) touched off a dramatic increase in trade and economic integration with the US, its principal trading partner. Canada enjoys a substantial trade surplus with the US and is its largest foreign supplier of energy.

Mining of oil sand in northern Alberta

The question about the political status of the province of **Quebec** has long been at the centre of Canadian **politics.** In the 1960s the **Quiet Revolution** in Quebec started a political movement towards a new national identity among the *Québécois.* In 1980, the *Parti Québécois* initiated a referendum on the question of sovereignty which was defeated. In 1992, Canada faced its second referendum on the question of Quebec sovereignty. This time the referendum was only defeated by a very narrow margin. But the topic of independence for Quebec stays high on the political agenda. The *Parti Québécois* has declared that it will schedule another referendum when it returns to political power in Quebec.

Moraine Lake in Banff National Park, Alberta

Last, but not least, Canada is a country of great scenic beauty. It offers countless lakes, great mountains and seemingly endless forest. This makes Canada an interesting destination for tourists. **Tourism** is an important and fast-growing industry in Canada. The bulk of Canada's tourism comes from Canadians travelling in and exploring their own country. Most foreign travellers come from the US.

6.5 Australia and New Zealand

Both countries are "down under", meaning that they are located in the southern hemisphere, below many other countries on the globe. They share some common history, mainly that they were both under British rule at some time. This is also reflected by the fact that Queen ELIZABETH II is (ceremonial) head of state in both nations.

While Australia is so big that it forms its own continent, New Zealand is a much smaller and geographically rather isolated country in the south-western Pacific Ocean, consisting of two main islands and a number of smaller ones. It is a highly developed country and is ranked as the most peaceful country in the world in the 2010 Global Peace Index. Australia also belongs to the most developed countries in the world and is ranked second in the 2010 Human Development Index (HDI). Both countries are relatively sparsely populated, meaning that human population density is rather low.

A Timeline of Australian History

ca. 60 000–40 000 B.C.	The first **Aborigines** (coming from Southeast-Asia) settle in Australia
1770	JAMES COOK claims "New South Wales" for Britain. A **penal colony** is set up later.
1788	The British **Crown Colony** of New South Wales is formed.
1848	New South Wales stops being a penal colony. The last convict ship arrives.
1901	The various British colonies achieve a **federation** which is called **The Commonwealth of Australia**. It becomes a **dominion** of the British Empire six years later.
1962	Aborigines are finally allowed to vote.
1967	Aborigines are recognized as Australian citizens.
1986	Australia ends any British role in the government of the Australian States.
2008	The Australian parliament apologizes for the oppression of Aborigines during the last centuries.

The beach of Totaranui in Abel Tasman National Park, South Island of New Zealand

Aboriginal rock engraving at Kakadu National Park, Australia

A Timeline of New Zealand History

600–1300	The first **Maori** arrive on New Zealand.
1642	Dutch Explorer ABEL TASMAN discovers New Zealand.
1769	JAMES COOK reaches New Zealand.
1840	In the **Treaty of Waitangi** the Maori hand the rule over New Zealand to the British in exchange for protection and the guarantee that they can still own land.
1893	New Zealand is the first country to give women the right to vote.
1907	New Zealand becomes a **dominion** of the British Empire.
1947	Complete political independence from Britain.

Aborigines: The Natives of Australia

When the British established their first settlements in Australia, little could the native people have known about the fate that would await them. Within a few years, about half of their population died from diseases brought to them by the British. This is not just a typical development in Australia – the same happened to the natives in New Zealand, or in the United States. However, it was only just the beginning of decades and centuries of hardship for the Aborigines. They were not allowed to vote, they were not even seen as or declared citizens of their own country. For a long time, starting in the late 19th century and continuing up until the 1960s, many children of the Aborigines were taken away from their parents by the government and put into education camps. The reasons for this inhuman behaviour are still largely unknown. In 2008, the Australian government under Prime Minister KEVIN RUDD finally apologized to these so-called "Stolen Generations".

> The **Aborigines** are the original inhabitants of Australia, long before any European powers arrived there. There is also another group of people who settled in Australia early, called the "Torres Strait Islanders".

Maori: The Natives of New Zealand

In contrast, the Maori and the British settlers of New Zealand share a much more peaceful past. Many Maori also lost their lives when the first settlers arrived because of the new illnesses; it took a long time before the population started to rise in numbers again. Also, much land was taken from the Maori, but resistance against the British (and, surprisingly, even some Maori tribes who sided with the British) was of course unsuccessful. However, the harm done – while still considerable and tragic – did not reach Australian proportions. Starting in the 1960s, Maori culture had a slow comeback in New Zealand; nowadays, the so-called "Maori Revival" is still very much alive and also draws legions of tourists to New Zealand. However, the Maori are mostly still poorer and less educated then the white inhabitants of New Zealand.

> The **Maori** were the first people to settle the islands of New Zealand somewhere between 600 and 1300. They developed a unique culture, that is still preserved today. The Maori culture is a fascinating one, no matter whether you consider their language, history or music; their famous "dances" are rituals of pride, energy and power.

Uluru, also known as Ayers Rock, is one of Australia's main tourist attractions and is listed as World Heritage Site.

To the Aboriginal people, **Uluru,** also known as **Ayers Rock,** is of great spiritual significance. The large sandstone rock formation in the southern part of the Northern Territory (near Alice Springs) stands 348 metres high and, like an iceberg, has most of its bulk below the surface. It's size – over nine kilometres around and 348 m high – makes it the world's largest monolith.

Australia Today

The **Commonwealth of Australia** consists of the world's smallest continent, the island of Tasmania and numerous other islands in the Indian and Pacific Ocean. It has a population of more than 22 million, including over 400 000 Aborigines (indigenous population). Australia is a member of the Commonwealth of Nations. Its capital is Canberra, its largest city Sydney. It is a very prosperous, technologically advanced and industrialized multicultural country.

Sydney is the financial, economic and cultural centre of Australia.

Australia has six states and two major mainland territories. The states are New South Wales, Queensland, South Australia, Tasmania, Victoria and Western Australia. The major mainland territories are the Northern Territory and the Australian Capital Territory. By far the largest part of Australia is **desert** or semi-arid lands commonly known as the **outback.** It is the driest inhabited continent and its population density is among the lowest in the world. The largest cities are Sydney, Melbourne, Brisbane and Perth.

Most Australians are descended from colonial-area settlers and immigrants from Europe. Almost 90 % of the population are of European descent, with the vast majority coming from Britain and Ireland. An ambitious **immigration programme** brought nearly six million immigrants to Australia between 1945 and 2000.

Australia consistently ranks among the **top 10** countries in the world as far as prosperity, economic performance, life expectancy and quality of life are concerned. It remains a multicultural county that is very attractive to immigrants; in recent years most immigrants came from Asia and Oceania.
The country has twice hosted the **Olympic Games,** in 1956 (Melbourne) and in 2000 (Sydney). Its cities are ranked very high in the world's most liveable cities list, with Melbourne reaching second place. Australia is famous for its relaxed lifestyle.

Australia has a highly developed **economy** where the service industry, including tourism, education and financial services, accounts for almost 70 % of the GDP (Gross Domestic Product). It is rich in natural resources. The agricultural and mining sectors account for 57 % of the nation's exports. Australia is the world's fourth largest exporter of wine.

Viniculture in South Australia (Barossa Valley)

New Zealand Today

New Zealand is made up of two main islands and a number of smaller islands. The main North and South Islands are separated by the Cook Strait. The country's capital, Wellington, is located on the southern tip of the North Island.

New Zealand has a **population** of approximately 4.4 million people, most of them of European descent. The indigenous Maori are the largest minority with about 15 % of the total population. New Zealand citizens are informally called **Kiwi.** The country is predominantly urban, with over 50 % of the population living in the four largest cities of Auckland, Christchurch, Wellington and Hamilton.

Traditionally, most **immigrants** came from Britain, Ireland and Australia. This changed during the 20th century and migrant diversity increased. Today most immigrants still come from Britain and Ireland, but immigration from East Asia (China, Korea, Japan) is increasing the fastest. English is the predominant language, but the Maori language is also an official language.

The flightless Kiwis are the national symbol of New Zealand.

New Zealand's **economy** is greatly dependent on international trade, mainly with Australia, the European Union, the United States and China. The economy is focused on tourism and primary industries like agriculture. There are small manufacturing and high-tech sectors.

Relatively young and very successful is New Zealand's **film industry.** This has a lot to do with the phenomenal success of director Peter Jackson's **Lord of the Rings** films which were shot in New Zealand. Following the Lord of the Rings films, a number of other prominent Hollywood films were made in New Zealand. Jackson's new film, The Hobbit, is also being made in New Zealand.

The **Kiwis** are very competitive in a number of sports, mainly rugby, cricket and yachting. Adventure sports are very popular, also among tourists. **Tourism** is the country's largest export industry with well over 2 million people visiting per year. New Zealand is a country of great **scenic beauty,** encompassing high mountains and large areas of forest.

Te Mata Peak near Hastings in the Hawke's Bay region of New Zealand is a popular destination for mountain climbing.

6.6 A Changing World

Today, the world is astonishingly different from what it was some 20 years ago. The last two decades have brought about considerable changes:
- There is only one remaining **superpower** in the world – the United States of America. Russia's former superpower status was lost when the USSR came to a rather unexpected end in 1991.
- The **bipolar** world, which came into existence as a result of World War II and lasted for more than 40 years, no longer exists. Today's world is **multipolar**. While America is still the strongest nation in the world – both politically and military – there are a number of new players, mainly in Asia. Many believe that the 21st century will be an Asian century, with countries like China and India getting stronger all the time.
- **Europe** changed considerably in the wake of the watershed years 1989 and 1990. The East/West conflict and the cold war are things of the past. Europe is no longer divided between a Soviet dominated eastern and an American dominated western part. Most of the countries belonging to the eastern block during the cold war have now joined the European Union and NATO. The 1990s saw many conflicts and **wars** in Europe, especially in the Balkans where a number of new states came into being when Yugoslavia fell apart.
- **Globalization** has brought about a more interdependent world than ever. This has to do with advances in communication, transportation and information technologies.
- **The Internet** is the most important technological development of the past two decades. It has brought a new level of information and communication to millions of people. There is no technology which has produced a comparable effect in such a short time.

▶ **bipolar** = a political system where two political powers dominate

multipolar = a political system with many centres of power

watershed year = an extremely important year

TIM BERNERS-LEE is a computer scientist and is credited with inventing the World Wide Web (WWW) around 1990.

While the world has certainly changed to an incredible degree over the past two decades, it is still uncertain whether these changes carry more **risks** or more **opportunities.** There is no immediate threat of global war and many developing countries benefit from the impact of globalization and the internet. But there is also the threat of international terrorism and the danger of global warming. The financial crisis of 2008 has brought about fears of uncontrollable markets and bankrupt states.

America and the World

Before World War I the United States was a big country of relatively minor international importance. This changed in the course of the 20th century. America gave up its isolationist politics, took part in two – mainly European – wars and had become a leading world power by the end of World War II. It was determined to keep its influence on world politics.

World War II

Although reluctant at first the US finally decided to join the war against Nazi-Germany in Europe in 1941, convinced by Japan's attack on Pearl Harbor and Germany's declaration of war on the United States. The fact that the US entered World War II in Europe was the decisive factor in bringing down fascism.

The results of World War II changed the political map of the world: Germany was defeated, other European nations like Britain and France lost their status as world powers and the Soviet Union got a hold on Eastern Europe. Unlike after World War I the US decided to stay in Europe for good.

The Cold War

The new world order that emerged after World War II was a bipolar one. It was dominated by two superpowers – the Soviet Union and the United States –, which both tried to expand their spheres of influence and possessed huge amounts of nuclear arms. The competing interests of the two vastly different systems soon led to confrontation and "cold war", to the arms race and almost to "hot war" in the Cuban Missile Crisis of 1962.

Aerial picture of a soviet missile base in Cuba (1962)

After the Collapse of the Soviet Union

When the East-West-Conflict came to its surprising end with the downfall of the Soviet Union in 1991, the US suddenly found itself in the position of the only world superpower. It played an active role in the international conflicts that followed the end of the Soviet Union and the end of the bipolar world. At that time it looked as if the United States were prepared to act in accord with their European and other partners.

Nine-Eleven and the War on Terrorism

This changed after the attacks of **Nine-Eleven,** when President GEORGE W. BUSH declared a unilateral **war on terrorism.** The term "Bush Doctrine" is sometimes used to describe various related foreign policy principles of the years after 2001. Initially it described the right of the United States to secure itself from countries that give shelter to terrorists or help them. Later it also included the controversial policy of **preventive war,** which said that the United States should overturn foreign regimes ("rogue nations") that represented a potential threat to the security of the US. Both Afghanistan in 2001 and Iraq in 2003 were attacked on the basis of the Bush Doctrine.

▶ **unilateral** = one-sided

preventive war = a war started to stop another party from attacking

rogue nations = "Schurkenstaaten"

The war in Iraq has shown that it is much easier to win a war than to establish the peace. The Iraq war has also started a widespread controversy in the US. BARACK OBAMA promised to "bring back the troops" when he ran for president. In 2010 he declared that the combat

mission in Iraq was over. The 50 000 remaining troops are now called "advice and assist brigades".

Britain and the World

At the beginning of the 20th century Britain was a relatively small country, but of major international importance. It was the most powerful country in the world, with an **empire** that covered one-fifth of the globe. In the course of the 20th century Britain became a mere European power, having lost most of its colonies in the years before and after World War II.

▶ For more information about the Commonwealth see chapter 6.1.3.

Britain's influence on the world can still be felt, however. English has become the lingua franca of the world, the British political system has been "exported" to many countries, the Commonwealth still plays an important role and the influence of British culture and values is strong.

Role of the United Nations

The UN was founded in 1945 after World War II in order to prevent wars between countries and to provide a platform for dialogue. During the "forced stability" of the Cold War years, the UN only played a relatively minor role in world politics which was dominated by the two superpowers – the US and the Soviet Union. This changed after the collapse of the Soviet Union and the end of the global conflict between these two countries. In a world that hadn't yet found a new stability, the United Nations was able to play a more active and important role.

The knotted gun by CARL FREDRIK REUTERSWÄRD ("Non-Violence") outside United Nations headquarters in New York

UN peacekeepers

This became obvious in the 1990s and the many ethnic conflicts and wars of that decade, especially in the **Balkans** where the collapse of Yugoslavia led to whole series of wars.

To help end these wars – and others – the UN started **peacekeeping missions** with the intention of enforcing peace agreements and to discourage combatants from resuming hostilities. The UN also took an active part in the first Gulf War (1990/91) when the **Security Council** authorised a coalition force from thirty-four nations to attack Iraq which had previously invaded Kuwait.

Post-Industrial Society

Until the second part of the 20th century most developed countries had a manufacturing-based economy. These societies were called **industrial societies** and were characterised by the dominating industrial economic sector (mass production of goods in factories). The agrarian sector was relatively small, the service sector was continually growing, but not yet dominating the economy.

In the second part of the 20th century a transition took place: Industrial societies were transformed into **post-industrial** or **post-modern** societies.

> Generally speaking a **post-industrial society** is a society whose structure is based on the provision of information, innovation, finance and services. The **provision of services** becomes more important than the production of goods, **knowledge** becomes a highly valued form of capital, producing ideas becomes the main way to grow the economy.

The **global information technology** is considered by many to be the trigger for the transformation to post-modern society. Over the past 20 years or so, the **internet** has played a pivotal role in that process. What BILL GATES, the founder and long-time chairman of Microsoft, once called "information at your fingertips" has become reality. The internet has become a world-wide information and communication network which is always "on". One could also argue that the world has indeed turned into the "global village" philosopher MARSHALL MCLUHAN envisioned over 40 years ago. The internet is not only used by millions of people for the personal communication but also by industry to organise world-wide manufacturing processes and to provide global services.

▶ MARSHALL McLUHAN Canadian philosopher who coined the terms "global village" and "the medium is the message"

Technological Progress

Post-industrial society is also characterised by the increasing speed of technological innovation. Among the most important advances of the past decades are computer chips, the internet, mobile devices, new energy sources, transportation and genetic engineering. In particular advances in the field of genetics caused widespread social controversy about ethical questions, i.e. should mankind actually do everything that is technically possible. While there is no doubt that technological progress is one of the most important driving forces of post-modern society, it also causes almost as many problems as it solves.

Genetic engineering manipulates genetical material in order to grow plants with desirable traits.

Population Growth

The last one hundred years have seen a rapid increase in population. The main reasons are advances in medicine and a massive increase in agricultural productivity.

2011 or 2012 are expected to be the years when the world's population hits 7 billion. 5 billion was reached in 1987 and 6 billion in 1999. At this growth rate the world's population increased by about one billion per decade. Although experts expect a further decrease in the annual growth rate – presently at about 1,1 % – world population will probably still reach 9 billion by the middle of the century.

The astonishing growth of the world's population has led to overpopulation in parts of the globe and there are many areas in the world where millions of people go hungry.

Despite this, many experts hold the opinion that food production has kept pace with population growth; others predict a serious global food shortage in the not too distant future. Bad living conditions in many parts of the world have also led to mass migration, with an estimated 214 million people moving elsewhere in 2010.

The Philippines' annual population growth rate is at about 2 %.

Environmental Problems

▶ **Club of Rome** = a global think tank

China has probably benefitted most from globalization. It has become the second largest economy in the world and the biggest export nation.

In 1972 the **Club of Rome** published its pioneering report "The Limits of Growth", modelling the consequences of a rapidly growing world population and finite resource supplies. The report had a pronounced impact on the wider public, bringing environmental problems like pollution, food production and the depletion of natural resources onto the political agenda.

Some of the most urgent environmental problems today are
– climate change,
– the destruction of the rain forest,
– pollution of air, water and soil,
– the ruthless exploitation of natural resources,
– the overfishing of the world's oceans,
– rising sea-levels,
– nuclear and other toxic waste.

6.6 A Changing World

The destruction of the rainforest is one of the most urgent environmental problems today.

To face and possibly overcome these problems, the United Nations have called for **sustainable development** which is defined as "development that meets the needs of the present without compromising the ability of future generations to meet their own needs."

Globalization

The effects of globalization are all around us. Communication has never been easier: The internet makes it possible to access information on a world-wide basis and communicate in real-time with people all over the world. In a way, geographical distance has become meaningless. Mobile communication is spreading almost everywhere.
Consumers all over the industrialised world find a similar supply of goods. International brands and multinational corporations like McDonald's, Microsoft, Nestle or Nike are found on every high street. What we eat and what we wear are products of globalization.

Cultural differences do not vanish completely, but a new globalized cultural identity is emerging. This is most evident among the younger generation. Music, films and TV play an important part here. Lifestyles converge; young people in Germany live similar lives to young people living thousands of miles away.
In many ways the idea of the world as a "global village" or a "world society" has become reality and the aspects of globalization are manifold.

Globalization is often „McDonaldization".

6 Profiles of the English Speaking World

> **Globalization** can be defined as a "comprehensive term for the emergence of a global society in which economic, political, environmental, and cultural events in one part of the world quickly come to have significance for people in other parts of the world." Globalization is seen as "the result of advances in communication, transportation, and information technologies."

The main reasons of globalization can be found in:
- the advances of **technology** (communication, internet) and
- the **transport system** (speed, cost).

Other contributing factors are:
- the **end of the Cold War** (open markets) and
- the **deregulation of the world economy** (liberalism, free trade).

The Financial Crisis of 2007–2010

▶ bailout = loaning or giving capital to an institution that is in danger of going bankrupt

to **go bust** = to go bankrupt

housing bubble = a rapid increase in the value of housing which is followed by a drastic reduction in price levels

suprime lending = giving loans (mortgages) to people with low or uncertain incomes who would otherwise not have access to the credit market

mortgage = a loan secured by real estate

In September 2008 the collapse of New York City investment bank **Lehman Brothers** and the impending bankruptcy of other important financial institutions made the public realise that something was terribly wrong with the world's economy and its financial institutions. During a meeting about an **emergency bailout** of other banks at risk, US Federal Reserve Chairman BEN BERNANKE said: "If we don't do this, we may not have an economy on Monday".

> **Federal Reserve** ("The Fed") is the central banking system of the US.

While Lehman Brothers were left to go bust, other financial institutions in the US and elsewhere were saved from collapsing with billions of taxpayers' money.

The financial crisis – considered by many to be the worst economic crisis since the Great Depression of the 1930s – started around 2007 when the **housing bubble** in the US burst. It was based on **easy credit** and **subprime lending,** meaning that the banks gave out money to people who couldn't really afford to buy a house. The lending banks ran into a liquidity shortage when a lot of people could no longer pay their mortgage rates due to rising interest rates in 2007. This triggered a chain reaction among banks and other financial institutions, mainly because the banks were lending each other huge sums of money.

Governments in Europe and in the US saw no other way out but to pump many billions into the banking sector in order to prevent it from breaking down. The world was faced with the question of whether its economies were at the mercy of the uncontrollable market forces of the financial sector.

Anhang A

Grammatische Termini

Term	German translation	Example
adjective	Adjektiv	tall, clever, expensive
adverb adverb of degree adverb of frequency adverb of indefinite time adverb of manner adverb of place adverbial phrase	Adverb Gradadverb Häufigkeitsadverb Adverb der unbestimmten Zeit Adverb der Art und Weise Adverb des Ortes (der Richtung) zusammengesetzte Adverbial- bestimmung	well, firstly, clearly quite, too, extremely sometimes, usually, often always, never, before slowly, terribly, happily somewhere, here, there in the evening, without knowing
article definite article indefinite article	Artikel bestimmter Artikel unbestimmter Artikel	 the a, an
auxiliary	Hilfsverb	can, do, have
comparative comparison	Komparativ, erste Steigerungs- form Steigerung, Vergleich	more expensive, smaller, better She is smarter than him.
conditional sentence	Bedingungssatz	You can go if you want.
conjunction	Konjunktion, Bindewort	and, but, after, although
contact clause	Relativsatz ohne Relativprono- men	This is the restaurant **I wanted to show you.**
future perfect	Futur II, vollendete Zukunft	In June **I will have passed** my English exam.
future progressive	Verlaufsform der Zukunft	Tomorrow **I'll be working** from 9 to 5.
gerund	Gerundium	I love **skiing.** Tom is fond of **gardening.**
going-to-future	Futur mit going to	We **are going to** have a party tonight.
if-clause	Nebensatz mit if, if-Satz	Call me, **if you need help.**
imperative	Imperativ, Befehlsform, Auffor- derung	Close your books. Listen to me.
infinitive	Infinitiv	to talk, to run, to develop
-ing-form	-ing-Form des Verbs	leaving, moving, showing
main clause	Hauptsatz	**He can't come on Monday,** because he has to see the doctor.
modal auxiliary	modales Hilfsverb	can, could, will, would, may, might

A Grammatische Termini

Term	German translation	Example
modal substitute	modales Ersatzverb (anstelle eines modalen Hilfsverbs)	be allowed to, have to, be able to
noun countable noun uncountable noun	Substantiv zählbares Substantiv nicht zählbares Substantiv	book, glass, friend, space, time flower / flowers, book / books money, water, information
object direct object indirect object	Objekt, Satzergänzung direktes Objekt, Sachobjekt indirektes Objekt (meist Personenobjekt)	She is opening a tin. She gave him **the dictionary.** She bought **her father** a present.
participle construction	Partizipialfügung, Partizipial-konstruktion	**Opening the door,** I saw that the room was empty.
passive impersonal passive personal passive	Passiv „unpersönliches Passiv" „persönliches Passiv"	The book **was written** by an American author. She **is said** to have quit the job. My friend **had been offered** a job in London.
participle past participle present participle	Partizip Partizip Perfekt Partizip Präsens, Partizip I	gone, helped, bought, stopped Tom is **writing** an article.
past perfect	Plusquamperfekt, Vorvergangen-heit	Jill couldn't go to the concert, because she **had forgotten** her ticket.
past perfect progressive	Verlaufsform des past perfect	The passengers **had been waiting** for two hours when the train arrived.
past progressive	Verlaufsform der Vergangenheit	While he **was talking** on the phone the doorbell rang.
plural	Plural, Mehrzahl	glass / **glasses**, mouse / **mice**, foot / **feet**, woman / **women**
positive statement	bejahter Aussagesatz	I can do that for you. He's got a sister.
possessive determiner	Possessivbegleiter (besitzanzeigender Begleiter)	my, your, his, her, its, our, their
prefix	Präfix, Vorsilbe	in-, un-, re-, dis-
preposition	Präposition	about, under, above, because
present participle	Partizip Präsens, Partizip I	Tom **is writing** an article.
present perfect	present perfect (Perfekt, vollendete Gegenwart)	He **has opened** the window.
present perfect progressive	Verlaufsform des present perfect	The group **has been** travelling for two days.

Term	German translation	Example
present progressive	Verlaufsform des *present* (der Gegenwart)	Joe **is reading** the newspaper.
progressive form	Verlaufsform des Verbs	**He's watching** television. **They have been waiting** for hours.
pronoun personal pronoun	Pronomen, Fürwort Personalpronomen	I, you, he, she, it ... / me, him, them ...
possessive pronoun reflexive pronoun relative pronoun	Possessivpronomen Reflexivpronomen Relativpronomen	my, your, his, her, its ... myself, yourself, himself, itself ... that, who, which, whose
prop-word	Stützwort	the first **one** and the second **one**
quantifier	Mengenbezeichnung	some, any, much, a little, few
question	Frage(satz)	Do you know where it is?
question tag	Frageanhängsel	Paul is at home, **isn't he**? You aren't driving, **are you**?
question word	Fragewort	who? what? when? how?
reflexive pronoun	Reflexivpronomen	yourself, himself, herself
regular verb	regelmäßiges Verb	(to) work / worked / worked
reported speech	indirekte Rede, nicht wörtliche Rede	Jill told me **(that)** she was ill.
relative clause defining relative clause non-defining relative clause	Relativsatz, Bezugssatz bestimmender / notwendiger Relativsatz nicht bestimmender Relativsatz, nicht notwendiger Relativsatz	That's the man **who lives next door.** The teacher **who told you that** was right. Yesterday I talked to Max, **who is living next door.**
reported speech	indirekte Rede, nicht wörtliche Rede	Michael said **(that) he didn't know.**
s-genitive	s-Genitiv	**my father's** car, **Anne's** address
simple past	einfache Form der Vergangenheit	He **went** to the pub.
simple present	einfache Form der Gegenwart	They **listen** to the news.
statement negative statement positive statement	verneinter Aussagesatz bejahter Aussagesatz	**I don't have enough time. There aren't any more questions.** I can do that for you.
sub-clause, subordinate clause	Nebensatz	We couldn't go to the cinema **because we didn't have enough money.**

A Grammatische Termini

Term	German translation	Example
subject	Subjekt	**Anne** lives in Manchester. **His car** is red.
subject question	Subjektfrage, Frage nach dem Subjekt	Who gave you the book? What happened?
superlative	Superlativ, höchste Steigerungsform	highest, most interesting, most carefully
tense	(grammatische) Zeitform, Tempus	
verb full verb irregular verb regular verb	Verb Vollverb unregelmäßiges Verb regelmäßiges Verb	help, consider, develop wait, ask, laugh be/was/been; lay/laid/laid work/worked/worked
verb of motion	Verb der Bewegung	come, go
verb of perception	Verb der Wahrnehmung	see, watch, listen, notice
verb of rest	Verb der Ruhe	stay, sit, lie, stand
will-future	Futur mit *will*	**He'll** go to France in February.
yes-/no-question	Entscheidungsfrage	Can you help me? Are you from Canada?

Register

A

Aboriginal peoples 341
Aboriginies 345
Absatz 14
accumulation 185
active voice 102 f.
activity verbs 86
Act of Union 293
Adjektive 137 ff.
Adverbialsätze 151 f.
Adverbien 139 ff.
advice 146
Aktiv 102 f.
Allegorie 275
alliteration 185, 240
American Dream 332 f., 337
amerikanisches Englisch
   64 ff., 73 ff., 95
anaphora 185
Anforderungsbereiche 18
Anführungszeichen 168
Apostroph 168
argumentation 190
argumentative essay 57
Artikel 123 ff.
Aufzählung 185
auktorialer Erzähler 207
Aussagesätze 143 f.
Aussprache 70 ff.
Australia 343 ff.
auxiliaries 106 ff.

B

Baumdiagramm 35
Beamer 40
Bedingungssätze 100 f.
Bericht 54
Betonung 72
Bewerbung 60 f.
Bibliothek 28
Bill of Rights 291, 328
Bindestrich 168
Brief 54 f.
britisches Englisch 64 ff.,
   73 ff., 95
British Empire 291 f.
by-agent 102 f.

C

Canada 339
cartoons 273 ff.
characters 253 ff., 277
Charakterisierung 256,
   266 f.
Civil Rights Movement
   332 ff.
Civil War 290, 317 f.
climax 185
close reading 12
Cold War 322 f.
comedy 350
command 146
comment 57
Commonwealth 6, 290,
   296 ff., 346
comparison 182, 187
conditional 100 f., 149 f.
conditional sentences 100 f.,
   149 f.
curriculum vitae 62
CV 62

D

Datum 55
Declaration of Independence
   311, 315
decolonisation 297
definite article 123 f.
Demonstrativpronomen
   127
description 189
Diagramm 36
Dialekt 64
Dialog 253
digitale Medien 29 f.
direct speech 153 ff.
direct thought 209
direkte Rede 153 ff.
division of words 163
drama 250 ff.

E

Einakter 250 ff.
elections 302, 330 ff.
elisabethanisches Theater
   260 ff.
ellipsis 185
E-Mail 56
Endnote 50

Englisch
 – amerikanisches 64 ff.,
   73 ff.
 – Aussprache 70 ff., 158
 – Betonung 72
 – britisches 64 ff., 73 ff.
 – Grammatik 85 ff.
 – Groß- und Kleinschrei-
   bung 162 f.
 – Orthografie 158 ff.
 – Phonetik 70 ff.
 – Rechtschreibung 158 ff.
 – Satzbau 143 ff.
 – Silbentrennung 163
 – Syntax 143 ff.
 – Varianten 64 f.
 – Verbreitung 6, 7
 – Zeichensetzung 164 ff.
enumeration 185
erlebte Rede 209
Erörterung 57 f.
Erzähler 205 ff.
Erzählperspektive 207 f.
erzählte Zeit 211
Erzählzeit 211
euphemism 185
exposition 189

F

Facharbeit 46 ff.
Fallstudien 27
false friends 75
feature film 277
Figuren 253 ff.
Figurenrede 252 f.
fiktionaler Text 171 f., 204 ff.
films 277 ff.
First Nations 341
first-person narrator 206
flashback 259
Flowchart 35
Flussdiagramm 35
Fragepronomen 128 f.
Fragesätze 144 f.
Fußnote 50
Futur 98 f.
future 98 f.

G

Gedicht 236 ff.
Gedichtinterpretation 243 f.

General British English 64
Genitiv 121 f.
Gerundium 113, 115 ff.
Gliederung 27, 38 f., 46, 58
Globalization 355 f.
Grammatik 84 ff.
Graph 36
Great Britain 286 ff.
– *and Europe* 298
– *history* 288 ff.
– *parliamentary system* 293 f.
– *political system* 300 ff.
– *society* 304 ff.
Great Depression 320
Groß- und Kleinschreibung 162 f.

H
Handlung 210 ff., 222
Handout 42
heading 199
headline 199
Hilfsverb 106 ff.
Home Rule 294
Hörverstehen 9
hyperbole 186, 274
hyphen 168
Hypotaxe 147

I
Ich-Erzähler 206
if-clause 100 f., 149 f.
immigration 305 f., 334 ff., 341
indefinite article 124
Indefinitpronomen 129 ff.
indirekte Rede 153 ff.
Industrial Revolution 292 f.
Infinitiv 113 f.
innerer Monolog 209
instruction 191
intensive reading 12
interior monologue 209
Internetseite zitieren 51
Interpunktionszeichen 164 f.
introspection 209
Inuit 341
inversion 186, 242
Ireland 308 ff.
irony 186

K
Karikatur 273 ff.
Karteikarte 20, 43 f., 48
Kernaussage 52
key phrase 52
key word 52, 177, 242
Klangmittel 238
Klimax 185
Komma 165 ff.
Komödie 250
Konditionalsätze 149
Konjunktiv 100 f.
Konnotation 182
kreatives Schreiben 219 ff., 228 f.

L
Lautmalerei 239
Lautschrift 70
Lebenslauf 62
Leserbrief 58 f.
Lesetechniken 10
letter 54 f.
letter of application 60
letter to the editor 58 f.
Literaturverzeichnis 51

M
Magna Carta 289
Manifest Destiny 314
Maori 345
marking up a text 13
Mediation 74 f.
Medien 170 ff.
metaphor 182, 186, 241, 275
Métis 341
metre 239
Metrum 239
Mindmap 25
modal auxiliaries 110 ff.
modales Hilfsverb 110 ff.
Monologanalyse 264 f.
multiculturalism 206
mündlicher Vortrag 44 f.

N
Nachricht 54
narrative text 188, 205 ff.
narrator 205 ff.
Nebensätze 147 ff.

New Deal 320
news item 54, 200 f.
news report 54, 200 f.
news story 54, 200 f.
New Zealand 343 ff.
nicht fiktionaler Text 171 ff.
Nine-Eleven 351
Nomen 119 ff.
Northern Ireland 286
note making 13
nouns 119 ff.
novel 222 ff.

O
one-act play 250
onomatopoeia 239
Operatoren 18, 19
Orthografie 158 ff.

P
parallelism 186, 242
Paraphrasieren 22
Parataxe 147
Parliament 301 f.
Partizip 118
passive voice 102 f.
past perfect 96
past perfect progressive 97
past progressive 91
periphrasis 186
personaler Erzähler 207
Personalpronomen 125
personification 187, 241
persuasive text 191
Phonetik 70 ff.
phonetische Symbole 70
Plagiat 34
Pledge of Allegiance 311
plot 222, 257
Plural 119 ff., 159
poem 236 ff.
point of view 207
politische Rede 192 f.
popular press 198 ff.
Possessivpronomen 125 f.
Präpositionen 132 ff.
Präsentation 40 ff.
prepositions 132 ff.
present perfect 92 f., 95
present perfect progressive 94 f.

364 Anhang

present progressive 88
Printmedien 28
Pronomen 125 ff.
pronouns 125 ff.
– *demonstrative pronouns* 127
– *indefinite pronouns* 129 ff.
– *interrogative pronouns* 128 f.
– *personal pronouns* 125
– *possessive pronouns* 125 f.
– *quantifiers* 129 ff.
– *reflexive pronouns* 127
– *relative pronouns* 129
pun 187
punctuation marks 164 f.

Q
quality newspaper 197 ff.
quantifiers 129 ff.
quotation marks 168

R
reader's letter 58 f.
Recherche 28 ff.
Rechtschreibung 158 ff.
Redeanalyse 192 f.
Referat 25 ff., 40 ff.
Reflexivpronomen 127
Relativpronomen 129
Relativsätze 148 f.
Reim 238
repetition 187, 242
report 54
reported speech 153 ff.
reported thought 209
request 146
resumé 62
retrospection 212
rhetorical question 187
rhyme 238
Roman 222 ff.
Rückblende 259
run on-line 242

S
Sachtexte 171 ff., 175
Satzbau 143 ff., 183, 241
Satzgefüge 147

Satzreihe 147
Satzverknüpfungen 14, 15, 76 f.
Satzzeichen 164 ff.
scanning 12
Schlagzeile 199
Schlüsselbegriff 52, 177, 242
Schreiben
– kreatives 219 ff., 228 f.
– Recherche 28 f., 47 f.
– Themenfindung 26 f., 47 f.
sentence connectives 76 f.
short play 350 ff.
short story 215 ff.
Silbentrennung 163
simile 182, 187, 240
simple past 89 f., 93
simple present 86 f.
Singular 119 ff.
skimming 11
sound device 238
sprachliche Bilder 182, 240 f.
Standard English 64
stanza 238
state verbs 85 f.
Steigerung der Adjektive 137 f.
Steigerung der Adverbien 141 f.
Stil 184 ff.
Stilmittel 185 ff.
stream of consciousness 209
Strophe 238
Suchmaschine 31 f.
summary 52 f.
symbol 182, 187, 240, 275
synecdoche 275
Synonym 21
Syntax 143 ff., 183, 241

T
Tätigkeitsverben 86
tenses of the verb 85 ff.
– *active voice* 102 f.
– *conditional* 100 f.
– *future* 98 f.
– *participle* 118
– *passive voice* 102 f.
– *past perfect* 96
– *past perfect progressive* 97

– *past progressive* 91
– *present perfect* 92 f., 95
– *present perfect progressive* 94 f.
– *present progressive* 88
– *simple past* 89 f., 93
– *simple present* 86 f.
Text 170 ff.
– appellativer Sachtext 191
– argumentativer Sachtext 190
– deskriptiver Sachtext 189
– expositorischer Sachtext 189
– fiktionaler 171 f., 204 ff.
– Hörverstehen 9
– instruktiver Sachtext 191
– Lesetechniken 10
– narrativer Sachtext 188
– nicht fiktionaler 171 ff.
– Rezeption 8
– Schreiben 25 ff.
– Stil 184 ff.
– Struktur 13, 178
– Textsorten 174 ff.
– Ton 183
– Wortwahl 181 f.
Textsorten 174 ff.
Texttypen 174
Thesaurus 28
topic 49
tragedy 350
Treechart 35

U
Überschrift 199
Übertreibung 186, 274
understatement 187
United Kingdom 286
United Nations 352
United States of America 311 ff.
– *history* 313 ff.
– *political system* 325 ff.
– *society* 332 ff.
Untertreibung 187

V
Verb 85 ff.
– *active voice* 102 f.
– *auxiliaries* 106 ff.

Textquellennachweis

– *conditional* 100 f.
– *future* 98 f.
– Gerundium 113, 115 ff.
– Hilfsverb 106 ff.
– Infinitiv 113 f.
– *modal auxiliaries* 110 ff.
– modale Hilfsver-
  ben 110 ff.
– Partizip 118
– *passive voice* 102 f.
– *past perfect* 96
– *past perfect progressive*
  97
– *past progressive* 91
– *present perfect* 92 f., 95
– *present perfect progressive* 94 f
– *present progressive* 88
– regelmäßiges 89
– *simple past* 89 f., 93
– *simple present* 85 f.
– unregelmäßiges 89
Vergleich 182, 187, 240
Versmaß 239
vocabulary
– *aims* 78
– *attitudes* 78
– *behaviour* 79
– *cartoons* 273 f.
– *describing* 81 f.
– *discussing* 81
– *drama* 268 ff.
– *feelings* 78
– *films* 283 f.

– *influence* 79 f.
– *intention* 195 f.
– *language* 196
– *layout* 203
– *line of thought* 194
– *magazine* 200 ff.
– *narrative texts* 230 ff.
– *newspaper* 202 ff.
– *novel* 230 ff.
– *opinion* 195
– *poem* 245 ff.
– *sentence connectives* 76 f.
– *style* 196
– *tendency of a text* 195
Vokabelkartei 20
Vokabular
– Absicht 195 f.
– Berufe bei Zeitungen
  202
– Beschreiben 81 f.
– Diskutieren 81
– Dramen 268 ff.
– Einfluss 79 f.
– Einstellungen 78
– Erzähltexte 230 ff.
– Gedichte 245 ff.
– Gefühle 78 f.
– Layout 203
– Meinung 185
– narrative Texte 230 ff.
– poetische Texte 245 ff.
– Satzverknüpfungen 76 f.
– Sprache 196
– Stil 196

– Textaufbau 194
– Verhalten 79
– Zeitung 202 f.
– Ziele 78
Vortrag 40 ff., 44 f.

W
war on terrorism 351
Webkatalog 30
Webportal 32
Website 29 f.
– zitieren 51
W-Fragen 54
Wiederholung 187, 242
World War 295, 319 ff.
Wörterbuch 16, 17, 28, 33
Wortfamilie 22
Wortfeld 21
Wortschatzarbeit 17, 20 ff.
Wortspiel 187

Z
Zeichensetzung 164 ff.
Zeilensprung 242
Zeitschrift 29, 33
Zeitung 33
Zeitungsartikel 54, 197
Zeitungsbericht 54
zeugma 187
Zitat 275
Zitieren 35, 50 f.
Zusammenfassung 52 f.
Zustandsverben 85 f.
Zwischenüberschrift 15

Textquellennachweis

S. 182: Ronald Reagan, *Brandenburg Gate Speech of 12 June 1987*. From: American Political Speeches. Hg. von Klaus Stüwe und Birgit Stüwe. Stuttgart: Reclam 2005, S. 105–106;
S. 191: Jimmy Carter, *The Malaise Speech of 15 July 1979*. From: American Political Speeches. Hg. von Klaus Stüwe und Birgit Stüwe. Stuttgart: Reclam 2005, S. 102; S. 192: George
W. Bush, *Excerpt from the 9/11 TV Address of 11 Sept. 2001*. www.white-house.gov/news/
releases/2001/09/20010911-16.html

Bildquellenverzeichnis

adpic Bildagentur: 97/2; adpic Bildagentur/B. Leitner: 173/1; Bibliographisches Institut GmbH, Mannheim: 23/1, 65/1, 65/2, 102/1, 111/2, 132/1, 205/1, 209/1, 216/1, 228/1, 240/1, 255/2, 257/1, 260/1, 277/1, 286/1, 289/2, 290/1, 290/2, 292/1, 294/1, 295/1, 295/2, 296/2, 314/2, 316/1, 318/1, 319/1, 335/1, 339/1, 340/2, 342/2, 344/1, 344/2, 345/1, 346/1, 352/1, 355/2; Hubert Bossek, Hoppegarten: 340/1; CNH Deutschland GmbH: 139/4; Comstock Images/Fotosearch: 9/1, 126/1, 126/2, 145/1; Corel Photos Inc.: 24/1, 97/1, 110/1, 114/2, 242/1, 348/2, 355/1, 139/3; CorelStock: 314/1; Duales System Deutschland AG: 112/1, Duden Paetec GmbH: 64/1, 124/1, 191/1, 197/1; Duden Paetec GmbH/Mountain High Maps: 287/1, 308/1, 312/1, 339/2, 343/1; Fotolia: 94/1, Fotolia/Anyka: 169/1; Fotolia/Andrey Sukhachev: 115/1; Fotolia/Christian Schwier: 150/1; Fotolia/Daniel Fleck: 349/1; Fotolia/Darren Green: 285/1; Fotolia/DWP: 96/2; Fotolia/Grant Windes: 157/1; Fotolia/Inta Eihmane: 95/2; Fotolia/Joshua Haviv: 83/1; Fotolia/Klaus Eppele: 99/2; Fotolia/kmiragaya: 5/1, Fotolia/Monkey Business: 139/1; Fotolia/Murat Subatli: 86/1; Fotolia/Natalia Bratslavsky: 63/1; Fotolia/Photosani: 173/2, Germanwings: 96/3; Sergio Grion, Horley: 87/1, 88/1, 92/3, 114/1; Helsinki City Tourist Office, Helsinki: 74/1; iStockphoto: 106/1, 114/3, 121/1, 121/2, 131/1, 139/2, 175/1, 353/1; iStockphoto/Jason Stitt: 100/2; iStockphoto/Miroslav Ferkuniak: 95/3; iStockphoto/Christopher Walker: 171/1; iStockphoto/R. Rhay: 100/3; iStockphoto/S.Locke: 100/1; iStockphoto/Angelika Stern: 142/2; iStockphoto/C. Ardelean: 142/1; iStockphoto/Chris Schmidt: 27/1, 43/1, 91/2; iStockphoto/Claudio Arnese: 97/3; iStockphoto/David Coleman: 92/2; iStockphoto/Don Bayley: 123/1; iStockphoto/Ingmar Wesemann: 240/3; iStockphoto/J. Manuel Diaz: 99/1; iStockphoto/Jacom Stephens: 129/1; iStockphoto/Jelena Popic: 94/2; iStockphoto/Mark Pruitt: 118/1; iStockphoto/Matej Michelizza: 96/1; iStockphoto/oversnap: 303/2; iStockphoto/Petre Milevski: 149/2; iStockphoto/Ralf Stadtaus: 337/1; iStockphoto/Snezana: 250/1; iStockphoto/Vincent Voigt: 95/1; Dr. A. Kalenberg, Berlin: 309/1, 310/1; KHB Design, Karl-Heinz Bergmann, Berlin: 181/1; Dr. Ute Lembeck, Berlin: 199/1; B. Mahler, Fotograf, Berlin: 121/4; H. Mahler, Fotograf, Berlin: 92/1; panthermedia/Yuri Arcurs: 40/1; panthermedia/M.Kosa: 86/2; panthermedia/Rainer Junker: 357/1; Jule Pfeiffer-Spiekermann, Berlin: 273/2; Photo Disc Inc.: 10/1, 18/1, 84/1, 85/1, 89/1, 121/3, 146/1, 149/1, 154/1, 204/1, 240/2, 323/2, 325/1, 327/1, 345/2; Photosphere: 102/2; picture alliance/abaca: 225/3; picture alliance/akg-images: 224/1, 262/3, 289/1, 315/1, 350/1; picture alliance/akg-images/Gert Schuetz: 323/1; picture alliance/Brian McCreet: 299/1; picture alliance/Design Pics: 341/1; picture alliance/dpa: 6/1, 7/1, 8/1, 11/1, 15/1, 37/1, 37/2, 52/1, 206/1, 218/1, 219/1, 225/1, 225/2, 255/1, 258/1, 262/1, 262/2, 298/1, 299/2, 299/3, 303/1, 307/1, 324/1, 332/1, 336/1, 337/2, 337/3, 337/4, 342/1, 349/2, 351/1, 351/2, 352/2, 354/1; picture alliance/empics: 296/1; picture alliance/Everett Collection: 321/1, 321/2; picture alliance/HB Verlag: 347/1; picture alliance/Judaica-Samml: 320/1; picture alliance/landov: 103/1, 333/1, 334/1; picture alliance/maxppp: 210/1; picture alliance/OKAPIA KG, Germany: 348/1; picture alliance/Photoshot: 225/4, 252/1, 305/1; picture alliance/united archives: 224/2, 293/1; Pitopia/Anne-Kathrin Gantner, 2006: 338/1; Pitopia/ArTo, 2008: 118/2; Pitopia/Fotoman: 138/1; Punch Ltd., London: 273/1; Raum, B., Neuenhagen: 346/2; S. Raake: 44/1, 177/1; S. Ruhmke, Berlin: 90/1, 111/1; Dr. Christine Schlitt, Worms: 176/1; Matthias Schwoerer, Badenweiler: 101/1, 101/2, 121/5, 121/6, 122/1, 128/1, 128/2; Technorama, Schweiz, www.technorama.ch: 127/1; Universitätsbibliothek Stuttgart: 29/1; üstra Hannoversche Verkehrsbetriebe AG. Hannover: 91/1